経験のエレメント

体の感覚と
物象の知覚・質と
空間規定

松永澄夫
Matsunaga, Sumio

東信堂

はしがきに代えて

(1)宿　題

私はこのところ、人間は物的環境世界を生きるだけではなく「意味世界を生きる」動物であるということに焦点を定めて、あれこれ書いてきている。言葉を巡るさまざまな著作、論稿の場合に「意味」について考えるのは当たり前だが、食べることを主題にするときも、環境問題を論ずるときも、社会の成り立ちや秩序の形成、変容を扱うときも、意味はいつでも焦点の一つであった。「価値・意味・秩序」の三つ組みでさまざまな事柄を理解してゆくというのは、私の基本態度となっている。

「意味世界とは価値世界」であり、人は動物としてたとえば気象や食べ物などの物的価値事象と関わる一方で、更に意味の力と一体になった価値の感受によって自分の生活を方向づける。食べ物さえ、さまざまな意味(たとえばお祝いという意味、もてなしという意味)のもとで栄養物としての価値とは違った価値づけを纏《まと》ったものとして関わる相手となる。(一般に物的世界のすべてが人間ではさまざまな意味に覆われ、その意味に応じた価値づけのもとで相手にすべきものとなる。)

意味と価値との世界を論じることには、人個人の日々の生活、人間関係の有りよう、社会の成り立ち、さまざまな文化、夢やフィクションの力など、どこまでも広がる多くの考察課題を追っかける楽しさがある。そうして、そのような考察においては、哲学は生き生きとした現実と向き合い、そこから糧《かて》を得て柔軟で強靱なものになるし、かつ、人の心を揺さぶる文学や、事柄の理解を促し事柄の評価の参考になる批評などのように、現実生活に入り込んでその養分となる仕方で実際的な力をもつことができると信じている。

しかしながら意味世界は、人が物的環境世界に生きるという根本があって、その上に広がるものである。だから、この根本がどのような有り方をしているか、きちんと押さえておく必要があるのではないか。――いや、この有り方がどのようなものかは、人間を動物として捉《とら》えたそのときに既に言われているのであって、生物学、動物学に連なる諸学問が多面的に研究し明らかにしてきているのではないか。このように考える人は多いだろう。だったら、私に何か言うことがあるだろうか。二つの事柄を考えたい。

一つは、動物一般ではなく人間という動物を話題にしているということである。人が意味世界をも生きるようになるには、それを許すような物的世界との関わり方が基礎としてあるはずだろう。そして、意味世界を生きるというのが人間という動物に特有のものであるなら、その基礎となり得るということを念頭においた仕方で、しかしながら物的事柄への意味の関与が加わる前の姿にできるだけ近づく仕方で、物的世界を人はどのように経験するのかを浮き彫りにする、という作業があるのではないか。（私たちの現実では、物的世界との関わりには意味の関与がみられないことがない。言葉を知っている上で向き合うだけでも、物的世界は意味を纏ってしまう。だから、意味関与以前の経験の有りようをそのものとして確認できない。そこで、「できるだけ近づく」という言い方をしている。）この作業は、物的世界がどのようなものであるかと、それを経験する側である人とはどのようなものであるかと、両方について、目配りするのである。

このアプローチは、人間は他の動物とどう違うのかという極めて自然な問題設定の数ある中の一つでしかないが、もう一つの関心（前々段落末で考えたい「二つの事柄」と述べたことの一つ）と結びつくことで、進化論や比較動物行動学などとは違った色合いのものになる。進化論等は、当然に人間の体がどのようなものであるかに大きな関心をもつ。ヒトの体はミミズの体とも小鳥の体とも違う。脳などの中枢をも含めた体の違いが、或る動物種と他の動物種との違いを説明し、また、環境というものとの関係をも説明する、そういう発想を現代の私たちは躊躇わずに採れている。私はこういう発想の確かさを大いに認めていることを断った上で、自分に何ができるか、何を考察すべきか弁《わきま》えた上で、本書を構想している。

生物学、動物学に連なる諸学問からの解明なら、私はただ研究者たちから学ぶだけである。何を言おうと、教えてもらったことを受け売りで言うという、しょうがないことしか残らない。だとしたら、私は何をやりたいのか。それは、私が制度化された学問領域としての哲学に長く携わってきた立場からのものである。

生物学は古くから豊かな内容をもった学問として成立していた。しかし、たかだか四〇〇年前に西洋で誕生した近代科学のその後の凄まじい発展と無縁であるはずがない。近代科学は天上の天文学と地上の力学との結合によって誕生し、物理学において確立し、続いて電磁気学、化学等へと領域を広げたのだが、生命というものの扱いは苦手であった。それゆえにか、新しい生物学は他の自然科学諸部門からはかなり遅れて、しかも多面的な仕方で成立してきた。ただ、生物学が学として守るべき方法のいわばガイドラインに関しては、近代科学が確立したものを必ずや踏襲している。(これについてはここで論じない。「多面的な仕方」というものがどういうものであったかについても紹介を割愛する。本書を逸脱することになるからである。)

ところで、西洋における近代科学の誕生は、西洋近代哲学の胎動と軌を一にしている。このことの核心は、西洋近代哲学が物的世界をどのようなものとして捉えたのか、という物質観と、その物質観に伴う、物質に関わる事柄をどう認識するか、の方法論にある。(このことについては本書の第3章第3節で少し述べている。)しかるに、近代哲学の物質観は、その人間観と切り離せない。そして、物質観も人間観も(とりわけ人間観の方は——というのも、物質観の方は哲学を離れて歩み始めた近代科学もまた育ててゆくのであったのだから——)近代哲学の認識論的努力の中で生まれたのであった。

物的世界を人間はどう生きるのか、という問題設定よりは、確実な知識を求めたいという強烈な欲求のもと、そもそも物的存在はあるのか、あるとすれば、どのようなものか、どのようにして認識できるのか、また、そもそも人間とはどのような存在なのか、どういう存在だから、人間による物的存在の認識を巡ってはどのような事情があるのか、このような事柄が問題にされたのである。

そこで、私は自分の立場から、このような西洋近代哲学が主張する内容を念頭に、同じような主題を巡っての自分の考えを表明しなければならないと考えてきた。また、私の主要関心事である意味世界、人が生きるに当たって途轍もなく重要である意味世界の基礎には物的世界があるのは当然だから、そういう理由でも、この主題についてきちんと論じることは私の課題であった。

この課題の一部に私は、古くは『知覚する私・理解する私』(勁草書房、一九九三年)という著作で取り組んだ。しかしその後、この主題に属するあれこれの考察を、幾つかの著書や論文の中に挿入してきた。ただ、それらの著書、論文それぞれの中心主題を論ずる際に、関連して言及しないわけにはゆかない事柄だけを論じるという仕方でであり、従って分散して書いてきたのである。そこで、改めて体系的にまとめて論じ直す必要を思っていた。しかるに、その作業は二つに分けることが望ましいと考え、二つの著作を構想し、それらが私の宿題としてあり続けてきた。

その一つが、先に述べた「物的世界を人はどのように経験するのかを浮き彫りにする」ことを目指すもので、本書である。(もう一つは『方法という問題群』である。これは、西洋哲学以降の主要関心の一つである認識の問題を取り上げれば、おのずとさまざまな「方法」を考察すべきとなるのだが、単に認識の方法ということに留まらず、人が生活するそのことにも当然にみられるさまざまな方法を取り上げ、検討を加えることを課題にしている。生活の中で人は実にさまざまな事柄に出会《でくわ》すが、それらに対処するさまざまな仕方がある。そこで、それらを掘り起こし、それらの間にみられる諸関係を明らかにしたい。このように極度に広げた意味での方法に関する考察を試みるのは『方法という問題群』である。こちらは執筆を始めたのは一〇年も前かと思われるが、随分と前に中断している。だから、未だ宿題である。)

本書の中心をなす部分については早くに、ほぼ書き終えた。しかし一方で、特に「情報」の概念を扱う部分では、その性格上、本書の性格を越えて膨大に膨れあがっては削除し、また、本書をなぜ著すのかについて述べる序論や、本書の考察の哲学史との繋がりを示そうという意図をもった別種の序論などを何度も書き、特に後者も途轍もなく長くなり結局は没にし、暫く放っておくという具合で、他方では、締め切りのある論文や著作の執筆で中断し、ということを繰り返してきて、本書を仕上げることは長い間、私にとって宿題だったのである。

(2) 経験とそのエレメント

本書の主題を、「物的事柄への意味の関与が加わる前の姿にできるだけ近づく仕方で、物的世界を人はどのように経験するのかを浮き彫りにする」と述べた。ここで私が「経験」と呼ぶものは、人が各自自分の生の主人公として生きることの総体である。しかるにその総体には意味世界を生きることがある。すると、その前段階で基礎となるものをエレメントと呼ぶなら、本書は「経験のエレメント」に目を向ける、ということになる。ここで、このエレメントと、私が考える「人間がなす経験というものに含まれる他の重要な要素」との関係について、大雑把な見取り図を述べておこう。

エレメントとして三つを挙げることができる。「体の感覚（空腹感などの「欲求」を含む）」と「体の運動」、および「物象の知覚（物象の運動の知覚を含む）」。そして、これらの有りようを詳しく調べることが本書の主題となる。これらは、人が、生きている体として存在し、その体は物的環境と関わることなしでは存在し得ず、その関わりには体の側の積極的運動が不可欠のものとして含まれるという、三つの局面を言い表している。ただ、生きるのは人なのであり、それもそれぞれの人、いつか「私」と自分のことを言うようになる人なのであるからには、これらの要素が特定のその人の事柄なのだ、ということが顕わになるような場面を視野に入れて取り出すのでなければならない。具体的に分かりやすい言葉を援用すると、「意識」に上《のぼ》る、体の感覚、体の外の諸物象の知覚、それから己の運動ということになる。ただ、意識を言い出すと話が込み入ってくるので、この辺りのことは本文での考察を読んでいただくしかない。

そして次に、二つの重要な要素が登場する。その一つは、まさに他《ほか》ならぬ一人一人の人が自分の生を生きるということの中核を成すものとしての「感情」。感情経験なくしては人間の経験は深みをもたないのだから、感情をも経験のエレメントの一つだと考えたいくらいだ。ただ、恐怖とかの原初的なものから、人間関係を通じて生まれるもの、意味を経由して生まれる複雑なものまであり、特に意味事象との関わりにおける感情の発生のことを考慮すれば、やはり基層のものと認めるわけにはゆかない。

もう一つは、「想像」の働きである。そうして、想像こそは他の動物にない人間に特有の能力ではないかと思われる。想像の萌芽は知覚の中にある。一般の物象の知覚の場合には、次のような傾向が同じような知覚ないし知覚系列の反復を通じて生まれることを考えればよい。(反復という契機に目を向けると、想像については記憶という問題系も一緒に考えねばならないことが分かる。)動いているものが何処に向かうのか分かる。見えなくなったものを再び現われるかと待ちかまえ、更には、隠れてしまったものとして探す。予期は想像の前駆形態であろうし、見えないものを在ると思うとなると、想像へはあと一歩ではないか。そうして、ゴトンゴトンという遠くからの音を聞きながら、鉄橋を渡る列車を想い浮かべ、濡れた地面を見て夜に降った雨を想い、その地面がきらきら光っているのを見て今日は暑い日になりそうだと思う。このような単純なことが既に立派な想像ではないか。

そして、もう一つ、人の顔(続いて姿)の知覚が二つの方向への想像を誘う。一つは心というか内面。決して知覚内容にはならないが分かるもの。人の喜びや、がっかりした瞬間が分かる、これが更に能動的な想像へと伸びてゆく。また、声を聞くだけでも、その声を出す人の心の弾みや意欲、苛立ち、驚きなどが想像できる。他方、人が何をしようとしているかが分かる。未だ実現されていないことが人の現在の動きを見て分かる。これまた想像する力へと発展する。そうしてもちろん、自分の運動経験が人間の行動になるに当たって、想像は重要な働きをする。「どうしよう?」というしょっちゅう湧いてくる問いに答えて行動するとき、あれこれの行動(もしくは何もしないこと)が何をもたらすかを想像して選ぶ。

とは言え、このように記してはみたが、恐らく、人との働きかけ合いから始まる「言葉の使用」こそが想像を現実化するというか、明瞭な形を与えるというかするのであり、想像の働きを爆発的に拡大するのだと思われる。言葉に託して想像は浮遊するだけのものではなくなる。言葉は音によって意味事象へと向かうのであり、想像もまたまさに意味世界を形成し、かつ、感受することではないのか。(そしてこの感受が想像を各自の事柄とするし、感情に養分を与える。)そうして、体の感覚と物象の知覚という「現われ」が意識の最初の登場であろうが、意識は想像というエンジンによって羽搏《はばた》き、どこまでも広がってゆく。体の感覚と物象の知覚という圧倒的に稠密《ちゅうみつ》で現実性の強度が高い現われ、これとは違う別の現われの形式を言うことができるようになる。こうして、この「はしがきに代えて」冒頭で話題にした、「意味が価値をもつ世界」へと人は入ってゆく。また人は、自己像というものを一つの意味事象として形成してゆく。

さて、先に述べたように、感情は「人が自分の生を生きる」ということの中核を成すものなのだが、その感情と体の感覚とは、ともに人の現在を満たし、最強度の現実性をもった存在を人に与える。しかるに、想像によって入り込む意味世界は人をそのつどの時間への閉じ込めから解放する。そこで、現在という時間が現にある存在そのことから切り離せないとするなら、それとの対比で、時間を越えた意味世界に赴くとは、さまざまな可能的なものに関わることだという言い方をしてもよい。

しかるに、人がさまざまな可能的なものを一緒に見渡し、それらの関係を想い浮かべようとするとき、想像は「思考」に変貌する。（或る事柄が他との関係において可能、必然、不可能の様相のもとで想像されるとき、想像は気儘なものではなくなり、秩序だったもの、つまり思考となる。そうして思考は、時間の推移とともにある現実を偶然という様相のもとで意味世界に取り込む。序《つい》でながら、或る哲学者たちが語る「知的観念」を「直観」する仕方で把握するたぐいの「純粋知性――感覚や想像の働きによる汚染を免れた知性――」などという概念は一つの虚構に過ぎないと言わざるを得ない。想像の或る仕方での働きとしてしか思考はない。）このような思考の位置づけをここで述べるのは、認識論に大きな比重をおく哲学が思考とか知性、理性等を持ち出す傾向への対抗として、一言したいからである。（たとえば「理性」というものにしても、「能動理性」「純粋理性」「啓蒙的理性」「弁証法的理性」……というふうに幾種もの理性が、哲学の流派によって違った仕方で持ち込まれたりするような状況で、哲学は、ときに「厳密な学」を追究すると称しながら、一体何をやっているのだろうか。哲学者たちに共通の術語がない。この状況をどう解釈するかは、哲学とはそもそもどのような営みかを――いわゆる「学問」なのかを含めて――考える上で興味深い事柄だと考える。）

なお、「思考」と言うと、科学的認識とかのことを典型として想い浮かべる人が多いかも知れない。だが、むしろ私たちの生活では、「どうしよう?」と問うて答えを探すために考える、ということに大きな部分があるのではないか。人は、どういう行動をどのように為すかに関して、あるいは止めるかに関して、あれこれの行動が何をもたらす、ないし引き起こすかを想像し、また、行動の道筋を行動することに先立って首尾よく描こうと、行動に関わるさまざまな想像内容が相互にもつであろう諸関係を探るのである。そうして、行動を巡る思考ないし想像でも、人は、自分が他の人々と一緒に暮らす世界で行動するのだということ、人々とはそれぞれに感情をもち、人の行動も含め、いろいろなものをさまざまな仕方で捉え、評価するものであることを念頭におくものである。

さて、以上の見取り図のもと、本書は人の経験の基盤を成すもの、すなわち体の感覚と運動経験、および物象の知覚がどのようなものであるかを、明瞭にみてとることを課題とする。恐らく人間という動物だけがもつ想像については、別の著作で十分に論じたいし、また、人の感情生活という主題は、論文的な哲学書とは違った形で記す試みのために残しておきたい。それに何より、体の感覚と物象の知覚とを論じるだけで長大なものになってしまうのである。

(3) 現代の文化状況——感覚の時代・断片的感覚化される情報——

それから、最後に一言。一般に「感覚」という言葉で、体の感覚である痛さや疲れも、物象の知覚の一要素としての色や匂いや音も、まとめて指すのが普通である。日常生活のレベルでのこの使い方を批判しようなどとは私は全く思わない。このことを断った上で、しかし本書では、表題からも分かるように「感覚」という言葉を「体の感覚」に限定して用いるべく、考察を進めてゆくことになる。そこで、色、匂い、音などは、体をも含めた物象一般の「知覚」の要素(すなわち知覚的質)として考えてゆく。このことの理由は本文で述べてゆく。けれども、当座は普通に「感覚」という言葉を緩く使うことにして言うのだが、現代の文化状況には「感覚の時代」と呼びたい要素がある。それも、さまざまな「情報処理の器機」を通じて手に入れる感覚が非常に多い。この点に目を向け、本書の話題がどのように関係しているか、言っておきたい。

念頭においているのは、テレビやネットにつながったパソコン等の画面に現われるさまざまな映像を見、音響装置から流れ出る音を聞く、それから更には、ゲームを提供してくれる器機の画面に向かって腕を動かすと何かに触れたかの感じをもち、少なくとも画面に映っている何かを自分が動かしたと思える、そのような経験である。更には映画館で映画の場面によっては椅子が振動する仕掛けがある。果ては、或る匂いすら漂わせるような装置の開発も行われているようである。

「物象の知覚」と言うとき、自然の事象の知覚が基本であり、それらは状況によって、見られ、聞かれ、触れられるものである。ところが、たとえば映像は見ることしかできない。その映像の見え(見ることによって得られる内容)とは違った内容の感覚が付け加わることもあるにしても、その別種の感覚を供給するのは映像そのものではない。別のチャンネルでの情報処理プロセスが作動する結果である。(自然の物的事象の場合にももちろん、見ること、聞くこと、触れることなどそれぞれの持分はある。けれども、それらの統合は物的事象の側が促すのである。それに対して、いま指摘した状況では、そうではない。)

映像や音に絞って考えるに、器機によってもたらされる映像や音の由来には二つが区別できる。一つは、器機を「情報処理の器機」と性格づけたことから分かるように、或る現場に居合わせれば見たり聞いたりできるものがどのようなものかを、そこに居合わせない人々にも二次的に経験してもらおうと、「見え」や「聞こえ」の内容を届けると、それが映像や音になるのである。(そのプロセスがなぜ「情報の処理」だと理解されているのかの議論は省く。情報の取得や処理等に関する部分的考察は本書の第2章第3節を参照。また、情報を言えば、言葉について論じるべきということの他に、真偽の別という論点、何を強調するか、歪曲がないか等の話題も出てきて、これは現代の文化状況における重要な問題としては詳しく論じるに値する事柄であるし、また、哲学でお馴染みの認識論的課題とつながるという側面もあるのだが、本書の主題からは離れる。)

映像や音のもう一つの由来は、人による製作である。コンピューターグラフィックや電子音等を想い浮かべればよい。現実にある素材(器機を通さずに直接に見聞きできるもの)から採集した映像や音も、その加工仕方によっては製作物と変わらないものになる。そうして、これら製作においても、前段落で述べた情報処理の際に用いられるのと同じような技術が駆使されるし、人々が映像や音に接するのも同じような器機による再生を通じてである、ということだけを注意したい。

以上を確認した上で考えたいのは、私たちの間で、器機から流れ出る音や映し出される映像を単純に楽しむという態度が普及していることである。このような態度の取り方は、元々は或る事柄についての情報の収集、伝達を意図して採集された映像や音に対してもみられる。映像や音がどういう由来をもつかはどうでもよく、その映像の現実、音の現実だけに心を奪われるのである。そうして、その先には更に、器機を駆使してバーチャルな世界を楽しむという、今日の人々の一つの経験の有り方もある。先に、画面の中にあるものを、見ている人が自分の体の運動によって動かすかのごとく感じるとかの例を挙げたが、これもその一例であろう。(画面に映る或る「映像」を、画面の「中にある――在る――もの」と表現したことにも注意していただきたい。)

「感覚の時代」は、遊園施設、アトラクション、ドラッグ等を通じて強烈な感覚や普段は得難い感覚を味わってみたいという欲求を人々が呼び起こされるようになった頃から始まったと言えるのかも知れない。しかし、今日の、氾濫する器機を通じて提供される感覚、バーチャル体験には、かつてささやかに流行した疑似体験とは異質な部分がある。ばらばらの感覚、断片としての感覚が幅を利かせるのである。すると、単に感覚を楽しむなどと言っておられない状況も生まれかねない。この懸念は、各人の「自己」とはそもそもどのようにして己を獲得するのかに関わる。自己は人の生きることの主人公となるべきものであるが、その自己の輪郭が不明瞭になってゆくということはないのか、という危惧である。バーチャルとは現実ではない、という響きをもつが、他方でバーチャルなりの現実性をもっている。痛さなどの体の感覚は体自身の有りようを告げ、色や音などをその色をしたもの、音を出すもの、つまりは体の外の物象がどのようなものかを告げる役割をもつはずなのに、そうして、体や物象は確固たる存在性をもつものとして手強《てごわ》くて確かで持続する現実を成すのに、その任務から離れた感覚にばかり浸るとどうなるのか。手強《てごわ》くて確かで持続する現実、また、こちらの探索に応じて思いがけない側面を見せもする現実に強くコミットする仕方で形成されるはずの自己というものの有りようを考えなければならない。もちろん、冒頭で述べたように人は意味世界にも生きるのであり、実は「自己像」というものは一つの意味事象として各自が形成するものである。しかし、その意味世界は、ここで言う現実に養われ、かつ現実にさまざまな彩りを与え、そこで意味世界に生きることは人を豊かにするものなのである。しかし、バーチャルの経験には、少し違った風景がみえる。

さて、今日の文化的状況における、いわゆる情報器機の盛んな活用に着目した話をしたが、現代、人の環境はさまざまな種類のものに分岐し、それぞれで性格に違いはありつつも、いずれも人工的であるという面だけは急激に進んでいる。その結果、一方で人々の経験は多様なものになり複雑化し、そのくせ他方で或る意味で痩せ細っている。というのも、人がつくってゆくものはどんどん増殖するが、それらには深さや厚みが欠けている場合が多いからである。人工的なものというのは、人が事柄を己のコントロール下におこうとして生み出すものだからである。（それでいて、たとえば大規模な工場で、始動ボタン一つで機械が動き始めるのに、そのシステム全体のどこで何が進行しているかを、ボタンを押す人が把握しているとは限らないし、また、或る動きが起きたとき、それを修正するのにどのようにすれば分からないというようなことも生じる。人工物は、予測を越えた状況では屡々《しばしば》コントロールできないものになる。）

筆者は、人は自然の存在というものに鍛えられることが必要だと思う。この思いは、人間の経験に強さと豊かさとを与える構造とはどのようなもののはずだろうか、という問いを背景にしている。人の経験の基盤は本来どこにあり、その基盤の上でどのような経験様式が可能となっているのか、確かめる必要があると思う。ここにも本書執筆の動機がある。

なお、体の感覚と物象の知覚について本書が述べることは、実のところ私たちの常識的な考えと余り変わらない。それも当然といえば当然で、常識というものは、領域によって違うが、けっこう健全なものだからである。そこで、当たり前のことがくどくど書かれている、という印象を与えるかも知れない。しかし、その叙述には、最初に述べた私の立場が絡んでいることを理解していただければ幸いである。すなわち私は、同じ主題についてこれまでにさまざまに提出されてきた哲学の考えやアプローチ仕方というものを念頭に（ほとんど表には出していないが）、対案を提出するという意図のもとでの考察をしていて、しかるに、哲学の学説というものには、むしろ常識を浅薄だと決めつけて難ずるというふうな傾向があるゆえ、その種の哲学を批判する筆者の論述には、結果として、指摘したような印象が生まれる可能性もあるだろう、ということなのである。ただ、常識の擁護という側面がある場合にも、どういう意味では擁護できるのか、ということを明確に示した上でのことになっている。

大目次

経験のエレメント——体の感覚と物象の知覚・質と空間規定——

詳細目次

経験のエレメント――体の感覚と物象の知覚・質と空間規定――

装幀　桂川　潤

経験のエレメント——体の感覚と物象の知覚・質と空間規定——

第1章　色の特定

第1節　色の帰属

(1)「色はものの性質でも光の性質でもなく心の産物である」という考え

以下で「色」の経験を取り上げるのは、物象の知覚とはどのような構造をもつかについて説明するのに分かりよい材料であるからである。だから、後の章でも何かというと色を話題にする。それからまた、色は、「はしがきに代えて」で述べた「感覚の時代」において強い力を発揮している。また、現代は経済の時代でもあり、その経済は宣伝、広告を含めて諸情報が飛び交うことに推進力を求める時代であるが、その推進力を担う要素の一つとしても、色の活用がある。

一つの引用から始めよう。

視覚についての本を書いていると言うと、誰にでもきまって同じ話を聞かされた。子どものころのある日、ふと自分が見ている色とほかの人が見ている色の体験はまったく違うのかもしれないと思った、と言うのだ。わたしにとっての緑色とあなたの緑色が同じだと、誰が保証してくれるのか？　色は謎めいた個人的な感覚になる[1]。

これは、近年、「見る」とはどのようなことかについて広範な資料を駆使して著作をものにしたサイエンス・ライター、イングスからの引用である。そうして彼は、

色はものの性質でもなければ、ものが反射する光の性質でもなく、心の産物である[2]

と断定する。

すると、ここに、幾つか検討すべき考えを拾うことができる。二番目の引用文の気持ちを汲めば、

①色は物の性質である

という一般的な考えがあり、また、

②色は物が反射する光の性質である

という主張がなされることもあるが、

③色は心の産物である

とイングスは主張する、ということであろう。ただ、最初の引用文では、

④色は個人的感覚である

となっている。二つの引用文（④を言う引用文と③を主張する引用文）の間には幾つかの考察があるが、イングスにしてみれば、④から③への移行は、考察を繰り広げる前から当然のことであったように思える。というのも、④に見える「個人的」という言葉は考察結果を先取りしている、と読めるからである。

④と、考察結果の表明である③とは、どこが違うか。その確認から始めよう。「個人的感覚」よりは「心」の方が、外延（範

囲）が広い。言うなれば、④から③への移行は、「人間は動物である」から「人間は生物である」への移行のようなものである。いや、主語である「色」そのものにも「緑」やら「赤」やらがあるのだから、「色（赤や青）」「個人的感覚（赤、青などの色や、匂いや痛さ）」「心の産物（色や匂いや怒りや決断）」の順に外延が大きくなっているとイングスは考えているのだろう。（だから、③から④への逆方向の移行は言えない。「色は心の産物である」からといって「色は個人的感覚である」とは言えない。）

けれども、少し考えるべきことがある。「個人的感覚」から「心」へと向かう道筋は二通り考えられる。一つは、A.「感覚」の概念から「心」の概念へとゆくもの、もう一つは、B.「個人的」から「心」に向かう道筋。イングスは（余り自覚はないと推測するが）どちらの道筋を辿ったのだろうか。

そこで、④の「色は個人的感覚である」という表明を、単なる

⑤色は感覚である

という考えと比べてみよう。

⑤から③への移行も自然なものだろうか。だとしたら、Aの道筋ということになるように思える。すなわち

⑥感覚は一般に（色に限らず）心の産物である。

この考えに対して普通に人々がどういう態度をとるかは定かではないが、少なくとも、この⑥は西洋近代哲学の考えであり、現代の脳科学の考えでもある。（ただし、「心の産物である」という言い方より「心に生じる事柄である」という言い方の方が、哲学でも脳科学でも、通りがよいと思われる。そこで以下では、こちらの表現を採用する。）

では、この考えに仮に賛同するとしたら、Bの筋道はお払い箱になるということだろうか。いや、そうではないのである。

1　サイモン・イングス『見る　眼の誕生はわたしたちをどう変えたか』吉田利子訳、早川書房、二〇〇九年、三二五頁（原題 *The Eye A Natural History*, 2007）。

2　同、三四九頁。

というのも、近代哲学が⑥の考えを打ち出したのは、まさに「個人的な」という言葉の意味することを「心」の概念に引き取ったからなのである。

イングスの場合はどうだろうか。彼はどのようなつもりで「個人的」という言葉を採用したのだろうか。彼にとっては

⑤色は感覚である

という当然の事柄が先にあって、そこに、わざわざ「個人的」という言葉を付したいという気持ちが生じたのだと思われる。では、この付加は、「感覚」というものの中から特に「個人的な」ものだけを選び出す、そういう、より狭く限定するための付加だろうか。いや、イングスにとって、「感覚」はすべて「個人的なもの」であるということを念押しして強調するための付加に違いない。そうして、色は「個人的なものだ」と言うのは、「その人だけのものだ」と言いたいのである。その前の文章は、「わたしにとっての緑色とあなたの緑色が同じかどうか分からない、違うのではないか」という趣旨なのだから。そこで、④から③への移行は当然だという考えがあるのだとするなら、④での「個人的」という念押し的に言われる言葉は、③の「心」という概念を先取りしているのだと思われる。言い換えれば、次のような前提がとられていることになり、それは近代哲学の考えと一致する。

⑥「わたし」や「あなた」というものは「心」の概念で捉えるべきものだ。

こうして、以上を整理してまとめると、次のようになる。

⑦色は感覚だが、それは個人的なものであり、だから、心に生じるものである。

さて、私(筆者)はと言えば、まず、「個人的」ということを「心」の概念に引き取ることを止《や》めて考えたい。すると、次の考えを検討することになる。

⑧色は見る人において生じる。

他の誰でもない個人である「わたし」や「あなた」というものを「心」の概念で捉えたい、という気持ちは分かる。けれど

も筆者は「個人」というものを単に「特定の人」と言っているだけのことに留めおく。そして、私たちが或る人を特定するときには体を特定することで果たす、という現実を重視したい。その体というものはさまざまな物象で満ちた世界の中で、体と同じような無数の物体と並存すると捉えられているものであり、だから、或る人を特定するとはさまざまな物体の中から一つのものを「体であり人であるもの」として選ぶということである。この現実はどのような哲学説が提唱されようと変わりなく私たちが従う現実である。以下の考察の後の方で「太郎」や「花子」という人に登場してもらうが、太郎や花子が私たちの傍に居るのなら私たちは二人それぞれを特定できるし、その特定は二人それぞれの体の特定としてなすのであり、このことができることを認めないことには、二人にとって色がどういうものかの考察も始まらない。

「心」の概念の方に戻れば、たとえば「花子は強い人だ」と私たちが言うとき、それは花子の体が頑健であるとか力持ちだとかいうことを指摘しようとしているのではない。強いものとしての花子の存在を私たちは確かに体とは別のところで考えていて、すると「心」などを呼び出すことになる。「精神」という言葉(概念)を持ち出す人もいるだろう。

そこで、ここでは差し当たり「心身」という語を想い浮かべ、「心」は「身」すなわち「体」と区別された何ものかとして捉えられているという、このイメージで押さえ、「個人」というものを心身の両面から考えるという、平凡な考えを踏襲しておくことで済ませたい。(とは言え、筆者は、体を先に検討し、その後で「心」をどう位置づければよいのか、という順序で考察する。これは普通に人々が考える順序ではないか。けれども、近代の観念論哲学は、「心」が先だ、という見解であった。なお、日本語の語感では「心」は、いわゆる「知情意」のうち「情」を中心にして捉えるべき事柄を指しているのであるが、デカルトがフランス語で「エスプリ」という語で表現し日本語で「精神」と訳す習慣のものと、続いてロックが英語で「マインド」と表現して「心」と訳すことが多いものと、どちらも、主として「知」に重きをおいて考えられたものであることも頭に留めておく方がよいと思う。)

そうすると、⑧「色は見る人において生じるものだ」という考えの検討を済ませれば、その後で「色は心に生じるものだ」(⑥、⑦)という考えについても、幾らか考察することができるであろう。具体的には、本章では、「色を見ること」と「色を想い浮かべる」こととの違いを考える仕方でである。

ところで、⑧の表現では、私は「感覚」という言葉を省いている。「色は感覚であって人において生じる」とか、「色という感覚は人において生じる」とかの表現をしていない。このことについて説明しておかなければならない。

恐らく、③から「個人的」という形容語（イングスが強調のために入れたに違いない語）を外した表現

⑨色は感覚である

を、人々は何も思わず受け入れるだろう。「感覚」という言葉の日常的な使い方に添っているからである。そうして、生理学や脳科学でも、また哲学でも、「色は感覚である」という考えは、大した検討なしに、言うまでもないことであるかのごとく受け入れられている。しかしながら筆者は、本書を通じて、敢えて「感覚」という概念を狭くとって「色」に適用することをしない。その理由は詳しくは第4章で示すことになるが、予めここで簡単に述べておく。

先に、感覚の概念の外延と心の概念の外延との広狭について述べた件《くだり》で、私は感覚の仲間として、「色」「匂い」「痛さ」を挙げた。それは差しあたりそうしたのである。しかるに、「色」や「匂い」更に「音」などのグループと、「痛さ」あるいは「痒さ」「疲れ」などのグループとは、前者は広く物象について何がしかを教えてくれるのに、後者のグループはそれを感じている人の体についてだけしか言えないものだから、明白に違うのではないか。もちろん、違うにしても、どちらのグループの事柄も「感覚」と呼んでよい理由はある。しかしながら、本書のように人間の経験を分析し、そのエレメントを論じようという限定的な場面に限っては、二つのグループを別の概念で押さえないわけにはゆかない。そこで、敢えて「感覚」という言葉（＝概念）は狭く「痛さ」などのグループにのみ適用したい。そして、色も属する前者のグループは「知覚的質」として概念規定する方がよいと考える。

「知覚」の概念については、主として第5章で考察する。なお、「生理学における感覚概念」の考察は主として第2章第1節で、「心の出来事」として感覚を捉える「脳科学における感覚の扱い」の考察は、「感じる」という表現と絡ませながら第2章第4節(3)で、「近代哲学の感覚概念」の検討は第3章第1節と第2節で果たし、また、「近代生理学確立期の生命論における感覚概念」について第3章第3節で紹介する。また、筆者自身の「体の感覚」の考察を第4章で行う際には、「感

覚」という言葉の日常的な使用についても概観し（第4章第1節（2））、その上で、いま述べた言葉遣いの方針で論を進める。

以上の準備的考察ないし注意を踏まえながら、項を改め、次の三つの考えをそれぞれ考えたい。一般に流布しているとイングスが認めていると思われる二つの考えと、いま定式を遣り直した考えとである。再掲しよう。

①色は物の性質である。
②色は物が反射する光の性質である。
⑧色は見る人において生じる。

(2) 色が見えるために必要なもの

①色は物の性質である。
②色は物が反射する光の性質である。
⑧色は見る人において生じる。

このように並べてみるに、①が一番普通の考えである。しかし、②も私たちに馴染み深い考えである。そうして⑧は、ふと人が懐《いだ》くというか考えてみるというか、そういう考えである。筆者は、これらのうちどれが正しいのだろうか、という問いは提出しない。それぞれの考えを主張するのが正当なのは、どういう場合なのか、と問うべきなのである。

まず確認すべきは、物（ないし「事象」、空とか炎などの「物」という表現に馴染まない事象、物とあわせて物象）、光、見る人（個人）の三者すべてが揃って初めて何かの色は見えるということである。

赤い色を想像するだけならともかく、赤い色を見るには、林檎か夕焼けか、何か赤く見えるものを見なければならない。この何かが重要なのは、メロンを見ても赤い色は見えないことからもはっきりしている。確かに、舞台で踊子は赤い服（という物）を着ていなくても赤い衣裳を纏《まと》っているように見えることがある。それは舞台を照らす赤い光線のお蔭である。しかし、その場合でも、では光だけあればよいかというと、そうではない。踊り子の白い衣装が必要である。

いや、赤い光線を見るときには光さえあればよく、物は要らないのでないか。これに対しては、光の通り道に埃《ほこり》が舞っているのでなければ「赤い光線」なるものも見えない、と応答すべきである。(ただし、これゆえ私たちは埃を見ているのだと言い張る必要はない。やはり、光が射すのを見る、というのが普通の考えである。なぜか。直ぐ後で論じることの先取りになるが、私たちは多くの場合に埃に関心をもつのではなく、闇を照らすものとして新たに到来し、何か期待をもたせる光に関心をもつからである。あるいは、美しかったり不気味だったりする色の線が気になるからである。何も見えなかったところに一筋の赤い線が見えてくる。それはもちろん空中のその場所に埃が浮かんでいたのでなければ生じなかったことだろうが——今日の或る種の工場のクリーンルームでは、暗闇にサーチライトを投げかけても明るい線は見えないかも知れない——、何よりも光が射してきたからこそ生じたと私たちは捉え、だからその見える線を光線と呼ぶのである。そこで同じ理屈で、埃が気になるときになら、私たちは「わあ埃が一杯だ、埃が舞っている」という具合に事柄を捉え、光の方は脇役にしてしまう。これはこれで正当なのである。光か埃かどちらかを選ばなければならないというのではない。)

これらの例の考察から明らかなように、色が見えるには何か物が必要なのだが、しかし同様に、第二に、何か赤色が見えるためには、いつだって光が必要である。もちろん、赤い光線が必要だと言うのではない。太陽光のように、普通ふんだんに降り注いでいる光、或る場所を明るくする光でよい。暗いとき林檎は全く見えないし、薄暗いとき、林檎はぼんやりと見えても赤くは見えない。

最後に、私(一般に人)が赤い色を見るには私(人)が必要である、これは言うまでもないし、言うのが馬鹿げているような事柄である。ただし、この指摘は、先に紹介した考え、「赤さというものは個人的感覚であって、赤いと見る人のうちにしかないのだ」という考えの表明と同じではない。(「人」が「心」という概念へと収斂されてゆくかどうかという問題とは切り離した上で、なおかつ、同じではない、と言える。)論の流れに従えば、赤さを見る人を考察の場に登場させておく必要がある、というだけの話である。

さて、すると課題は、色の出現に必要と思われる三者のうちのどれか一つに私たちが色を帰属させる、あるいは色の正体をみようとする、このことがどうして生じるか、を理解することではないのか。違う帰属させ方はそれぞれ或る正当性をもっているのであり、従って、それだけが正しいとの主張を伴って「これに帰属している」と或る帰属のみを言い立てるのは、事柄の有りようを見そこなっているのである。

(3) 物と色——物への通路としての色・色を見たり作り出したりする最も簡単な方法——

一番普通の考えは、①「色は物（物象）の性質ないし属性である」とするものである。なぜ、これが普通の考えか。林檎、人の皮膚、地面、木の葉、ポスト、海、空、炎、手当たり次第に挙げていってそれらが見えるときの色を言うとき、大抵の場合は物象が私たちの関心事であって、色は物象やその状態を特定する通路の一つとなっているからである。それも、足跡がそれを残した猫への通路であるときなどの場合と違って、物象を見るとは「色を込みで」見ることである。色の空間規定がそうさせる。色を物象の色だと見るのは当然である。（知覚の空間規定については第5章で、特に色の空間規定については同章第6節でたっぷり考察する。なお、綺麗な色に見惚れる、厭《いや》な色で見たくもないというようなときは、もちろん色に関心の中心がある。このような、いわば美的態度を取る、趣味を重んじるなどは、色を通して物象を捉えるというのに比べて高度の経験様式である。——尤《もっと》も、赤ん坊が最初は赤い色のものなら何でも目で追うというようなことは、色への関心は原初的なものなのだ、ということをむしろ示しているようにも思える。だが、赤ん坊は色を通じて物に至るべく誘われている訓練の段階にいるのだ、と思う。目立つものから世界に入ってゆくわけである。）

次に、色そのものに関心があるときも、ほとんどの場合、物象が或る色をしているという考えが当然のことになる。なぜなら、或る色を見たい場合の最も簡単な方法は、その色をしている物象を探すことだからである。とりわけ林檎のように持ち運べる物は重要である。誰かに或る色を見せたいときに、その色をしている物をもってきて見せればよい。物が動けば色も一緒に動く。（人に物を見せることで或る色を見せるという考えの中には、自分が見る色を人も見ることができるという考えがあるが、このことについては本章第2節と第3節で詳しく考察する。）

黄色い花が一杯に咲いた庭の花壇に赤い彩りが欲しいとき、赤い花を咲かせる草花とか赤い葉の下草、赤い実が生る潅木《かんぼく》とかを植える。それから、紙の上に赤い色を出したいとき、赤色鉛筆や赤いクレヨン、クレパスを使うか、赤い絵の具を塗ればよい。壁を赤くするには赤いペンキを塗る。こういうことができるのだから、色は花やクレヨン、ペンキなどの物の色だとする理解は当然に出てくるし、そのように理解しないと花やクレヨンなどを使うことは思いつかない。

また、歴史を振り返れば、人が欲しい色を手に入れるために為した数々の努力は、その色をした物ないし発色する物を手に入れる努力であった。（筆者が知る範囲では、特に衣服の色と身分、位階が結びついた古代における染料に関する歴史的記述は充実している。それから、青色を手に入れるためのインディゴという植物を巡る歴史、それに代わる化学的染料合成の切っ掛けとなったアニリンの発見を巡る人々の物語は、読者をいたく興奮させる。）

それから、気になる色を名で呼びたいとき、人はその色をした物象のうち最も身近で頻繁に見るものの名を言うことで用を足したであろう。色の名前は、その色をしているものを言うことから始まるしかないのである。「橙《だいだい》」という物の色が「橙色」になる。同様に「桃色」「茶色」「空色」「藍色」「藤色」「茜《あかね》色」等、ざっと色名を挙げてゆけば納得できる。（聴覚や嗅覚の質的内容を表す名に関しても同じことが言える。「水音」「羽音」「腐敗臭」「煙草臭」「加齢臭」など。）「赤」や「青」等、語源が直ぐには分からないものでも、その方面の研究者に教えてもらうと、そういうことか、と頷《うなず》ける。また、語源がはっきりしていると思える色名でも、最近は名が由来するものを人々が見ることは極めて稀だという場合もある、「ねずみ色」のように。（そこで、ほとんどの言葉は現代の私たちよりはずっとずっと古いのだから、色を表す言葉の語源を探すことで、古い時代の生活の一端を——人々がどのような事物に囲まれて暮らしたかを——、窺うこともできるくらいである。それから、色名が依拠した、その色をしているものの方を人が想い浮かべなくなったとき、名は熟成したといってよいであろう。人が「藍色」で「藍染め」の色として藍色を想い浮かべることなど全くせず、いわんや「藍という植物」のことが頭を掠めることなどまずなく、単純に青がどんどん濃くなった色としか考えないとき、「藍」という語は、いわば自力で意味を抱え込んでいるとでも言える語になっている。）

なお、色の名が既に流通する中で人は色を表す語を学び使用してゆくわけで、そのとき、語を適用してみて他の人とのコミュニケーションがうまくゆく、ゆかない、あるいは使い方の誤りを指摘されるとかしながら、色の名を使えるようになる。とは言え、そもそも語の適用をどのようにしてするようになるのか。同じような色を見ることの繰り返し、あるいは、少し違った色をひとまとめに扱うことの繰り返しと（実は二つの繰り返しは程度の差の違いでしかない、同じ色と捉えられる二つの色も、ちょっと目には見分けがつかない場合でさえ、色が見えるその具体性においては厳密には一つ一つが独自、個別のものでしかないのだから）、それに同じ語を結びつけるという作業がある。

たとえば「赤い」という色名を覚えるのは、トマトや人参、服、クレヨンなど、赤い色をしているものを通して、それらと関わることによってであろう。ただ、この例から分かる通り、トマトの色をトマトに即して「トマト色」として学ぶのではない。そして、トマトも食べては別のトマトに出会うわけで、どのトマトも全く同じ色をしているわけではない。色名は複数のものの色に似通ったところを見つけて共通に表現する分類的なものである。そして、仮に「橙色」という色の名を橙という果物に即して理解する場合でも、その名の元となった橙自身が、大分類「果物」の中の小分類「橙」として、やはり分類的に理解されたものである。言葉で表現するということは個別的な事柄を一般化することを必ずや含む。（ただ、言葉の工夫で一つ一つの事柄の個性を何とか表現しようと努力することはできる。なお、人の名のような語、固有名詞の有りよう、働きは別に考えねばならない。因《ちな》みに、固有名詞という概念はあるが、「固有形容詞」「固有動詞」という概念は存在しないのはなぜか、考えてみるのも一興である。）

要するに、色は心の中の事柄だと、そのことばかりを言い立て、色をした物の重要性を無視するなら、そもそもどのようにして色の名というものが生まれるか、想像すらつかない。

ただし、一つ注意する。色の命名は、いったん幾つかの色名（いわば代表的な色名）が生まれた後では、物から離れて、さまざまな色の間に見られる秩序を反映したものともなる。「黄緑」は黄色と緑との中間色、「赤紫」「青紫」はそれぞれ赤味が勝った紫、青みが勝った紫だというふうに。このとき、もちろん先立って「黄」「緑」「赤」「青」「紫」という色の名が存在しているのでなければならない。また、このような命名法は、色の秩序の反映であるという側面の他に、基本色と派生色との区別が、しばしば私たちが色をつくり出す方法と連動していることをも教えてくれる。

画家たちが、自分が大事にする色をどのようにして生み出すのか、それは秘密の技量であるかも知れないが、私たち（日本で初等教育を受けた人）はほとんど誰でも、クレヨンや絵の具などを使って色彩画を描く経験をしてきている。これら工業製品は六色、一二色、一八色、二四色セットなどの仕方で人々に提供され、使用者はそれらを用いて沢山の色を作り出す。すると二つのことが生じる。

一つは色名に見合った色の標準化。最初は空の色が「青」、トマトの色が「赤」だなどと教わった子どもも、色づけすることを目的とした製品が生み出す色とその製品に付けられた色名とを対応させる習慣を身につける。もう一つは、手許《てもと》にある黄色のクレヨンと赤色のクレヨンを混ぜ合わせることで橙色を生じさせることができると、私たちはおのずと黄色と赤色とを基本色、橙色を派生色だと考える。そうして、基本色と派生色との関係は多くの場合に、後者の名にも反映することになる。「黄緑」「青緑」というふうに。（このことは、三原色であらゆる色を作れるという説や、いや四つのユニーク色に白と黒を加えた六つが基本だとかの説からは離れて言えることである。——光の理論家は、私たちに馴染みの「原色」の代わりに、幾つかの「原刺激」を言う。[3]——また、人がどういう色を見るかは確かに光の波長に依存しているという考えを、更に生理学の次の発見、すなわち、刺激となる光を受容する視細胞には杆体と錐体とがあり、錐体の方には極大吸収波長が異なる三つの種類があるという発見につなげ、これらの視細胞の活動に対応するものとして基本色を考え、三種の錐体の活動の組み合わせで生成する色を派生色として考えることができるかも知れないという研究、あるいは、いや、そういうわけにはゆかないという論争からも独立して言えることである。因みに、光の波長の違いが単純に色の違いに対応しているわけではないことは、ここで言っておく必要がある。また、どういう色を見るかには視細胞だけでなく神経節細胞の関与もあるようなのである。なお、ここで既に「色は光の性質である」という考えと、「色は見る人において生じるものだ」という考えとが顔を出してしまっているが、これらの考えについては順次、本節（5）、第2節と第3節で取り上げ、色の生理学については第2章第1節で考察する。）

（4）物とその性質――関係的なものであるゆえに潜在的な場合も多い――

前項で、色を物の色だとする最も普通の自然な考えを確認したが、とは言え確かに、目が見える人の場合に「色が色をもつものそれぞれへの通路である」というのは、また、「赤いクレヨンで白い紙を赤くできる」と考えることができるのも、私たちが、光がふんだんにある世界で暮らしているからではある。もし薄暗い世界でだけ暮らすなら、少なくとも林檎のような物はぼんやりでも見えるのに、しかし赤い色は消えて黒っぽくなるだろう。言い換えれば、色無しでも物を理解するわけだ。（もっとも、薄暗い世界でだけ暮らす人は色という概念を決してもたないだろうから、これは飽くまで一つの言い方である。なお、以下、暫くは林檎のような物を中心に話を進める。というのも、昼間は空は青く見え、かつ、秋の空は春よりは高く見えるとか言えるが、暗くなり、月や星々も見えないと、深さもはっきりしなく、空間規定は不明瞭になるからである。空のようなものの見え方については、少し注意深い考察が必要である。）

では、そのとき、林檎のような物を私たちはどのようなものとして理解するか。空間に位置を占めるものとして、そうして或る大きさと形をもつものとして。ところで、大きさと形とは触れることによっても理解するし、何か物が空間に位置を占めるものとしてあるということは、匂いを嗅ぐことや音を聞くことによっても理解するであろう。

物から空間的なものであるという性格を取り去ることはできない。それは、第5章と第6章で詳しく考察するが、そもそも物とは、異種の知覚内容が同じ場所規定を携えることで共通に指示する存在物であるからである。この共通の存在物ということから出発すれば、この存在物は色なしでも理解できる。

しかしながらこのことは、色を物の性質として考えてはいけないということを意味しはしない、こちらを忘れてはいけない。

確かに、物があるだけでは色は出現しないであろう。色の出現のためには、光や、そもそも色を見る人がいる必要がある。

3　このことも含め、ここでの話題に関連する考察は、松永澄夫『食を料理する―哲学的考察―』東信堂、二〇〇三年、第7章第一六節を参照。

けれどもこのことは、色を物にその性質として帰属させるのが理に適っているということを否定できる微塵の力ももたない。このことを前項で述べたことから更に進んで深く理解するには、そもそも物に帰属する性質とは一般にどのようなものかを見極めなければならない。

三つのことに注意すべきである。第一に、物とは或る時間は存在し続けるものという資格で捉えられ、そして諸性質の方は（色などの性質を含め一般に）その物において折に触れて（しかるべき機会に応じて）発現する事柄で、だから屡々《しばしば》潜在的な事柄であること。第二に、その潜在的性格がどのようにして発現するかという観点からみれば、性質とはそもそもが関係的なものであり、その関係が満たされたときに発現すること。しかるに、これを言い換えれば、関係的なものであるけれども関係項の一つに帰属させられるということが性質という事柄一般の有り方であること。それから第三に、従って、場合によっては、同じ関係を関係する諸項のうちの別のものに引き付けて、その項の側の（その項に帰属する）性質としても表現できるということ。そして、どの項に引き付けるかは、関係諸項に関わる人の側の関心に依存すること。

これらのことは、（イ）塩の「水に溶ける」という性質の場合は明らかである。塩は水とは独立に存在することもできる。水に溶けている状態のときにしか存在しないということはない。塩とはいろいろな有り方を通じて存続するものとして理解されている。それで、もし塩と水が出会わないのなら塩が水に溶けるということは生じようがなく、だから、塩の「水に溶ける性質」というものは宙に浮いてしまう、いや元々思いつきもせず登場するはずがない。

ただ、現実に時には塩は水と一緒になり、一緒になれば水に溶ける。そのようなものとして、そういう性質のものとして塩はある。ただ、その性質が出てくるのはそのときだけである。当たり前である。そこで、塩というものは水に溶ける性質をもつ、と言うのは、関係的で、かつ潜在的な事柄を言っているのである。

それから、塩は水に溶ける性質をもつのなら、水は塩を溶かす性質をもつ、と言ってもよい。そうして、同じ一つの可能な事態を踏まえて、それを塩の側から言うか水の側から言うか、つまり、塩とその性質という仕方で捉えるか、水とその性質という仕方で捉えるか、その違いは、人の関心のもち方による。人が何を相手にしようとしているかによる。

たとえば塩が溶けてべとべととして困るとか使いものにならなくなったとかを経験すると、塩を中心に考え、塩というものは水に溶ける、だから水を吸うのだ、ということになる。そして、塩を貯蔵するときのように塩を相手の行動をとるときには、塩と水との双方があって初めて生じ得る事態を予《あらかじ》め捉えて、それを塩の性質と位置づけ、それでもって、湿っぽい場所は選ばないなどと決める。塩に関する可能性として事態を考慮するから、塩の性質という整理になる。(因みに、鉄が硫酸に溶ける場合は、鉄は鉄のままではいられない。しかし、硫酸に溶けるというのを鉄の性質と言ってよい。これはどういうことか。事柄は複雑になるが、同じように考えていけばよい。細かな議論は省く。)

他方、水についてあれこれのことを考慮しているとき、その一つとして塩を溶かす性質も話題になる。

塩の「水に溶ける」という性質の場合は、「水」という関係項が明示的に表に出ている。しかるに、(ロ)桃は軟らかく、西瓜は固い、という性質の場合、性質の関係的性格と潜在的性格という二つの事柄は、あからさまにはなっていない。とは言え、それに気づくのは容易である。桃は軟らかく、西瓜は固い、という性質も、実のところ、桃と西瓜とが時に自分とは別のものと結ぶ諸関係における事柄として成り立っている。桃が軟らかいとは、落ちて地面にぶつかったときにグシャッと潰れる等のこと、西瓜が固いとは、素手で割ろうとしても難しい等のこと、そして、桃と西瓜とをぶつければ凹《へこ》むのは桃の方だということである。或る物が軟らかいとか固いとかの性質は他の物や私の行動との関係での或る在り方を示している。

そこで、もし仮に桃や西瓜がずっと枝に付いたまま、あるいは地面に横たわったままであったら、どうだろうか。(腐るとかの話は措く。)軟らかさ、固さという性質は分からない、ただ、分からないけれども、桃は軟らかいという性質を、西瓜は固いという性質をもつのに変わりはない、と言ってもよい。ただし、その性質というのは、もし桃や西瓜が他のものと関係をもつとしたらそうでしかあり得ないということであって、その発現を先取りして言うに過ぎないもの、関係が生じない限りでは潜在的なものなのである。

そして最後に、西瓜を落として割れないときと割れるときとがあって、それぞれに、西瓜は固いとか、案外柔らかいと言うときもあれば、落とした場所の地面が運よく柔らかかった、折悪しく固かった、と言うこともある。これは、固さ、軟らかさが相対的なことだということの他に、私たちが、同じ事態を自分が注目するものの性質として取り込んで捉える、ということをも示している。つまり、塩と水の場合と同様、同じ事態を西瓜の性質として把握する方向で整理するか、地面の性質を言う仕方で整理するかの違いが出てくるわけである。

では、(ハ)桃が桃色をしている、という性質の場合はどうか。(色の名前は「桃の花の色」として生まれたらしいが、幸いなことに桃の実も桃色をしている。色の名前については、前項で述べた。)桃は何かとの関係なしに単独なままで、かつ、いつでも(熟する等の変化のことは別だと脇に置いて)桃色をしているのではないか。

いや、これまでの考察からすぐに気づくように、桃は単独にそれだけで桃色をしているようでいて、実際にはお昼の光の中では(光を反射するという関係を光と結ぶことで)私たちに桃色に見えるということでしかない。ただ、私たちが桃というものに初めて出会うとき、それはどれかの知覚によるのであり、それが視覚という知覚である場合、大抵は光があって明るいところで見るので、光のことは忘れるのである。そして、忘れてかまわないし、桃の桃色は桃に固有な性質だと考えてもかまわない。色を見ることは桃を他のものから区別するのに役立つのだから。空き缶の金属が鉄かアルミニウムか、あるいは他のものかを調べるためには、磁石と関係させる、試薬との反応をみるなどしなければならないのとは違うのである。桃は見るだけで、その独特の色で他から区別できる。薄暗くて不十分にしか見えないときではなく、普通に見ることができるときには光は溢れている、そしてそのときは、桃は桃色に見える。桃が桃色に見える条件を探し出してわざわざつくり出さなくともよいのである。桃が桃色には見えない状況は非常に少ない。

だからむしろ逆に、色も性質として関係的なものであるということを理解することの方が困難である。暗くて桃色に見えなくても、それは、暗いと形だってぼんやりとしか見えない、要するに有りのまま見ることに制限がかかっているだけだ、という理解を誘うだけかも知れない。そこで、色が関係的な性質だということを理解するには、光の差異に平行して色という事柄に差異が見られるかを確かめる、というような余分なことをしなければならない。(一般に或る事柄に関して対照をなす事例を用意して、それに平行して別の事柄に関する差異が見られないかを探る、これは実験の基本形である。近代科学の成立期に、現象の継起の規則性を探究せよ、という方法が認識論上の合言葉になったが、それでは不十分で、単なる規則性ではなく、幾つかのパラメーターの変移の間に見られる規則性を発見しなければならないのである[4]。

(5) 光と色

さて、色が、物、光、色を見る人自身、これらのすべてが関係することで発現する何かであるなら、(2)の冒頭で述べたように、「色は光の性質だ」とする②の考え方が出てくるのもおかしくない。この考え方はどのような場合にみられるか。これまでの議論を踏まえれば、光に関心が向くとき、ということになるが、少し詳しく事情をみてみよう。

稲妻、雲の隙間から射す光線、それからサーチライトとか飛行場の誘導灯、夜景などが黄色や赤、青、緑等に見える、このような視覚経験はありふれている。これらのとき、私たちは物の色を見るというより光の色を見ると思う。そして当然、その色は光の性質だと考える。ただ、このようなとき、むしろ光は物に準ずるものとして見られていて、その見られ方、理解され方は既に考察した理屈によっているのでしかない。

準ずるとはどういうことか。先に劇場で舞台に投げかけられる光線のことを話題にした。私たちが光の線と見るものは実は、一つひとつは見分けられない埃《ほこり》の集合である。その集合は切れ目ない幅をもった、周りと違って明るい線として見える。埃が光を反射していて明るいわけである。その線の空間位置を私たちは言うことができ、その位置に光線を見ると言う(考える)が、これは物の位置を言うのと同様なのである。

そこで、そのいわゆる光の通り道に光(A)が見えるためには、その場所に舞う沢山の埃で反射した後に見る人の目に飛

4　松永澄夫『知覚する私・理解する私』勁草書房、一九九三年、第三章第1節、および松永澄夫「生じることと生じさせることとの間」『論集34、東京大学文学部哲学研究室、二〇〇八年、所収。

び込む光(B)が必要である。だが、この光(B)の方は私たちは見はしない。林檎のような物が見えるときに必要な光、林檎で反射して目に入る光は見えるわけではない、というのと同じ事情である。だから、光線(A)が見えるとき、その見え方は物に準ずる、と言うのである。しかるに、色とは光の性質だ、と言うときの光とは、光線であれ林檎であれ、それらの色であれ、何かが見えるために必要な光、目に飛び込む光(B)のことを言っている。

色とは光の性質だ、という考えは、赤い光や青い光を見るときのことではなくて、物が或る色で見えるのに、その色の正体は光だ、物ではなく物で反射されて目に飛び込む光の性質として色があるのだ、という考えである。それは先に挙げた例、舞台の踊子の衣裳の色が照明する光によって次々に変わって見えるとか、高速道のトンネルに入ると黄色いナトリウム光線のお蔭で車の中のさまざまなものが皆、黄いばんだ色で見えてくるとか、このような場合に出てくる考えである。

しかるに、これらの例では、どちらかというと理屈を働かせた判断があるのではないか。どうしてこのような色の見え方をするのか、と不思議に思い、その理由となる候補を一つずつ調べるのである。前項末尾で述べた、実験の論理と似たところがある。すると、光という候補が色の違いの理由を引き受けるものとして残るわけである。(もっとも、或る色をした光源とそこから発する光線が見え、その光線が当たったものがほぼ同じ色に見えるとき、色は光がもたらしたものだということが理屈抜きで分かる。まるで光が染めているかのように。ただし、元の物の色——白色光が物に当たった場合に見える物の色——が強い色だと、光が物を光の色そのもので染めるのは難しい。二つの色が混ざった、かつ、くすんだ色が見える。なお、インクで染めたものは染められた色に留まるが、光で色づけられたものは光に照らされることをやめると、元の色に戻る。それから、光源が黄色く光って見えるとき、目に飛び込む光の色も黄色だ、という言い分は分かる。けれども、色が見える場所が大事で、光が飛び込んだ目の場所に見えるのではない。光源のある場所に見えるのであり、この見え方は、光を反射する物——埃など——の場所に色が見えるのと同じ論理に従っている。)

ところで、舞台の踊子の衣裳が、着替えもしないのに次々に色が変わるという場合、観客にしてみれば色を生み出す光の作用に理屈で気づくのでしかないとしても、舞台の演出家の方はそうではない。演出家は明らかに色に大きな関心があり、その色を観客に見させるにはどうすればよいかを考える。もちろん、まずは登場人物の衣装や舞台上の大道具、小道具の色を選ぶ。衣装などの物が色をもっていて、それに頼るわけである。けれども、幾つもの衣裳を用意できないとき、あるいは踊子が服を着替える間もないにも拘わらず次々に多彩に見せたいとき、更には舞台の状況が華やかさから愁《うれ》いに沈む場面へと急転することを示したくそれぞれのシーンに相応しい色調で舞台全体を構成したいとき、演出家は物の色に頼ることができない。そこで照明光に頼る。このとき、物によってではなく光を扱うことで色をコントロールするのであり、だから、色の所在は光に求められるのである。この論理は、赤いクレヨンを塗ることで白い紙を赤い色にでき、緑のクレヨンでは紙を緑色にすることができる、だから赤さや緑とはそれぞれのクレヨンの色だとするのが妥当であることと同じ論理である。

　私たちは色を直接にコントロールすることはできない。（これが、色は物や光のように存在するのではなく、性質である、ということの根本にある。）それで、絵の具を扱って色を支配する（できる）ときには、絵の具というものに色を帰属させ、それと同じ原理で人は、直接に扱えて間接的に色を操作できる光の側に色を帰属させるのである。そしてその場合には、衣裳の色は見かけの上でだけのもの、ということになる。（ただし、光を直接に扱うといっても、投光機とかロウソクとか光を出すものを扱うわけで、或る種の物の――結局は体を尺度として適切なもの――の優位という事態が舞い戻ってくる。第6章参照。）

(6) 知覚対象と知覚的質――行動の原理に従う分節――

　ここで行動が「物とその性質」という分節を支配していることがみてとれる。さまざまな性質を帰属させる「物」とは、行動の直接の相手となり得て、それを扱うことでその諸性質も相手にすることになるものである。他方、色のように直接にコントロールすることができず、間接的にのみコントロールするしかないものは、物のように存在するのではなく、物の「性質」という位置づけを得るのである。

　そこで、特に視覚や嗅覚、聴覚などの、まとめて「知覚」と呼んでおきたいものが関わる事柄を行動との関係で考えてみよう。屡々私たちは、視覚の対象は色や形、嗅覚の対象は匂い、聴覚の対象は音だと考えたくなる。けれども、色をコントロールするには、その色をしたもの、もしくは光をコントロールすることで間接的になすしかないのと同様、匂いや音をコントロールするには、匂いを出すものや音を出すものをコントロールしなければならない。しかるに、或る匂いを出すものは同時に或る色をしたものであり、また何かの音を出すこともある。すると、色や匂い、音は「この共通のものの・性質」、言うなれば「知覚的質」と位置づけるのが適切なことになる。確かに私たちは、何も見ず匂いも嗅がずに音を聞くだけの経験、あるいは見るだけで匂いも嗅がず音を聞きもしない経験、匂いを嗅ぐだけで見も聞きもしない経験をするので、視覚の対象は色や形、嗅覚の対象は匂い、聴覚の対象は音だと考えたくなる。だが、正確には或る色や形をしたもの、匂うもの、音がするものが対象だ、と言うべきなのである。この対象は、或る場合には視覚の対象であるが別の場合に聴覚の対象や嗅覚の対象ともなる可能性がある、そのようなものである。

知覚は本来は行動を導くもので(別の言い方をすれば知覚主体とは行動主体であるのが本来で)、知覚の対象とは可能な行動の対象でもあるのであり、しかるに行動が相手にするのは色や匂いや音ではなく、それらを性質とする物である。たとえば、緑の苺は差し置いて赤い苺を摘む、あるいは甘い匂いのする苺を摘む(赤い苺や甘い匂いのする苺は熟していて美味しいから)とか、吠え声を聞いて獰猛な犬から遠ざかるとかするとき、色や匂い、音が重要なのではない。食べて美味しい苺、自分には危険な犬が問題なのである。こうして、私たちの知覚経験は「知覚対象とその知覚的質」という分節をもっている。

それに、仮に物の方ではなく色や匂い、音に関心がある場合でも、物を相手にする仕方でなければ、色や匂いなどを経験できない。見ている色が気になってその色を何とかしたいとき、色だけを相手にするのではなくその色をしているものを相手にする。しかるに、それは取りも直さず或る匂いがしたりするものを相手にすることでもある。たとえば、別の著作で述べたが、[5] 犬の毛を或る色に染めるのに、犬の色だけを相手にして犬は相手にしなくて済むというわけにはゆかない。すると、色を染めるために犬を呼び寄せれば犬の匂いをも経験することになるし、犬の吠え声も耳にする。これは当たり前のことなのだが、さまざまの知覚的質は一つのものに集結し、私たちは違った知覚によって同じものを違った仕方で対象にしているのである。視覚の対象は色、聴覚の対象は音、嗅覚の対象は匂いというふうに、対象はばらばらなのではない。

（しかるに哲学の歴史では、色や匂い、音等を対象にする経験が先に来て、それらの連合が「色や匂いをもつもの」という観念を成立させるという、逆の順序を想定することが屡々行われてきた。しかも、仮に、せめて連合の根拠を言うとしたら知覚内容が携える空間規定以外にはないのに、哲学者たちは知覚内容――彼等の言う〈感覚〉――を非空間的なものだ、いわゆる主観の領域で生じる事柄だとしたのであり、連合の根拠を見失っている。ときに「近接」を一つの根拠として挙げる哲学者がいるとき、その「近接」の実際的中身をどう受け取ればよいのか。そして、色の付いた物よりは色を先行させ、それを非空間的なものだとする主張と、色を経験するものを認識主観だと考え、認識を行動から切り離して観想的なものだと考える愚を犯すこととは連動している。なお、以下では、筆者の「感覚」という術語の本書での用法とは違う場合には〈感覚〉と表記する。筆者が「感覚」という語を非常に狭く限定して用いる理由については、第2章第1節以下で述べている。）

それでも、視覚の対象は色、聴覚の対象は音、嗅覚の対象は匂いだと主張する人々は多い。どうしてだろうか。それは色や匂いを、それらを性質としてもつ事象から切り離して楽しんだりする高度の経験に惑わされるからである。或る種の抽象画や音楽のことを考えればよい。この高度の経験は知覚の本来の働きから逸れた抽象に遊ぶことによって成り立ち、そのように遊ぶとは、まさに行動する主体であることからの一時的な、一時的にのみ可能な退きである。そこで、この手の経験に即する限りで、聴覚の対象は音である等の主張も二番手としては認めてもよい。

行動が物とその性質という分節を支配している。この論理を念押し的に確認するために、あと一つの例を取り上げたい。音の出所の捉え方の例である。

5　『音の経験―言葉はどのようにして可能となるのか―』東信堂、二〇〇六年、第1章2節。

(7)音と音の出所——関係的なものである性質の帰属先は行動の原理に従う——

林檎が見えることを林檎で反射されて目に飛び込む光によって説明するのと同じ構造で、音が聞こえることを耳に到達する空気振動で説明するという仕方は、私たちに馴染みのものである。けれども私たちはその光を見るのではなく林檎を見るように、空気振動を聞くのではなく音を聞くのである。ただ、音に対応するのは色であって林檎ではない。(林檎の赤い色を見る、というふうに色に重点がある場合も含めて、林檎を見る、色を込みの林檎、赤い林檎を見るのだ、ということに注意しよう。)林檎に対するのは何か。音を出すものである。そこで私たちは、犬や蝉の鳴き声、カレーが煮える音、ヘリコプターの音などと言う。音を聞くことにおける空気振動の関与との関係で言えば、音を出すものとは空気を振動させるものである。

では、人が走る音の場合はどうか。人が動いて空気を動かしている、これは確かである。けれども、ヘリコプターが空を飛ぶように、子供が空中を走りまわったと仮定して、子供はやはり空気を動かすだろうが、音は出さないであろう。空気の動きは、音として聞こえる空気の振動とは違うものになるだろうからである。(蝶がひらひら舞い飛ぶとき、空気を動かすが、音はしない。小さな鳥でもそうである。けれども、大きな鳥が羽ばたくときには羽音がする。このようなことを踏まえての想像の話である。)すると、人が走るときに足音として聞こえる空気振動はどのようにして生じたかというと、それには人が走った地面が寄与している。そして、人が草原を走ったら、やはり音を出すだろうが、もっと小さな音で、音の質も違ったであろう。砂利道なら随分と違う音になる。

すると、人が走る音というのは、人の足と地面とがぶつかる音であり、だったら地面が立てる音と言ってもよくはないか。しかし、普通はなぜ人の足音だとするかというと、人が走らなければ音はせず、走るから出る音だからである。

それでも、たとえば人が走らなければ出ない音の場合でも、砂利が音を立てると言うこともある。どういうときか。人が踏むことで砂利が動かされ、砂利と砂利とがぶつかって音が出るのだ、という考えに思い至ったからだろうか。もちろん、この考えは悪くない。けれども、このような考えなしでも、砂利に音の出所を求める考えは出てくる。泥棒がそっと歩いたとしても砂利道だと音を出してしまう、だから防犯に砂利を敷きつめよう、という考えをもつ人などの場合である。

この人の場合、（もちろん泥棒に主要関心があり、副次的に泥棒が出す音に焦点を絞って）泥棒がそっと歩いたとしても音を出すものとしての砂利に関心が向くからである。綺麗な浜辺での鳴き砂という考えも同じである。

廊下は静かに歩きなさい、と生徒に注意する場合は、歩く生徒が音を出すという発想であるが、歩くと廊下が軋むから廊下の補修をしなければと思いがゆく場合では、廊下が（軋む）音を出すと捉える。床の材料をコルクにすると音の大きさが減ると考えるのも同様である。

音をコントロールするために人がなすかも知れない可能な行動が何を相手にするか（生徒か廊下か）、それによって音の帰属させ方が変わる。しかしもちろん、音を床に帰属させたからといって、その音は人が床を歩いたから出たのだということを忘れているわけではないし、生徒が音を出したと理解する場合でも、廊下は音が響くからなと、廊下の方も気に懸けないわけではない。因みに、拍手の音が、右手から出たか左手から出たか、人が気にすることはない。その理由は、どちらか一方のものを相手に何か対処を考えるという状況はないからである。

第2節　色は見る人において生じるという考え

(1) 見る人によって見える色は違うという考え

前節(2)に再び戻れば、色の出現には三者（色が付いて見える物ないし事象、光、見る人）が関わっているのだから、色を物の属性と考えたり、光が生み出すものと考えたりするだけでなく、⑧「色の在処《ありか》を、色を見る人に求める」考えも出てくる。どういうときだろうか。色の経験の特定の有りようにこだわるときではないか。本書冒頭で紹介した引用文にはこうあった、「ふと自分が見ている色とほかの人が見ている色の体験はまったく違うのかもしれないと思った。」実のところ、違うのかも知れない、ではなく、違う、と断定してもかまわない文脈はある。この文脈がどういうものであるかは、すぐに考察する。

その前に、ここで確認すべきは、引用文の後の議論では、色が違う理由が、見る人が違うことにのみ求められていることである。人ごとに違うのは、色は各人において生じることだからだ、という主張と当然のごとく連動させられている。しかも、「色は心の産物だ」と結論づけられるとき、人とは心の概念によって捉えられるべきものであることが主張され、そのような人において色は生じるのだから、色は「主観的」なものだ、という発想と一緒になっているのである。（引用文そのものでは「個人的」とあって「主観的」という言葉は用いられていない。「主観的」という考えについて詳しくは、第2章第4節と第3章第1節、第2節で考察する。）

私は、色は人において生じるという考えについてはそれなりの妥当性を承認する。だが、色は主観的なものであるという考えの方は「主観的」という概念の標準的内容から逸脱していると指摘したい。そうして前者の考えについても、妥当であってもほとんどトリビアルで、この考えから発展して何か重要なことが発見できるとはとても思われない、と言う必要がある。

前者から考えよう。妥当性が承認できるのは、既に述べた理由からである。物、光、見る人の三者すべてが揃って初めて何かの色は見え、従って色は関係的なもので、そのときの価値文脈に応じて、関係するもののどれに帰属させてもよい、という理由である。ただし、人に帰属させることの動機、ないしは人に帰属させることによって得られるメリットがないなら、色とは人において生じる何かであると言うことはトリビアルな事柄に留まる。（色を物に帰属させるとき、光に帰属させるときそれぞれの理由やメリットについては述べた。）そうして、更に進んで「色とは心の出来事である」と言うことの方は誤解を招くゆえ、慎む方が望ましい。

次に後者だが、太郎が赤だと見ている色と、花子が赤だと見ている色と、（同じ「赤」という語で二人が自分の見ている色を表現しようとも）二つは違うことを言い立て、だから赤の経験、一般的に言って色の経験は主観的なのだ、と主張するとき、おそらく、客観的であると言えるためには二つの色の内容は同じでなければならない、という考えが働いている。しかし、そもそも「何かと何かとが同じである」と認めるとはどういうことなのか、よくよく吟味しなければならない。

(2) 特定の色にこだわるとき

時間的世界では、あらゆる事柄は個別の特殊なもので、私たちに重要なのは、それでも或るもの(ないし事柄)と別のものとを同じだと捉えることの方である。これとあれとは違うが、どちらも薔薇であるし、あの薔薇の赤色とこの薔薇の赤色とは少し違うが、どちらも赤だ、こういう捉え方をすることなしには、私たちの生活は複雑極まりないものになる。いや、秩序を欠いたものにならざるを得ない。

ここで色という主題に限定して考えて、もちろん、人が特定の赤にこだわることはある。しかしそのとき、特定の赤が他の赤とは違うことの理由を、見る人の特定性に求めることは私たちはしない。こだわる人は、この薔薇の赤さであって、あの薔薇の赤さではないとかいうふうにこだわるのである。そうして更に言えば、蕾が開いたばかりのときの赤さであって、満開後二日も過ぎたときの色はもう駄目だ、自分が求めている赤さではない、とかのこともあろう。あるいは、朝日が差し込んできたときのこの薔薇の赤さに自分は執心しているのであり、曇り空のもとではその赤さは得られないと、このように言う人もいるかも知れない。

これらの例によって確認すべきは、赤さの微妙な違いは、①薔薇の花自身の変化によっても生じるし、②光の加減が違うことによっても生じるということである。もちろん、③見る人が違うことでも生じているのかも知れない。けれども、大抵の人々の間では、「この薔薇の赤さの方があの薔薇の赤さよりは濃い」と一致できるわけで、このとき私たちは③のようなことは考えずに、私たちそれぞれが見ている内容としてのこの薔薇の赤は定まっていて、私が見る赤も花子が見る赤も同じだと見なしているし、それでよい。いや、それどころか、同じだと見なすのでなければ、私たちは相互に理解しあえる行動をすることはできない。「ぼくは濃い赤の方が好きだ」「私はそれよりは薄い赤の方が好きだわ」と好みが分かれても、「では濃い赤の薔薇は僕がもらおう」と言って一人が薔薇を選ぶときに、その選択に基づく行動がどちらの薔薇を手に取ることになるか、二人は明瞭に理解する。このことで二人の間に混乱が起きることはないと安心していられる。

引き換え、③については何を言うべきか。人ごとに赤の内容が違う可能性を想像するだけで(いや、すべては個別的なのだから、その個別性の水準で語るなら、間違いなく違うと断言できるだけで)、実のところ、どういうふうに違うか何も言えない。③を指摘して間違いではないが、それより先に考察を進められない。少なくとも色盲ないし色弱の人等が関わる場合を除く人々の場合では、何かの行動の役にも立たない。私が、その指摘はトリビアルなことだ、という所以《ゆえん》である。

生まれつきではなく幼児のときから全盲になったあと四〇年以上も経って手術で目が見えるようになった人がいて、見えるようになったときの色彩の乱舞に感激する場面がある。このとき、色が出現するには見る人自身が関わっているという当たり前のことが、その人における目という要素に絞ってクローズアップされている。(目を手術することで見えるようになったということの中に自ずと組み込まれる仕方で色の出現――色が見えること――もある。)しかし、この場合でも、人によって色の見え方が違うということに論点がゆくということはない。見える色についてのこの人の妻との会話では、むしろ、妻に見える青い色が自分にも見えるようになったという理解になるのである。(この人にとって見るとはどういうことであったかについて、第5章第6節で詳しく論じる。)

私たちは全盲の人には色彩の世界が閉ざされていると考えている。つまり、色は世界の側で満ち溢れているのだけれども、偶々《たまたま》それらの色に接近できないのだ、と思う。これは自然な考えである。同様の発想は次の場合にも働いているだろう。すなわち、太い二本の線と一本の細い線(つごう三本の線)が狭い間隔で引かれているのに、視力が弱い人が二本の線が引かれていると見てしまう、あるいは三本が融合して一本の太い線としてしか見ないとき、この人への見え方は三本に見える人への見え方とは違うが、だからといって、線という見えるものは人においてしか生じないとは私たちは決して考えない。

そこで、この例で線が色付きの場合のことを考えてみよう。見える線とその色とを分離して、色だけを人において生じるものだと言うのは馬鹿げている。色についても線と同じように考えるのが自然である。(自然であるのと正しいこととは違うと指摘したがる人は多い。けれども、正しさを求める文脈が定まらないと、どうでもよいことにこだわるだけになりかねない。なお、二つの線が一緒に見えるとき、色が混ざって、線が別々に見えるときのそれぞれの線の色とは違う、ということはあるだろう。それは、白い布に赤い小さい水玉がプリントしてあるとき、遠くから見ると布全体が一様なピンクに見えるのと同様のことだろう。しかし、そのピンクという色を、見る人が作りだしたと、人にだけ色の生成の原因を求めるのは受け入れられない。布で反射する幾種類かの光が目に届くまでに或る関係に入って……という説明は可能である。ピンクという色が生まれるには、光も、赤い小さい水玉プリントの布も必要である。）

「色は人がいなければ存在しない」と言うのは確かに正しい。けれども、それを言うよりは、「赤い線と青い線の違いは、見る人が生み出したわけではない」ことの方に目を配る方が実際的で賢明だろう。

(3) 見る人の違いに注意を払うとき

確認しよう、色を人に帰属させて言うことは、人に大きな関心をもつ場合には当然のこととなる。しかしながら、それは飽くまで色の成立に人が関係しているからであって、色が人にのみ属する事柄であるからではない。そうして、この観点から言うなら、見える内容全体の中で色だけを特別扱いにする理由はない。（その点、第2章第2節以下で取り上げる、脳科学者の藤田氏が、見ること全体を心の出来事だとしたのは一貫している。見る「人」の代わりにその人の「心」をもってくるという西洋近代哲学の伝統に、氏がいつの間にか絡めとられているという不都合のことは別にして、である。なお、色についてのみ、人によって違うのではないかなどと特に騒ぐこともあるのは、逆に、色の知覚というのが人の生存や行動にとって、それほど決定的な影響を与えないで済む場合が多いという事情があるからなのかも知れない[6]。）

関係的な事柄である性質というものは元々が、関係が整わない限りでは生まれないもので、関係が整うとは必要な諸項すべての登場という条件が満たされるということだ、ということを忘れさえしなければ、性質をどの関係項に帰属させてもかまわない。そして、どの関係項をクローズアップさせるかは、そのときどきの価値文脈による。

6　「なお」以下は、伊東俊彦氏の意見である。

色がどのようなものかは見る人それぞれで違うこと、これに注意を払うことがトリビアルではなく重要な場合とは、次のような場合に限られるのではないか。色が関わる事柄でユニバーサルデザインを考案するような場合である。たとえば赤色と緑色とを区別しない色盲（あるいは色弱）の人を考慮して、病院で、床に引かれた赤い線を辿ってゆくとレントゲン等の検査室へ、緑色の線ならリハビリの部屋へと行けると、このようにするのは控えて、黄色い線と青い線の方を目印に選ぶのは、どうでもよいことではない。ただ、この場合でも、まさにユニバーサルデザインを考案できるということは、色が見る人の外側で定まっていると考える（色の違いを色のついた物の違いゆえだと考える）ことの有効性を前提しているのは忘れてはいけない。デザインする人や実際に床に線を引く人が、まさにあれこれの色を線（ペンキ等）に帰属させているのでなければ、そもそも話は始まらない。

この帰属させることと、次のような考えをもつことは両立する。すなわち、色盲の人が、黄色や青色は見ることができるのに赤と緑とを区別しない仕方で見ているとすると、そのときにこれら二つの色の代わりにどういう色が見えているのか想像できず、この場合には、全盲の人の場合のように単純に赤と緑という（外側で定まっている）色への道が遮断されていると考えるわけにはゆかないのかな、と思う、言い換えれば、人は色をそれぞれ自分流に見ているのだという考えをもつことである。

このように考えることと色を物の性質として扱うことは両立する。色は光の性質だという考えをも考慮するに、そもそもが、色はものの性質か、光の性質か、人において生じるものか、の三つを挙げて、そのうちどれが正しいのか、とする論の立て方は不適切なのである。そこで、第三の立場こそ正しいと主張するのは或る特定の関心に基づいているのであり、しかも、その主張に加えて、人を「心」の概念で押さえるとすれば、それは西洋近代哲学の認識論に知らないうちに毒された、批判すべき考えだと言わねばならない。

第3節　「花子の赤」「太郎の赤」「薔薇の赤」

(1) 色を特定する仕方

花子が赤だと見ている色と、太郎が赤だと見ている色と、(同じ「赤」という語で二人が自分の見ている色を表現しようと)二つは違う、これを言い立てる人は、比べている二つの色をどのようにしてそれぞれに特定しているのだろうか。花子が赤を見ているという経験、太郎が赤を見ているという経験そのことにおいて確かめ得ることとして言うより他ない。しかし、すると花子の赤は花子しか確かめ得ず、太郎の赤は太郎しか確かめることができないはずで、そもそも花子も太郎も二つを比べようがないのではないか。

いや、仮に比べようとしたとして、それには前の段階が必要である。太郎は自分の赤を確かめることができると言うとき、花子ではない彼自身だって一体どうすれば確かめたことになるのか。これがはっきりしなければ、比較の話までゆかないではないか。

実のところ、太郎自身、幾つもの赤を経験する。すると、仮に「自分に見える赤」について、それは「花子が見るという赤」と同じであるか比べようとするとして、自分が経験した無数の赤の中のどの赤を取り上げて比べようとしているのか特定できていなければならない。しかるに、特定するには、この薔薇の赤、この薔薇が朝日に輝いたときの赤、いや、この薔薇が今朝の七時に朝日に輝いたときに自分が南側から薔薇を見たときの色というふうに、或る物象に言及する仕方(最後に挙げた仕方こそが適切さに最も近づいた仕方)によるしか道はないのではないか。肝腎なのは、太郎にとっての或る色を特定しようとするとき、「太郎に見える色」なのだというふうに色を見る人に言及することだけでなそうとしても無理で、その色で見える或る物象に言及しないわけにはゆかないということである。(太郎の代わりに人各人の「自分」の立場で、「このように自分に見える色」と言って特定しようとしても、事情は同じである。)

そうして、実は或る物象に言及することで或る色を特定するにしても、その特定のレベルはさまざまで、色の特定の要求がどの程度のものかによって、物象の特定のレベルも決まってくる。

たとえば花子に見える赤を言うにしても、薔薇や夕焼けなど何であれ、その赤さはいつだって、厳密に言えば花子が見るそのときどきの独特なものであり、どの一つでも他と同じではあり得ない。だから、この独特さに執着すれば、あの旅先で見た夕焼けの赤さ、というふうに、どの夕焼けかを特定する必要がある。これが最高のレベルでの要求である。しかし、このように特定の色にこだわることは、その赤さをもう一度見たい、それを見るためにもう一度、旅をしたい、というふうに、その色の経験の想い出が人を動かすような場合を除けばほとんど意義をもたない。しかも人が、「ああ、再びこの赤さを見ることができた」と思うとき（ただし、同じであるかどうか、想い出の赤と眼前の赤とを比べるというのは、目の前の二つの薔薇の赤さを比べるような仕方のものではない）、厳密には人は二度と同じ赤を見ないのだから、特定の赤にこだわったこの人さえも、実際には最高度のレベルでの要求はしていないことになる。

色の特定のレベルのさまざまは、以下のような諸例で確認できるが、どの例でも、そのように色が見える人に言及することなく、むしろ、その色をしていると見える物象に言及する仕方で、どのような色なのかをその独特さとともに特定している。或るルビーを見たときの赤さに魅せられ、その独特な赤さの経験を言う人も、同じルビーを見ることで同じ赤を見ることができると考えているのではないか。この場合には、夕焼けのように、場所、季節、気象、時刻など無数の要因で色が確定し、それゆえに或るレベルで「同じ」と言ってもよい赤の出現も実際には不確かである場合と違って、ルビーという持ち運びでき繰り返し見ることができる物に頼って「同じ」赤を見ることができると人は思っている。その意味で、赤の特定の要求を一段と低くしていると言ってよいだろう。というのも、同じルビーでも光の具合などにより違う色で見えるだろうし、見る人の体調によって色の見え方が違うことだってあり得るのに、そういう可能性のレベルは問題にしていないからである。繰り返し念を押すが、厳密に言えば、見ることは時間的な出来事で、出現するすべての色は一回々々独特である。

次に「ティツィアーノの赤」の例。これは美術の世界（評論）で、ティツィアーノ（一六世紀イタリアの画家）の絵に見られる独特の色だということになっている。しかるに、この色はティツィアーノの幾つもの絵に見ることができる。すると「ティツィアーノの赤」の独特さの理由は、ティツィアーノが使った絵の具、その混ぜ合わせ方、画布に色を移すときの筆遣い等の条件に求められることになるだろう。そして、これらの条件のどれもが一緒に反復できるという前提を採っている。

なお、「ティツィアーノの赤」を謳った名を冠したスパークリングワインやボールペンの商品があるようだが、それらの商品に見ることのできる赤色は、もちろんティツィアーノの絵に見る色と全く同じだというわけではないが、或る水準での色の同じさを主張した（ずうずうしくても少なくとも主張したい）上での命名であろう。そうして、一般に大量生産される商品では、どの商品も同じ色をしていると認めてよい水準の色の特定が問題となっている。先に、色名の標準化を促すものとしてのクレヨン等を話題にしたが、出荷される赤いクレヨンの色はどのクレヨンでも同じだ、ということが承認されている。ただ、同じ赤いクレヨンとして発売されるものも、メーカーによって微妙に色が違うということはある。

また、インテリア用品を注文するときに、さまざまなニュアンスの赤の中から或る赤を、色札を使って指定する場合には、同じ種類の商品ごとに特定できる色が、色札と呼ばれる別の物の色によっても特定できる建前になっている。実際には、色札の材質とお目当てのインテリア用品の材質の違いによる色合いの異なりとか、肝腎の色札が色褪せているという可能性もあるのだが。あるいは、無地のカーテンの色を、仕上がりと同じ布の切れ端の色で指定しても、大きく広がるカーテンの色と、小さな面積の端切れで見る色とは違って見えるだろう。なお、以上の諸例でも、色の特定は、色を見る人の特定が必要だという方向に気は全く向かず、色をしているものに頼る仕方でなされていることに注意したい。

それから最後の例として、今日のデジタル情報器機での色の指定。約一七〇〇万色の色に割り当てられた数字の組で、いつでも特定の色を指定できるという建前がある。これは光の指定に他ならない。けれども、実際にモニター上で見る色、また、それをプリントして見る色は、かなり多様になることは誰でも知っている。そして、その理由を見る人の違いに求める人はいない。

(2)「花子の赤」と「太郎の赤」とを比べるとは？

さて、花子に見える「赤」にもさまざまあり、そのうちのどの赤を言っているのかの特定仕方のさまざまを確認したので、花子に見える「赤」と称するものと太郎に見える同じく「赤」と称するものとは同じではないと論者たちが主張するとき、何が問題となっているのか、きちんと押さえることができる。二つそれぞれを特定しないことには、それらが同じか違うかなど言うわけにはゆかないのだから、主張者はどういうふうに特定しているのか、その特定を可能にしている諸前提を洗い直す必要があるのである。先に述べたように、花子であれ太郎であれ、誰であれ、二つを直接に比べることはできないとしても、何と何との違いを言っているのか、少なくともこの点ははっきりしていないと困る。

恐らく、同じもの(たとえば薔薇)を見ているのに、見えている色がどういうものかは二人それぞれで違う、という主張なのである。しかるに「同じ薔薇」ということで何が考えられているのか。この薔薇ならこの薔薇、あの薔薇ならあの薔薇というふうに特定の薔薇のはずである。(だから、花子と太郎とがともに「この同じ薔薇」を特定できる、一致できることは、暗に承認している。この承認はどういうわけでなされているのかについては、次項(3)の議論を参考にしてもらいたい。)

しかも更に条件がある。太郎が見ている薔薇を同じ時点で花子が見ている場合に限って(なぜなら、太郎は薔薇が開いたばかりのときに見て、花子は萎れかかった薔薇——同じと特定できる薔薇——を見るのなら、同じ薔薇でも色が変わってきていることは大いにあり得るのだから)、二人が薔薇に見いだす色の異同を問題にしているのに違いない。

しかるに見落としてはならないが、色とは見る人ごとで異なるという指摘を「主観」の概念に結びつける人は、その指摘に当然のごとく、その異なる理由は、二人が違う心をもっている(ないし、それぞれは心として存在している)のだからだという見解を伴わせている。

しかし、「異なる」という指摘は間違っていないが(そう指摘することにどれほどの重要性があるかは別問題だとして)、主観を持ち出す見解は不適切である。というのも、太郎は沈んだ心をしていて花子は弾むような心の状態にあって違う、そのような種類の違いと同じこととして色の違いを理解すべきであるかのように人に錯覚させる惧《おそ》れがあるからである。

前項で確認したばかりのように、薔薇を見たときに花子に見える赤、言うところの「花子の赤」ということで何を指すかをはっきりさせるためには、先に述べた最高水準の要求に応じた「その赤」の特定が必要である。たとえば、「この薔薇が今朝の七時に朝日に輝いたときに花子が南側から薔薇を見たときに花子が見る色」というふうに。しかるに、同じ薔薇、すなわち「今朝の七時きっかりに朝日に輝いたときの薔薇」を太郎が見るとき、太郎は花子とは違った位置から薔薇を見るしかない。すると、そのときに太郎の見える赤を「太郎の赤」だとするなら、違うのは当たり前である。厳密に言えば、どの色も特定の状況で出現するのであって唯一独特のものであり、「花子の赤」と「太郎の赤」とが出現する二つの状況は違うからである。（これらの指摘の際に、花子と太郎とを特定するとは二つの体を特定することであり、そうして二つの体は薔薇を始めとするさまざまな物象と並存しているという前提があることを、念のために確認しておこう。もちろん、薔薇を見ることができる者としての太郎や花子を言えるためにはそれぞれの体はどういうものであるのか――石という物体は薔薇を見ない、モグラは動物であるが薔薇を見ることはしないだろう――、考察すべきことは残ったままである。）

さて、「太郎の赤」が出現する状況を構成している要素の一つとして見る者としての太郎があり、「花子の赤」が出現する状況を構成する要素として花子があるのは確かで、そこで、二つの赤の内容が違う理由として「二人は違うのだから」というのを挙げることも、もちろんできる。けれども、花子だとて、もし薔薇を南側から見るのではなく太郎の位置から薔薇を見るのであれば、厳密に言えば実際に見たのとは違う赤を見ることになったであろう、このことも見落としてはいけない。

もちろん、見る位置の違いによって生じる色の内容の違いは些細なもので、見る人の違いによる違いの方が大きいだろう、と推測することはできる。けれども、前者の違いがどのようなものかには迫ることができるが、後者の違いは、違うはずだ、と言うことから先に進むことはできない、このことが重要である。

花子が七時きっかりに南側から薔薇を見て、すぐに太郎の位置に移動して薔薇を見、二つの場合で色がどう見えたかを比較して、ほとんど同じと言ってよいほどなのか、輝き具合が違うとか、言うことはできる。そのとき、見る時間の僅《わず》かの違いが問題になる場合もないわけではない。急に陽が翳るとか。しかし、そういう場合は別にすれば、見る方向の違い（光の射す方向と見る方向との関係が変化する）という要因が前面に出るであろう。（そうして花子が科学者なら、見え方の違いの理由を物象的条件の中に突き止めるだろう。見る自分――他の誰でもない独特の存在としての自分――という要素は考慮しないだろう。一般に、人の側に理由を求める場合、黄疸にかかったとか、体や目の異常が問題になる状況が気づかれる場合だけである。）

しかしながら、「花子の赤」と「太郎の赤」とは、二人が違う以上は違う、という人は、二つの赤なるものを誰も比較できないのだから、違うはず、と言うに留まるしかない。どう違うか、言えない。そうして、いまの議論は太郎も花子も色盲とかではないという前提でなしたのだが、太郎は赤緑色盲だから薔薇を見たときに太郎に見える色は花子に見える色とは違うということを、確信をもって視覚の研究者が言うとき、それは、多くの人々が赤や緑の色を薔薇の花や緑に帰属させる、言い換えれば、薔薇の赤は薔薇の赤として人々に同じような内容のものとして見える等のことを出発点にしてのみ可能なのである。

色の主観性を言う人は、二人が別の人間だからこそ経験する色は違うと、間違ってはいないが、言っても詮なきトリビアルなことをこだわって言う。そして更に、色とは二人それぞれの心の出来事であるのだから二人の色は同じではないと主張するが、こちらの方は誤解を招きやすく、拙い。先に述べたことを繰り返せば、太郎は沈んだ心をしていて花子は弾むような心の状態にあって違う、そのような種類の違いと同じこととして色の違いを理解すべきであるかのように人に錯覚させる惧れがあるからである。

私たちは普通、単純に「心の内は覗き込むことができない、たとえば淋しさは見ることができない」と言う。翻り、もちろん色は見るものである。花子は太郎の心の内を、推測はできるが、見ない。けれども、花子は太郎が見ている薔薇の赤さを見ることはできると普通は考えているのではないか。この場合、厳密に言えばすべては独特であるという、それを言っても詮無きこと（生産的ではないこと）は無視して、十分に機能する或る「同じさ」を承認した上でのことである。そうして、この普通の考えを支えているのは、次のような事態である。花子が太郎に、「庭から黄色い薔薇を一輪、赤い薔薇を二輪、剪ってきて」と頼んで、太郎がもってきた薔薇の色が、自分が期待したのとは違うのはしょうがない、と思わずに済むという事実である。更に、「最も濃い赤さの薔薇」がどの薔薇なのか、二人で一致できるということも重要である。

このとき、花子と太郎とで、色の名前や表現は共通だけれども、実際にそれぞれに見えている色の内容は違うと主張することにどういう意味があるだろうか。花子が「青」と表現している色は太郎が「青」と呼んでいる色とは別の色(内容)なのだが、表面上、言葉と色との結びつきが同じ仕方で保たれているから会話がうまくすべっているとか仮想するのは適切なことか。そのような仮想を言うのならば、花子が「アオ」と発言した音を太郎は実は違う音として聞いていた可能性もあるとかのことも持ち出すのでなければ、色の経験についてのみ意地悪を言っているに過ぎないではないか。

(3)見る色と想像する色——ものの色・心の中の色——

ところで、「黄色ではなく赤い方の薔薇を期待する」というのは、赤い薔薇を見る前にその赤さを想像するということである。しかるに、この場合の想像には既に或る赤を見たということが先立ち、想像はそのどれかの記憶と重なっているだろう。(品種改良によって未だ存在しない赤い水仙を作りだそうとする園芸家には、赤い水仙の記憶はない。けれども、水仙の花を基礎に、そこにたとえば記憶にある薔薇の赤を重ねる仕方で、赤い水仙を想像することはできる。)

「赤い薔薇を」と花子に言われて実際に赤い薔薇を見つける前に赤い薔薇を探す太郎においてはどうか。太郎にとって「赤」は何事かである。だから庭に薔薇を探しに行って、この薔薇は違う、あの薔薇を花子に持っていけばよいのだと分かる。実際に赤い薔薇を見る前の「その何事かとしての赤」というものがどのような位置を占めるのか、きちんと押さえるのは難しい。言葉、知識、記憶、想い出、想像などの複雑に関係する事柄の間の諸関係を調べなければならない。ただ、或る色を想像することや想い出すことを引っくるめて、或る色を「想い浮かべる」と表現してかまわない。そうして、想い浮かべることは、私たちは普通、心の動きだと考え、実際に「見る」ことと対比させている。(このように考えることは、心の概念を狭く取っているだけのことなのだと言う人はいるに違いない。実際、第2章第2節(3)で紹介する脳科学者、藤田氏は、「見ることは心の出来事」と言う。その第2章の第4節(3)でみるが、氏にとってはおそらく「心」の概念と「意識」の概念とはほぼ等価である。しかるに、意識の概念に徹して「見ることは見る内容を意識することだ」と言えば人々も受け入れるだろう、との考えがあるに違いない。しかしながら、薔薇を見ながら薔薇の絵を描くときに「赤の濃さが少し違う二つの花弁に意識を向ける」とは、「二つの花弁が意識のうちに、すなわち心の中にある」ということではないのと同様、「濃さが違う赤色は心のうちにある」ということでもない。ただ、見る人の外にある或る薔薇の或る二つの花弁とそれらの色に特に注意を向けているだけである。)

ここで、先に「想い出の赤と眼前の赤とを比べるというのは、目の前の二つの薔薇の赤さを比べるような仕方のものではない」と述べたことを想い起こそう。この場合には同じ一人の人が比べる場合であった。いま、花子に頼まれて赤い薔薇を探す太郎の場合をも加えて同様の事柄を考えたらどうなっているだろうか。太郎は花子がどういう赤を想像しているか、あるいはどういう赤の記憶を基にしているか分からない。だから、花子が期待している赤と自分が庭で見る薔薇の赤とを比べて、この赤だ、と言うわけにはゆかない。太郎が、この赤は前に見た夕焼けの赤と同じだ、と或る同じさのレベルで思ってもかまわないのとは事情が異なる。この事情を私たちは普通、太郎は花子の心を覗くわけにはゆかないことの一例と考える。

しかるに、太郎が剪ってきた二輪の薔薇を前に、花子が「こちらの薔薇は私が思っていたのよりは濃い赤だわ、素敵ね」と言うときはどうか。すると太郎は、花子が思い描いていた赤がどのようなものなのか、以前よりは限定して想像できる。そして、少しだけ濃さが少ない赤い薔薇をもってきて花子に見せて、「こういう赤のことを思っていたの?」と花子に訊くことができるし、「ええ、そうよ」という答が返ってくる可能性も高い。少なくとも、太郎が「もっと濃い赤だと見る薔薇」をもってくるときには、花子は「さっきより余計に濃い赤の薔薇じゃない」と言うことは確実である。二人とも、太郎が二度もしくは三度に分けてもってきた花の赤色の濃さ(二つもしくは三つの赤)を比べることができ、「濃い赤」から「薄い赤」へと順番に並べるとき、その並べ方は一致する。

この一致とはどういうことか。太郎は、花子がどういう色を想い浮かべているかは分からなくとも、どういう色を見ているかは、その見ているものを自身で見れば分かると、そのように考えて差し支えない、ということではないか。見ているものとは、濃い赤や薄い赤の色をしているもののことであり、いまの例の場合、薔薇である。濃い赤を選ぶには濃い赤をした薔薇（場合によって濃い赤い色の林檎など）を選ぶ仕方しかない。すると、太郎と花子とが濃い赤ということで一致するとは、それぞれが濃い赤を選ぶために一つの薔薇を選べば、選んだ薔薇が同じであるということに他ならない。

では、薔薇が同じだということはどういうことか。沢山の薔薇を前にして、二人が薔薇を「心のうちで、これ」と選んだものが同一かどうかは、その限りでは分からない。しかし、選んだものを、たとえば掴んで取り合うときにはっきりする。こうして、心のうちの薔薇と違って現実の薔薇が心の外の事柄であるなら、想像したり想い出したりして想い浮かべる色ではない現実の色も、薔薇と同様（薔薇と一緒に）心の外の事柄である。いや、正確には、そのように理解することは堂々たる権利をもっている、と言うべきであろう。色はものの性質だとも、光の性質だとも、人がいて初めて生じるものとも、状況、文脈によって言ってもよいのだが、物の性質だと考えるのが最も生産的である。[7]

7　心に想い浮かべた薔薇の現実性とはどのような事態か、という論点については、松永澄夫『価値・意味・秩序』東信堂、二〇一四年、第6章第3節（初出、松永澄夫・伊佐敷隆弘編『哲学への誘い　Ⅳ』東信堂、二〇一〇年）を参照。

第2章　視覚の生理学と脳科学

第1節　生理学における「色は感覚である」という考え

(1) 生理学における〈感覚〉の概念——刺激の受容によって生じるもの——

前章第1節(1)末尾で、理由とともに予告しておいたが、本節では生理学における〈感覚〉概念を検討する。

さて、生理学では〈感覚〉の概念を狭く限定して使っていて、その分、また明確でもあるので、吟味しやすい。生理学で〈感覚〉として挙げられるものは限られている。まさに赤や青などの色、それから匂い、味、ざらつき、音。冷たさ。また、痛さや痒さなど。更には、平衡〈感覚〉、動きの〈感覚〉(体の動きの方向や速さが分かる)など。

これらのうち色から音までは普通「五感」と呼ばれるものに関係している。視覚、嗅覚、味覚、触覚、聴覚である。そのうち四つ、視、聴、嗅、味は、特別な器官があることによって可能となっている。そうして、残る触についても、これは特別な器官なしで体の全表面、皮膚でも可能であるとも思われるが、それでも手、殊《こと》に指というものを触覚の優れた担い手だと考えるのは自然である。(この理由は、手、指は自由に動かすことができるということにある。そもそも、見ること、嗅ぐこと等も含め、知覚は受動的な経験ではなく、探索的な能動的な経験なのである。動きは目立たないかも知れないが。詳細は第5章第4節を参照。他方、痛さなどの体の感覚に探索的契機を言うことはできない。なお、器官を刺激の受容器として捉える生理学では、このように単純に「皮膚」や「手」を持ち出さない。現段階では、そのことを承知で述べている。）また、視、聴などの器官は体の表層にあるが、触も体の表面によってなされるのである。確かに稀に、喉や食道を何かが通り抜けることが分かるという、体内なのに触に近い経験もある。けれども、そのときは喉や食道は外物（ないし異物）の領域へ開かれた表面としての役割を果たすものとして機能していると言えるであろう。

ところで、目、鼻などの視覚器官、嗅覚器官等（少なくとも四つ、あるいは考え方によっては触覚器官も言われて五つ）はまとめて一般に「感覚器官」（つづめて「感官」）と呼ばれる。（対応して、視覚、嗅覚等も「感覚」と呼ばれることもあるが、そのときは〈感覚〉の能力としてであり、他方、色や匂いなどの方が「感覚」と呼ばれるときは、それらの能力によって得られる〈感覚〉内容としてである。そこで、単に「感覚」と言う場合に、〈感覚〉する能力を指してのことか、それとも〈感覚〉内容に言及しているのかは、文脈で判断するしかない。）

冷たさ、痛さや痒さ、はどのように考えればよいのだろうか。冷たさの経験は非常に複雑である。触の一種でありそうで、体が冷えるという場合には痛さや痒さに通じる。この複雑さについては第4章第4節（3）と第5章第3節（3）で論じる。では、その痛さや痒さの方はどのようなものか。尖ったものが皮膚に触ったときに痛いことがあるので痛さは触覚に関係すると考える人がいるかも知れない。だが、触覚は触れた相手がざらざらしているとかすべすべしているとかを分かることの方である。（ただし、何かに触れている体部分自身に「触れられ感覚」とでも表現したい感覚をもつ。第4章第6節を参照。）触覚を含めて五感とは基本的に体の外の事柄に気づく能力である。（自分の手——体の一部——を見る場合でも、見られる手は目という体部分の外にある。）他方、痛いのは皮膚の方である。また、お腹も痛むことがあるが、この痛さを触覚に関係づける人はいないだろう。こうして、痛さは五感の仲間からは外れ、すると体の冷えも同様である。氷が冷たいと分かるときには、触覚の方へと連なるのではあるけれども。

次に、「平衡感覚」や「運動感覚」はどのように考えるべきか。これらを日常云々する場合は、何事にでもバランスを取る能力（たとえば或る政治家の場合）を指したり、スポーツが抜群の人にはあり不得手な人にはないと言ったりして、全般的ないし総合的で、その意味で曖昧な能力を言うことが多く、生理学が問題にするものとは懸け離れている。しかし、このような内容の場合を離れて生理学に寄り添って「平衡感覚」や「運動感覚」を考えようとすると、一体どのようなものを考えればよいのか。生理学で言う〈感覚〉の概念は「刺激」の概念とセットになっていることを理解するのに良い例であるので、少し丁寧にみておく。標準的な生理学の教科書には次のように書かれている。

平衡感覚の受容器は半規管と耳石器で、両者を合わせて前庭器官という。

［中略］

半規管は角加速度の受容器で、頭部の回転運動を検出する。耳石器は直線加速度の受容器で、頭部の直線運動や重力方向に対する傾きを検出する。前庭器官により検出された頭部の位置や動きに関する情報は、視覚や体性感覚情報と統合され、空間における身体方向の知覚や自己運動の感覚を生ずる。ただし、これらの感覚が明瞭な形で意識にのぼることは少なく、視覚や聴覚など他の特殊感覚とは異なる。[1]

前庭器官の刺激により生ずる感覚を平衡感覚あるいは前庭感覚と呼ぶ。半規管の刺激は回転の感覚を、耳石器の刺激は傾きの感覚や直線運動の感覚を引き起こす。しかし、非常に強い刺激が加えられた場合や、姿勢の平衡がくずれた場合を除くと、これらの感覚が明確に意識されることはむしろ少ない。また、主観的な平衡の知覚には種々の感覚系からの情報が関与する。身体の位置や動きの判断には、前庭とともに視覚情報が重要な役割を果たし、関

1　『標準生理学』第6版、医学書院、二〇〇七年、二二五頁

節や筋、皮膚からの体性感覚も影響を及ぼす。通常、これらの感覚情報は互いに整合的で、統一のとれた知覚を生ずる。

［中略］

［回転感覚に対して］視覚は単独でも強い作用を持つことが知られている。

［中略］

傾きの感覚も視覚により強い影響を受ける。[2]

「刺激」という語は二つめの引用にみられるが（「前庭器官の刺激」「半規管の刺激」「耳石器の刺激」）、そこでは受容器に焦点をおいて語られている。前庭器官（半規管と耳石器）は、最初の引用文では、「平衡感覚の受容器」と言われたり、「角加速度の受容器」「直線加速度の受容器」と言われたりしている。ここで取り上げたすべての表現で、助詞の「の」の使い方がてんでばらばらであるから、次のように整理しなければならない。

「半規管は角加速度という刺激の受容器」「耳石器は直線加速度という刺激の受容器」で、「平衡感覚」を生じさせる。平衡感覚とは、第二の引用文によれば、具体的には「回転の感覚」と「傾きの感覚」である。

本章冒頭で、生理学では「感覚」という言葉は狭く使われ、その概念は明確であると述べたが、その理由は、生理学は〈感覚〉の概念を「刺激」の概念とセットで考えているからなのである。無論、この刺激とは、心を揺さぶるような刺激のことではなく、体の或る部位に与えられる刺激のことである。そうしてその部位は「刺激受容器」と呼ばれ、こちらはいわゆる感官を含め、感官よりは広い概念である。特定の刺激種類とその受容器が見つからない間は、生理学で扱い得る〈感覚〉を言うことはできない。

そこで、平衡感覚を聴覚、嗅覚、味覚と並べて、以上のことが確認できるようにすると、次のようになっている。

刺激―受容器―〈感覚〉
角加速度―半規管―回転の〈感覚〉
直線加速度―耳石器―傾きの〈感覚〉
空気振動―耳（大雑把な総称、感官）―音
揮発性の化学物質―鼻（大雑把な総称、感官）―匂い
水溶性の化学物質―舌（大雑把な総称、感官）―味

では、視覚や触覚、冷たさ、痛さなどではどうか。
まず、視覚を考える。

光―目（大雑把な総称、感官）―色

となりそうだが、厄介である。系列の最後尾にくるものは「見える内容」ではないのか。すると、「色」だけでなく「形」なども入るのではないのか。しかし、人々は「色」という〈感覚〉（〈感覚〉内容）を言うが、「形」を〈感覚〉の概念で押さえることは、普通、しない。（色と形という「見えの内容」の二つをどう位置づけるかについて、それから、形は空間規定の一つであるから、見えの内容としての空間規定全般に関するさまざまなことについて、本書では繰り返し考察することになる。）

次に触覚。日常生活ですぐに分かる範囲で記すと次のようになるだろうか。

2　同、二六八―二六九頁。

物体?—皮膚—ざらつき、触れた相手の冷たさ……

物体に「?」と記したのは、複雑だからである。石や綿、水などは、触れさえすれば、何かに触れた〈感覚〉が生じる。しかし、空気は、とても冷たいとき、しかも窓を開けて戸外の冷たい空気に触れた瞬間にだけ、触れたという〈感覚〉をもつ。そして直ぐに、寒いとか、自分の頬が冷たくなったとかの体の感覚と融合する。痛さと同じ種類の感覚になるのである。(そして、すぐにみるように、生理学は体の外のものがどのようなものかを知らせる〈感覚〉——筆者の言葉では「知覚的質」——と、体の状態を知らせる体〈感覚〉とを同じように扱う。)それから、空気が動いて風になると、触れたという〈感覚〉が生じる。こういう事情だとすると、刺激として正確には何を考えればよいのか。

そうして、そもそも刺激は特定の〈感覚〉に対応しなければならないはずだとすると、系列の最後の項に挙げられた〈感覚〉の多様性との対応を探るべきとなる。

受容器の位置に挙げられた「皮膚」も曖昧な表現である。先にも述べたが、視、聴、嗅、味覚の場合には日常生活のレベルでも、目、耳等の特別な器官(感官)を見つけることができ、これらを大雑把に受容器だ考えることが容易だが、触覚では皮膚全体と言えそうである。(だから、目や耳も触覚器官として働き得る。)しかし、仮に刺激の種類をさまざまに分けるべきであるなら、それらの刺激種それぞれに応じた受容器が特定される必要がある。

要するに、いわゆる触覚では、刺激、受容器、〈感覚〉の三者とも、多様なものが混在しているように思われる。

生理学は、機械刺激、振動刺激、温度刺激、熱刺激、侵害刺激、電気刺激、化学刺激等を言い、受容器として、メルケル盤、ピンカス終末、ルフィニ終末、深部受容器等を言う。また、温点や冷点なども言う。そして〈感覚〉としても多様なものを挙げる。触・圧覚、振動感覚、固有感覚、温度感覚、痛覚等。注意すべきは、これらはすべて「体性感覚」としてまとめられていることである。触れた相手のざらつきなどよりは、体が冷たいとか痛いとかの体の状態を知らせる感覚の方に重きをおくものになっている。（従って、筆者は、痛さ、冷たさなどについて、刺激—受容器—〈感覚〉の系列はどうなっているか、と問うていたのだが、生理学に即する限りでは、この問いを改めて取り上げるには及ばないことになってしまった。）

生理学が挙げているメルケル盤等の受容器は、私たちが生活の中で知ることはないものである。そうして、刺激の種類も〈感覚〉の種類もさまざまに挙げられてゆくが、要するに生理学は、刺激—受容器—〈感覚〉の三つ組みが特定できないか探すのだ、ということである。そうして、この三つ組みを言えそうな場合には、二つの引用文の両方が言及しているように、「意識されない〈感覚〉」というものすら認める。これは、私たちの普通の「感覚」という語の使い方からは理解しにくいものであるのだが。

生理学にとって〈感覚〉とは「刺激の受容の結果として生じるもの」であるということは、一八世紀後半の西洋における、生理学的な「感覚」概念と「刺激」概念との誕生の経緯を振り返ることによっても確認できる（第3章第3節を参照）。「意識されない感覚」の概念の採用の是非という問題も、その時期に既に出ている。（なお、やはり二つの引用文で用いられている「情報」の概念だが、今日では、生理学は脳科学とも一緒になって、刺激とその結果生じるものとの間の過程を「情報処理」の概念で理解しようとしている。ただし、脳科学の方は生理学と違って刺激の概念を遠くに置いてしまうことで——いわば途中で手放してしまって——、特定の刺激との関係を言うことが困難な「やさしさを感じること」のような事柄までも扱えると思い込むようになっている。それから、引用文にみえる「検出」という概念だが、これについての実質的考察は、「弁別」という概念の考察という形で、第3章第3節と第5章第2節および第3節で行う。）

しかるに、「意識されない〈感覚〉」を言うときの〈感覚〉とは〈感覚〉内容のことであろう。振り返るに、平衡感覚は意識されない場合が多い、という生理学の教科書の記述があった。とは言え、平衡感覚を回転の関係と傾きの感覚というふうに規定すれば、その内容ははっきりする。体が回転しているという感覚と体が傾いているという感覚は、私たちはもつことがあるからである。しかし、一つには、生理学が言う回転と傾きとは直接には頭部の回転と傾きだということに注意すべきであろう。第二に、より重要なことだが、二つを引っくるめて「平衡感覚」と称するのはなぜかということは、回転や傾きの感覚を言っているだけではみえてこない。

引用文は「平衡がくずれた場合にこれらの感覚が明確に意識される」と読める。平衡が崩れた場合とはどういうことか。あるべき姿勢の維持ができなくなったときであろう。ところで、姿勢の維持ないし調節は、ほとんどの場合に反射によってなされる。（この反射でも、視覚と体性感覚とによる補佐が指摘されている。）

半規管系の前庭頸反射は、頭（通常は身体全体）が回転したときに、頭がそれとは逆方向に回転する反応である。例えば、何かにつまづいて前のめりになったとする。このとき頭は前に回転するので、これに伴う半規管への入力によって、頭は逆方向（体幹に対して後方向）に回転する。[3]

反射は一般に不随意運動とされている。別の言い方をすれば、意識されずに生じてしまう体の運動である。そうして、反射がスムーズにゆくときは平衡が崩れない。だから生理学は、この運動を引き起こす回転の〈感覚〉を（傾きの〈感覚〉と併せて）「平衡感覚」と呼び、かつ、この〈感覚〉は（反射運動と同じように）意識されないことが多く、平衡が崩れた場合や刺激が極めて強い場合にだけ意識される、というふうに言うのだろう。

では、感覚が意識されるとはどういうことだろうか。色、匂い、痛さなどのようにはっきりした積極的な〈感覚〉内容があるということだろう。意識するには内容が必要である。あるいは、〈感覚〉内容があることが〈感覚〉を意識することそのことではないか。

しかるに、この点に関して二つのことを考えたい。一つは、積極的な内容がある〈感覚〉をどのように経験するかについての私たちの表現を考えるに、二つのグループをみわけられるということである。まず、仮に、色も匂いも痛さも傾きも、すべてを〈感覚〉の概念で捉えることを認めるとして（筆者は、本書でそのことの弊害について論じてゆくのだが）、この捉え方には、どの〈感覚〉についても、それを「〈感覚〉する」「感じる」という言葉を使ってもよいという見方があるのだと思われる。

しかし、〈感覚〉内容の種別に対応した特別な言葉もある。そのうち、或るグループでは、その言葉でもって「〈感覚〉する」ことと「〈感覚〉内容」とを分節する。すなわち「色を・見る」「匂いを・嗅ぐ」「味を・味わう」「音を聞く」「物体に触れる」。別のグループでは分節を言うことに無理がある。「痛がる」「痒がる」「寒がる」。「痛さを痛がる」などと言うと冗語となる。「味を味わう」というのは、形式的には似ているが、違う。この表現に不自然さはない。何より、「甘さを味わう」「酸っぱさを味わう」「複雑な味を味わう」というふうに詳しい表現もできる。要は、最初のグループでは、対象と対象への関わりとが区別できるということであり、対するに、痛さの経験などでは、感じる出来事が単一にあるだけである。痛がるというのは、まさに対象に関わることではなく、自分自身が痛いことであり、痛さが生じるだけのことである。

この違いは、先に指摘した、探索的有り方を許す場合と許さない場合との対比と連動している。そうして、「見る」「嗅ぐ」等の表現は、探索することとそのことを指し、色、匂い等は、発見される相手であり、これが〈感覚〉内容となっている。また、視覚、嗅覚などは〈感覚〉内容ではなく〈感覚〉の能力を言うのだ、と述べたことにも対応する。（もちろん、痛さを感じる能力などを言うこともできないわけではない。痛さを感じることができないと、怪我をして血を流していても気づかず、傷口を広げることになりかねない。けれども、痛さは感じるしかないものである。色は見て発見することもできれば、見ないこともできる。なお、発見相手は「色」だけなのか、という問題がある。「形」はどうか、と先にも問題にした。ただ、形には生理学等では〈感覚〉の概念は適用されない。同じく、触れる相手の物体——石や綿や水——にも〈感覚〉の概念は馴染まない。しかるに、「ざらつき」はどうか。ざらつきは相手の有りようである。けれども、「感じる」ものであるように思える。ただし「触れて感じるもの」、相手に触れなければ感じることのないものである。触れることの特殊性は第6章で考察する。そうして、匂いと音に戻っても、嗅ぐとき聞くとき、匂いを嗅ぎ、音を聞くだけでなく、何かから匂ってき、何かから聞こえてくると経験するのではないか、ということも考えなければならない。これらの経験には体の外の空間性が契機として入り込んでいる。翻って、視覚の場合、赤さや形だけでなく、その位置をも見るのである。しかも、

3　同、三五〇頁。

暗いときには赤さは見えなくても形が或る位置に見える。)

以上の事柄は、特に第4章以下での、体の感覚と物象の知覚との区別の考察の際にも心に留めておいていただきたい。本書の考察に限っては、「感覚」という言葉を痛さや痒さ、怠《だる》さなどの体の感覚にだけ絞って用い、色や匂いには用いない。色等には「知覚的質」という言葉を宛《あてが》う。

最後に、積極的な〈感覚〉内容があるかどうか、ない場合にも〈感覚〉の概念を認めるという生理学の立場との関連で、さまざまな動物の〈感覚〉を考察する遣り方について、一言する。

さまざまな動物について、いわゆる五感のどれかや人間には与えられていない種類の〈感覚〉に関心が注がれる場合がある。動物の〈感覚〉の調査は、或る刺激を他から選り分けて受容する能力という観点からしか可能ではない。そして、その受容によって動物が何かを意識することになるかどうかについてはオープンにする場合が多い。動物がどのような種類の〈感覚〉をもつかは、動物がどういう刺激の種類を弁別できるか、これを言うことでしかできないのである。そして、その弁別をしているかどうかは、刺激に対する反応が見られるかどうかを調べることでしか分からない。たとえば違った空気振動に違ったふうに反応する動物がいると、その動物は聴覚をもつとされ、だから或る音を聞くとされる。動物がどういう音を聞くのかはさっぱり分からなくとも、である。いわゆる分かりようがないのである。そもそも動物は、私たちが「高い」「鋭い」「澄んだ」というふうに表現しようとするような或る内容をもつ仕方で聞くのではないかも知れない。

以上を確認した上で、以下では、いわゆる〈感覚〉の中で、人間の視覚と色とを中心に考える。(筆者は本書の主題の考察では、色を「感覚」の概念では押さえず「知覚的質」と規定するのだけれども、生理学等では色は〈感覚〉と捉えられている。)生理学だけでなく、後で検討する脳科学まで視野に納めた場合に、研究の蓄積が多いのは視覚についてだからである。

(2) 色の生理学——適刺激としての光に対応する色の〈感覚〉——

生理学における色の〈感覚〉についての模範的説明は次のようなものである。視覚が更に細分化され、その要素の一つとして「色覚」が言われている。

> 色覚とは、可視光の波長の弁別の結果を「色」として感じること、すなわち、波長の違いを色の違いとして感じることであり、われわれヒトで起る感覚現象である。[4]

この主張では、端《はな》から物の色のことは考えていない。異なる波長の光を弁別する仕方が色の違いの経験だと言うのだから。（実際には、光の波長の違いが単純に色の違いに対応しているわけではないのだが、大略のことを言っている。）生理学の主張は、色を物から剥ぎ取ってその在処を光へと移すという考え（いや、実のところ、色どころか見える内容すべての正体を光に求める考え）の後でなければ出てこない主張で、光学を踏まえている。

ただし、生理学が余り注意を払わない、次のことは見落としてはならない。すなわち、色を生じさせるだけではなくそもそも何かを見させてくれる光は、見える光、たとえば観客席の上空を舞台へと飛び交う緑や黄色の光線ではない。その見える光線は、第1章第1節(5)で述べたように、実は光を反射している空中の埃《ほこり》の集合でしかない。そして、それを観客に見させてくれる光とは、見えていると観客が思い込んでいる光ではなくて、埃で反射されて観客の目に飛び込んでくる光であり、この光には色はついてないどころか、そもそも「見えているもの」という形をとらない光である。つまり、生理学が「光の波長」の弁別を言うにしても、私たちは弁別結果としての色を光に帰属させはしない。見させてくれる光自身は、色があるどころか、見えるものとしては消えてしまっている。精々、見えるもの全体に関して言える明るさという仕方で光を、知覚するというよりは理解するだけである。しかるに、この明るさは、見ることができる発光体の明るさと違って、むしろ空間の明るさのようなものとして経験される。（物だけではなく空間が見えるということについては、第5章

4　前掲、『標準生理学』二九六頁。

と第6章で論じる。）

生理学によれば、人に何かを、そして色を見させるには光があればよく（物はなくても、あるいは少なくとも物は考慮せずに光から出発して考えればよく）、しかもその光は、いま確認したように、見えないのだから、見えている内容は色を含めて「見る人」がつくり出したものであることになる。「ヒトで起る」とはそのことを言うのだろう。そして「ヒト」という表記は生理学が人間を動物としてみているということの表明であろうし、その意味は、人間の体の特殊性に「見ること」それから特に「色を見ること」の秘密を求めるということであろう。ヒトの体は小鳥の体でもミミズの体でもないのである。（人間を動物として考察する場合、他の諸々の動物との共通点と人間という動物に特有の事柄との両方をみてゆくということが要求されるすると、その方法としてさまざまなものが考えられ、それらについての考察を本書の草稿では行ったが、かなりの量になるのに本書の考察仕方に直接に関わってこないので、不必要と判断し、没にした。別の機会に述べたい。）その上で、生理学は更に細かく詰めてゆく。見る働きを司るのは体のどの部分かを調べるのである。聞く働き等についても同様である。そして一般に、「受容器Rから始まって神経経路Nを通って大脳皮質（中枢）Cに至る感覚神経系RNC」がそれだと主張する。

すると、「見るとは目で見ることだ」という普通の考えはどう位置づければよいのか。色という〈感覚〉内容を手に入れる〈感覚〉能力としての視覚において、目という視覚器官の役割は何なのか。光という特定の種類の刺激を受容するということだろう。実際、生理学は、色だけでなく匂いも音も、味も肌触りも〈感覚〉（〈感覚〉内容）の概念で捉えるが、それらとセットになっている刺激というものを考える。匂いの〈感覚〉を生じさせる刺激としては揮発性の化学物質、音の刺激としては空気振動（空気圧の変動）、味の刺激としては水溶性の化学物質、肌触りの刺激としては機械的刺激。視覚、嗅覚等の受容器（視覚器官、嗅覚器官等）それぞれに適した刺激があるのであり、それを生理学は「適刺激」と呼んでいる。

ところが、である、生理学は他方で刺激の種類の重要性を否定するような見解をも提出している。

(3) 光の消去——特殊神経エネルギーの法則・感覚神経系が前面に出る——

生理学は次のように言う。

> あらゆる受容器は非特異的信号、すなわち活動電位を感覚神経に発生させるに過ぎず、それらによって異なる感覚が生じる理由は、それぞれの感覚器からの神経が大脳皮質の異なる領域に連絡しており、特定のニューロンを興奮させるためである。したがって、網膜にある視細胞が眼球の強い圧迫によって刺激されても光の感覚しか起こらない。味受容器のある味蕾を電気刺激して起こる感覚も、酸味またはアルカリ性の独特な味である。[5]

このように、「各感覚神経系はその始点から終点に至るまで、それに固有の種類の感覚を生じさせる力をもっている」とされる、これはミュラーによる命名以来「特殊神経エネルギーの法則」として知られている。

引用文にみえる「光の感覚」ということで「明るさの感覚」のことを言っているだけなのかはっきりしないが、その明るさには恐らく色のようなものもあるだろう。私たちが瞼を閉じて太陽の方に目を向けると赤みがかった茫洋とした色がまさに瞼《まぶた》辺りに見える、そういうものではないか。ともあれ、こうして色の〈感覚〉が生じるのに物は要らない、光という刺激があれば十分だ、とする見解に代わって、どういう刺激でもいい、ということになる。

しかしながら、これは第一段でしかないようにもみえる。というのも、普通に見るためにはやはり目が不可欠なのだから、確かに「目という始点から終点に至る間で」の感覚神経系全体が重要なのではあろうが、しかし更に第二段としては、もはや刺激すら要らない（従って刺激受容器も要らない）、神経系の終点である脳（引用文の語で言えば「特定のニューロンの集まり」）に特に注目して、脳の或る状態さえあればよい、すべての〈感覚〉は脳が生み出すということになるようにも思えるからである。

5　同書、二一四―二一五頁。

こう考えるべきなのだろう。感覚神経系の始点である刺激受容器のさまざまは、適刺激が何であるかによって区別される。目が最も鋭敏かつ繊細に（つまり同種の刺激の中の少しの違いに応じて違ったふうに）受容する刺激は光であり、耳の場合は空気振動だ、という具合に。そうして、その始点が決まれば、そこから延びる神経系の終点が脳のどの部位に達するかも決まっているわけだから、この点でも、刺激受容器は重要な役割をもつ。ただ、どのような〈感覚〉が発生するかは脳のどの部位のニューロンが興奮するかで決まると。

ここには、系列というものをどう考えるべきか、という問題が横たわっている。この問題については、視覚の脳科学を論ずる中で、「情報とその処理」という発想にはどのような問題点があるかに焦点を当てる本章第3節で考察する。

なお、脳で〈感覚〉が生まれるとするなら、この考えと、本書冒頭で出会った考え、「色は心の産物だ」という考えとはどのような位置関係にあるのだろうか。脳において心が生まれ、その心において色が生じるということなのだろうか。あるいは、色が生まれるようなことそのことが、心が生まれることそのことなのだろうか。また、脳をそのようなものだと考えるなら、実のところ「色」だけでなく、形などの空間規定も含めた「見える内容全体」が脳において生まれるということになるのではないか。実際、この考えを懐く脳科学者の見解について、本章第4節で取り上げる。序でながら、この考えは、脳を精神に置き換えると分かるように、観念論哲学に似てくる。（西洋近代の観念論哲学については、第3章第1節と第2節を参照。）

（4）色をもたない物に色を見る――終点から出発点への「投射」という概念――

生理学は脳で〈感覚〉が生まれると言うが、その時点で、生理学によれば驚くべきことが起きる。

感覚に普遍的なもう一つの特徴は投射の法則といわれるもので、受容器から大脳皮質に至る感覚経路のどこが刺激されても意識される感覚は、接触性受容器では常に受容器のある場所から生じたものとして、遠隔受容器では刺激の発生源に感ずることをいう。[6]

再び受容器が鍵を握っていることになっている。受容器から大脳皮質に至る感覚経路のどこかにおける刺激が語られているが、この刺激については種類の指定はない。しかし、受容器が接触性か遠隔性かの区別は、その受容器に適した刺激（受容器が種類を指定する刺激）がどういうものかと切り離せないのではないか。そうして、引用文は生理学が言う〈感覚〉一般について述べているが、やはり色という〈感覚〉で言えば、目（より限定的には視細胞）が「遠隔受容器」であるということが重要だろう。すると発生源を言える刺激を前提していることになる。生理学の研究対象である「感覚経路」そのものには「刺激の源」は登場していない。感覚経路のどこかに与えられるのは「刺激」であって刺激の源ではないのだから。刺激の源が言われるのは、刺激が遠隔受容器に与えられる場合だけである。その刺激の源は経路の一部をなす受容器から（従ってまた感覚経路全体からも）まさに遠隔に位置するものなのである。

では、どういう刺激か。特殊神経エネルギーの法則によれば圧迫刺激によっても視覚の感覚神経系によっては光の〈感覚〉が生じると言われた。（この光の〈感覚〉は、先にも述べたように、色を有しているのに違いない。そして、その光を感じる場所は、圧迫刺激が与えられた場所なのであろう。圧迫刺激では刺激と刺激の源の区別がないのだから。以上の事柄について生理学の教科書は何も語っていないけれども。）すると結局、視覚の受容器が要求する刺激とは光なのであろう。その光には発生源を言うことができる。そして投射の法則は、「光という刺激の発生源」に「色を感ずる」と言っていることになる。

ところで、光という刺激の源とは光源ではないのか。いや、生理学の記述は扱う内容によって自在に、まさに光源を念頭においている場合もあれば、光を反射する物を刺激の源の資格で考えている場合もある。光源が前面に出るのはネオンを見るような場合であり、しかるに多くの場合では、光を反射する物が光刺激の源という資格で言われている。物を見る

6　同、二一五頁。

場合、暗くてはならず光が必要なのだが、その光は物によって発生させられているのではない。別に光源があって、それからの光が物に当たり反射し、その反射光が受容器を刺激するから見えるのだが、目(刺激受容器)に入る限りの光は物から発するのだから、物を光源扱いにするのだろう。

では、投射の法則という考えはどのようにして懐かれるようになったのか。生理学に先だって私たちが、物を見させてくれるものとしての光を、物と受容器つまり眼とを結ぶもの、物から目に到達するものとして見いだしていたからである。(この見いだしは簡単なようだが必ずしもそうではない。このことと、明るくなければ、つまり光がなければ物は見えないという分かりきったこととは同じことではない。明るいときには物の回りにも、眼がある顔の辺りにも光が溢れてはいるが、そのことと物から目に光が飛び込むのとは別のことである。目に入った光が顕在化するのは眩しいときで、そのときは実は物は却って見えにくいのである。)

そして、光源と物、眼の三者が光によって取り結ぶ諸関係の詳細は光学の対象である。生理学は光学を踏まえている。生理学は、光学が役割を終えた地点で光を刺激の概念で捉えるところから始まる。(ただし、眼と対象物との距離に応じた遠近調節の必要性は、「網膜上に外界の像が鮮明に結像する」ことを目指す点に関しては未だ光学的事柄を含む。調節のために毛様体筋が収縮することや水晶体の厚さが増加すること等のことは、網膜の視細胞の反応から始まるプロセスと同様、生理的事柄——前者のプロセスからのフィードバックによって生じる生理的事柄——であるが。)

それから、生理学が扱う終点は、眼という受容器から伸びる感覚神経系の他端、大脳である。色は感じられるものとして大脳皮質で発生するというのが生理学の主張であるのだから。

しかしながら、生理学は最後の局面として「投射」という概念を持ちだすことで、大脳皮質から一挙に飛んで、物や光源に色を見ると言う。至極順当な発言である。ただし投射とは、光学と生理学とが追跡してきた過程とは全く異質の局面である。「物(ないし光源)O→光L(一般化すれば媒体M)→受容器R→感覚経路N→大脳皮質C」と移行してきた一連の過程の最後に起きることでありながら、これを、先立つ過程に引き続く次の過程だと言うにわけにはゆかない。先立つ過程は、極めて短いとしても或る時間をかけて空間的隔たりを埋めて、物的変化ないしエネルギー変化が次々に進行してゆく作用過程であるのに、投射という事態はそのような過程ではない。大脳と物（ないし光源）との空間的隔たりを跳び越えることを表現しようとして「投射」という言葉が選ばれているが、もちろん、それは脳という映写機から物というスクリーンに色付き映像を映しだすたぐいのことではない。そういう過程なら、それはまさに大脳まで進んできた過程の次のステップで、それまでと同質のステップなのだが、そういう物的過程があるわけではない。

だから、投射とは言葉の上でだけ移行を実現するのだ、と言ってもよい。つまり、実質的には生理学の手に負えない事柄を単純に認めるだけにして、その認めたことを生理学の成果につなげるために、言葉の上だけでの擬似解決を言っているに過ぎない。言い換えれば、生理学は「投射」という言葉で一つの重要な事態を言い表しはするものの、己の固有の研究領域で解明する諸々の事柄との関係で言えば全く異質の事柄を単純に言葉の上でだけ引き入れたわけである。受容器Rから大脳Cに至る感覚経路の各部N^nで順次どのようなことが生じるのか仔細にみてゆく、それと同じような説明は投射についいては一切みられない。異質とは、そのような説明ができないということに他ならない。投射は経路の終点Cで生じたことに引き続く次の過程であるのではない。私たちの知覚の経験のあるがままに近づくために、感覚神経系で生じたことに単純に（説明抜きに、しかし認めるしかないこととして）重ねられた要素に過ぎない。だから、投射を持ちだそうと、終点は相変わらず脳におかれているのである。図式化すれば次のようになる。

物（ないし光源）O→光L（一般化すれば媒体M）→受容器R→感覚経路N→大脳皮質C（＝）PvO（物Oに色が投射されて見える、結局は色が付いたOが見える。Pvのvを変えれば、音が音を出す物から聞こえると聞き、匂いが匂いを出す物から匂ってくると嗅ぐ。）

しかるに、このように書いてみると幾つかのことに気づく。まず、生理学はまずは色や音、匂いなどの〈感覚〉の成立を言い、次いでその物（刺激源――光源、音源等の資格で登場させられるもの――）への投射を言う。つまり、二段構えなのである。しかし第一に、二段めなしの一段めの〈感覚〉の経験というものがあり得るのか。あるとしたら、それはどのようなものか。ここで、生理学は心理学や観念論哲学に近づく。なぜなら、〈感覚〉は空間規定をもたないとされているから何処にも場所を占め得ず、そこで「主観的なもの」、心理的なものと規定される他ないからである。

物Oに貼り付く前の色がOから独立に考えられるのは、生理学が、視覚に固有の内容は色だと考えるからだろうか。このことは、聴覚の対象は音で、嗅覚の対象は匂いだという、ありふれた考えと一緒に検討する方がよいと思われる。音や匂いを音の出所や匂いの出所と切り離して経験する仕方に人は馴染んでいるからである。（それに対して、色の付いたもの、ないし、色をしているもの無しの色の経験というものは考えにくい。）しかし、筆者は強調しなければならない、視覚や聴覚、嗅覚は、色や音、匂いという互いに異なるものをそれぞれの対象とするのではなく、同じ物Oを違った仕方で対象にするのだ、と。色や音、匂いなどを対象とする経験を言うことはできないわけではないが、それは（色や音そのものを楽しむような場合でさえ）抽象的態度においてのみであり、これはまさに実際の経験全体の中で一部に特に注意を向け、他は無視する（しかし無視したからと言って消えはしない）ことで成立する経験でしかない。

第二に、〈感覚〉が投射される相手、物という契機の生理学への入り込み方が曖昧である。物もその入り込み方も或る仕方で無造作に前提されている。このことについては項を改めて考察する。

なお、その前に一言。投射の法則を言うときには、特定の受容器と神経の組は特定の刺激に反応することが前提されている。視細胞は光の刺激を受容し、コルチ器官の有毛細胞は音波の振動エネルギーという刺激に反応するというふうに。そうでなければ、生み出された感覚が何処に投影されるか分からないことになってしまう。けれども、前項で述べた特殊神経エネルギーの法則によれば、あれこれの受容器は違った種類の刺激を受けても決まった種類の感覚を（もちろん脳の働きも当てにしてだが）生じさせるのであった。二つの法則はどう両立するのか。

次のようにご都合主義的に整理するしかないであろう。林檎で反射した光が視細胞を刺激することによって見える赤い色は、林檎の場所に見える（投射の法則）。しかるに視細胞が光ではなく眼球の強い圧迫によって刺激され「光の感覚」と称されるものが生じる場合（特殊神経エネルギーの法則）、その光の感覚はまさに圧迫を受けた眼球近辺にしか生じず、これは通常の何かが見えることとは違う、と。特殊神経エネルギーの法則は各感覚神経系の役割分担を強調するだけで、知覚空間の構成を伴う知覚の説明には役立たないように思われる。

そして、これは脳を刺激することで何かの知覚を引き起こせるという主張をどう理解するかという論点ともつながる。特殊神経エネルギーの法則を推し進めれば、感覚神経系の受容器の部分であれ途中経路であれ、更には終点となっている或る脳部分であれ、その経路の部分であればどの部分も、どういう種類の刺激で刺激されようと同じ種類の知覚を生じる、ということになりそうだからである。それからこの論点は、バーチャルな知覚・〈感覚〉がなぜバーチャルなものでしかないか、という論点にもつながる。知覚対象が「知覚的質ではなく知覚的質をもって現われる物（物象）」であるということは、知覚対象は元来が行動対象（行動によって働きかけることのできる対象）であるという原則のもとで考察すべきである。知覚は感覚神経系において受動的に生じるものではない。行動に引き継がれる事柄として、それ自身が活発な活動によって成立するのである。それも、視覚で言えば、単に眼球の運動が大事であるだけでなく、顔面全体を動かしたり、歩き覗いたりなどの探索行動も重要なのである。

さて、ともあれ、「投射」ということの語を発明することで生理学は少なくとも、認めるべき事態を率直に認めていると評価してよい。「投射」という概念は実に巧妙なもので、これは、「見え」というものが「見る人」において生じることでありながら、それは「人の外部に実在するもの」そのものの見えであるという、驚くべき事態、を言い当てている。というのも、この要素を生理的過程の最終段階に重ねることによって、生理学は、生理学の出発点（刺激受容器）どころか、それをも跳び越え、それに先立って光学が引き受ける部分を遡って、すなわち具体的には光の進行を光源の位置か、もしくは反射光の場合には光を反射した物の位置までへと遡るべく一挙に飛躍して、「体から隔たった体の外の何か」の見えという性格を、色という〈感覚〉内容に関して保証しようとするわけである。（そしてこういうわけで、投射の法則と特殊神経エネルギーの法則とは衝突しかねないのだが、前者が通常の状態に関する法則で、後者は通常ではない状況で適用されるものに過ぎない、と言うことができる。）

以上の考察を踏まえ、ここで、空間という契機を投射の法則が浮かび上がらせていることに注目しよう。

第2節　視覚の生理学と脳科学とによる空間規定の扱いおよび情報概念の駆使

(1) 生理学によって前提されている三次元の物理的世界と視覚

放射の法則を言うことは、刺激の発生源の位置が既に定まっていることを前提していることに注意しよう。視覚の生理学は光の刺激の受容から始まるが、その前に光学を前提していると述べた。その光学は、光源（ないし光を反射する物）と刺激受容器との位置関係が定まっていることを前提しているのである。この前提なしには光学は始まらないから、この前提はどのようにして手に入れたのか、という問題に頭を悩ますことなど、光学にも生理学にもあるはずがない。この前提についは、物象と生理学者と被験者との関係を考察する際に取り上げて考察しないわけにはゆかないが、この事情は脳科学の場合も同じなので、考察は視覚の脳科学を検討する第2節（4）と第3節（5）以下で行う。なお、この前提はどのようにして手に入れたのかという問題に対しては、筆者は、空間規定を具えた知覚と行動によって、という答を用意しているが、知覚の空間規定については第5章で詳論する。知覚については、先に（第1章第1節（6）で）、視覚や嗅覚、聴覚などを纏《まと》めて「知覚」と呼んでおきたいと述べた上で若干のことは考察したが、〈感覚〉の概念との関係で「知覚」の概念をきちんと見定めることは未だしていない。

さて、繰り返しを厭わず確認すれば、光学が前提している世界は「視覚なしの世界」であり、三次元の物理的世界である。そこに生理学は視覚によって何がどのように見えるかを言おうとする。その「見える内容」のうち色にこだわった考察をこれまでしてきた。生理学によれば、色は光の刺激の受容によって感覚神経系で生まれる〈感覚〉である。しかしながら生理学は〈感覚〉についての投射の法則を言うことで、色は感覚神経系の末端からいわば飛んで（投射されて）光刺激の源の位置に見えるとする。そうして、光刺激の源をいわゆる光源に限定せず、光を反射する物などをも源と見なすのだから、生理学は、色つきの物象が見えるという実際の「見える内容」を追認するのである。（なお、以下の叙述では、物象全般を物――稲妻や炎、あるいは空などと違って、林檎のように形の輪郭がはっきりし、かつ時間的にも安定している物――で代表させる。）言い換えれば投射の法則を言うことは、感覚神経系のメカニズムの詳しい調査と比べると、言葉だけに中身を負わせたものに過ぎないが（「そうなっている」と説明抜きで言うだけ、いわば法則の名のもとで天下り的に承認するだけだが）この方便によって、「視覚なしの世界」と「視覚ありの世界」との差は色が加わるかどうかであるかのごとき体裁になる。

ところで、投射の法則が気に懸けているのは、体（感覚神経系の末端、脳）の位置から物（光刺激の源の資格として考えられている物）への投射だから、視覚の成立に先立って前提されている三次元の空間規定の中のいわゆる「奥行き」の次元だと解釈できる。視覚の〈感覚〉受容器は遠隔受容器だが、その「遠隔」とはまさにこの奥行きがある事態を指している。投射の法則とは、視覚にあっては、この奥行きの次元を「見える内容」に取り込む方便だと言ってよい。しかるに、視覚の脳科学（あるいは認知科学等――以下では同類の科学をすべて脳科学に代表させる――）は、奥行きという空間規定を巡って、情報の概念を用いて実質的な説明をしている。そこで、この説明を検討したい。

ただ、その前に生理学にあと少し留《とど》まりたい。というのも、三次元の空間規定のうちの奥行きという空間規定ではないものについて生理学が調べていることがあるからである。奥行きの次元を取り去った二つの次元が構成するのは平面であるが、その平面上の二点の間の関係はいわば「横の空間規定」と言ってよかろう。この空間規定については、生理学はどのように処理しているのだろうか。この空間規定は、物と体との距離（別の言い方をすれば奥行き）をつくるものではなく、物の幅として、あるいは物と物との間で定まっている距離として、やはり視覚の生理学に先立って前提されている空間規定である。

（2）空間的な分解能——横の空間規定・弁別であって産出ではない——

横の空間規定を視覚の生理学が取り上げるのは、空間的な分解能、俗に「視力」と呼ばれるものを研究する場合である。空間的「分解能」とは、空間中の二点を二点であると認識できる二点間の最小の距離によって表される。（生理学は、同じような事柄として触覚と圧覚の識別能を言うが、ここでは視覚だけを取り上げる。）しかるに、その距離は当然に見る人の二点までの距離によって変わることは、私たちは誰でも日常の経験で知っているが、このことを考慮して生理学は最小視角を問題にする。（このことを生理学が考慮するとき、識別すべき二点とその二点を見ようとする人との距離、人の側から言えば見られる相手までの奥行きの距離の方は、ただ前提しているだけであり、それだけでなく、投射の法則によって「見える内容のうちに取り込む」必要があるとの考えも特に取り上げない。色のような〈感覚〉を問題としていないからだろう。）通常の視力検査では、お馴染みのランドルト環（丸い黒い線の一部が或る方向、つまり上部あるいは下部、左側等で切れている環、切れ間の幅と黒線の幅は同じで直径の五分の一）を用いて、五メートルの距離から見て切れ目があると識別できる（切れ目の方向が分かる）最小の切れ目に対する視角の逆数で視力を表す。

（生理学ではいつも物よりは光を重視し、光源を問題にするので、多くの場合に私たちは「光源」を「光を反射するもの」に置き換えて考えなければならない。だが、ランドルト環を見ることで視力を測るときの二点の識別をも、小さな距離で並んだ二つの光源間の距離の識別のことだと考えるとどうしても奇異である。むしろ、見ることのできる光源の最小の大きさとはどのくらいか、と考える方が無理は減じる。確かに生理学は視力測定のときに必要な室内照明の強さや視力表の照度の重要性を指摘していて、すると黒くて光を反射しない環の切れ目で光を全反射する部分が——光源の資格で——どれだけ大きければ捉え得るのかこれを調べるのだ、というふうに考え得るからである。それでも、この切れ目は黒線にとっての地である平面につながっているので未だ無理が残っている。私たちは、切れ目を見るといっても、黒い線の方を、その形、全部が環になって閉じていなくて一箇所で切れている線を見るのが普通で、白い地を中心に見るのではない。それから、私たちは、夜空の星をどの程度見ることができるかどうかで視力を言うことがある。この場合は、星の大きさよりは明るさが重要であろう。明るい星は大きく見えるのではないか、という問題もあるかも知れないが、月は暗くても大きく見えて、視力の弱い人にも見えるという事柄を考慮しなければならない。星が見えるかどうかを尺度とした視力の場合、空間的な分解能が前面に出てはいない。なお、ここでは考察しないが、刺激光の点滅の頻度によってちらつきを感じるか——点滅していると見分け得るか——感じないか、つまり、光の時間的な分解ができるかどうかを問題にするときには、二つの光源の弁別という考えが違和感なく受け入れられる。)

空間的分解能を言うことは、見ることに先だって対象がもっている規定内容をそのまま見ると主張することである。これは、光が或る波長をもっているというのも生理学において前提されているのだが、この波長をそれとしてそのまま捉えることはなく、波長の違いは色の違いという仕方でのみ弁別されるのだ、という主張と比べるべきである。弁別されると言われる側の光の波長と、その弁別結果としての色とは全く違ったものになっているのに、光源間の距離の弁別の結果はそのまま距離の見え(二点の識別)というものであることが当然とされている。そして恐らくそれゆえに、色は〈感覚〉の概念で捉えられるのに、空間規定はそうではない。見えているものの色と空間規定と、二つの内容の身分というか位置づけは異なっている。

色は〈感覚〉だから心に生じるものだという考えに連なり、だから一つには、〈心は物質的なものではなく広がりを有さないというのが伝統的考えだから〉色自体は空間規定をもたないと主張されるし、また二つに、色は見る人の主観的な何事かであるということに過大な注意が向けられる。けれども、第一の主張に関して言えば、現実の私たちが見ることでは、色は物の表面の色などとして広がりをもって見える。そこで、この主張の不首尾を糊塗するためというか現実との整合性を取るためにというか、生理学は投射という概念を持ち出し、色の物への接合を認めることにしている。対するに、見えている内容(色と空間規定)のうち横の空間規定の方は客観的事柄のそのままの認識そのことで、問題があるとするなら、それはその認識力の限界に過ぎないと考える、そういう発想がある。

だが、注意しなければならない、空間的な分解能は奥行きという空間規定については沈黙していることに。投射の法則は奥行きを気に懸けるが、ただ「視覚に先立つ奥行き」を「見えるものの内容」に説明抜きで取り込むだけである。こうして、視覚によって初めて発生する色という〈感覚〉の投射という概念によっても、先立つ空間規定をあるがままに認識する（弁別する）空間的分解能の概念によっても、見える内容における奥行きという要素は説明されないのである。

(3) 或る脳科学者の解説――脳による奥行きの復元――

「見るとはどういうことか」について脳科学が積み重ねてきた知見を非常に分かりやすく解説してくれている或る脳科学者の啓蒙書の中に、「見える内容における奥行き」についての説明がある。彼、藤田氏は次のように問いを立てる。長いが、引用する。

〔網膜の〕個々の細胞は、光の波長（色に関する情報）と強度（明るさに関する情報）を時々刻々感知するが、自分が受けている光がどのくらい離れた距離からやってきたかを情報としてとらえていない。たて、よこ、奥行きのある世界は、こうして、奥行きを明示的に与える情報を失った二次元画像情報として網膜でとらえられ、脳に送られる。物理的世界は空間的に三次元（つまり立体的）であり、また知覚する世界も三次元でありながら、間に介在する網膜情報は二次元（平面）なのだ。つまり、ものを見ることにおける脳の本質的な仕事の一つは、二次元網膜情報から、その網膜像を投影した物体の三次元構造を「推定」し、「復元」することである。[7]

この世界を見ているときはいつだって、三次元物体の構造を脳が決めるためには、情報が足りないのである。[8]

では、脳が、網膜像から三次元構造を決定する際に用いているヒントとはいったい何であろうか。[9]

見ることに先立つ世界が三次元の世界であることは自明の前提とされている。（だから、この前提は受け入れるだけで、脳科学が問題にする事柄とはなっていない。その点、生理学と同様である。生理学の延長上に脳科学があるのだから当然である。）他方、見える内容における三次元という空間規定は、見ることにおいて生まれさせられたものであり、この生成仕方を調べるのは「見ること」についての脳科学の課題の一つである。しかるに、二つの三次元世界の間には、見える三次元構造は、先立ってある物理的世界の三次元構造についての情報をもとに、この三次元構造を復元しようとすることによって生まれる、という関係がある。これが脳科学の主張である。では、どのようにして復元すると言うのか。「ヒントとは何か」と問うた後の答である。

それはひと言でいえば「世界の構造に関するルール」である。私たちのまわりにある物理的世界は一定の法則で成り立っている。これらの法則を、脳は、二次元網膜像から三次元構造を復元する情報処理過程に前提条件として組み込んでいる。これにより、脳は、情報としてあいまいさを含んでいる網膜画像情報をもとに、その網膜画像を与える三次元構造を一つ選び出すことができる。[10]

「世界の構造に関するルール」の例を、著者の藤田氏は、次の視覚経験を説明するという仕方で挙げている。どういう経験かと言うと、「青銅の鏡の裏面につまみや装飾紋様があるが、それを写真に撮って上下逆さまにして見ると、出っ張っているはずのつまみ等が窪みになって見える」という経験であり、どうしてそう見えるのかは、次のように説明される。

7　藤田一郎『「見る」とはどういうことか　脳と心の関係をさぐる』化学同人、二〇〇七年、六五―六六頁。
8　同、六八頁。
9　同、六九頁。
10　同、六九頁。

図　銅の鏡

銅鏡の裏面の細工を撮影した写真。左側は模様がでっぱって見えるが右側はひっこんで見える。右側の写真は左側の写真を上下反転したに過ぎない。

> 写真の紋様を部分別に観察してみると、それぞれ、上方が明るく下方が暗い。私たちの脳はこの光強度の分布から、「この構造はでっぱりである」という復元を行う。ところが、写真を上下反転すると、明るさの分布は、上が暗く下が明るいというように反転する。脳はこのときには、「ここはひっこんでいる」と感じるのである。それはなぜか。
>
> 太陽は頭上から照り、足元から照ることはない。室内の照明も、ロックコンサートのステージなどの例外を除いては、日常生活のほとんどにおいていつも頭上にある。光が上から照ると、でっぱりの上部分は明るく下部分が暗くなる。一方、くぼみでは、上側が暗く下側は明るいという光の分布を示す。［中略］
>
> したがって、脳が網膜情報を読み解く際の計算過程に、「光源は上にある」という前提をおけば、光の分布から凹凸は一義的に決まる。銅鏡の写真は、私たちの脳がそのような拘束条件にそって面の凹凸を復元していることを示している[11]。

以上の説明を受けると、私たちは成る程と納得する。けれども、写真を材料にするというのには、どのような考えが潜んでいるのだろうか。前面に出ているのは、私たちが写真の平面すなわち二次元の像を見て三次元の被写体を認めることと、二次元の網膜像からその網膜像を投影した物体の三次元構造を脳が復元することとの等価な扱いである。以下では被写体を（風景とか空、何かの表面の模様だけ、などではなく）物体に限定して考察するとすれば、次のような二つの系列に同じような仕組みを認めよう、ということである。

A．物体→写真→写真を見て物体がどのようなものかが分かる人

B．物体→網膜像→物体の構造を復元する脳

ここで重要なのは、Aは誰もが経験することで、Bは視覚の光学や生理学、脳科学の研究者たちが被験者において発見し、解釈してきた事柄だということである。だから、馴染んでいるゆえに分かりやすい前者をモデルに、それとの類比で後者を理解しようとする姿勢がある。けれども、A系列での写真を見る経験の分かりやすさをB系列に素朴に持ち込むと、写真のようなものを見る人、いわば小人が脳のところに居るのかという、視覚の生理学や脳科学での定番の話題が出てくる。ただ、「脳の中の小人」については、本章第3節（2）と第4節（1）とその補足でもう一度話題にすることにして、ここでは二つの事柄に注意したい。

一つは、Aで、物体と写真とがともに顔を出していることについて。もう一つは、写真を例にすることによる分かりやすさが直ちに消えてしまうという事態。なお、写真で何かの像を見ることと、何かを直接に見ることとの違いも重要な話題であるが、これは次項（4）で少し触れ、第5章第6節で詳しく考察する。

11　同、七〇―七一頁。図も同書から。

(4) 前提されていること

これら二つの事柄を考察するに当たって、A系列とB系列とを、情報の概念を適用して書き換えれば、どちらも次のようになっているのは間違いない。

R. 三次元構造→三次元構造についての二次元情報→三次元構造の復元

この系列の前半部分が言えるためには、A系列については写真ができあがる仕組みについての理解が、B系列については光学が解明する事柄の理解が必要である。実際、AとBとの二つの事態を並べて、しかも情報の概念を中心に置く仕方で事柄を考える藤田氏の中には、次のような構造が思い描かれているに違いない。

前提

1. 存在することが前提されているもの。三次元構造をもった物体。光源と光。網膜や脳をもった体。
2. 物体と体とは離れている。
3. 光が物体を照らし、物体表面で返る光の分布(波長と強度によって違いがあるさまざまな光の分布)は、光源の種類とその位置、および物体の形状によって変わる。
4. その分布が、一方で写真の表面で反射される光の分布に反映される。このことは、写真ができあがる仕組みを考えれば理解できる。そこで、二次元的なものである写真は三次元の被写体の情報を有している。カラー写真か白黒写真かでは、反映の有りようは違うが、この違いは、被写体の三次元構造の情報が写真によって二次元情報という仕方で担われるという関係に関わるものではない。
5. 3で言う光の分布は、他方、物体を見る人の網膜に到達する光の分布に反映される。(もちろん、見る人の目の位置と物体との位置関係によって反映仕方は異なってくるが、その点は副次的な事柄として扱う。）この分布は物体の「網膜像」（ないし「網膜画像」）と呼ばれ、二次元的なものである。（弱い光源そのものを見る場合のことは脇に置いて考えているのだろう。なお、強い光源——あるいは強い光を反射する物体、結局は強い反射光——だと眩しすぎて「何か」をよく見るということができないし、あるいは非常に強いと目を痛めるかも知れない、このような事態も考慮外だろう。これらについての筆者の考察は、第5章第3節（2）その他でなす。）

6．写真の表面で反射される光の分布も、写真を見る人の網膜に到達する光の分布に反映される。

前提1と2とは、本節（1）で、生理学と脳科学とが視覚の仕組みの説明に先立って前提していること、として述べたことと同じである。前提5は、「生理学の考察が始まる前の段階で光学によって解き明かされたこと」と述べたものに相当するが、ここで初めて明確に書き記した。そうしてこの5の前提と新しく付け加えた4と6の前提とで用いられている「反映」という言葉が、「情報」の概念の使用の根拠を与えている。

さて、写真を見るとそこに被写体を認めるという私たちの普通の経験を、情報の概念を用いて言い直すと、写真は被写体の情報を含んでいるということになる。これは誰もが日常的に理解していることである。この情報関係がどうして実現できているかを前提4は説明するように思える。そうして、加えて前提5と前提6とを併せて考えると、写真を見るときと直接に被写体を見るときとで、網膜に到達する光の分布は、少なくとも被写体の三次元構造の情報に関わる部分ではほぼ同じだということになりそうである。少なくとも、物体の情報は写真を介する場合とそうではない場合とで、どちらも二次元のものになるのだから、AとBとには、情報の観点からは大きな差はないようにみえる。だからだろう、藤田氏は言う、

このような状況［二次元情報から三次元構造を復元するという状況］は、写真や特殊な図形を見たときだけに脳が出会う

のではない。……網膜において、三次元世界に関する情報は必ず奥行き情報を失った二次元情報になってしまうからである[11b]。

こうして藤田氏の説明は、「銅鏡の写真を見て銅鏡がどのように出っ張ったり窪んだりしていると見えるかについて調べ考察することで、銅鏡そのものを見るときにそれがどのようにして三次元構造をもつと見えるかの理解や説明ができる」という論構造をとっている。

そもそも考えるに、藤田氏の当面の主題（二次元の情報からどのようにして三次元構造を復元するかという主題）を離れて、一般に視覚の研究ではどの研究者にあっても、写真や図、あるいはコンピューター・ディスプレイ上の画像や動画を（サル等を含めた）被験者等に見せて、そのときに生じるさまざまのことを調べ、もの全般が見える仕方を理解しようという遣り方が普及している。（生じる「さまざま」のうちには、何がどのように見えるかはもちろん、眼球の動きや脳の或る部位の活動なども、注目すべきものとして含まれる。なお、前節で、生理学における〈感覚〉の概念について考察した際に「刺激」の概念を取り上げたが、藤田氏は、「心理学や脳科学において、被験者に見せる図形、動画、パターン、物体などを一括して「視覚刺激」とか、単に「刺激」と呼ぶ[12]」と記している。生理学が言う「刺激の源」を「刺激」として扱っているわけである。すると、遠隔知覚である視覚において、刺激から刺激の源へとどのように遡るのか、という問題の所在は見えにくくなっているとも言えないわけではない。ただ、情報処理による復元――脳科学の概念規定によれば「刺激の復元」ということになるが――の仕組みが重要視されるので、実際には、むしろ「投射の法則」を持ち出すだけに留めるよりは問題に取り組んでいる。）

藤田氏の考察でも、後景に退いているが、写真の像の見え方を調べることで、一般に物がどのように見えるかが分かるという考えは、当然の前提として働いているように思える。そして実際問題として、この遣り方には、実験が簡便でさまざまな状況を工夫しやすいなど、幾多の長所がある。今の事例の場合、写真の上下を引っ繰り返すだけで凹凸が反対に見えてくる、ということを読者に試してもらえるという利点がある。

藤田氏もこのことを念頭においている。

実感を伴いながら思索を進め、しかも脳と心の探求の最先端を渉猟したい。視覚は、そのような話題として、本という媒体を通して語るのに適している。問題としているさまざまな現象を図によって体験することができるからである[13]。

けれども、図は措いて写真で代表させて考えるに、写真の像の見え方は、被写体を直接に見るときの被写体の見え方とはもちろん違う。この違いがどのようなことかは第5章第6節(6)で考察するが、後者の見え方に相当するのは写真の紙を見る仕方である。そうして、写真に何かの像を見るには必ずまずもって写真の紙を見ることが必要であり、加えて更に何かが必要である。写真のはずなのに撮影が失敗して模様か染みのある紙にしか見えない(ないし模様か染みがある紙として見る)場合があることで、そのことは明らかである。

写真に像を見るのはかなり高度な見方であることは誰でも知っている。だから、あからさまに話題にすると違いにすぐに気づく。しかしながら、差し当たりその違いは無視して、写真や図、動画等がどのように見えるかを調べることで視覚一般の秘密を追究するという方法が採用されることが多い。写真等に像を見ることは人が普通に物体や風景を見る場合とは違うのだから留意すべきことがあるはずなのに、その違いについての議論は省かれがちである。

ただし藤田氏では、これについて、きちんと述べている箇所がある。ただ、その箇所のずっと前で、氏が、本書ではまだ紹介していないが、写真で窪んでいると見るか出っ張っていると見るかの例として、銅鏡の写真の他に、砂浜の足跡の

11b　同、六八頁。
12　同、一〇九頁。
13　同、三頁。

写真を取り上げていたことを踏まえなければならない。

その例は、「足跡だから窪んで見えるはずなのに出っ張って見える、どうしてか」と、テレビ番組スタッフから問い合わせの電話があった、という話題として取り上げられている。その写真を掲げた箇所[13b]では、藤田氏は、「写真を見て驚いた、足あとがでっぱっている！それどころか、ずっと見ていると、でっぱっていたものがときにはひっこんで見えたりする……どうしてなんでしょう」というテレビ局の質問を記し、これは「月のクレーター錯視」と呼ばれると述べるだけで、この写真に即した「なぜ」の説明はしていない。そうして、脳の遣り方についての一般論を述べた後で、代わりに、先に紹介した、銅鏡の写真での解説をしているのである。因みに、筆者には足跡の写真を幾ら眺めても、ずっと、出っ張っているとしか見えない。窪みに見える場合との交替は起きない。

それで、足跡の写真と銅鏡の写真を話題にしてから一〇〇頁余り先の箇所で、藤田氏は、足跡の写真を想い起こそう、と述べて、次のように記している。

> この写真のように「明るさの分布パターン」を示す構造は、足あと型にくぼんだ構造と足あと型にもりあがった構造の二つがあり、そのどちらであるかを脳が決めかね、ふた通りに見えてしまうのだった。ではどうして、浜辺で見る本物の足あとは、常にひっこんで見えるのだろうか。それは、実際の足あとには三次元構造を決定するための視覚の手がかりがもう一つあるからである。[14]

そして、その手掛かりとして氏が挙げるのは、「左右の目で見る世界の像はわずかに異なり、個々の物体の像は、その奥行きによってずれの大きさが異なる」というものである。

この説明は正しいだろう。ただ、説明はまさに、写真には本当の奥行きがなく、奥行きがあるように見えるだけで、しかし世界の方には奥行きがあり、その奥行きを（脳による解釈を通して）見るのだ、ということを承認している。それでいて、やはり、世界を直接に見る場合も人が見ているのは「像」だ、という立場を崩していない。写真を見ている場合と世界を直接に見る場合とでの違いは手掛かりの多寡に過ぎないかのような書き振りである。別の言い方をすれば、実物を見る場合とその写真を見る場合とで脳に与えられる基本の情報は「像」であって違いはなく、前者の場合には更に「二つの像のずれ」という情報（三次元情報である像から三次元構造を復元する際に手掛かりにできる情報）が加わるということなのだろう。

さて、以上の補足から本題に戻って、写真を見るとそこに被写体を認めるという私たちの普通の経験を、情報の概念を用いて言い直すと、繰り返しになるが、写真は被写体の情報を含んでいるということになる。しかるに、この情報関係がどうして実現できているかを前提4は説明するように思えると述べてはみたものの、前提4が説明できる部分は一部分だけなのである。どうしてか。

先にも断ったように、この部分はR系列の前半部分（三次元構造→三次元構造についての二次元情報）にしか関わっていず、しかるに、私たちが写真を見るとはR系列の後半部（三次元構造についての二次元情報→三次元構造の復元）をも含めた情報関係に関わることなのだからである。このことはまた、写真を見ることで被写体の情報を得る仕方は、被写体を直接に見ることで得る被写体の情報とでは「情報」の意味が違うという事態にもつながっている。この最後の点については、本章第3節（7）以下で論じる。

さて、このように慎重に検討すると、平面である写真の像が立体的に見えるときの仕方を調べることで、二次元の網膜像を通してその網膜像を投影した三次元の物体が三次元のものとして見える秘密が解明されるという理屈は、実は危うさを孕《はら》んでいることに気づく。このことを、項を改めて詳しくみてみよう。

14　13b　同、六四―六六頁。
14　同、一五八頁。

(5) 分かりやすさの消失

凸凹のある銅鏡の写真がどう見えるかを材料にした、どうして奥行きが見えるのかについての説明の分かりやすさは、実際は或る困難を抱えている。

もう一度、A系列とB系列とを記す。

A. 物体→写真→写真を見て物体がどのようなものかが分かる人

B. 物体→網膜像→物体の構造を復元する脳

Aが分かりやすいので、それに倣《なら》えばBも分かる気がする。成る程と思う。二次元情報から三次元のものを復元するに当たっては情報が足りないところを「拘束条件」を用いることで解を得るという仕組みの一つが、「影が映っている銅鏡」という特殊な写真を例に取ることで抽出される。この抽出が成功していることを筆者は否定しない。けれども、注意深く検討しよう。脳科学における情報概念の駆使を巡る大きな問題点に絞った考察をする。

まず、いったん情報の概念の利用を抜きで、生理学的知見をその前提とともに盛り込んで(だからBの考えをAに持ち込むこともして)A、Bの二つの系列を書き換えよう。すると、と次のようになる。

A2. 物体→光→写真→光→網膜像→脳

B2. 物体→光→網膜像→脳

次に、情報の概念を適用してA2、B2を書き換えれば、次のようになる。先に、A、Bに大筋は共通な構造だとしてRの系列を掲げたが、詳細にみれば、実はR系列は次のように違ってくる。

R（A、Bに共通）　三次元構造→三次元構造についての二次元情報→三次元構造の復元

AR．三次元構造（物体）→情報媒体（光）→三次元構造についての二次元情報（写真）→情報媒体（光）→二次元情報についての二次元情報（写真の網膜像）→三次元構造の復元（脳）

BR．三次元構造（物体）→情報媒体（光）→三次元情報についての二次元情報（物体の網膜像）→三次元構造の復元（脳）

まず、ARとBRとを比較する。確かにどちらでも、三次元構造の物体と、見ることによる三次元の復元の間に、二次元情報が挟まっている。この情報を頼りに脳は三次元構造を復元する。しかし、脳が直接に頼る二次元情報の有りようは両者で違っている。これが、実際の私たちが見ることにおいて、直接に物体を見る場合と、写真に物体の像を見る場合との違いに対応していることは言うまでもない。

しかしながら、情報という観点から事柄をみてゆこうとすると、途中で情報の同じ脱落（奥行き情報が失われること）が生じているのだから、二つの系列に大きな違いはないということになるのではないか。それが脳科学者の意見なのだろう。

しかし、やはりどこかが違うはずではないか。

そこで、情報の概念を適用せずに理解できるA2とB2の系列を比べてみる。

Aの系列の分かりやすさに支えられることで理解できると思われたBの系列がAの系列自身の方に入り込むことで、A系列はA2へと複雑化している。（光の介在を明示することによる複雑化は大した問題ではない。）そうして、Aに登場していた、誰もがその立場に立ち得る「写真を見る人」が消えているので、A2では分かりやすさも消えている。つまり、A2でも何かを見る「人」の代わりに見る人の「脳」がクローズアップされ、B2と同じようなものになっているのである。そこで結局は、見る「人」が登場しているA系列の分かりやすさに助けられずに「脳」が重要な役割を果たす系列（B、B2、A2の系列）を適切に理解できるか、という問題が残ることになる。

脳が前面に出てきたのは、情報を読み解くものとしてであった。従って、以下、脳科学における情報概念の使用とはどのようなものか、生理学における同概念の使用ともども検討しなければならない。

第3節　視覚の生理学と脳科学における情報概念の多用・濫用

(1) 生理学と脳科学における情報概念の使用

まず断っておかなければならない。筆者は生理学や脳科学の現場を知らない。研究成果が発表されるジャーナル掲載の諸論文をチェックしているわけでもない。せいぜい研究の最前線を概観するたぐいの叢書を勉強するくらいで、さまざまな知識を得るのはほとんどが啓蒙書からである。そうして実に夥《おびただ》しい事柄を教わり、スリリングな考えの披露に感じ入る、そのような読書経験をする。そこで、脳の働きについて何かを述べるとしたら、それはすべて誰かからの受け売りになる。それでいて一体、何を発言するというのか。

以下に考察する事柄は、一見は批判めいた言辞に見える部分があるかも知れないが、批判を試みようとしているわけではない。むしろ、そういう部分とは、自分自身があれこれの誤解へと陥らないために注意すべきことどもを発掘する、そういう性格のものである。情報概念の余りの使い勝手の良さに警戒し、罠に陥らないように、というような考察などがこの部分に当たる。

ただ、考察にはもう一つの目的があって、それは、生理学や脳科学が前提していることはどのようなものであり、それらの前提はどのようにして手に入れられるものなのだろうか、これを確認することである。筆者の念頭にあるのは、見える世界、一般化すれば、見る、聞く、嗅ぐなどの知覚世界というものは人々に共通の世界だという前提である。目が見えない人にとっては見える世界などなく、耳が聞こえない人にとっては聴覚世界はないのだから、「共通の世界」を言うことはナンセンスだと、早まらないで欲しい。「共通世界」ということの意味をはっきりさせることが肝腎である。この話題は、第1章第1節(6)での知覚対象についての考察、および第1章第2節と第3節での考察、すなわち「太郎の赤」と「花子の赤」とを話題にするとはどのようなことかを巡る考察につながっていて、近代西洋哲学が提出し、以降、哲学を呪縛してきたと思われる「主観性」概念について、それは間違ってはいないにしてもトリビアルでしかないのだ、ということを読者に納得してもらいたいという、本書全体が追究する主題の一つに関わっている。本書は哲学書なのである。

さて、脳科学だけでなく生理学でももちろん情報の概念は多用される。最初は、〈感覚〉の生理学に限ってみてみる。まず、情報の「伝達」や「伝導」という考えが用いられる。次は最も標準的な生理学の教科書の記述である。（傍線と傍点は筆者による。）

①一本の感覚神経線維は末梢で分枝し、それぞれが複数の受容器を支配している。これは情報伝達のための感覚単位である[15]。

②脊髄を上行し、体性感覚情報を中枢に伝える伝導路のうち……[16]

③一個の視索は、左右の眼の同側からの情報、すなわち視野のうちの対側部分からの情報を伝える[17]。

ここで言う情報が、或る何かについての情報であるということは、自明視されている。②の「体性感覚情報」という名称は、体についての情報が問題であることを示しているし、③で「視野」に言及していることは、見えるものについての情報が主題であることを語っている。最も率直な例としては

15　前掲『標準生理学』二二二頁。
16　二三一頁。
17　二八五頁。

④末梢神経による味質の伝達方法を知るため……[18]

という表現における「味質」が、或る味覚対象（食べ物）の味だと考えられているのは間違いないであろう。

さて、視覚の生理学であるが、これは光学が管轄する事柄を引き取って始まる。視覚の生理学における情報概念の使用の出発点は、前節（4）で挙げた前提5によって根拠を与えられる、網膜像は光を介して物体（ないし広く物象）の情報をもつという事態である。その上で、この情報が脳に届くまでにどのように処理され、更に脳でどのように処理されるのか、ということが研究者の関心事となっている。以下、生理学がその情報の処理と伝達について述べている文章を、プロセスの順を追って列挙する。

(イ)網膜内での視覚情報の主な経路は、視細胞→双極細胞→神経節細胞であり……[19]。

(ロ)双極細胞は処理する情報の種類によって分類することができる[20]。

(ハ)双極細胞は、視細胞からの情報を神経節細胞へ伝えるが、入力をそのまま伝えるのではなく……。コントラストの強調、色の対比などを行っている[21]。

(ニ)神経節細胞は活動電位を発生し、これが視神経を伝導して中枢に情報が送られる[22]。

(ホ)神経節細胞は網膜内での情報処理（特徴抽出）の結果を、軸索を伝導する活動電位として中枢へ送る。網膜から中枢へ送られる光情報は、①視覚として意識に上る情報、②遠近調節、眼球運動や姿勢制御などに用いられる情報、③生物時計に用いられる情報、に分けられる。これらの情報処理は中枢の異なる部位で行われ、神経節細胞の軸索の反射先も異なっている[23]。

(ヘ)視神経は視交叉を経て視索となり、外側膝状体へと向かう[24]。

(ト)一個の視索は、左右の眼の同側からの情報、すなわち視野のうちの対側部分からの情報を伝える[25]。

(チ)外側膝状体から出た線維は、大脳側脳室の横を巻くように視放線を形成し、同側の後頭葉にある視覚野に終わる。大脳皮質では、17野を含めて多くの領野が視覚情報処理に関与し、各領野は特徴抽出から認知・記憶などそれぞれ異なった機能をもっている[26]。

(リ)外側膝状体からの視覚情報は、形態視、運動視、色覚などの情報に分けられて視覚野に伝えられる(各情報経路は完全に一種類だけの情報を伝えているわけではない)。[中略]……V1[第一次視覚野]の機能は、視野中の刺激に含まれる情報から、形や色などの特徴抽出を行い、より高次の情報処理を行う領域へ分配して出力することである[27]。

(ヌ)視覚情報は、情報の種類ごとに別の経路で並列的に処理されている。しかし、われわれが見ているのは、一つのまとまった世界である。どのようにわれわれの意識に視覚世界が統合されているのかは……いまだ明らかになっていない[28]。

18 三〇五頁。
19 二七七頁。
20 二八〇頁。
21 二八〇頁。コントラストの強調とは輪郭の強調のことである。
22 二七七頁。
23 二八二―三頁。
24 二八五頁。
25 二八五頁。
26 二八六頁。
27 二九〇頁。
28 二九一頁。

（イ）が、「視覚情報」に関わる生理的プロセスの出発点を示し、（ヌ）が全体を総括しつつ、視覚情報には幾つかの種類があることを確認している。（ハ）（リ）にみえる、視覚対象の輪郭ないし形態や色、運動などに関する情報が具体的内容として考えられている。「視覚情報」とは、まさに「見えること」において実現されている「見えるもの」についての情報のことだろう、という素朴な予想を裏付けてくれている。「見える仕方で顕わになる物象の情報」と言い換えてもよいだろう。そうして、これらの情報の処理、「情報処理」という言葉が何度も使われている。情報を「伝える」ということが根本なのだが、伝えるための処理がどのようなものか、そのさまざまな細部に生理学の関心はある。（なお、（ホ）で「光情報」という語が使われている。光は見えているものであるよりは見ることを可能にするものだが、同時に、他のことを可能にするものだからだろう。視覚情報は（ホ）で挙げられている三種のもののうちの一つでしかない。ただし、（ホ）②に挙げられた視覚情報ならざる別種の情報も視覚の成立のために不可欠である。これも見逃してはならない。）

ところで、「視覚情報」という語が直観的に分かりやすく思えるのは、光学が引き受けてくれている部分、網膜像の成立の部分に関してだと思われる。つまり、（イ）で言う「網膜内での視覚情報」を網膜に結ばれた物Oの像であると考えたとき、私たちはその映像を視覚的に想い浮かべながら確かに物Oの「視覚情報」だと納得すると思われる。像が対象の情報を担っているというのは分かりよいからである。それは写真を見れば写っているものが分かるのに似ている。（そして、この類比のもと、像は倒立しているのになぜ対象は正立して見えるのか、という疑問を懐いた人々も多かった。また、二つの目に二つの像が少しだけ違うものとして映るのだから、両者からの情報をどう調和させるのか、あるいはどう利用して一つの内容にまとめるのか、という問題も提出されてきた。）

それから、たとえば近視では網膜で結ばれる像がぼやけるので鮮明に物が見えないのだと説明されると、尚更に情報の質の高さや低さまでもはっきりと分かる気がする。（ぼやけずに鮮明な像を結ばせるために眼鏡で調節できることを示すとき、網膜における視覚情報の成立の基本を光学が説明していることは歴然である。ただし、水晶体の厚みを変えたり虹彩によって瞳孔の絞りを調節したりする仕組みの解明は生理学が担当する。）

しかるに、網膜においてなされる情報処理の詳細は（イ）で概観され、（ロ）から（ホ）で示されていて、それは当然に、もう光学的なものではないが、すると途端に視覚情報ということの中身は実は掴みにくいものに変わってしまう。

さて、以上のことを念頭に、引用文が示す生理的プロセスの概略を盛り込む形で、本章第2節（5）で掲げたＢ２系列を書き直してみる。

Ｂ２．物体→光→網膜像→脳
Ｂ３．物体→光→視細胞→双極細胞→神経節細胞→視神経→脳

Ｂ３ではＢ２にみえる「像」という表現が消え、物体の情報の形がどのようなものか、直観的に想い浮かべるわけにはゆかなくなっている。では、物体の情報を最初に担うと考えられている光に続く次のランナーである視細胞は、実際にはどのような働きをするのか。視細胞を生理学者は「光変換機構」と呼ぶ。この機構は、光量子が視物質（ロドプシン等、四種類）に吸収されてからタンパク系を介して膜電位変化が起こるまでの一連のプロセスから成る。そして、視細胞から持続的に放出されているグルタミン酸の量が膜電位変化によって低下し、それに双極細胞が応答することが、視細胞から双極細胞への情報伝達、視覚情報の伝達だと解釈され、それゆえにグルタミン酸は「伝達物質」と呼ばれる。

けれども、グルタミン酸の放出量の変化が次のランナーである双曲細胞の応答を引き起こすこと、これだけが事柄としてあるのであり、情報というものがいわば郵便物のように視細胞から双曲細胞へと受け渡されるのではない。あるいは次に、双極細胞が情報を「強調」したり「対比」させたりの情報処理を行って神経節細胞に伝えると言われようと、そのとき伝言板やデータの要点部に赤線を引くとかの作業がみられるわけではない。その後の神経節細胞による情報の中枢への移送・伝達と言うのも、活動電位の変化が次々に感覚神経系の別の部位で生じてゆくこと以上の何事でもない。

光量子の視物質への吸収、膜電位の変化、グルタミン酸の放出量の変化、活動電位の発生、これらはすべて、「視覚情報」

ということで普通人が想い浮かべる、視覚対象の輪郭ないし形や色、運動とは似ても似つかぬものである。ならば、それでもなぜ、それらの活動が視覚情報の伝達や変換と言われ得るのか。

要は、生理学者や脳科学者たちは、感覚神経系におけるさまざまな作用と変化の過程に情報という概念を重ねているだけなのである。広く生物学での情報概念の利用で言えば、遺伝に関わる事柄が筆頭として挙げられるであろうし、環境に対する適応という文脈でも情報概念は用いられる。また、生体の内部環境の安定性、ホメオスタシスという概念として練り上げられてきた事柄を、改めてフィードバックの概念ともども情報の概念を用いて記述し直すということがある。しかし、ここで話題にしている事柄での情報概念の利用は、コンピューター等の情報技術と結びついた情報科学、認知心理学、脳科学が相互に刺激しあって発展してきたところで常識化したものであろう。特に神経回路網の有り方をコンピューターによる情報処理に準《なぞら》えて理解しようとする試み、あるいは逆に前者に関する知見を利用し組み込んだ新しい情報処理技術を開発するという試みは盛んである。この間の事情の解説は本書の守備範囲外のことであり、さまざまな立場の人々が詳しく論じている。

そこで、ここでは根本のところに立ち返って、思いっ切り一般的な事柄としての、情報の概念と変化の概念とが結びつく理屈、両者を結びつけることが許される理屈を確認することから始めたい。この理屈は論じられることがほとんどない話題であり、けれどもこの理屈を踏まえて知覚の生理学における情報概念の利用を吟味すると、この理屈の利用のうちには重要な問題が隠れていることが分かる。

(従ってまた、以下では、情報という概念の日常での使い方を尊重し、意味内容を捨象した工学的・技術的概念、すなわち確率論と一体になった概念としての情報を主題にするのではない。むしろ人にとっての情報概念の典型を念頭におく。すると、情報を受け取る人にとっての情報の意味が——従って価値も——重要である、そういう場面のことをまずは考えることになる。また、情報と知識とはどう違いどう関係しているかなどの議論も当然にあるが、ここではしない。議論の運びに必要な最小限の考察は、本節(14)と、第5章第6節(3)で行う。知覚の生理学において使われる情報概念の使い方とその発想の背景にあるものとに添いつつ、論点をはっきりさせるという、その目的に合う仕方での言葉の使用が大事だと思う。）

(2) 変化の組ないし系列に情報を読み取ることと情報処理の系列と

実のところ情報の概念は、何も生理的現象（話題にしているのは、中でも視覚や聴覚等に与る生理的現象）や情報工学的現象に限らず、一般に或るものの変化が他の事柄の変化に相関しているところ何処でも、適用しようと思えば適用できる。相関があるとは、前者の或る変化に対しては後者の或る変化、前者の別の変化に対しては後者の別の変化が、というふうに、さまざまな変化の組が繰り返しみられるということである。一番単純な場合、或るものの変化のうちに、その変化を引き起こしたものの有りようを読みとることができ、その意味で、前者は後者についての情報の担い手であると言える。（実際には、一般に二つ以上の事柄の間に安定的相関——安定的とみなせる関係、反復される関係——がみられるなら、その相関を知っている人は、相関をなす一つの事柄から他の相関項についての情報を得ることができる。因果的変化の組ないし系列は、原因と結果との間ないし因果系列の諸項間に相関がみられるという、特殊だが頻繁に見いだされる場合であるに過ぎない。こちらに関しては以下で詳しく考察するが、因果的関係がない相関における情報取得の例としては、たとえば次のものを挙げよう。苺の赤さはその苺の甘さを告げる情報として扱える。注意深い観察が必要なものとしては、ジャコウネズミが分厚い壁の巣をつくるなら、そのことに寒い冬の到来という情報を見いだすことができる。この例は相関項が時間差をなして現われるけれども、先に生じることが後で生じることの原因であるわけではない。ここでは述べられていない或る同じ原因の二つの結果が、一方——分厚い壁の巣——は先に現実化し、他方——寒い冬——は後で訪れている。なお、因果の関係は見かけより複雑で慎重に処理しなければならない。特に因果系列を言い、その結果、決定論につながるなどの間違った発想を誘う場合などでは、これを退けるためには、因果関係を言う際の諸条件がどのようなものかを押さえなければならない。特に、背後の価値文脈を明らかにすることが重要である[29]。）

さて、ここでは、生理的プロセスを問題にするのだから、単に一組の変化だけの場合ではなく、次々に変化が組をなし

29　前掲『知覚する私・理解する私』第三章を参照。

て進行してゆく場合（A→Bの組、B→Cの組……）を考える。つまりは、時間に添って進行する諸項の相関的変化の系列（A→B→C……）に目を向け、そこに情報概念がどう関わり得るか、考えてゆく。そして是非とも筆者が指摘したいのは、このような系列では、系列を構成する諸項はどれも、その項に先立つ項ならどの項についてもその情報を担うものとして解釈できるということである。

たとえば旱魃があって、里山で枯れる植物が多くなって地下茎も木の実も減少し、それを食べるネズミが繁殖できず、ネズミを主たる常食としていたイタチが人家に現われてニワトリを襲う。このような系列をなす一つの時間的プロセスは確かにある。そして人はニワトリの襲われ方を見て、イタチの仕業《しわざ》だと分かり、その襲撃が例年と比べて尋常でないと、きっと里山でイタチの好物であるネズミが減ったのだろう、それで、どうして減ったかと言うと……と、プロセスを逆方向に辿る推測をするときがある。事情がよく分かる人は、推測というよりは確定的なさまざまな情報を、ニワトリの死に読みとる。ニワトリの死という出来事はイタチが来たということを告げ、ニワトリの頻繁な同様の死がイタチの襲来の頻度というものを媒介にネズミの減少についての情報の担い手という役割をもつことになる。

ただ、注意しなければならないが、A．旱魃があると、B．里山で枯れる植物が多くなる（A→B）、というのは繰り返し、また、植物が枯れると、C．ネズミが繁殖できない（B→C）ということも屡々繰り返すとしても、Bが生じるためにはAが先立たなければならず、Cが起きるためにはBが生じてなければならないということではない。旱魃とは別の理由で里山の植物が枯れることはある。病気が広がって、という理由の場合もあるだろうし、植物の若葉や樹皮を食い尽くす鹿が繁殖し過ぎて植物が枯れる、という具合に。ネズミの減少をもたらすものがイタチの方の異常な一時的繁殖だということもある。要するに、A→B→Cという系列は固定されていないのであり、或るときには、X→B→Cという系列が生じるのかも知れないのである。だから、CからB、BからAへと遡って、CはBとAについての情報を担うと、いつでも安んじて言えるわけではない。

しかるに、ここで、感覚神経系で生じることに目を転じると、

B3．物体→光→視細胞→双極細胞→神経節細胞→視神経→脳

として先に掲げたものでは、少なくとも視細胞以下の諸項は気まぐれに結びついているわけではない。体の構造として、事故とかの異常事態が起きない限り、きちんとした配列になっている。そうして、さまざまな光が視細胞に到達して適刺激として作用すると、その作用の有りように応じた変化が視細胞に生じ、また、視細胞の変化の有りように応じて双極細胞の変化仕方が変わる、このような作用と変化の進行が、寸分違わずというのではなくほんの少しずつのバリエーションで、何万回どころか、もっと繰り返されるのである。その仔細を生理学者は明らかにしてきた。そこで、作用と変化の系列、A→B→……→L→……→X……がこの順序で規則的にあると言ってよい。念を押せば、

A_1→B_1→C_1……→L_1→……→X_1……

A_2→B_2→C_2……→L_2→……→X_2……

……

A_n→B_n→C_n……→L_n→……→X_n……

……

という系列が見いだせるということである。Aが1、2……n……と有り方を変えるに応じて、B、C……も、1、2……n……と変わる。このような対応があるということが重要である。（nだけを記すときは、さまざまな有り方を代表させている。なお、生理学におけるように、系列中にネガティブフィードバックやフィードフォワード等の作用が盛り込まれている場合でも、以下に述べることに影響はない。フィードバック等があっても、系列が作用の系列、時間的でもあり空間的でもある系列ということに

は変わりないからである。）

ところで、視覚の生理学や脳科学は、このような系列をなすプロセスを「情報処理過程」だと理解する。実際、確かに、見ることの成立に関わるものとして見いだされた生理的プロセスを成す諸現象（C……L……X……）はすべて、それぞれの現象の出発点である「どのような光（B）がどのように人の視覚器官に作用を及ぼしたか」についての情報を含んでいる。また、その光が、光を反射した物（A）についての情報を含んでいることは光学が保証してくれている。そうして、生理学や脳科学はこれらの情報をすべて「視覚情報」と呼ぶわけである。

けれども、注意しなければならないが、ここで言う「情報を含んでいる」というのは、単に先に述べた事情を利用して言えることであるに過ぎない。このプロセスは、旱魃から始まってニワトリの死に至る系列が仮に固定的に繰り返されると仮定した場合のそのプロセスと性格に変わりはない。飽くまでもこの系列の規則的性格を利用して系列を成す諸項に先だつ項についての情報を読み取ることができるということでしかない。そこで、プロセス全体を情報処理の過程として理解すると分かりよいというだけであって、プロセスが元々情報処理のプロセスだということではないのである。どういうことか。

私たちが想い浮かべる典型的な情報処理とは、情報の明確化、情報の加工、変換、分散と統合、あるいは暗号化等である。しかし、そういう共通性の上で、情報処理のプロセスには幾つかの種類がある。一つは、本節（1）で出した例のような場合。すなわち、伝言板の要点部に赤線を引くような処理。これを筆者は、双極細胞が情報を「強調」したり「対比」させたりの情報処理を行って神経節細胞に伝えると言われようと、要点部に赤線を引くような作業がみられるわけではない、という形で引き合いに出したのであった。それから、たとえばアンケートの結果を統計処理し、更に、その統計の数値表現をグラフ化したりする処理。この場合、情報が人から人へと受け渡されて、人が処理するわけである。そうして、人が何かを情報という資格で発信し、あるいは受け取り、受け取った情報を加工し、更に次へと受け渡す、渡された側の人も、それを情報として受け止める。

もう一つの種類は、技術者が情報処理のための諸々の器機を設計し、それらの器機が作動する場合にみられる。その作動によって進行するプロセスは、器機に託された課題から定義的に、まさに情報処理の過程である。そのような器機（多くの場合に、連携する一連の器機）は、たとえば市町村の住民登録に関する数字（転入・転出、出生・死亡の数等）の年次記録から、さまざまなグラフ、たとえば単純な居住人口の増減、男女の構成比の推移、平均年齢の推移、年齢集団ごとの人数の推移等のグラフを作成するなどを、プログラムに従ってやってくれる。すると、このプロセスは、記録という情報源にさまざまな処理を施すことで、より有益だと思われる情報を引き出すプロセスである。しかるに、これは人がやりたい情報処理を器機がずっと能率よく代行するのだ、と考えることができる。

今日の私たちにとってお馴染みの情報処理をなす器機としては、更に、録音や録画、それらの修正（雑音処理やクリア化、ぼかし等）、電送、再生などのための器機がある。電話や中継カメラとカメラが捉える映像を映し出すディスプレイ等はリアルタイムで音や見えを伝えるので情報に関わると言え、そのために空気振動や光のさまざまなものへの変換等、あるいはその逆方向への変換の処理をしているわけで、全体として情報処理と見なせる。これらはどうか。人間にはできない処理をする。

前節で話題にしたように写真は被写体の情報をもっているが、カメラに働いてもらわないと写真は手に入らない。肖像画を写真のように描く画家もいるけれども、普通の人にはできない。鯨の鳴き声を知りたい人のために録音したものを再生して聞かせると、聞く人は鯨がどのように鳴くか分かる。このことを、知識を得たと言うべきかも知れないが、情報を得たと言ってもおかしくない。しかるに、誰かが鳴き声を真似して、それを聞く人は果たしてどの程度の情報を得たことになるのか。なお、この例でも、カメラも、そのレンズもフィルムないしメモリーカードも、電送するケーブルないしケーブルを流れる電流も、ただ、それらで何事かが生じるだけのものでしかない。このような器機については、本節（10）以降で詳しく考察することにする。

さて、これらの例で、一連のプロセスに組み込まれる諸項は、明確に情報処理をするものとしての系列を成し、その時間的進行はまさに情報処理のプロセスであると、人間によって理解されている。けれども、器機において進行するプロセスを時系列でみた各瞬間における、さまざまな情報器機で生じるあれこれの出来事は、前の出来事がどのようなものであったかによって規定されつつ、ただ生じるだけであるし、プロセスのずっと前に何処で何が生じたのかは遠い事柄である。器機自身は情報とかの概念に無関係に、ただ作動しているだけであるのは言うまでもない。人が、プロセスの進行の諸時点で起きていることを情報処理だと解釈しているだけなのである。この解釈は或る意味でプロセスの進行を担う諸々の器機ないしその部分を擬人化しているとも言える。「代行」という言葉にこのことは表われている。人間にはできないことを器機がする場合でも、人が、できたらいいなと望むことを叶えてくれるわけである。

その出来事ないしプロセス全体に情報処理という性格を与えるのは人である。では、何の情報を処理していると人は考えるのか。系列の先頭項についての情報だ、ということになっている。或る地域の年次ごとの人の数、男女別であったり、年齢別であったりの数、それから、被写体の見え方や録音対象動物の鳴き声。しかし、なぜこのようになっているかというと、それは、人が得たい情報を念頭にプロセスを眺めるからである。

いや、人は単に眺めるだけではない。そもそもプロセスを設計し器機等を製作するところから人は関与している。伝言板以下の例はすべて、人が或る情報を担わせるべく作成したもの（人為的に産出したもの）という特徴をもっている。確定した情報が先にあって、その情報を担うものを後から決める、そして、この担うものが系列を成すようにすると、その系列は情報処理のプロセスということになる。

まず、情報が系列を成す前段階で考えるに、私たちが「情報」という言葉ですぐに考えるのは、誰か（ないし組織）が別の誰かに与える情報で、その内容が受け取り手次第で異なってくることなく定まっているものであろう。（受け取り手を特定し、他の人々には情報が渡らないようにと望む場合でも、そうであろう。）天気予報、新製品情報、取引先の動向についての情報……。言葉を用いる方法が断然に多いが（そもそも言葉は情報の塊である、ただし潜在的な情報の担い手で、使われる場面ごとに情報内容を限定してゆくものである）、後（本節（14））で取り上げる狼煙《のろし》や太鼓の音などの古典的例を始め、ふんだんに人々は情報をできるだけ正確に人に伝える仕方を開発してきた。車を運転すれば、道々にいかに無数の情報の担い手が用意されているか。大きな建物では、階段、エスカレーター、お手洗い、非常口がある方向が分かるように、さまざまな標《しるし》とその組み合わせがばらまかれている。情報とは発信者が送り、その送ったと発信者が考えている内容をそのまま受け取り手は受け取るべきものだ、こういう前提でこそ普通、私たちは情報の概念を用いる。そうして、この前提を満たすために、私たちは情報の担い手、媒体を人為的に作成するのである。繰り返すが、注目する情報が確定し、その後、その情報を担う媒体を後から決める、作成する、そういう構造がある。（ただし、言葉という媒体に関してはこの先後を安易に言うわけにはゆかない。残念ながら詳論は省かざるを得ない。）

次に、情報が系列を成す、ということをみてみよう。先に旱魃から始まる例を挙げた。そうして、A．旱魃があると、B．里山で枯れる植物が多くなる（A→B）、という二項関係が繰り返し、また、植物が枯れると、C．ネズミが繁殖できない（B→C）、ということも屡々繰り返すからといって、CからBの情報だけでなく、更にAの情報まで遡ることがいつでも当然であるわけではないと指摘した。いま、人為的ではない別の系列を考えてみる。道に決まった形の浅い窪みが規則的に列をなしている。分かれ道で、一方の道にだけその窪みは続いている。そうして、そちらの道を暫く行くと道が固いものになり、いつか窪みは見られなくなるが、道の片側に灌木の列が続くようになり、それら灌木の或る高さの部分の若葉だけが異常に少ない。

窪みを見て、鹿が通ったと即座に分かる人もいる。そうして次に、窪みは消えるが、潅木の若葉の状態が、若葉を食いちぎる鹿が其処を通ったという情報を提供することになる。さて、すると、道の窪みと潅木の状態と、二つは同じ情報、鹿が通ったという情報を次々に処理していると言えるか。若葉は窪みがもつ情報を引き継ぐことで情報を担うようになるのではないので、言えない。両者はばらばらに鹿の動静についての情報を含んでいるに過ぎない。そうして、重要なことは次のような事情があることである。

人によっては足跡から、鹿がいつごろ、どちらの方向に通ったのかも分かるし、鹿が歩いたのか走ったのかも分かる人もいるだろう。鹿は年とっていたとか、右後脚に傷を負っていたとかの情報を得る人もいるだろう。読み取り手の力量次第である。ところで一方、何かの動物が通ったくらいで簡単に窪みがつく地面ということで、地質、湿り気、粘性等の情報を読み取り、土が火山岩由来のものか堆積性のものかが分かる人もいるかも知れない。鹿についての情報は脇に追いやられる。要は、地面の窪みは無数の事柄と結びついていて、その結びつきの一つ一つを辿れる人にとっては、何であれ窪みに結びつく相手についての情報を窪みは含んでいると言えるのである。若葉に関しても同様、過ぎたばかりの冬の気温がどうだったかの情報を含んでいるかも知れない。（ただし、どの事柄も無際限にたくさんの情報を担い得るが、情報を利用できるかどうかは、知識による。また、どの情報を特に読みとるか、それはそのときどきに何が重要かによるであろう。そして、情報を意味の概念で押さえることもできる。つまり、情報を与えてくれるものは情報内容を意味としてもつ、という理解もできる。ここには、或る価値文脈のもとでの意味の発生と秩序の構築がある[30]。）

要するに、特定の情報というものが問題になっているわけではないのである。そういう場合に、情報の読み取りは読み取り手次第で可能であっても、情報処理という概念の出番があるはずもない。情報処理を言うのは人為的系列に関してだけなのである。だが、感覚神経系に見られる生理的プロセスは人為的につくられたプロセスではない。どうして情報処理の概念を適用できるのだろうか。

ここで本項(2)冒頭に戻って、そこで指摘した、「相関する変化の組ないし系列があるとき、組を成す項あるいは系列を成す諸項が他の項についての情報を含んでいると見なせる」ということと、いま取り上げた情報処理の系列との関係を、あと少し明確にしよう。その上で、感覚神経系における生理的プロセスを情報処理の過程だとする考えを検討し、その意義と同時に問題点を明らかにしたい。

(3) 情報処理の概念を生理的プロセスに適用するに当たっての問題点

まず、一般論として次のことが言える。

作用と変化の系列、S．A_n↓B_n↓C_n……↓L_n↓……↓X_n……がこの順序で規則的にあるなら、B_n以下のすべての項はAについての情報を含んでいるし、L_nはA_nからB_n、更にL_n直前までのどの項についての情報ももっていると言え、X_nは先だつすべての項についての情報を保持している、と。ただし、情報を読み取ることができる人がいないことには、情報も何もない。

それで、情報処理というのは、この事情を利用して、わざわざ特定のS．A_n↓B_n↓C_n……↓L_n↓……↓X_n……という系列を作りだし、B_n以下の諸項にA_nについての情報を担わせることである。けれども、諸項がA_nについての情報をもっていると理解するのは、この系列を作りだす人であり、また、この系列を利用する人である。

しかるに、一つ注意すべきは、系列を作りだす人も利用する人も、当然にA_nについての情報のことしか考えないのだが、一般論を踏まえれば、C_nはB_nについての情報も含んでいるはずだし、X_nはB_n、C_n……L_n……についての情報を含んでいる等々がある。

以上の準備的考察に照らして、視覚の生理学が、見ることの成立に関わるものとして発見した次の系列を改めて考えよう。

B3．物体A↓光B↓視細胞C↓双極細胞D↓神経節細胞E↓視神経F↓脳G

第一に、生理的プロセスを成す諸現象（B、C……G）がすべて、プロセスの出発点である「どのような光（B）がどのような仕方で人の視覚器官に到達したか」についての情報を含んでいるのは間違いない。また、その光が、光を反射した物についての情報を含んでいることは光学が保証してくれている。

では次に、このプロセスは、系列の先頭項である物についての情報を処理するプロセスなのだろうか。生理学も脳科学

30　この論点に関わる詳しい考察は、前掲『音の経験』を参照。

もそうだ、と言う。筆者もそう言ってよいとは思う。その理由は、この生理的プロセスは、ヒトという動物におけるものとして研究されているのであるが、より一般的なこととして言えば、生きているものの生きることに寄与するべく生まれた機構であり、その観点からこの機構は或る目的をもち、その目的とは環境内のその生きているものにとって重要な諸事象についての有益な情報を得ることだからである。人が情報器機を技術的に製作するのとは違うが、このような機構は生きているものがその生きる営みにおいて編み出したと、些《いささ》か擬人的な表現だが、言ってよい。

ただ、単なる一般的なSの系列（A_n→B_n→C_n……→L_n→……→X_n……）においても、人がわざわざ作りだした同様の系列であっても、B_n以下の諸項が含むA_nについての情報を取り出すのは、その系列の諸項間にさまざまな情報関係が含まれていることを知っている人である、ということを忘れてはいけない。そうして、同じその人は、望み、かつ、能力があるなら、系列の後半に登場する諸項からはA_nについての情報だけでなく、先立つすべての項についての情報を取り出すこともできるのである。

こうして、二つ（それぞれを二つに分けると四つ）の問題があることが分かる。大きく分けたときの二つとは、次のことから発生する。①系列項それぞれにAの情報を読み取ることができるのは、その項とAとの間の関係を前もって知っている人だけである。②系列の後続項は、先行する諸項のどれについてもその情報を担っている。

最初の事柄には二つの要件があって、そのそれぞれから、生理学や脳科学における情報概念の適用について注意すべき問題が生じる。第一に、①—1．情報の読み取り手は系列の外側に位置している。系列を構成するもの自身が情報を読み解くのではない。U地谷は其処をかつて（それを造った——地表に作用した——）氷河が流れたということについての情報を担っているとしても、U地谷自身がその情報を知っているわけではない。同様に感覚神経系のどの部位も、自分の変化において、その変化に先だつ（諸々の）事柄の情報を読み取りはしない。しかるに、脳をもつ人自身の経験、ここでは「見るという経験」がどのようにして成り立つのかが視覚の生理学と脳科学の主題である以上、生理学も脳科学も、いわゆる視覚情報の読み取り手を生理的系列のうちに探さなければならないが、それには無理があるのである。

この問題は、今日の認知科学や認知哲学では、情報の読み取り手として「脳の中の小人」を仮定しなければならないのではないか、しかしそれは無限後退に陥るしかない（小人が知覚するためには小人の脳の中に更に小さい小さい人を想定しなければならなくなるから）、という定番の話題となっている。前節(3)でも、写真がどう見えるかを調べることで一般に何かが見えることの仕組みが分かるという考え方との関係で「脳の中の小人」に言及した。（「脳そのものが読み取り手である」という考えでは、「脳の中の小人」を仮定しなくて済むようだが、実質的には状況は変わらない。）

それから、読み取り手に関しては次の要件もあり、ここに第二の問題が潜んでいる。要件とは、①―2．甲のうちに乙についての情報を読み取る人は、そのときはまさに甲を介してしか乙についての何かの情報（まさに甲が担う情報）を知り得ないとしても、乙というものが何ものかであることは甲から独立に前もって知っているのでなければならない、という要件である。そこで、仮に「脳の中の小人」を仮定したとしても、その小人は脳内の事柄について分かるだけではなく、そのことと独立に物体（光を通じてその情報が網膜に送られたもの）を何らかの仕方で知っている必要がある。けれども、小人が物体を直接に見たりしているはずはない。視覚による情報処理の結果、情報が仮に「何かの像のようなもの」として脳内で与えられたとして、その像のようなものが「何かの像」であること、つまりは像と何かとの対応があることを小人は知りようがない。

この問題は観念論哲学が直面した問題と同じ構造をもっている。或るものOについての観念がOとはどのようなものであるかを表《あらわ》していると言うとき、その表しが正しいかどうかは、観念の内容とOとを比べることなしには調べようがないだろう、という問題である。（「表し」のことを哲学用語で「表象」と言う。第3章第1節を参照。）あるいは、観念とOとの対応を何が保証するのか、という問題である。知覚の生理学や脳科学は思いのほか、観念論哲学と類縁的である。（違いは、生理学や脳科学は物理的世界を自明の前提として始まるのに、観念論哲学は、物理的世界があるかどうかは観念から出発して証明しなければならない事柄だ、とするところにある。そして、この証明を放棄し、物理的世界の存在を否定する、ないし不要と考える観念論の立場だってある。）

次、②の事柄に関する問題。この問題は気づかれにくく見過ごされてきたと思われる。

問題の所在は先ほどからさんざん述べてきた。変化の概念に情報の概念を重ねるだけなら、S（A_n→B_n→C_n……→L_n→……→X_n……）という変化の系列において、L_nはA_nについての情報を担うだけではなくB_nについての情報をも担っている云々という事情がある。なのに、②—1．どうして感覚神経系において生じる変化はすべて、見る相手（物体）についての情報の担い手だとされるのか。

この問題は視覚の生理学の場合、系として、もう一つの問題を含んでいる。つまり、②—2．B3（物体→光→視細胞→双極細胞→神経節細胞→視神経→脳）の系列で考えれば出発点にあるのは物体だが、生理現象の系列の出発点は光刺激の受容である。そこで生理学は、色を主題にするときには、先頭項の資格での光の情報の処理を言う。（色は可視光の弁別の結果であるとするのだから、光についての情報が問題であるわけである。）しかしながら、色は光刺激の源へと投射されると言う。だから、生理的系列は投射されるべき場所の情報をも持ち合わせているのでなければならない。しかるに、もちろん生理学も脳科学も、物体（光刺激の源という資格を与えられた物体）と光刺激との間にある関係がどのようであるかを解明する光学の持分をも引き継いで、この関係を、後者が前者の情報を担っている関係だという仕方で解釈する。物を見ることの成立を問題にするときには物体の情報の処理を言うのが当然だからである。このときは、光についての情報ではなく、物体についての情報の処理が問題であるという解釈になっている。光は物体についての情報の担い手という立場に位置を変える。（実際、B3系列の先頭項は物体となっている。）要するに、系列の各項はすべて先頭項についての情報を処理するものという解釈と並んで、第二項についての情報を処理するのだという解釈が並存しているのである。

ただ、この並存は、少なくとも言葉の上では直ちに解消される。というのも、生理学が言う「投射の法則」によれば、二番ランナーである光の波長の弁別結果である色は、プロセスの一等始めに位置する対象へと接合されることになっているからである。光という刺激がもたらす色という〈感覚〉は、視覚器官が遠隔受容器であるゆえに、刺激の源へと投射されると言われるのである。ただ、これはプロセスの進展そのことの追跡によって説明されるものという資格をもたず、言い換えれば本当の意味で説明は欠いたまま、実際に何が見えるかということを追認しているに過ぎない。あるいは法則という名のもとに、不思議さはそのままに、呑み込むことを要求している、という言い方をしてもいい。

（なお、本節（１）で生理学の教科書からの引用した記述のうち（ホ）について注記したように、生理学では、光の情報は見ることに関わる情報だけから成るのではないとされている。ただ、この場合、「光情報」ということで、「光についての情報」というよりは、「光が担う情報」のことが考えられているのだろう。）

（４）情報の読み取り手と何を読み取るのか——被験者と研究者——

以上のような難点があっても、系列の最後の項である脳が先頭項である物体についての情報を読み解くという理解図式を研究者たちが提出するのは、分かりやすくするための比喩としてでしかないのかも知れない。しかし、そうだとしても、彼らの理解を支えている前提の方はきちんと述べる必要がある。その前提とは、脳の位置に自分たち情報読み取り手の位置を密かに重ねることに他ならない。

しかし、このように指摘すると、そのような重ね合わせなどやってはいないと、研究者たちは言うであろう。問題の情報内容とは最終的に、生理的過程が生じる人（被験者）において物体がどのように見えるか、なのであって、自分たち（研究者）にどう見えるかとは違うのである、と。そうして脳科学者の主流は、むしろ逆の方向を考えている。そうでないと脳科学の次のような野心は理解できない。

曰く、脳科学が進歩すれば、脳の状態を知ることでその脳をもつ人の心を盗み見る、覗くことができると。

脳が情報の読み取り手であるという前提の上で、その位置に研究者も立ち得る、というのではないのか。（ただし、脳の状態を知ることで、その脳をもった人がどういうことを考えているか、あるいは嬉しいのかまで覗ける、というのだから、これらの場合では、脳による情報処理という考えは前面に出なくても済むのかも知れない。しかし、何をどのように見ているかが分かるという場合には、脳がどのように情報を読み解いたのかが分かる、という理屈になっている。）

たとえば、認知神経科学者の坂井克之氏は次のように言う。

心とか精神という名のもとに語られてきた「現象」が脳という「物質」に還元され、そのメカニズムが着々と解き明かされつつあります。［中略］メカニズムが明らかになるということは、他者があなたの精神活動を覗き見し、またこれを操作することも可能になってきたということを意味します[31]。

「脳が情報の読み取り手であるという前提」の方には分かりにくい点が多々あると筆者は述べてきているのであるが、その前提の上で構想される限りの「脳に情報を読み取る研究者」の立場の方は分かりよい。研究者は情報の担い手の外に立つ者であるからである。引用文では「心」とか「精神」「精神活動」が語られているが、ここでは視覚が主題である場合に限定して話を進める。本書冒頭で引用したイングスも視覚に関して「心」を持ち出していた。また、本節の最初で引用した藤田氏も、「見ることも心のできごと」だという考えを採用している。（なお、藤田氏の著書の副題は「脳と心の関係をさぐる」であり、「視覚という心のできごと」の本質を考えるために、「ものを見るとき、ものが見えるとき脳はどんな仕事をしているのかを考える」のが、著書の課題だと述べている[32]。坂井氏の著作名は『心の脳科学』である。）

「脳に情報を読み取る研究者」の立場が成り立つための前提を確認しよう。研究者は二つの系列ないし組を外から把握している。一つは、物体から始まり被験者の生理的過程へと進む、B３（物体→光→視細胞→双極細胞→神経節細胞→視神経→脳）の系列。系列は時間的に進行するもので、最終ランナーは脳である。もう一つは、その脳のさまざまな活動と被験者の報告との組。この組は同時的なものである。

さて、研究者たちの野望によると、実は二番目の組が規則的なものであることを繰り返し確認さえすれば、研究者は被験者の脳の或る状態だけから、被験者が何をどのように見ているかの情報を得ることができる。もはやB３の系列についての知識も要らないのである。しかしながら、脳の或る状態と言っても、脳の特に或る部位の活動に注目する必要があり、それができるようになるための前準備として、Ｂ３の系列を精査し、その最終項という資格をもつ脳の活動に被験者の報告を結びつける作業が要求されるのである。この作業によってのみ、Ｂ３の系列が「視覚による物体についての情報処理の過程」であると解釈できる。

ただ、先に指摘したように、系列の各項は先立つどの項の情報も含んでいる。なのに、一貫して先頭項である物体についての情報というものだけが問題であるかのごとく考えるのはなぜか。二つの理由がある。

第一に、根本的理由であるが、研究者がＢ３の系列をつぶさに調べるに当たっての課題の設定そのものが、物が見えるのはどのようにして生じるのか、というものだからである。この課題から外れる事柄は問題として浮かばない。研究者たちによって追跡されているＢ３のプロセスは最後に「物の見え」を生まれさせるはずのものという資格を一貫して与えられている。そこで、もし情報の概念を理論に援用すれば、最終ランナー（具体的には脳）が得る情報は見えることの対象である物体についてのものでなければならない、そのはずだ、ということになっている。（情報概念の「援用」と言うのは、次のような事情による。人から人へと伝わる情報が情報の典型であり、基本であること。また、今日では、ＣＤやカメラ、パソコン等の器機における情報処理という概念は明確で分かりやすく、これらにおける情報処理に擬《なぞら》えてこそ生理学における情報処理も理解しやすいこと。）いや、最終ランナーだけではなく、脳に辿り着く前の生理的プロセスの各段階すべてで、見ることによって得られる物の情報がずっと話題になり続けるように理論構成ができているのである。課題設定そのことによって当然とされている前提を外さないと、問題があることはみえない。けれども、課題設定を外すと人は何を研究しているのか分からなくなってしまうから、課題とともにくっついてくる前提を外すことなど人は思いもしない。

（ただし、第一ランナー以外の項に関心が向く場合もないわけではない。たとえば、知覚の障害があるような被験者の場合には、情報

31　坂井克之『心の脳科学』中央公論新社、二〇〇八年、一四頁。
32　前掲『「見る」とはどういうことか』八頁。

を適切に処理し損なった項、たとえば双極細胞がクローズアップされ、その項以降の項、神経節細胞や脳などがもつ情報はその双極細胞という項についての情報だと解釈されることも生じ得る。しかし、これは、本来の情報は先頭項についての情報であるべきだ、という考えから派生してくるものであることも見落とすわけにはゆかない。）

心理学、認知神経科学の研究者、下條信輔氏の場合にも同じようなことが指摘できる。下條氏は、藤田氏と同じくやはり情報不足を埋め合わせながら情報を読み解く脳の仕方を考察しながら、次のように述べる。

知覚と認知とは違うのですが、重要な共通点があります。それは、ともに不十分で曖昧な情報から、外界で起こっているできごとについて、一種の推論をするという点です。ほかにも可能性がありうるが、これがいちばん確からしい、という推論をするわけです。知覚の場合も認知の場合も、因果関係の結果の方をデータとして、逆に原因を推定することが多いのです[33]。

しかるに、その上で下條氏も、推定されるべき原因とは外界の事柄だということは当たり前と考えているのである。だが、因果は系列をなしているのだから、系列の終点を除くどの項も後続の項の原因であるのだから、氏の主張に従えば、系列の或る項からはそれに先立つ項のどれについても推定が行われ得るはずである。しかし、氏はそのような推定は問題にしない。

なお、前々項（本節（2））で生理的プロセスを線形で表したとき、系列にフィードバックが入る場合でも基本的事態は変わらないと述べたが、M・シュピッツァーは、作用の線形の系列ではなく、脳の回路網を述べている[34]。そうして、そのモデルによる脳の理解は正しいのだと思う。しかし、そうだとしても、情報概念の使用については、大局として本稿で挙げる著書たちと同じであって、人がどうして作用関係に情報の概念を持ち込めるのか、情報概念を使える前提は何かについての考察を欠いている。筆者が指摘したい要点は、「出発点におかれる物的世界」と「情報処理の結果として手に入れる世界像」との区分の手前に「知覚世界」を位置づけること、これによってしか情報の概念は使えないということにある。それなのに生理学や脳科学では、二番めに挙げた世界像がすなわち知覚世界だと解釈されている。

次に、物体から脳に至る系列を成す各項は先立つどの項の情報も含んでいるのに、先頭項である物体についての情報というものだけが問題であるかのごとく考えるのはなぜかの、二つめの理由である。この理由は、被験者におけるＢ３の系列の先頭項である物体を研究者自身が見る仕方で知っていて、その内容を被験者の報告内容と照らし合わせて、内容が少なくとも大筋で一致するとみなせることにある。そもそも被験者の報告の内容を研究者が理解することそのことのためにも、この照合は必要である。

ところで、以上のＢ３の系列に関する考察では、被験者の脳はＢ３の系列の一項である限りでは、情報の担い手であって、読み取り手ではない。その読み取り手の位置を占め得るものとして明白に認め得るのは、外から脳を（系列とともに）観察する研究者でしかない。そうして、脳に読み取る内容の一つとして（脳に先立つ他の項と並んで）、系列の先頭項である物体がどのようなものであるかがあるのであり、その内容を研究者は自分が見ることにおいて前もって知っているのであるし、知っているのでなければならない。これは、先に①―２として指摘した点である。

そうして、このように考察を進めてきた今では、更に次のことも指摘しなければならない。すなわち、①―３．仮に「被験者が何をどのように見ているか」の情報を脳科学者が被験者の脳から読み取るとして、その読み取る内容は被験者が見ているままの内容ではあり得ない。それは、写真から被写体の情報（特に被写体がどのように見えるかの情報）を読み取ることとは被写体を直接に見ることとは違うのと同様のことである。

では、その内容はどのようなものかと言うと、それは被験者の報告に基づく内容である。ところが、その内容を理解す

33　下條信輔『〈意識〉とは何だろうか』講談社、一九九九年、四六頁。

34　『脳　回路網のなかの精神　ニューラルネットが描く地図』村井俊哉他訳、新曜社、二〇〇一年、原著、一九九六年。この書は私にとって脳科学に関する最良の文献の一つで、脳の働きについての説得力あるモデルを提示している。ただ、この本から引用する場合にはかなり説明が要るし、本稿では扱わない。

るために研究者が動員するのは、自分自身が物体を直接に見ることで得る内容でしかないのである。

情報の概念を駆使するに当たっては、情報処理がなされてゆく系列の外に位置する研究者の関与がある。生理的過程の各項を情報の担い手だと考えるのは、その過程を調べる研究者である。当の生理的過程を内にもつ人ではない。生理的過程を内にもつ人自身は、自分の体のさまざまな部分でそのような過程が進行していることなど知りもしない。いや、それどころか、目という部分はともかく、双極細胞とか視神経とかがあること自体を知らないのである。もちろん、知識として人から教えてもらうことはできる。しかるに、教えてくれる人とはまさにその過程を調べる研究者である。そうして、その研究者が生理的過程の各項を情報の担い手だと考える人なのである。なお、研究者自身も、自分の生理的プロセスについてはそれがどのようなものであるかを一人称的には知りはしない。

(5) 被験者の脳を被験者と等値してしまう

さて、以上を確認した上で、被験者に何かが見えることと被験者の脳との関係を考えてみる。藤田氏などの研究者の考えでは、脳は情報を読み解くものであるかのごとき位置を与えられている。そうして、読み取って手に入れる内容が物体の見えそのものであるとも考えられている。しかし、どういうわけで脳は情報の担い手から読み手へと資格を変えるのであろうか。いや、資格を変えたかに解釈しているのは研究者たちであって、そのことをなすに当たって、研究者たちは、自分自身(研究者)を被験者に重ねつつ・被験者と被験者の脳とを等値してしまうという過失を行っているのである。前半の重ね合わせの部分については前項で述べた。次は、後半の等値である。どうして見る「人」である被験者を「脳」と等値してしまうのか。

外からの観察者の立場でB3(物体→光→視細胞→双極細胞→神経節細胞→視神経→脳)の系列を追えば、脳は情報処理のプロセスの最終ランナーとして登場する。他方、実際に系列の先頭項たる物体がどのように見えるかは、被験者の報告を聞く一方で、研究者自らの事柄としても経験する。その際、無論、被験者の報告を重んじる。ただ、その内容を理解するのに必要な前提として、自分自身の経験がある。（確かに脳科学者は、被験者が自分とは少しは違ったふうに見るだろうということは認めている。けれども、その違いを認めるための大前提は自分と被験者とは同じ物を見ているとする確信であり、そうして少しは違うであろう被験者の見る内容を理解したつもりになるには自分自身の経験から出発し、それに準じるものとして——ほぼ同じかバリエーションか、偶《たま》に或る欠損や異常があるものとして——被験者の経験を扱う以外の道はない。）

ところで、報告する被験者とはどのようなものか。物体を見る者であるからこそ報告するのであるが、体全体をもった丸ごとの存在なのである。けれども研究者は、脳を物体についての情報処理のプロセスの最終ランナー（情報の担い手）と解釈することに引きずられて、被験者ではなく被験者の脳こそが物体を見ているものであるかのように考えてしまう。ここに被験者と被験者の脳とを等値してしまうという過失が生まれる。そうして、情報の担い手であるはずの脳は、情報の読み取り手へと位置を変えるものとして解釈される。（因みに、仮に視覚情報を読み取るという立場に変わったとしても、「情報を読み取る」ことは「見る」こととそのことと同じではない。このことは、人は写真に「被写体がどのように見えるかの情報」を読み取ることができるが、繰り返し注意してきたように、写真を見ることは被写体を直接に見ることとは違うということを考えれば理解できる。しかも、この例の場合、写真から情報を取り出すとは写真を「見る」ことによって可能なのであり、情報を読み取ってなす「推定」や「復元」の事柄でない。この事情については本節（12）以下で論じる。）

あるいは、この事態は次のようにみることもできる。研究者が、被験者の脳で成立すること（物が見えること）として物を見る自分の経験を参照項として持ち込むとき、研究者は、被験者の脳と自分（研究者自身）の存在全体とを等価のもののごとく扱っており、それは取りも直さず、見る者としての被験者の存在全体を被験者の脳と等値してしまっているのである、と。なぜなら、物を見る者としての研究者自身（自分の脳に等しいわけではない、脳に縮小されてよいわけではない研究者）に相当するのは被験者の存在全体なのだからである。

なお、被験者の存在全体を筆者は被験者の体全体と重ねて考えているが、この点との関連で二つの注意をする。一つは、体は体の周りの環境なしでは存在しないこと。この点については、次項（6）と第5章第2節（3）以下で取り上げる。

もう一つは、被験者の存在を脳と等値する脳科学者にとっては次のような論構成があるのではないか、ということ。一方で、問題となっている被験者は「心」の概念で捉えるべきものだという主張（たとえば見ることは心の出来事であるという主張にこのことは窺うことができる）、他方で、その心は脳において生じるのだという考えがあり、すると、被験者の脳の働きのうちに（たとえば見る者としての）被験者を探すことは当然である。と。

(6)脳と体と末梢

因みに、視覚を含む知覚だけではなく広く認知を主題にした脳科学や哲学などで、二人の人間が脳を取り換えたらどうなるかとか、人体から脳だけを取り出してその脳に或る入力を与えた場合に脳はどういう意識内容をもつかとかの議論、思考実験は、誤ったこの等値の当然視の上でなされている。なお、この等値という問題を考えるためには、そもそも体と脳とをどのように限定するのか、という先立つ重要な問題に答えなければならない。脇道に逸《そ》れるが、これについての簡単な概観は以下の通りである。

脳という体の部位の限定は研究者たちによってなされる。第一に解剖学的に、第二に、そこに機能の見地を加えることによって。解剖学的限定というのは外部からの観察によるし、機能の解明について言えば、まさに知覚とは脳の機能の一つなのだ、言語の理解も脳の機能だ、などの仕方で研究者によってやはり外部から話題にされる。脳をもつ本人は脳のことを知らない。腕や目の限定なら、腕を振る、目を閉じると何も見えなくなる、また、細かなものを見る作業をやり続けて目が痛いなどの仕方でできる。だが、脳の場合、せいぜいのところ、計算ばかりやっていたら「頭」が草臥《くたび》れた、という仕方で何かそういう作業に関係する部分が頭部にあるのだろうと、漠然と推しはかる程度である。そうして、頭（その内部）がどのようなものかは、頭痛の場合も含め、本人にとってよく分からない。

それでは、解剖学的仕方と機能の帰属という仕方とでの脳の限定を、心臓や肺の限定と比べてみるとどうか。解剖学的見地からは、体をその諸部分に分かつ仕方は無数にあるわけで、細胞レベル、組織レベル等が注目されるが、どういう仕方をとろうと、どの部分も他とつながっている。このことの確認の上で、脳は器官というレベルでの単位であるから、やはり器官という単位での体の部分である心臓や肺と比べよう、と筆者は言っているわけである。

　さて、心臓は血管とつながり、肺は気管とつながっている。そうして、血管は体中に張り巡らされ、毛細血管は体の至るところでその壁と周りの細胞との間で物質を交換している。機能からすると、心臓は血液循環の要であり、肺は呼吸の中心に位置するが、血液のガス交換に関与することで肺は循環系ともつながる。結局は当たり前の話だが、両者とも体全体に役立つものである。

　では、脳はどうか。脳自身がさまざまな部位に分かたれるが、それは措いて、脊髄とともに中枢神経系を構成し、脊髄に三一対の神経が出入するのと同様、一二対の脳神経が出入し、その神経を通じ体の隅々までつながっている。神経系はホルモン系と並んで生体機能を全身的に調節する。そうして、脳との比較で呼び出した心臓と肺との関係で言えば、自律神経を介して前者を中心とする循環、後者を中心とする呼吸の調節に当たっている。中枢中の中枢であるゆえんである。

（因みに、一八世紀末に近代生理学を確立したビシャは、その確立を、脳と心臓と肺とを三つの中枢とし、それらの死と体全体の死との関係を調べるなどの仕方で為したのであった。死というものは古くから人間にとって死後の世界の想像とともに宗教の話題であるのだが、彼を含めた医者たちは死を近代科学の主題としたのである。）

　だが、中枢とは何か。体全体との関係での中枢という面ももちろんあるが、見るなどに関わる脳が中枢であるということの意味は、体の末梢ないし末端の概念と対で考えるべきである。では、その末梢とは何か。実に、ここに体の限定とは何かという大問題の根本がある。

　体は体の外の事柄なしでは存在しない。けれども、自己を周囲から相対的に独立させる。それは、体の外との交渉の最前線を絶えず構築することによってなされ、その実現の結果が、ヒトで言えば皮膚である。脳や脊髄による体全体の調節とは最終的にこの体の相対的独立の達成のためにあるのであり、そこで、中枢は末梢のためにあるのである。だから、末梢を取り除いた中枢を言うことは意味を失う。脳を、体全体から、特に体の全体を限定する末梢から切り離して何か重要な働きをするかのごとく言うことは根本的錯誤に陥っている。そうして、体全体は体の外の事柄なしでは存在していないのだから、脳を言うためには体全体どころか、末梢と交渉関係にある限りの体の外の事柄の存在をも受け入れるという前提が必要である。

しかるに、皮膚という末梢はどのようにして本人によって経験されるのか。触覚において、体の外のものに触れるという知覚と、何かに触れられるという皮膚自身の現われとしての感覚との、共なる現われによってである。体の運動もこのことなしでは運動するものとしての自己の限定に至らない。(暖かさや寒さの経験では知覚と感覚とが絶えず融合と分岐との動きのうちにある。)ところで、視覚や聴覚、嗅覚では、皮膚に裂け目が生じたかのごとくであり、体と体から離れていて体にとって重要なものとの関係が生まれる。(この関係については、第5章、特に第2節、第3節を参照。)一つ付け加えれば、何かを見るとき、目の緊張とか目の疲れとかの感覚も背景的に生じているし、眩しくて見えるものが見えにくくなるとき、目自身の状態を告げる感覚の方が前面に出て、目が体の外の事柄との交渉の前線に位置することを、より強く顕わにするのである(第5章の特に第3節を参照)。

(7)二つの考えるべきこと

元の議論に戻って、二つのことを考えよう。一つは、被験者が或る物体を見るときに、その見ることを成立させるために被験者の脳がどのような仕事をしているか、これを研究者が言うに当たって、研究者は自分自身がその物体を見る「その見えている内容」を参照項として関与させないわけにはゆかないということの意義。もう一つは、既に述べた筆者の見解では、この関与が余りに自然なので、被験者の脳は情報の担い手であるはずなのに、いつの間にか情報の読み取り手に位置を変えるものとして解釈されてしまう、ということなのだが、この位置の変更はまた、情報概念の余りの使い勝手の良さからもきているのではないか、という論点。

最初の事柄は、見える世界というものは被験者と研究者とに共通の世界であるという話題へと発展させるべきである。

一般化すれば、見る、聞く、嗅ぐなどの知覚世界というものは人々に共通の世界だという話題である。繰り返しになるが、もちろん目が見えない人にとっての見える世界、耳が聞こえない人にとっての聴覚世界を言うことはできないのだから、この「共通の世界」ということの意味ははっきりさせなければならない。もう一度確認すれば、この話題は、第1章第1節(6)での知覚対象についての考察、および第1章第2節と第3節での考察、すなわち「花子の赤」と「太郎の赤」とを話題にするとはどのようなことかを巡る考察につながっている。また当然に、本章第2節で確認した、生理学や脳科学が前提している物理的世界というものはどのようにして承認されたのか、という問題にもつながっている。そうして、本章第2節(3)で紹介した「外界の脳による復元」という考えを推し進めると、この復元によって得られた世界というものはどう位置づけられるべきかについて後で(本章第4節で)なす考察とも大いに関係する。

しかるに、以下では先に第二の論点、情報概念の余りの使い勝手の良さと関わる論点を考えよう。本節の主題は情報概念の多用・濫用なのだからである。また、この考察は結局、情報の概念が成立するには何か知覚の関与が必要だということを明るみに出し、第一の考えるべき事柄へと私たちを導いてゆき、この点からしても、第一の事柄より先に扱うのが望ましい。では、情報概念の余りの使い勝手の良さとはどのようなことか、項を改めてみてみよう。

(8)「見るという情報形式」？

さまざまな諸項からなる或る作用の系列に「情報」という概念を持ち込むと三つのことが生じる。一つは、既に注意を促したように、それぞれの項は先立つ諸項のどの項についての情報をも有していると考え得るのに、いったん何かについての情報に焦点を置くと、人はその何かについての情報しか念頭におかなくなること。系列Ｂ３の諸項がすべて物体についての情報を処理し、伝達しているという見方もこの態度のもとで維持されている。

もう一つは、同じ何かについての情報である限り、その情報を誰が持とうと情報同士の照合をなし得るという考え。研究者が自分の見る内容を被験者のそれと照合し、或る意味で重ね合わせるというのを無造作にやるのも、これゆえであろう。ただし、この場合、それについての情報が問題である「同じ何か」が何であるかは定まっている必要がある。

最後に三つめとして、情報概念を更に融通無碍《ゆうづうむげ》にするものとして、同じ情報のさまざまに違った形式があるという考えが生まれる。以下では、この三つめの「情報形式」についての考えを詳しく検討したい。

「同じ情報が情報処理によってさまざまな形を取り得る」という考えが研究者たちを主導していると思われる。もちろん「同じ」と言っても、「加工処理」されることで少しずつ変わってゆこうと、そのこととは関係なく、まさにそのような変更を言うことの前提としてあることである。（加工処理の例としては、先に引用した生理学の教科書では、或る部分の強調等の処理が語られていたが、次のような記述では、抽出や分配が言われている。「V１［第一次視覚野（ブロードマンの分類による17野）］の機能は、視野中の刺激に含まれる情報から、形や色などの特徴抽出を行い、より高次の情報処理を行う領域へ分配して出力することである[35]。」）

次の二つの文における「〜として」という言葉は、「〜」が情報の或る形式だと言っているのではないだろうか。最初の文は本章第2節（3）で既に引用した藤田氏の文で、二番目は生理学の教科書に記されているものである。

たて、よこ、奥行きのある世界は……二次元画像情報として網膜でとらえられ、脳に送られる。

神経節細胞は網膜内での情報処理（特徴抽出）の結果を、軸索を伝導する活動電位として中枢へ送る。

「二次元画像（後で「網膜画像」もしくは「網膜像」と呼ばれる）」や「活動電位」は、物体についての違った形式での情報だという考えが記述を導いているのに違いない。同様に、本節（1）で紹介した、視覚情報の「伝達物質」と呼ばれるグルタミン酸も、その放出量の変化という遣り方で情報を担う一つの情報形式だと解釈できるだろう。そうして、このように同じ情報の違った形式が系列を成すという考えだからこそ、系列の後続項は先立つ項のどの項についても情報を担っているはずだということにはつゆほども想いがゆかないはずである。更に、最も重要なことに、情報が次々と取る異なった形式の最後の形式として「見る」という情報形式が成立すると言わんばかりとなる。

藤田氏は次のように書いている。

> 脳の仕事は、その［外界の］情報を徐々に加工処理して、「ものを見る」のに適した形にしていき、最終的には、「ものが見える」のを成立させることである[36]。

また、脳の状態を調べることで人の心を覗き見できるようになる可能性ないし展望を述べる坂井氏は次のように書く。

> ものを見たとき、その映像はまず網膜に映しだされます。そこから約八〇万本の視神経の線維が後ろに伸びていって脳と接続し、脳に外界の情報を伝えるわけです。八〇万本というと多く感じられますが、一本一本の神経は私たちの周囲の空間の一箇所の情報、すなわちひとつの画素に対応します。八〇万画素というとだいたい九〇〇×九〇〇個の画素の画像です。現在のデジカメだと五〇〇万画素程度でも普通ですから、かなり解像度が悪いですね。［中略］網膜による視覚情報処理はかなり粗いものだといえます。
>
> ただし、脳は単に周囲の世界を映しだすだけの装置ではありません。得られた映像を脳の中に映し出した上で、これをさまざまな形に加工してゆくのです。その究極の形が意識であり、主観なのです。脳における視覚情報処理は、外の世界が内なる意識、主観の世界に変換されてゆく過程といえます[37]。

35　前掲『標準生理学』二八六頁。
36　前掲『「見る」とはどういうことか』一二頁。
37　前掲『心の脳科学』二七―二八頁。

二番目の引用文では比喩的な語り口もあると思うが、それでも二つの引用文に共通に出てくる「形」という言葉に注目したい。どちらの記述も、情報を加工して得られるさまざまな「形」——これを「情報形式」という術語に言い直してもよいのではないか——が行き着く最後の「形」として「見ること」が成立するかのような書き振りではないだろうか。

藤田氏では、「ものを見る」のに適した情報形式の成立と「ものが見える」ことの成立とは同じことであるのか違うのか、曖昧さが残らないわけではない。坂田氏の方は、視覚情報処理の「究極の形が意識」であると言っているので、意識もまた情報形式の一つだと捉えていることになるのではないか。氏が言う「意識」は非常に広い概念で、著書の表題(『心の脳科学』)に採用されている「心」とほぼ同じような外延をもって使用されている。そして、視覚を話題にしている場面では、内容的にまさに「見えていると意識されている内容」に相当する。だから氏は、「見え」という情報の形式があると、言っていることになるように思われる。(なお、引用文中の「視覚情報処理」というのは、内容上は「視覚・情報処理＝視覚における情報処理」というふうに解釈してももちろんかまわないが、「網膜による視覚情報処理」という表現もあり、何より——引用はしていないが——続く文章中では「視覚情報」という言葉が頻繁に出てくるので、「視覚情報・処理＝視覚情報の処理」のことだと読む。生理学の標準的教科書では次のように書かれているので、視覚情報とは、「見えるもの」についての、形や運動、色などの見える仕方で顕わになる情報のことであろう。「外側膝状体からの視覚情報は、形態視、運動視、色覚などの情報に分けられて視覚野に伝えられる。」)

二人の研究者の考えが以上のようなものであると言い切っていいかどうか、躊躇がないわけではない。ただ、情報の概念を多用する脳科学には総じて、ここで筆者が描いてみせたような発想の傾向があるように思われるのである。

なお、以上の考察では一方向に進む線形の系列として情報加工のプロセスを描いてみたが、実際には少なくとも脳では(つまり刺激受容器から脳へと向かう感覚神経系におけるとは違って)、その系列とは別の諸系列からの諸情報も加わり、また再入力される情報の更なる加工もあるというふうに複雑になる。従って同じ情報を加工して行き着く或る情報形式を言うのではなく、さまざまな情報の統合によって生じるものが問題だとするのが、実情に近い説明になる。しかしその場合でも、諸情報の統合によって生じるものが「或る物体が見える（見えていると意識される）」ことの成立だと理解するしかないのではないか。（諸情報の統合を言うのは、たとえば外部からの情報によって内部からの記憶情報を呼び出し、その情報と併せた新しい情報の形を得るなどのことが脳の情報処理の中には入っているはずだ、ということを表すためであるし、「意識される」ということを殊更に言うのは、脳における諸情報の統合などを言うのは、意識の出現という問題に脳科学が挑戦するときの一般的語り口で、意識を言わないと、「見えていても見えない」というような状況——木立が見えているから木立にぶつからないように歩いてゆけるのに、木立など見えはしないと主張する病理にある人の状況——とは違う、普通の「見ている」ことを正確に表現できないという考えがあるからである。なお、藤田氏が、「見る」とは「見ていると意識する」ことだとすることについて、そうして、その場合に「意識」という概念を用いることで何に焦点を置いているのかについては、本章第4節（3）で考察する。）

しかるに、「或る物体が見える」ことはその物体について或る情報を得ることだというのも普通の考えであり（この考えについては、本節（14）の考察を参照）、すると「見えること」の成立は（一般に「知覚すること」の成立は）一つの情報形式の成立だと言ってよさそうにみえる。しかも、この成立に先立つ生理的、神経的プロセスがあり、そのプロセスは件《くだん》の物体についての情報の加工その他の情報処理のプロセスで、そのプロセスではさまざまな情報形式が現われるのだと考えられているのだから、「見えという情報形式」は最後の情報形式に他ならないという考えはいかにも自然である。

だが、「見えという情報形式」という概念は本当に有効に成立するのだろうか。

(9) さまざまな情報形式の系列の中に視覚という情報形式を入れてよい気になる

ここで、本章第2節（3）で写真が材料とされたことを引き取って、以下の系列を考える。いずれも物理学・化学的に辿れる作用ないし変化の系列であるが、同時に情報処理の系列だと解釈されている。第2節（3）の考察のときに比べた二つの系列（A2、B2）も再掲する。

Ａ２．物体↓光↓写真↓光↓網膜像↓脳
Ｂ２．物体↓光↓網膜像↓脳
Ａ３．物体↓光↓感光フィルム（潜像）↓ネガ↓写真
Ｂ３．物体↓光↓網膜像↓視神経↓脳
Ｃ１．物体↓光↓デジタルカメラにおける電気信号↓カメラのモニター上の映像
Ｃ２．物体↓光↓デジタルカメラにおける電気信号↓ＳＤカードにおける撮像素子（ＣＣＤ）↓パソコン・ハードディスク
Ｃ2a．物体↓……↓パソコン・ハードディスク↓パソコン・ディスプレイ上の映像
Ｃ2b．物体↓……↓パソコン・ハードディスク↓プリンター↓プリントされた写真

いずれの系列も、時間的順序に従った作用・変化の系列であるが、物体についての視覚情報の変換や保存等の情報処理過程であると理解されるのが普通である。Ａ３は、Ａ２の前半部分を、銀塩写真の場合で詳しくしたもの。以下では便宜上、カラー写真の場合で考える。Ｂ３は、何度も出てきた。そうして、Ｃは、Ａ３と並んで、視覚情報の処理という概念で私たちに最も馴染み深いと思われる諸事例。Ｃ2bでは固定した写真の項が現われ、Ａ３と合流する。が、Ｃ2aには動画の場合も含まれる。なお、Ｃ１ではリアルタイムで被写体の映像がモニターに現われ、従ってＣ2aの動画の場合と同じく、動きや変化の情報も拾えている。

そうして、これらの情報処理には電気信号も関与するということもあり、坂井氏はＣ１に擬《なぞら》えて、視覚における情報処理、つまりはＢ３を説明しようとしている。そのＢ３だけは生理的プロセスを含んでいるのだが、神経系は電気信号を情報伝達の手段としているから、分かりやすいＣ１をモデルとしてＢ３を理解できないか、というわけである。ただ、近年では逆方向に、情報処理プロセスだと解釈されたＢ３に関する知見を応用した、人工的情報処理の技術の開発も試みられているようである。回路網による情報の分散的処理がその一例だという。ともあれ、肝腎なのは、情報処理のプロセスと

解されたＢ系列の最終項において「物体の見え」が生じることになっていることである。

さて、坂井氏の引用文には「映像」や「画像」という言葉がみえる。もちろん比喩である。けれども、藤田氏も「網膜像（網膜画像）」に言及したし、大抵の脳科学者は脳における「マッピング」を言う。地図も一種の像である。（ただ、マッピングは視覚に関わる場面だけでなく、いろいろな場合に言われるので、「像」のイメージと結びつけない方がよい場合の方が多い。）ともあれ「像」というのは一つの情報形式として分かりよいものであるのは間違いない。（因みに、本章第2節（4）では、「情報」概念の適用を支えるのは、「反映」という事態であった。）そして実際、少なくとも映像が「網膜に映しだされる」という坂井氏の言い方は、水晶体がレンズと同様の働きをして網膜がスクリーンのようなものだ、という光学的説明に馴染んでいる人にとっては、網膜では像形式の情報があるという理解を誘うのではないだろうか。私たちは虫眼鏡を通して蛍光灯の像を紙の上に映しだすというような実験ないし遊びを簡単にすることができるので、同じことが生じているというイメージをもつのだと思う。実際には網膜に結んだ像を、その像をもつ人自身はもちろん他の人だって見はしないのであるが。（なお、虫眼鏡で像を結ばせることが容易にできるのは発光体である。普通の物体はよほど強く光を反射するものでなければ、あるいは像が結ぶ場所を暗くしなければ像を結ばない。それから、人は誰かの瞳に映った像を見ることがあるが、それは網膜に結んだ像ではなく、水晶体で反射した像の方である。反射映像を見るのは、誰の環境にも鏡があるのが当たり前の現代人にとってはありふれた経験である。）

また、デジタルカメラへの言及もある通り、像というものは写真と類比的に語られている。しかるに私たちは誰でも写真と写真に撮られたものとの関係についてはよく分かっているつもりでいる。写真は撮影対象についての情報をもち、その情報形式は像である、これは尤《もっと》もな考えである。更に、引用文中で言われている情報処理の「粗さ」の程度というものも、数値によって知的に理解するだけではなく、写真の目の粗さの程度という仕方で具体的経験として分かることができる。そして筆者がＡとＣの系列を持ち出したのは、本章第2節（3）での例を引き取ったからではあるが、また、坂井氏によるデジタルカメラへの言及を受けてのことでもある。

銀塩写真の場合のＡ系列ではなくデジタルカメラの場合のＣ2系列では、あからさまには記していないが、電気信号の介入があり、この点は実に、見ることの生理学が提出するB系列においても同じなのである。しかも、C２系列では、電気信号という情報形式の後で像という形式が現われるのだが、坂井氏が言うように「脳は周囲の世界の映像を脳の中に映し出す」のであれば、電気信号という情報形式が変じて像という情報形式へと変わってゆくかのようである。氏は「映像」という言葉の他に「鏡」の比喩も多用しつつ、次のようにも表現している。

目から入ってきた情報は、一次視覚野の最初の鏡に映し出され、ついで二番目の鏡、三番目の鏡と次々に映し出されてゆきます。こうして視覚情報は脳の後頭葉で処理されたあと、頭頂葉と側頭葉に伝えられます。後頭葉では物体の位置情報を、側頭葉では物体の形や色に関わる情報を処理しています。位置情報を処理する頭頂葉にも、視野の位置に応じて外の世界を映し出すような鏡が存在します[38]。

目から入ってきた外界の八〇万画素の情報は、そのヒトがどこに目を向けているかに応じて、その一部が強調された形で脳内に表現されます。この点で脳はただのデジカメとは違います。脳に映し出された世界は、外の世界とは異なった、その人自身の心の内面を反映した情景になっているのです[39]。

外界からの情報はまずその視野における位置に基づいて処理されます。言い換えるならば、それぞれの位置に応じて異なった神経細胞が働いているのです。隣り合った空間上の位置にある脳にはその空間的位置情報を保ったまま、その視覚情報を段階を追って深く分析するようなメカニズムがあります。ちょうど外界を映し出すいくつもの鏡のように、外界の情報を脳の神経細胞活動として表現している領域が、おそらく一〇以上脳内に存在し、それぞれが直列、並列につながって配置されています。それぞれの鏡、専門用語でいうところの網膜地図は、視覚情報の特定の要素だけを特に強く映し出すような仕組みになっているのです。

このように配置されたいくつもの鏡を使って、私たちは外界を自己の内面に写し取っています。ですが、この鏡は外界を忠実に反映したものではありません。私たちが特定の空間位置に注意を向けると、その位置に対応した網膜地図の神経活動が増加します。つまり特定の空間位置における視覚情報が強調されて脳内に表象されるわけです。そしてこれが私たちの意識している外の世界なのです[40]。

こうして、本章第2節（3）で出会ったのと似た状況がある。すなわち、B系列でもC２系列でも、「電気信号」という（像とは似つかぬ）情報形式が含まれていても、どちらでも「像」という形式も登場し、しかも（今はわざと曖昧な語り口にしておくが）像は「見え」の一種であり、すると、写真の像のうちには被写体の情報があるという分かりよい例に擬えて情報処理の過程を考えることで、物体の情報処理過程の最後に物体を見ることが成立するという仕組みが納得ゆく、そういう仕掛けがあるように思われるのである。（本章第2節（3）では、二次元の写真表面に三次元のものを見るという分かりやすさを、二次元情報からの三次元構造の復元はどのようにしてなされるかの理解に役立てる、そういう戦略を藤田氏が採っていることを確認した。）

もちろん、鏡は比喩である。（坂井氏は脳の一次視覚野〜八次視覚野――Ｖ１〜Ｖ８に対応して八枚の鏡と明確に述べる一方、最後に引用した文章にみえるように「おそらく一〇以上」とも言っている。ただし、比喩だとしても、写真の像と鏡に映る像とでは実は性格が全く違うことには注意する方がよい。この違いについては、第5章第6節（6）を参照。）そこで、「鏡」は「専門用語でいうところの網膜地図」と言い換えられている。しかるに網膜地図は、（網膜において生じる地図のようなものではなく）広がりをもった脳の諸々の部位の配置に関して言うもので、比喩ではない。どういうときにどの部分が一斉に活動を増加させる（他の

38　前掲『心の脳科学』三七―三八頁。
39　同、四〇頁。
40　同、四〇―四一頁。

部位はそうではない）のかを言うのだからである。

網膜に映し出された映像に対して反応する神経細胞が、その映像の空間的位置関係を保つような形で配列していることを「網膜地図」と呼びます[41]。

従って、網膜地図は「外界の情報の空間的位置を正確に表現している[42]」と言われるが、この「表現」とは対応関係があるということに過ぎない。しかしながら、空間的位置関係の対応であるゆえに「映し出す」という言葉を用いてもよい気になってしまう。（「表現している」と述べた文章の後半には、「この脳内に映し出された世界」と記されている。）そうして、鏡の比喩が持ち出され、「脳内における表象」が言われると、読者は「映し出されたもの」が「像」のような「見え」として意識されるかのように錯覚してしまう。（なお、「網膜に映し出された映像」というものも、誤解を招きやすい。私たちは網膜をスクリーンのように考え、そこに映し出されるものを想像してしまうからである。）

要するに、網膜では像という情報形式（これは何となく分かりよい）、視細胞ではグルタミン酸の放出量の変化という形式、神経節細胞では活動電位という形式（これら二つの形式が情報をもつというのは分かりにくい）、そうして、系列の最終に位置する大脳では、活動電位が主役なのではあるが、活動する部位の配列が空間的なもので網膜の画像を映し出しているのだから、脳でまさに視覚という情報形式が成立するというのは、説得的に聞こえる。ちょうどＣ２系列では電気信号という情報形式の後で「像という見え」の形式が生まれるのだから、似たようなものが脳で生まれてもおかしくないかのようである。

かくて、「物体についての情報のさまざまな処理とそれに対応する諸形式を経たあとの最後の形、完成型（もっとも洗練され使いやすい形式）として視覚形式のもとでの情報が成立する」と言ってもよいように思わされてしまう。（一般化すれば、「知覚」という語を採用して、聴覚や嗅覚などの知覚形式があるということになろう。また、お望みなら、たとえば聴覚と視覚との二つの形式を更に統合して、或る音を聞くとその音を出したものの視覚像も呼びだすような、より高次な情報形式すら可能なのだ、というふうになる。序でながら、この可能性というものは、私たちが意味の世界に生きる、その入口のところで実現しているものである。鐘の音を聞けば吊り下げられた鐘の像を想い浮かべ、赤い苺を見れば、その甘さを想像するという具合である。ただし、これは第1章第3節（3）で話題にした「想像」という人間にとって極めて重要な働きに関係している[43]。）

けれども、「像という見え」は、「像を見る」ことによってしか生じないのではないか。しかし、この根本問題をみる前に、視覚に関わるものとしては、なぜ像という情報形式が他の形式と違って特権的な形式であるか、ということを確認したい。

(10) 感光フィルム（銀塩写真）カメラにおける情報形式

最初に「鏡に映った像」について一言。この像の見え方は、鏡の外のさまざまな物象が見える仕方と変わらない[44]。そして、情報処理という概念が入り込む余地はほとんどない。凸面や凹面の鏡を使うことで、広範囲の映像を一望できるようにする、太った人が痩せて見えるように、あるいはその逆を狙う、等のことはあるかも知れない。けれども、たとえば映像が男か女かなどの情報を与えてくれるという意味では、凸面鏡も凹面鏡も情報を担っているし、二つから得られる情報を付き合わせて、太っても痩せてもいないオリジナルに近い人物像を手に入れることができるかも知れない。ただ、いずれにせよ、鏡に何かが映っていても、それを見るものがなければ、「見える映像」とはならない。この見るものとは猿でも鶏でもよいのだろう。因みに、画用紙に描かれた像（自画像その他の、像）を像として見るのは人間だけであろう。鶏は模様の付いた紙（物体）しか見ない。

41　同、三四頁。
42　同、三八頁。
43　このことの考察は、前掲『音の経験』での主題であったし、また筆者が次に取り組みたい課題である。
44　詳しくは、前掲『知覚する私・理解する私』第一、第二章、同『音の経験』第7章、参照。また本書では、第5章第4節（2）、同第5節（1）第6節（6）で若干、考察する。

写真は「像」という形式で、それに写っているものについての情報、どう見えるかの情報（その意味での視覚情報）のかなりの部分を私たちに与えてくれる。それで、写真が手に入るまでの過程を考えれば、その過程は撮影対象についての視覚情報を処理し、最終的に写真の形へともたらす過程だということになる。

まず、感光フィルムを利用するカメラの場合の情報処理を考えよう。この種のカメラはマニアやプロを除いては、最近はデジタルカメラに圧《お》されて廃《すた》れた感があるが、このカメラがカメラとしては先に発明された理由も考えなければならない。或るものが「どのように見えるか」という意味での視覚情報を与えるものとしては、そのものの像こそが自然に思いつかれ、そこで古くから、絵というものが描かれた。絵は、鏡がその瞬間瞬間の像を映すのに対して、像を固定する。しかし、その像は画家の目と手を介して得られるもので、より忠実な像を得る方法としてのカメラが求められるとするなら、一貫して像という形式の情報の担い手を考えてゆくのが当然のこととなろう。間に電気信号の形式が入るデジカメの登場は遅れる。

カメラには撮影対象で反射された光が入る。カメラを使用する誰でも、光で対象が照らさなければ撮影できないことは知っている。この光が対象で反射してカメラのレンズから入ってフィルムまで届く。その届いた光が対象についての情報をもつということは、対象が違えば反射光の内容が違うということから導き出されている。

特に二点だけ言っておく。第一に撮影対象について。カメラの集光範囲との関係で被写体は或る範囲に広がっていてさまざまであり得るが、ピントが合うとか合わないとかもあり、被写体の中で背景的なものと特に選ばれた対象（焦点となる対象）との相対的区別を言うことができる。第二に、撮影対象からの光以外の光がカメラ内に入りフィルムに作用しては写真が撮れないこと。余分な露光は撮影を妨害するのである。このことを考えれば、写真生成に役立った光の方は撮影対象についての情報をもつということの（積極的内容をもってではなく外から固めた仕方ででではあるが）納得は得られる。

さて、現今はこういう経験も少なくなったが、私たちの大半の人々（素人）はフィルムを巻き戻したカートリッジをカメラ屋に現像に出す（ロールフィルムの場合）。そのカートリッジを見ても触っても何が撮影されているのか、あるいは何も撮影されていない（撮影を試みた形跡がない）のか、撮影に失敗している（情報をフィルムに収め損なった、もしくは像がぼけたり非常に暗くてよく分からなかったり妨害像が入っていたりしている）か、何も分からない。カートリッジに撮影時に関する事柄を覚え書きふうに筆記具等で記すのが関の山だが、しかしそのことはちゃんと写真が撮れていることを保証するものではない。仮にカートリッジの中のフィルムを直接に見れば分かるかと思い、見ようとすれば光をフィルムに当てねばならず、当てるとフィルムが感光して駄目になる。余分の露光を事後的にしてしまうことになるからだ。

　しかし、現像することで（フィルムごとに違った）写真が手に入るのであってみれば、フィルムが撮影対象についての視覚情報を蔵していたのは間違いない。現像前はフィルムに「潜像」の状態で撮影対象の情報が蔵《しま》われていると専門家は教えてくれる。現像するとネガが得られ、これは見ることができ、ネガでは明暗の反転等が見られるが、撮影対象についてかなりの情報を得ることはできる。そしてネガを印画紙に焼きつけると普通の（ポジの）写真が手に入る。こうしてみると、撮影以降の一連のプロセスにおいて、対象の直接の見えに似たようなものが一貫して生み出されてゆくのだと推測できる。そして、「潜像」「現像」という言葉が使われ、また私たちが写真を目にするときに写真の紙を見つつその上に「撮影像」を見るのだから、撮影対象についての情報の形式は一貫して「像」であると言ってよいであろう。

　像という形式が一貫して追求されているのに、どうしてさまざまな違いがあるのか。同じ像という形式であっても、それを支える物質的媒体は異なるからである。それら物質のあれこれは、像をどのようにして生成させるのか、という技術的問題と一緒になっている。フィルムと印画紙とが違うものであるのは言うまでもないが、現像する前の潜像しかできていないフィルムと、現像によって得られるネガとでも異なる。潜像は、フィルムを露光するとフィルムの表層である写真乳剤層のハロゲン化銀が化学変化を起こして銀原子集団をつくることで生成する。ただ、外観に変化は見られない。だから潜んだ像と呼ばれるのである。それに対してネガの像は現像処理によって得られる。潜像のあるフィルムを現像液の還元剤に触れさせると、潜像をなす銀原子集団を核にして銀原子が多量に析出して目に見える銀粒子をつくりあげるのである。ただし、銀粒子が形づくるものとしての像は可視的であると言っても、像のいわば支え手であるフィルムに光が当たると残存するハロゲン化銀が感光するので、暗室ではない通常の環境で像を見ることはできない。そこで残存ハロゲン化銀を溶かして洗い去り……、また、ネガから写真を得るには印画紙に焼きつけて、と、いわゆる情報処理は続く。カラー写真の場合だと、色素を生成させるなどの更に複雑な行程が必要となる。

ともあれ、要は像を支える物質のさまざまな性質を当てにした物質的変化の過程を抜きに像の生成はあり得ない。情報の形式とその形式を実現する物質とは区別できるが、形式の実現を可能にするたぐいの物質や適切な環境が必要である。必要なものとは、ネガや写真として成立するもの（フィルムや印画紙）の他に、最初のカメラに入った光はもちろんのこと、現像液とか水とかであり、また適切な温度などでもある。それから先に余分な光に関して指摘したが、必要なものに着目するだけではなく、邪魔なもの、像の生成を妨害するものにも注意を払わなければならない。そうして、プロセスでは最終的に最も見やすく、かつ安定している像が目指され、それがプリントされた写真なのである。

さて、写真撮影では、被写体についての情報が像という形式で、光や現像液とかの作用に助けられて、フィルムから印画紙へと担い手を替えては伝えられてゆく、これと同じようなことが視覚の生理的過程でも生じるのか。視細胞でのグルタミン酸の放出量の変化という形式、神経節細胞での活動電位という形式に、「像」のイメージを読み込むことはできない。そうして、それらの形式を通じて脳において生じるのも、脳の諸々の神経細胞の活動だけを見れば電気的活動なのであるが、それらを集団として見れば、「網膜地図」と呼ばれる一種の「像」が形成されるようにもみえる。（この活動についてはあと一つ指摘する必要がある。酸素を消費すること。これは写真像の生成のためには現像液が必要なことに対応するようなことだろう。情報伝達その他は、いつだって受け渡しの項――情報の担い手――だけではなく周囲のサポートを要するのである。そして、酸素を消費すると活動部位に送り込まれる血液の量が増加する。この増減を測定することで神経細胞の活動が測定できるそうである[45]。）

実際の生理的プロセスのうちに、写真の生成においてフィルムから銀が析出し析出した銀の空間的配置によって像が生じる、これと同じような事柄を見いだすことはできない。しかし、写真は映像を固定するものだから、銀のような物質による像の固定が必要であるだけなのかも知れない。

そこで、デジタルカメラで写真を撮るときの撮影前のモニター画面の映像が生じるまでの情報処理を考えてみる。すなわち、

C1．物体↓光↓デジタルカメラにおける電気信号↓カメラのモニター上の映像

テレビでの実況中継などでは、カメラから遠隔地への送信、受信等々の、もっと複雑で長い情報処理が行われなければならないが、リアルタイムで視覚情報を処理していると言っていいと思われる。ともあれ、カメラは映像に関わるさまざまな器機の入り口に陣取っている。

ところで、デジタルカメラによる情報処理に登場する電気信号という形式だが、これは視覚に関わる生理的プロセスにも見いだされるのである。しかも、この形式は音の情報処理をする器機でも活躍し、他方、聴覚に関わる生理的プロセスでも核心部をなす。こういう事情が、視覚の生理学や脳科学にとっては大きな意義をもつのに違いない。実際、情報技術者ないし情報科学者と脳科学者とが相互に相手の知見を学び刺激や示唆を与えあっていて、用語の相互供給もやっている現状がある。すると、素人はもう何の問題もなく、自分自身が駆使している情報機器における情報処理のイメージで知覚に関わる生理のプロセスにおける情報処理も理解すればよいと、こう思わされてしまう。その上で、情報処理の最後で知覚という情報形式が現われる、これも納得のゆくことに思える。だが、慎重に考察しよう。情報の概念が余りに馴染み深いものになっている今日、却って問題は隠れてしまっているかも知れない。

45　前掲『心の脳科学』一九頁。

(11)デジタルカメラ等における情報処理と生理的過程の類似？

では、デジタルカメラでの情報処理はどうなっているのであろうか。

電源を入れてカメラを被写体に向けると、カメラのモニター画面には撮影対象を直《じか》に見るのと似たようなものを見ることができ、かつ、それは紙に印刷して得られる写真で見るもの、これを予想させる。これら二つの要件を満たすことがモニターの役割なのである。ところで、リアルタイムでの視覚情報処理という点では、モニターに映像が出るまでを考察すればよいのだが、カメラが行っている情報処理においてみられる情報形式に関して「像」という形式とその他の形式との違いを確認するために、もっと先までみておくことにしよう。つまり、この段階では写真は撮影されていないので、私たちが写真を入手するまで続いてゆく情報処理の流れを概観しておこう。

カメラを動かせば被写体となり得るものが変わり、それに応じてモニター画面に異なる映像が出る。これは、フィルム感光式のカメラで、カメラを向ける方向に応じてカメラのファインダー(覗き窓)から見えるものが違ってくるというのとは原理が違う。(デジカメにもファインダー付きのものもある。)ファインダーの場合、被写体を直接に見ることの延長である。撮影したい対象にピントを合わせ、ぼけないで見えるようにする、それは、近視や遠視の人が度が合う眼鏡をかけるのと似たようなことである。(双眼鏡や望遠鏡——いろいろな種類がある——、顕微鏡等の役割は何なのか、という、興味深い主題があるが、考察は割愛する。エックス線撮影に絡んだ考察は、第6章第4節(1)を参照。)

ここでは一貫して光が主役である。だからもちろん、暗いところでは見えない。しかるに光が欠かせないのは、どの種のカメラでも同じである。(いや、カメラ以前に、何かを見るのには、眼鏡をかけているか裸眼かにも関係なく、いつでも光は不可欠である。)ところが、デジタルカメラのモニターに映像が出るには光だけでは足りない。映像は、入力された光信号が電気信号に変換され、その信号のもつ情報に従って再び或る光のみがモニター表面に出現させられることで出るのである。(情報の役割は、液晶の背後から当てられる白光をどれくらい遮るかを決めることである。遮ることで特定の波長の光に絞られたものが液晶を通過し、見る人の眼に届く。)この変換の経緯はカメラの使用者にはブラックボックスだが技術者は分かっている。(大抵の情報機器の中での情報処理の有りようは素人にはブラックボックスで、詳しいことは技術者、専門家に訊けばよいという態度のもとで人は楽々と機器を駆使している。）使用者が知っているのは電池の容量が少なくなれば画面が暗くなるということ、電池が更になくなればカメラが使えなくなるということで、ここから電気が関係していることが推測できる。

このようにモニターの映像はシャッターを切る前から現われ、それはカメラが向けられる方向が変わるに応じて変化する。シャッターを切れば、入力情報はカメラに内蔵されている或るメモリー部、もしくはカメラに差し込まれたＳＤカードに撮像素子（ＣＣＤ）という形式で保存され、そうして、呼びだし操作をすれば、固定した映像が画面に現われる。もちろん、このためには電気も液晶などの更なる物質も必要である。従って、映像が画面に出るまでにいわゆる情報が処理される過程は、シャッターを切る前より多くなっている。別の言い方をすれば、ブラックボックスの部分が増えている。そのことが結果に反映するのは、映像が固定されているかどうかの違いとしてだけである。

カメラからＳＤカードを抜き取り、それをパソコンの端子につなぎ……等の操作をやることで、パソコンへのデータの移動、パソコンのディスプレイでの映像の発現、更には、パソコンに接続したプリンターへのデータの移送、写真の紙へのプリントができる。（プリントは紙の平面の各点ごとにインクやトナーを付着させる行程だから、フィルム写真での銀の析出過程に似たような性格をもっている。）プリントされた写真（紙）には、カメラのモニターやパソコンのディスプレイ上に見るのと同様に像を見ることができ、その像が撮影対象についてあれこれの情報を与えてくれるのである。すると、写真ができてくるまでのプロセスにおいて、その情報がさまざまに処理されてきたと言える。そして序でに言えば、ＳＤカードにちゃんと情報が伝達されていればカメラは役目を終えているし、パソコンに保存された後はＳＤカードも不要となる。写真のプリントの後では、カメラもカードもパソコンもプリンターも要らない。

さて、このプロセスであるが、素人にとってはブラックボックスであるが、その部分こそ技術者たちにとっての発明や改良の核心をなす部分である。他方、何かを見るとはその何かの情報を得ることだという発想をもったとして（この発想の中身そのことが吟味されるべきかも知れないが、ひとまず措いて――吟味は一二九頁以下で行う）、その情報を得るプロセスは、最初は誰にとってもブラックボックスである。しかるに、それを生理学者や脳科学者は徐々に明らかにしてきた、ブラックであった部分を明るみに出してきた、ということであろうか。そうして、その部分は実に技術者たちがデジタルカメラ等において開発し磨きをかけてきた部分に非常に似ているということだろうか。

確かに、写真のプリントの行程と似たようなものを生理的過程に求めるのは無理だろうということは誰でも思う。けれども、(カメラの設計が写真を目的としているのではあっても、そのことを脇に置いて)シャッターを切る前、被写体にカメラを向けるとそれに応じてカメラのモニター部にリアルタイムで被写体の映像が出る、ここだけに絞れば、その部分でのカメラにおける情報処理と生理的プロセスにおける情報処理とはかなり接近しはしないか。

本節(9)で引用した文章をもう一度、掲載する。

目から入ってきた外界の八〇万画素の情報は、ヒトがどこに注意を向けているかに応じて、その一部が強調された形で脳内に表現されます。この点で脳はただのデジカメとは違います。脳に映し出された世界は、外の世界とは異なった、その人自身の心の内面を反映した情景になっているのです。

ここで、ヒトが何かを見る仕組みとデジタルカメラの仕組みとの違いと言われていることすら、次のことどもを考慮すると緩和されるようにも思われる。すなわち、今のカメラは、撮影したいものに焦点を合わせるのも自動である場合が多い。ヒトが水晶体の厚みを変えるのも似たようなことではないか。また、或る動く被写体を追跡するようなカメラだってある。被写体の輪郭を強調するような撮影仕方もある。明暗や色彩のコントラストを引き立たせることも、ぼかすこともする。それから、カメラとヒトの目とどちらでも自分の側の有りようを変えることで光量を調節する。著者が言う「内面」が経験の蓄積に関するものであるなら、過去の撮影履歴に応じて映し方を変えるかも知れないカメラだって開発できよう。

しかしながら実際のところ、やはりカメラによる入力光の処理とヒトにおける知覚の成立とは異なる。そして、その異なりは引用文の著者が言う事柄とは違うところにあり、しかも決定的な違いではないのか。あるいは著者に従ってヒトが見ることは受け身の事柄ではなく自らが積極的に求めてゆく事柄であるというところに（人の脳のデジカメとは違う）独自性があると認めるにしても、そのことをすぐに「心の内面を反映している」と無造作に言い換えるところに、本当の異なりの深刻さが隠れてしまっているのではないのか。

筆者が焦点を当てたいのは、仕組みに関して素人にはブラックボックスと言った情報処理過程部分が、実は本当に情報に関わっているかに関して、素人だけでなく技術者においてもブラックボックスであるという点である。

(12) 情報を得ること・情報を取り出すこと

すぐに分かることは、次のことである。すなわち、カメラのモニター部に出る映像は、これを私たちが見ることでカメラのレンズが向くもの（被写体となる可能性があるもの）についての情報を私たちに与えるのだが、このときカメラがなしている実際とは、入力光の復元と称してもかまわない、或る種類の光の出力だけである。シャッターを切る前の段階でカメラがなす情報処理のプロセスは、「入力光→電気信号→出力光」と表記できる。（カメラのモニター部やパソコンのディスプレイ上の映像では、まさに電気信号をもう一度光信号に変える――出力する――ことがなされるが、写真のプリントの場合、何種かのインクやトナーの粉の適量を紙の平面の各点ごとに吹きつけるわけで、その結果として紙で反射する光の有りようが撮影対象で反射する光の有りように似るようにするのであり、光そのものを出力するわけではない。光が自然界から供給されるのを当てにして、その光の利用仕方を指定することで実現する復元である。）

これを踏まえて指摘すべきは、一つの論点として、生理的過程では光の出力の出番はないということである。もう一つ指摘すべき論点は、出力光と映像とは等しくはなく、出力光から映像を云々するまでには距離があること。そうして、二つの論点は絡み合っている。

今度も、被写体のいわゆる視覚情報を、固定した写真の入手に至るまでの情報処理過程で考える。素人にとってはブラックボックスの部分が技術者にとっては設計の核心である。つまり、その部分についてこそ技術者たちは光エネルギーによる化学反応の誘発だとか光信号の電気信号への変換だとか自ら工夫するのであり、だから当然にその有りようを知っている。けれども、そうだとしても、そのプロセスがまさに被写体がどう見えるかの情報の処理過程に他ならないということ、これはその後の過程で（技術者も含めた）人々が実際に「被写体がどう見えるか」について分かることが生じることによってのみ保証される。その意味では、素人にとってブラックボックスである過程部分は、それを設計した技術者にとっても、その部分に留まる（後続がない）限りではそれらから被写体にとっての情報を得ることはできない、そういう部分でしかない。その部分は被写体についての情報をもつはずだと言ったところで、被写体がどう見えるかについてその部分は何も教えてくれない。カメラ、パソコン、SDカード、プリンター等の内部で撮影対象についての情報がどのような形式をとっているのか素人には分からないが、他方の、その形式がどのようなものであるかを言える技術者だって、これらを見たり触《さわ》ったりしても撮影対象がどのようにものかは分からない。いわば情報は隠れたままなのである。

そもそも技術者がその部分をどのように設計するのかは、挙げて後続部分の成果を得るという目的によって導かれている。成果とは写真であり（リアルタイムでの情報処理という点で生理的プロセスに近いものに限ればカメラのモニター部に映像が出るという設計を考える方がよいかも知れないが）、では写真の目的は何かと言うと、情報の概念を用いて言うなら、撮影対象についての情報を得ることである。この情報は確かに像を見ることで得ることができる。そこでこの部分、像が出現しない限り、先立つプロセスの設計は失敗に終わっていると判断するしかない。情報処理がうまくいっているかということは、情報を得ること、情報の取り出しができることでしか判断できない。

ところで、「情報を取り出す」とはどういうことか。私たちは当たり前のごとく、これをもって「情報を得る」ことと等値して考える。実際、情報処理の過程があるとき、そしてその過程でさまざまな情報形式があるとき、それらの形式からは情報を取り出さなくてはならず、その取り出すことがすなわち情報を得ることなのである。カメラの場合、像という形式から撮影対象の見え方についての情報を取り出す。

しかるに翻って、先に用心深く述べたが、或るものを見るとはそのものの情報を得ることだという発想が一般にある。だが、この発想における「情報を得る」ことは、情報を取り出す（情報を取り出す仕方で得る）ことなのだろうか。端的に或るものを見て、そのものがどういうものか分かる、このことをそのものについての情報を得ることだと言うとき、それは情報を取り出すことなのか。取り出すのだと言うなら、何から取り出すのか。見える相手である或るもの（対象）から、というのは変ではないか。

恐らく、「情報」という概念の融通無碍な使い方が招いている混乱がある。情報処理を言うときには、「何かＡについての情報を他の何かＢが担っている」という構造を前提している。そして、その担う仕方がどのような形式なのかということが問題となり、情報処理するとは、ＢがＡの情報を担う形式を変えることか、もしくは同じ情報を別の何かＣにも担わせることかである。（後者の場合、Ｂと同じ形式によっての場合――単純な伝達、伝送――もあれば、別の形式のもとでの場合もある。）そして、人がＡについての情報を得るには、処理した結果である或る情報形式をとった情報の担い手（ＢやＣ、あるいは更に別の担い手、一般化してＫ）から情報を取り出す必要がある。

しかるに、情報を取り出すとはどういうことか。デジタルカメラの例では、たとえばＳＤカードから直接に取り出すことはできない。パソコンのハードディスクからも直接には取り出せない。モニター画面での像という形式に変換するかプリントした写真という形式まで情報処理をしないと取り出せない。取り出せる種類の情報形式があるのである。フィルム写真の場合、潜像は既に像であるのに、それそのものから撮影対象についての情報を得ることはできない。現像という処理をしなければ、像があるはず、ということに留まり、潜像から情報を取り出すことはできない。潜像は飽《あ》くまで、撮影したのだからフィルムに被写体の情報が取り込まれているはずだという、カメラやフィルム、撮影技術等に対する信頼ないし信念によって支えられて想定されているものであるに過ぎない。その想定が間違っていなかったかどうかを確かめるには、現像して、現われた像を見るしかない。

単純に「情報を得る」というのではなく「情報を取り出す」ということを言うとき、そこには情報処理の概念が隠れている。情報処理することで情報はさまざまな形式をとる、そして、情報を取りだせる形式とそうはゆかない形式、つまり他の形式に変換するという過程を経ないと取り出せない形式(それから直接には取り出せない形式)とが出てくる可能性がある。いま話題にしている例で言えば、「潜像」は別にして一般には「像」という形式からは被写体についての情報を(直接に)取り出せるが、電気信号という形式やSDカードにおける撮像素子(CCD)という形式のままからは情報を取り出せない。(潜像は像という形式であるにも拘わらず、もう一段の処理をしないと情報を取り出せない。)

こうして、本節(9)の末尾で出した問い、なぜ像という情報形式が他の形式と違って特権的な形式であるか、ということの理由は確認できた。或る情報の形が成立するということと、それから情報を取り出すということは別問題なのであり、何かがどう見えるかについての情報に関わる情報処理のプロセスでは、像という情報形式からだけ、情報を取り出せるからである。(もちろん、言葉による描写に頼るという特殊な形式もある。けれども、それはあらゆる事柄について情報を担えるという言葉特有の力によるのであり、特に「見え」の独特な有り方に固有な情報の形式として言葉を持ち出すことはできない。)

では、「像」から情報を取り出すのはどのようにしてであろうか。あるいは別の問い方をして、なぜ私たちは像という情報形式からなら撮影対象についての情報を得ることができるのだろうか。答が余りに分かりきった問いであるようにみえるが、考えてみよう。

⒀ 像という情報形式

まず、紙などに印刷された像の場合で考える。

対象とその像とは似ているから、と人はすぐに言うだろう。けれども、私たちが像から情報を取り出すとき、対象と像とを比べて似ていると判断しているのではない。対象は不在で、比べようがないのである。順序は、対象は像に似ているはずだから、像のうちに対象についての情報を見いだす、という順序である。

対象と像とが似ているのはどういうことかという問題は一旦は措くとして、より重要なことは、私たちが像を目で見ることなしには情報の取り出しなどない、ということである。（彫刻のような像の場合だと、触れることによっても発見する、と言えるかも知れないが、いまはその論点は外す。）そして同じく重要なことは、像を見るには、像の担い手である写真の紙等を見なければならないということである。像は確かに担い手とは別のものという内容を得ることで像となる。だから写真も紙に限らず皮やガラスにも印刷でき、そのように担い手を変えることによって内容を変えはしないのである。しかしながら、担い手なしに像はなく、像は像の担い手と一体になっている。担い手を見なければ像を見ることはできない。不可能である。しかも、担い手を見ることは像を（像として）見ることなしでも可能なのである。私たちが像を見ずにはおれない、という状況は多いとしても、である。また、撮影に失敗すれば像を見ようとしてもできないし、ピントを合わせ損うとぼけた像しか見えないが、写真の紙の方はいつでも、そして鮮明に見える。

それから猫は、魚の写真に魚の像を認めはしない。紙も見ないというのではない。紙が（写真の光沢で）光っていればそれに気が取られるかも知れないし、私が写真をひらひらさせれば飛びついてくることもある。動く紙とじゃれるわけである。これらのとき、見るのは写真の紙であって、像ではない。また、写真が掲載されているのが新聞で大きく障害物であるかのごとく通り道にあるなら避《よ》けて歩くだろうし、その紙が魚をくるむのに使ったものであるなら、魚の残り香を嗅ぎ、紙を咥《くわ》えて見るなど、ひとしきり新聞紙を相手にするだろう。

動くのは紙であり、匂うのも紙であると同様、写真の像を形成する光沢や、あるいは明暗や模様も紙の光沢、明暗、模様で、それらに猫が気づくとしたら紙と一体のものとして見えるに違いなく、紙とは別の像として見えることはない。

ところが、私たちが写真を見る場合はどうか。友人が釣ったボラの写真から私はさまざまな情報を得ることができる。ボラとはこのような魚だったのか、ということから、友人がこれまで釣った魚の中ではとりわけ立派だな、ということなどまで。けれども他方で、この写真はペラペラだな、とか、汚れているな、とか、紙がどのようなものであるかについても知ることができる。汚れているのはボラという魚ではない。汚れた靴の写真と、ピカピカの靴の写真が汚れているのとは違う。そこで、像を見る見方が像の担い手を見る見方と同じであるはずがない。像を見るには想像力が要る。その材料を供給する記憶も要る。

因みに楡《にれ》の木の樹皮が剥がれて何だかいろいろな動物の形に見えることがある。この形というのも像の役割をする。ときには特に何かの形を思わせるわけではないときに友人が「クジラに見えない？」と言うと、「そう言えば見えないこともない」と、このようなときは精一杯想像力を働かせるということがあからさまになる。（このとき、クジラを見たことがあるかどうかは関係ない。クジラの絵もしくは写真を見た記憶で十分である。ときには、クジラの言葉による記述を受けて、もしかしてクジラとはこんなものではないだろうか、という想像が働く場合だってあろう。）ただ、想像力の働きを論ずることは本書の任務ではない。だからこの方向への考察は進めない。

さて、すると写真を見て、写真が印刷されている紙がどのようなものかが分かるということと、撮影されているものがどのようなものかが分かるということと、両者をそれぞれ紙についての情報、撮影対象についての情報を得ることだという言い方を許すとして、二つの場合で情報を得る仕方は異なっている。後者はまさに撮影対象についての情報を処理してきて像という情報形式に辿り着いたその段階で得るのである。では、前者ではどうか。それはまさに見るという種類の知覚によるのである。そしてその遣り方は、撮影対象そのものを直接に見てそれがどのようなものであるかが分かるのと同じ仕方である。

従って、視覚の成立を説明するために、見る人の側による情報処理の結果として像のようなものが生まれ、それが視覚対象についての情報だと主張し、そして、その情報形式が生まれることが見ることとそのことに他ならないとも恐らく主張してしまうことには、二つの勘違いがある。像という情報形式は情報を得るための素材でしかない。像という形式から情報を得るには、第一に、少なくとも像の担い手とともに像を見なければならない。（しかし、多くの人々が指摘するように、像を見る「脳の中の小人」など居はしない。）しかも第二に、その情報は「像が何かの像」であるときにその何かについての情報であるが、その内容は、その何かを直接に見るときにそれについて得る情報と似てはいるけれども、同じではない。こちらをいわば薄めたようなもので、想像によって補わなければ元々の対象の見えに近づけない。

そこで、第二の点は措くとしても、何かが見えることを像の概念を持ち出すことで説明しようとする試みは、何かが見えることそのことを、別の見ること、ただし、何かが見えるその内容を薄めたものを見ることに置き換えるようなもので、しかも、後者の見ること自身の方の成立が説明されない（これを説明するためには像の像を持ち出す羽目になって、無限後退に陥り説明され得ない）ので未完に留まる。言葉だけの説明、ただし、説明できたと勘違いを誘う説明である。

像の概念に託して「或る対象についての情報の知覚（特に視覚、場合によっては触覚）という形式での成立」を説明することは、近代の観念論哲学が「観念」とその「表象」によって何か存在するものの認識が得られるとした、その発想のバリエーションであると言わざるを得ない。もちろん、像は何かの像であるという構造の方が具体的で、「観念は何かについての観念である」という構造の抽象的性格よりは分かりよいのではあるけれども。

最後に、一つだけ注意を促しておこう。写真の像について考察した多くの事柄は、具象絵画に関しても、ディスプレイの像やスクリーンに映された像についても言える。けれども、鏡に映った像については言えない。鏡の中に見える奥行きは真正の視覚空間であり、像はそこに位置づく視覚対象なのである。そこで、写真や絵では見る位置を変えても像の見えも像の背景の見えも変わらないが、鏡に映る像は、見る位置によって姿を変え、或る像によって隠されていた別の像が背後から見えてくるといったことも生じる。何といっても、映る物象がなければ鏡に映像は見えない。鏡の映像は、第5章第5節で論じる事柄、すなわち、異種の知覚内容の統合の失敗や見かけの位置と本当の位置との関係に連なる事柄である。[46]

⒁ 知覚による情報取得・情報の読み取り・情報内容の再現

或るものを直接に見て、そのものについての情報を得ることと、そのものの像を見ることでそのものについての情報を得ることの違いを、より一般的な枠組みにおいて考察してみよう。

46　写真の紙が像の担い手であるような仕方で、鏡が像の担い手であるわけではない。鏡に映った像についての考察は、前掲『知覚する私・理解する私』第一章第2節および、前掲『音の経験』第7章、本書では第5章第6節（6）を参照。

もう一度、次の系列を取り上げ、加えて、古典的な情報形式としての狼煙《のろし》や太鼓の場合と突き合わせて、考えてみよう。

Ａ３．物体→光→感光フィルム（潜像）→ネガ→写真

Ｃ１．物体→光→デジタルカメラにおける電気信号→カメラのモニター上の映像

Ｃ２．物体→光→デジタルカメラにおける電気信号→ＳＤカードにおける撮像素子（ＣＣＤ）→パソコン・ハードディスク

Ｃ2a．物体→……→パソコン・ハードディスク→パソコン・ディスプレイ上の映像

Ｃ2b．物体→……→パソコン・ハードディスク→プリンター→プリントされた写真

現代の私たちは、これらの系列にみられる人工物、すなわちフィルム、写真、電気信号、ＳＤカード、パソコン等の諸項が、すべての系列の先頭項である物体についての情報を違った形式で保有している、という考えに馴染んでいる。（コントラストの強調、明るさの調整等、さまざまな補正もあり、情報内容がずっと同じであるわけではないのだが、それらは副次的な事柄だとして、今は考慮しない。何についての情報か、ということでは動かないということ、および、情報を担うさまざまな形式があること、これが当面、着目したいことである。）ＬＰレコード、テープ、ＣＤが、同じ音の情報を違った形式で保存している、という考えも同様に、現代の私たちの生活に深く浸透している。そうして、これらについての考えは、古くから馴染みの、狼煙や太鼓、言葉（音声と文字と二つの仕方の言葉）が同じ情報の異なる媒体になり得るという考えにも連続する仕方で入り込んでいる。

だが、実のところ、狼煙以下の事例における情報処理と、現代の情報器機における情報処理とでは、その異同に関して慎重でなければならない。

筆者が今、太鼓等について「情報形式」ではなく「情報媒体」という言葉を使用したことを手掛かりにしよう。どうしてこちらの表現が自然なのだろうか。情報媒体と情報形式とは実質的には同じものを指すのであるが、概念として若干の違った含みをもつ。

実は狼煙以下の諸例はフィルムやSDカード等の場合と根本的に違う。（比べている組――情報媒体と情報形式、狼煙とSDカード――は同じではないが関連しているのに、「若干の違った」と述べたばかりの後で、「根本的に違う」と言っているので、どうなっているのだろうと思われるかも知れないが、先に論を進める。）

古典的な場面を想像してみよう。たとえば敵の襲来、待ちかねた婚礼の行列、鰊《にしん》の大群、これらを山から見張っていた人が狼煙を上げ、狼煙が上がるかも知れない方向に気をつけていた山下の集落の人が狼煙を見つけると太鼓を叩く。すると村中の人々が太鼓の音を聞く。太鼓の音が鳴っているのが嬉しくてはしゃいでいる子どもたちに大人が言葉で説明する。こうして人々は敵の襲来等を知るのであり、狼煙も太鼓の音も言葉も、同じ「敵襲来という情報」を担っている違った形式だと言うことはできる。かくて、その出現の流れを記すと、次の系列として記すことができる。

D．敵の襲来↓狼煙↓太鼓の音↓言葉

では、違う各形式はどのような特徴をもつのか。狼煙はずっと離れた遠くから、そちらの方向に目をやる人に見える。太鼓の音は近隣の多くの人々に、その人たちが何をしていても聞こえ、注意を引く。言葉は声が届く人に伝わり、かなり明確な意味をもつ。こういう異なったそれぞれの特性に従って、狼煙等は敵の襲来等の情報を人に伝えるのである。

ただし、である。狼煙を上げる人、太鼓を叩く人、言葉を話す人がいるわけで、正確には人が情報を伝えるのである。そして、情報の受け取り手としての人もいる。すると、狼煙、太鼓の音、言葉は、人が使って他の人に知らせる道具である。そうして、道具として使えるということは、狼煙等が情報の担い手となれるということであるし、狼煙等は情報が一時的に取る形式とも言えるし、その狼煙が情報を伝えると言ってもよい。けれども、この場合、情報は人から人に伝えられるもので、情報をもつ人がその情報を他の人に伝える道具、木の枝を切るナイフのように物に作用する道具ではなく、情報を載っける道具、情報媒体として情報を受け取り得る人に対して使ってのみ有効に働く道具として狼煙等を使う。人と人との間をつなぐものという考えが「情報媒体」という言葉に反映されている。この言葉が「情報形式」という言葉より自然に出てくる所以《ゆえん》である。（「情報媒体」という概念のもう一つの意味傾向についても、少し後で述べる。）

ともあれ、Dの系列を書き直すと次のようになる。

D2. 敵の襲来→人$_1$→狼煙→人$_2$→太鼓の音→人$_3$→言葉→人$_4$

このように人の介入を明示すると、Dの系列がAやCの系列とは違うことは一目瞭然となる。（Aに関しては、現像する人などが隠れている場合があるが、意味の読み取り、受け渡しという仕方での介入ではない。また、インスタントカメラのように自動で系列が最終項まで進むカメラもある。なお、D系列に関しても人を消すことは考え得るので、後で少し込み入った考察もする必要がある。）

ところで、情報の受け手に留まっている人$_4$のことは別にして、人$_1$、人$_2$、人$_3$のどの人も同じような有り方をしているのであろうか。

第一に、どの人も情報を誰かに伝えている点では同じである。指摘したばかりのように情報媒体の違いはあるが、けれども、その違いはむしろ、誰もが立場に応じた最も適切な媒体を選んでいることからきている。（因みに、この適切さというものは状況によって大きく異なる。それも、「伝えやすい仕方で」「早く」「正確に」伝える等は当然のことで、ただ状況によって優先順位を決めなければならないこともある、という具合だとは限らない。「ずっと後で伝わるように」とか「一部はわざとぼかす」とかのこともあり得る。）

けれども第二に、伝えるべき情報をどのように入手したかに関しては、人$_1$とあとの二人とでは遣り方が大きく異なっている。人$_1$は敵がやって来るのを自分の目で見る。人$_2$は狼煙のうちに情報を読み取り、人$_3$は太鼓音に読み取る。つまり、人$_2$と人$_3$とは、本節（2）で一般的系列Sの系列（A_n→B_n→C_n……→L_n→……→X_n……）について考察したときの、系列のB_n以降の諸項に情報を読み取る人と同じ立場にいる。従ってまた、人$_2$は狼煙と敵襲来との関係を前もって知っていなければ狼煙が敵襲来の情報を含んでいるとは分からないし、人$_3$も太鼓音と敵襲来との関係を知っていればこそ、太鼓音という形で情報を受け取り得る。そして人$_3$が狼煙と敵襲来との関係をも知っていて、偶々狼煙をも目にするなら、そのことでもっても情報の正しさを確認できる。また、人$_3$が系列全体の構造を知っていれば、太鼓音が鳴っているのは狼煙を見たからなのだ、狼煙が上がったのだと分かる。言い換えれば、人$_3$にとって太鼓音は敵襲来の情報だけでなく狼煙が上がったという情報をも含んでいる。他方、子供たちが太鼓音を楽しい音とだけ聞くのは、関係を知らないからであり、音を何かの情報という資格では聞かないのである。

　ところが、ここで重要な問題が発生する。人$_1$は、敵の軍勢を見ることで、それを人々に伝えるべき情報として狼煙に託したのである。ならば、見ることによって情報を得たのではないのか。敵襲来という情報の最初の中身はどこからきたのか、という問題である。しかるに、これを情報と言うなら、太鼓音を聞くだけの子どもも、敵襲来の情報は得ないにしても、太鼓音がしているという情報を得ていることになる。敵の軍勢を見ること、狼煙が上がっているのを見ること、太鼓音を聞くこと、これらはそれぞれそのことだけを取るなら同じ資格のものである。そうして、敵の軍勢を見ることがなければ狼煙で伝える情報、敵襲来という情報などありはしない。（大勢の人々の姿を見ることと、それを敵の襲来と見ることとの間、という問題はある。しかし、人の姿を見ることとそのことでも、或る色と形の配置を見ることと、人と見ることとの間という問題を提出しようと思えばできる。特定の見ることと、そこに或る一般的なものを見ることとの関係という問題である。しかるにこれは、第1章で、赤さを見ることはさまざまに違って見える色を等し並に赤だと見ることだ、ということを確認したことにもつながっていて、見ること――一般に知覚すること――そのことに認めるべき根本構造の問題なのである。「……として見る」という構造の問題だと言ってもいい。コアラが特定のユーカリの葉しか食べないとき、特定の葉を見つけているのだが、そのことはそのまま或る種の葉を見つけていることになっている。行動のレパートリーはそれを構成する数の行動の一般性という概念を要請するが、行動の種類と行動相手となるものの知覚の一般性とは一体となっている。）これと同様のことを、狼煙を見ること、太鼓音を聞くことにも言えるはずである。実際、狼煙を見る人、太鼓の音を聞く人は、見ない人、聞かない人と比べて、まさに狼煙が上がったこと、太鼓が叩かれていることを知るという意味で、知識が増える。これを指して情報を得ると言ってよいのではないか、ということである。

ただし、このことはもちろん、情報という概念をどう取るかによる。確実なのは、仮にこの場合に情報の概念を適用するとした場合、その情報（一般化して、知覚することによって取得する情報）の有り方は情報処理を受けた形の情報の有り方とは異なるということである。しかも、知覚によって或る特殊な意味での情報を得ることは、後者の種類の情報を手に入れるための条件であることにも注意しなければならない。「狼煙」という形式や「太鼓音」という形式のもとでの敵襲来の情報を受け取ることは二段構えになっていて、一段目の「狼煙を見る」こと、「太鼓音を聞く」ことが条件となっている。見ることで狼煙が上がったという、そういう種類の情報を得ないことには、狼煙という形式での敵襲来の情報を得ることはできないのである。

繰り返しになるが、整理しよう。人[1]は敵襲来の情報を、敵を「直接に見る」ことで得る。人[2]と人[3]は、敵襲来の情報を狼煙という形式や太鼓音という形式で受け取るが、そのためには狼煙そのこと、太鼓音そのことが生じていることを知る必要があり、それは「狼煙を見る」こと、「太鼓音を聞く」ことによって可能である。（人[3]は、太鼓音を聞くことで狼煙が上がったということを知ることもできるが。）この、見る、聞くとはもちろん、見る相手、聞く相手について何かの情報を「直接に」得ることだと言ってもよい。まとめて言えば、知覚するとは知覚対象について知覚種類に応じた何らかの情報を得ることである。他方、そのことを通して「間接的に」敵襲来の情報を得るわけである。だから、狼煙や太鼓音という敵襲来についての情報の或る形式は、情報の媒体という性格をもつ。今度は、人から人へと伝えられる情報の、人と人との間に位置する媒体であるという側面ではなく、情報内容と情報を得る人との間に立つという意味での媒体である。

ここで、翻って視覚の感覚神経系における生理的プロセスを想い出してみる。すなわち

B3．物体→光→視細胞→双極細胞→神経節細胞→視神経→脳

このプロセスは、先頭項の物体についての情報を処理してゆくプロセスであるということは人々の常識であり、すると、そういう理解の延長では、プロセスの最終項として「物体の見え」という情報形式が生まれるかのような理解も受け入れざるを得ないように思える、こういう事情を本節でずっとみてきたのであった。（ただ筆者は、感覚神経系におけるプロセスを情報処理プロセスだと考えることは、それは便利な解釈であるゆえに反対しないが、「物体の見え」という情報形式を系列の中に押し込めるのには無理があるという考えで、それを示すために本節（８）以降の考察をしている。）このＢ３をＤ２と比べると、Ｄ２は、Ｂ３の中に、悪名高い「脳の中の小人」どころか、生理的プロセスの要所々々に小人が必要なのではないか、と言っているようにもみえるし、いや、そもそも二つを比べるのが見当違いだ、という話なのかなとも思える。

ところが、逆にＤ２の系列から人を消すことを考えることもできる。たとえば、山に監視カメラを据え付け、敵の襲来を捉えたなら、発煙筒を発火させる装置が働いて狼煙が上がる。集落の監視カメラが狼煙を感知すると太鼓音が鳴る装置が作動する……。すなわち

Ｄ３．敵の襲来→監視カメラと発煙筒（ずっとさまざまな光を受け取り、その光の作用によって次々に映像化し続けて、或る特定の映像――戦闘集団と人によって解されるに違いないものの映像――が得られるときだけ発煙筒の点火を引き起こす作動をする仕組み）による狼煙→監視カメラないし煙探知機と音発生装置による太鼓の音→……

これは、ＡやＣの系列とほぼ同じようなものではないのか。再掲する。

Ａ３．物体→光→感光フィルム（潜像）→ネガ→写真
Ｃ１．物体→光→デジタルカメラにおける電気信号→カメラのモニター上の映像

（C2a、C2bは省略、一三〇頁に記載。）

A3を先に取り上げたときには、人が撮影済みのフィルムをカメラ屋に現像に出すと述べた。が、その場合には、隠れているけれどもD2と同じく系列に人が入り込んでいる。そこで、インスタントカメラでは、シャッターを切って少し待つと写真が自動で出てくるので、その場合で考えたい。すると、D3、A3、C1の系列すべてで進行するのは、物的作用のプロセスである。それがなぜ情報処理のプロセスと言われるのか。人が、自分たちに必要な情報を或る仕方で扱おうという目的をもって製作した器機で生じるプロセスであるゆえに、その目的に照らして情報処理のプロセスと解釈できるに過ぎない。器機は人の行動の代行なのである。人にはできないことを為す場合でも、人が望む目的をもった行動を代わりに果たすことに変わりはない。（生理的プロセスの方は、人――人の技術――によって構築されたものではなく、生命体において生成してきたものである。）

このように考える限りでは、D3はA3とC1と同じ性格をもつ。けれども、どこか違う。A3とC1とは先頭項についての情報を先頭項とは別の形に変えてゆくのだけれども、プロセスの終点で再び先頭項を復活ないし再現することを目指した情報処理なのである。もちろん実際には先頭項と最終項とが同じであるはずはないのである。物体と写真、物体と映像は違う。けれども、物体の見えと写真の見えと、また映像の見えとが同じであるかのごとき部分はある。

それに対してD3は最終項が先頭項と同じ（ないし似た）ものになることを目指してはいない。先頭項についての情報を読み取ることができる形式への変換ができさえすればよいのである。そこで、系列の中途で順番としては早く現われる狼煙にも、後からくる太鼓音にも、先頭項である敵襲来の情報を読み取ることはできる。

ただ、留意しなければならないことがある。D3だけでなくA3もC1も、いや、生理的プロセスであるB3も含めて、すべての系列において（構成する諸項間に相関関係がみられる系列、一般化すればS．A_n、B_n、C_n……L_n……X_n……の系列において）、原理的に、系列を構成する或る項のうちに先頭項についての情報を読み取ることができる。（のみならず、繰り返し指摘したように、先立つどの項についての情報も読み取ることができる。だが、このことは今は脇に置く。）そもそも、単なる物的作用の系列ではなく、それを情報処理の系列と見なすということは、この原理的事態に根ざしているのである。ただ、本節(12)で見たように、たとえば潜像は物体の見え方についての情報を保持しているはず、電気信号も同じであるはず、ということは言えても、実際には諸項から情報を取り出せない、その意味でブラックボックスだ、ということも忘れてはならない。

そこでＤ３でも、監視カメラの内部で生じているプロセスとか、煙探知機の或る作動、太鼓音の発生に先立つ作動とかは、それから私たちが情報を取り出せる形式ではない。Ｄ２の系列から人を消すことを狙ってＤ３系列は製作されるのであるが、まさに人$_2$、人$_3$が相手にしたものである狼煙や太鼓音が、それから敵襲来の情報情報を引き出せる形式であったから、Ｄ３においても、それらの項が現われるたびに、人は終点まで待たずとも情報を手に入れ得るのである。

そうして最後に、Ｄ２、Ｄ３で敵襲来の情報をもたらす狼煙、太鼓音も、また、Ａ３とＣ１の最終項に至って「物体の見えについての情報」を取り出せる形式として生じる写真と映像も、それら自身がそのように有るということは知覚によって確認する（別の言い方をすれば、知覚によって情報取得する）のであり、この確認なしでは目指す情報に接近できないのである。

なお、翻ってＤ２の系列をみれば、系列の最後に「言葉」という情報形式が顔を出している。（言葉という項を出現させるのすら自動化できないわけではない。それも、人の発声音を録音しておいて然《しか》るべきときに再生するようにするのではなく、合成音を用いることもできるのだから。尤も、それでも、人の言葉が先立って、それを模倣するしかないのだが。そうして、自動化できようが、以下の考察の趣旨に影響はない。）このことは、情報というものを私たちが「意味」のような次元で捉える場合があることを示唆している。いや、この方向で捉えるのこそが素朴な情報概念の根底にあるのだとも思われる。そうして狼煙などの例も、言葉に代わるものなのかも知れない。すなわち、狼煙は敵襲来を「意味する」。そうして、本節(2)で、変化の系列、あるいはもっと一般的に、相関する諸項があるところ、それに情報の概念を適用できると述べたとき、その情報の概念もまた実は「意味」の次元の事柄であらざるを得なかったのである。S．A_n、B_n、C_n……L_n……X_n……の系列でL_nはA_nやB_n、C_nについての情報を担っていて、この情報を読み取ることができるというのは、L_nはA_nやB_n、C_nを意味する、というふうに理解してもかまわないのだから。（ただし、意味するものと意味されるものとの関係を、前者が後者についての情報を担うという仕方で理解するとき、広く現前するものと不在のものとの関係として捉えることもでき、すると、言葉の優位性にも拘わらず、原初性の観点からは、言葉に先立つ意味次元の成立というものも考えねばならなくなる。そうして、この主題は想像の端緒という主題とも一緒になる。木立に遮られた猫を見るとはどういうことか。頭と尻尾は見えるが胴体は見えない。それでも、寝そべっているのでも座っているのでもない猫の姿を見ると思うのではないか。そうして、赤い苺は甘いだろうと口にする、実際は食べないことには本当に甘いかは分からないのだけれども……。第5章第6節（5）、詳しくは前掲『音の経験』参照。）

しかし、意味の概念と重ね合わせたこの素朴な情報のイメージは、今日、録音や録画、それからさまざまな資料の電送のための情報器機が溢れ、それらを使いこなすという私たちの現在における「情報」の概念とは少しずれている。そうして実際、情報器機の開発を可能にしたのは、意味を捨象することで扱うことが可能になった工学的な情報概念である。そういうものである。（その点で、工学的な情報概念は日常生活の中で自ずと得るものではなく、きっちりした学問や技術の枠内の事柄として学ぶ必要がある、そういうものである。素朴の対極にある。）実際には、互いに相関する諸項の系列がつくられた以上は、系列の外に立つ人の理解ということで考えれば、項と項との間には一方が他方を意味するという関係をいつでも見いだせるのではあるけれども、それは別の話である。そうして、情報処理の基本は先頭項をさまざまな形（すなわち情報形式）に変換してゆくということであり、かつ、録音録画とその再生で代表されるように、最終項で先頭項を再現することを狙う、そういう器機が主流なのである。

（なお、意味の概念と重ね合わせた情報のイメージについて一言。このイメージでの情報は、本節（2）で述べた、二つの項の間に反復される一定の関係があり、それについての知識を人がもっているなら、その人は一方の項に他方の項についての情報を読み取り得るという、この構造だけで成立する。つまり、幾つもの項が系列を成す必要もないし、人為的情報処理というものの介入も要らない。そうして、一つの事柄は他の無数の事柄と或る程度で反復する関係をもち得るのだから、それに応じて無際限にたくさんの情報を担い得る。どの情報を読み取るかは読み取り手次第である。しかるに、特定の情報というものが問題にならない場合には、「情報処理」という概念の出番があるはずもなく、情報処理のさまざまがなければ、わざわざ「情報形式」の概念も持ち出すには及ばない。無理に情報形式という概念の適用を試みても、或る事柄についての或る情報の情報形式とは、その事柄と或る関係をもつ或るものの或る有り方ごとに一つ形式を言うはめになって取り留めがなく、何のために形式という概念を持ち出すのか分からなくなり、結局は情報形式という概念を適用するのは馬鹿々々しいことになる。形式を言いだすのは、どういう内容の情報かということが先に確定している後で、それをどのように表すかが問題になるという場合であろう。逆に、情報処理という発想を持ち込んだならば、そこに情報形式という概念をも認めてしまうのは必然の成り行きとなる。）

以上の考察をまとめると、次のように言える。私たちがみてきた幾つかの、いわゆる情報処理の系列の中に、三つの区別すべき情報概念を見いだすことができる。一つは意味次元が関わる情報概念。何か（甲）のうちに何か（乙）の情報を読み取るという理解の際の情報概念。これは、甲を、それ（甲）は乙を意味するものだ、という仕方で受け取ることだと言い換えてもよいのだから、意味次元が関わっている。念を押せば、意味次元とはいわば不在の事柄が属する次元である。甲のうちに乙の情報を読み取るには、甲そのものは現に与えられていなければならないが、乙の方は甲が現実であるその時点、場で不在であってもかまわない。

それから、もう一つの情報概念は、意味を捨象することで設計可能となった情報器機において具体的姿を取る情報概念で、先頭項から出発して進む或る系列が最終項において先頭項の或る面の有りようの再現であるときに、全体の系列はその面についての情報処理のプロセスであるのだ、と理解されるときの情報概念である。情報器機の設計、製作は技術者によるが、器機の駆使は私たち誰もが器用になす。この駆使を通じて私たちは、意味次元に関わり人から人に伝えられるものという情報概念とは異なる新しい情報概念に馴染むようになったと思われる。実際、技術を結集して製作されたいわゆる情報器機がどういう仕組みでできているかはどうでもよいまま、私たちは器機を駆使し、「再現」できるものとしての情報と付き合っている。電話、ファックス、メール、録音、録画（静止画だけでなく動画も含む）によって、音、何かの見え、文字、地図、グラフ等（文字以下も「見え」の一種でしかないが）の移送や保存がさまざまな変換を経てなされ、移送とは移送先での再現であり、保存されたものは再生され、元のものが再現されることを前提としている。このプロセスにおいて最初のものと最後のものとの間に隔たりが挟まっているゆえに「情報」の概念が適用されるのである。

そして最後に、以上の二つと異なって、そもそも情報処理の概念が馴染まないもので、知覚によって知覚対象についての情報を取得すると言う場合の特殊な概念。擬似概念と言ってもいいかも知れないものである。

ところで、私たちが二番目の情報概念を検討してきたのは、まさに知覚の成立を（特に見ることの成立、何かが見えるということの成立を）、生理的プロセスによる情報処理の終点で生じることとして位置づける生理学や脳科学の見解、これの理解に役立つのではないかと思ったからであった。（意味が関わる情報概念は、その過程で呼び出さざるを得ないものであった。）そこで、二番目の情報概念の核心による「再現」とは正確にはどのようなことか、あと少しみなければならない。

⒂二つの再現

再現とはどのような事態か。本節（9）で掲げたA、C系列を例に、視覚情報の場合で考える。再掲する。

A 3．物体↓光↓感光フィルム（潜像）↓ネガ↓写真
C 1．物体↓光↓デジタルカメラにおける電気信号↓カメラのモニター上の映像
C 2．物体↓光↓デジタルカメラにおける電気信号↓SDカードにおける撮像素子（CCD）↓パソコン・ハードディスク
C 2a．物体↓……↓パソコン・ハードディスク↓パソコン・ディスプレイ上の映像
C 2b．物体↓……↓パソコン・ハードディスク↓プリンター↓プリントされた写真

さて、二つの再現があるように思われる。一つは、先頭項である物体の見えを、写真やモニターの映像が再現しているという理解。もう一つは、端折《はしょ》った言い方をすれば、或る光の分布の再現である。物体表面で反射されていた光の分布が

写真表面で反射される光の分布において再現され、あるいはデジタルカメラのモニター画面やパソコンのディスプレイに同じような光の分布が現われる。紙の写真は自然光の紙での反射を当てにし、モニターでは器機を発光させる（出力のために白色光を生じさせ、そこにフィルターをかける——或る意味で余分で不適切な出力を妨害する——仕方で）というように、再現の遣り方は全く違うのではあるが。

技術者の技術の見せどころは後者の再現にある。素人はその付近の事情を理解していなくてもかまわない。重要なのは、この再現によって一つめとして指摘した再現が生じることである。ただし、こちらの再現には、写真やモニター画面を人が見るということが必要になる、このことを見落としてはいけない。

注意しなければならないが、私たちは、情報処理のプロセスの結果として生じる或る光の分布の再現を問題にしている。たとえば或る湖の中央から虹が立ち上がって右手の山の中腹まで弧を描く、そのときの光の分布が、気象条件によって別のときに偶々再現されるというようなことではないのである。すると、最初の或る光の分布の現われと、その再現との間をつなぐ中間項がさまざまにあるわけで、その中間諸項が成す系列が情報処理の系列と言われる。

すると、分かり切ったことを問うかにみえるかも知れないが、敢えて問わねばならない、中間項はなぜ中間のものでしかあり得ず、終点は或る光の分布の再現なのか。答は決まっている、そのような光の分布が目に入ってくる仕方でしか特定の何か、すなわち被写体の像は見えないのだから、これが終点である。中間項のものは感光フィルムやＳＤカードも見ることができるが、それを見させてくれる光は、机やノートをも見させてくれる光で特別な光ではないし、フィルムそのもの、ＳＤカードという物体そのものを見せるだけである。そして、現像前のフィルムも光を当てれば見ることができるが、感光が進んで、被写体の情報を失ってしまう。パソコンの中の電気信号は光があっても見ることができない。ただ、技術者は電気信号の証拠を押さえる仕方を知っているだろう。とは言え、その電気信号そのものから被写体の情報を手に入れることはできない。

以上を言い換えれば、要するに本節（12）で論じたように、Ａ系列やＣ系列の核心である情報処理過程の中間部は、素人にとっては全くのブラックボックスであり、その製作や仕組みの理解は技術者任せだということであり、しかし、この技術者にとっても、その過程で情報処理がなされているはず、という信念をもち得るだけなのであるということに他ならない。実際、フィルム、写真、電気信号、ＳＤカード、パソコン等がすべて同じ情報、物体の見え方についての情報を保有しているという考えが普及していると筆者は述べたが、実は、私たちが本当に情報を保有していると確信できるのは、これらのうちでは写真だけである。それももちろん、著しくピンぼけしていない写真の場合である。写真を撮ったのだからフィルムないしSDカードに情報が収められているはず、パソコンで保存のアイコンをクリックしたし、消去の作業をしていないのだから情報がパソコンに残っているはず、と私たちは思っているだけである。その通りであるかどうかは、現像するとかモニターに呼び出す、プリントするなどして写真の形や映像の形にしてみて、それを見るまで分からない。私たちはカメラを始めとする情報器機を信頼しているだけであって、処理がどのようになされるかの詳細は知らずに済む。

さて、重要なのは、ブラックボックスが被写体についての情報の適切な処理過程に他ならないということは、これはその後の過程で、実は技術者も含めた人々が実際に「被写体がどう見えるか」について分かることが生じることによってのみ保証されるのだということである。プロセスを設計した技術者にとっても、その各項は被写体についての情報をもつはずだと言ったところで、情報処理がうまくいっているかどうかは、情報を得ること、情報の取り出しができることでしか判断できない。そうして、やはり本節(12)で指摘したように、系列のどの項からも情報が取り出せるというわけではなく、取り出せる種類の情報形式があるのである。この形式が出現するまでは、情報はいわば隠れたままである。

そうして重要なのは、情報が取り出せるとき、必ずや知覚の関与があるということである。狼煙や太鼓音に敵襲来の情報を読み取るには狼煙を見ること、太鼓音を聞くことが不可欠であり、物体がどう見えるかについての情報を写真やモニター画面の映像から得るには写真や映像を見ることが必要である。そこで、ここでは再現という問題を考察しているし、また、再現を目指す情報処理のプロセスと類比的な仕方で視覚に関わる生理的プロセスを理解できないか、あるいは、できるだろうか、という問題意識のもとで考察を展開しているのだから、特に後者の方を、この問題の観点から、あと少し考察する。すると、Ａ３とＣという情報処理の系列に、情報の取り出しという事態を明示的に盛り込むと、これらの系列は次のように延長されなければならないことになる。

Ａ４．物体→光→感光フィルム（潜像）→ネガ→写真→光→網膜像→視神経→脳

Ｃ３．物体→光→デジタルカメラにおける電気信号→……→モニターないしプリント写真→光→網膜像→視神経→脳

傍線部が延長部分だが、この部分はまさにＢ３系列と全く同じ種類のものであり、ただ、先頭項が物体から写真もしくはモニターに変わっている。

Ｂ３．物体→光→視細胞→双極細胞→神経節細胞→視神経→脳

これら三つの系列を眺めて、情報器機による再現には二つがあると述べたことの内容を更《あらた》めて確認しよう。そのうちの一つ、或る光の分布の再現は、Ａ４とＣ３の系列で「光」が二度、顔を出すこととして表現されていて、分かりやすい。では、もう一つの再現、「物体の見えを写真やモニターの映像が再現する」ということ、これはどのようなことか。Ｂ３の系列が「物体が見える」ことを成立させるものであるなら、そのＢ３系列の最後に成立する「物体の見え」を、Ａ４やＣ３の系列で傍線部の最後に成立する「写真やモニターの映像の見え」が再現するということに他ならない。従って、こちらの再現については正確には「物体の見えを写真やモニターの映像が再現する」ではなく「物体の見えを写真やモニターの映像の見えが再現する」と言い直さなければならない。そしてこの再現は実のところ、第一に、繰り返し注意しているように、同じと見なせる事態の再現ではない。写真や映像を見ることは被写体を直接に見ることとはかなり違う事態なのだからである。第二に、こちらの方がもっと重要であるが、再現には見ることが必要である。そうして、この見ることは傍線部を延長す

る前の系列の中には入っていない。従って、B3の生理的プロセスの最後に物体の見えが生じるということを、Cの系列(特に、リアルタイムで物体の映像が現われるC1——シャッターを切る前のデジタルカメラのモニターに映像が出るに至る情報処理過程——)に擬えて理解するわけにはゆかないことになる。何かが見えることに系列は追いつかないのである。

第4節　「復元したものを感じる」

ここで、本章第2節(3)で紹介した脳科学者、藤田氏が言う「復元」というテーマに戻ろう。B3の系列を情報処理のプロセスと解釈した場合、物体の情報が加工され、伝達されていった最後の段階で、情報に基づく物体の復元がなされ、それが物体を見ることだ、という理解になるのは必然である。尤も、藤田氏は次のようにも言っているので、若干微妙なところがある。

> ものを見ることの本質は、そうやって網膜でとらえられた光情報にもとづいて、外界の様子を脳の中で復元することである。その復元されたものを私たちは主観的に感じ、また、復元されたものにもとづいて行動するのである。[47]

(1)「再現」と「復元」

「見ることの本質は復元すること」で、これは情報の処理の一つであるが、「復元したものを感じること」だと言って初めて、見ることが成立するかのようでもある。しかし、「感じる」ということについての検討は次節に回そう。今は、前節の最後で考察した「再現」と比較して、どういうことを考えなければならないか、探ってみる。

「復元」も「再現」も言葉は似ているし、どちらも物体についての情報処理の最後の段階で出てくることなのだけれども、中身は違っている。

後者「再現」について言うと、「光の再現」そのことまでは「物体から反射された光の情報」を処理することで、この情報のさまざまな形式が順を追って系列をなし、最後の段階でもう一度、或る特定の光自身を生じさせることとして果たされる。そこでもちろん、「再現された光」は「物から反射された光」そのものではないが、同じような光として見なせるということなのである。

他方、「物体の見えを像の見えとして再現すること」は、光の再現を受けて「像を見ること」によって初めて実現する。従って、この再現自身は情報処理の系列の中で生じるのではない。また、「像の見え」のうちに「物体がどう見えるか（物体を直接に見るとすれば、どう見えるか）」を確かめるわけであり、物体が見えるそのことが成立するのではない。

ところが藤田氏によれば、物体を見るときに生じる復元とは、まさに「物体が見えること」そのことを成立させるのであるし、すると同じように、像を見るときには、「像についての視覚情報」を基に像を復元して「像の見え」を成立させることでもあるはずである。前者の事態は、B３系列の最後で生じるはずで、同様に後者はA４、C３系列の傍線部の最後で生じることになっているものである。しかし、私たちがよく分かっているいわゆる情報処理の系列は、A４、C３系列の傍線部の先頭項までをしかカバーしない。そうして、そこまでに登場する各項が情報をさまざまな形式で担っている。

このことは何を意味するか。「見ることそのこと」はこの系列の内部に入っていないのだから、同じ情報を次々に処理してゆく過程で生じるさまざまな情報形式と並ぶものとしての「情報の一つの形式」だということにはならないということである。確かに、前節(14)で考察したように、「見ることは見る対象についての或る情報を得ることだ」という理解は成り立つ。しかし、その場合の情報概念は、筆者が「擬似概念」と言ってもよいとすら述べたように、少なくとも素朴で典型的な情報概念、すなわち意味次元に関わるたぐいの情報概念ではないし、かと言って、意味を捨象して同じ内容（情

47　藤田一郎、前掲書、一二二頁。

報内容）の保存や移送等が問題になるときの新しい工学的情報概念のようなものかというと、それとも異なる。従って、「網膜がもつ網膜像という形式」「視細胞がもつ光量子のロドプシン等への吸収や膜電位変化という形式」「伝達物質としてのグルタミン酸がもつ己の放出量の変化という形式」「視神経がもつ活動電位という形式」に続いて、情報処理系列の最終項たる「脳という情報処理部位」においては「見えるという情報形式」が成立するという考えは、情報概念の融通無碍さに寄りかかって生まれるのだと思われるけれども、受け入れるわけにはゆかない。

このことは、見るというのは脳が関与して生じる事柄であるとしても「脳の仕事」だというわけにはゆかず、「脳が見る」のではないということ、「人が見る」のだ、ということと関連している。

しかし、先に引用した認知神経科学者の坂井氏は、「見る人」を生理的系列の内部に登場させるために、次のような展望さえ述べる。

脳で一定以上の強度をもって表象された［視覚］情報そのものが、これを見ているように感じている「私」を作り出している、と考えたほうが［中略］よいのかも知れません[48]。

物体の視覚情報をもとに物体の構造を復元するという手間など要らず、情報そのものが見える内容に変換し（何かによって変換されるのでなく自ら変換し）、「見える内容」があることはすなわち「見る私」も生まれているというのだろうか。（そうして恐らく、坂井氏によれば、「見る私」が生まれることは「心」が生まれることの一つの種類なのだろう。氏は一貫して「心の脳科学」を追究しているのだから。）興味深い考えである。けれども、本書第1章で私はこだわったが、一人ひとりの「私」が誰であるかの同定は或る体を同定する仕方でなされる他《ほか》ない。「私」の体との結びつきはどのようにして確保されるのか。最終的な情報がある場所が脳であるのだから「私」は（体ではなく）脳で生まれ脳に位置しているとでも言うのだろうか。

このように考えてみると、引用したこの一文は、先に言及した「脳の中の小人」という厄介な問題もスマートに回避できるとの主張とも解釈できるのかも知れない。そうして、このような解釈を敢えて「復元」の主題につなぐと、「脳まで届いた或る情報（ないし諸々の情報）に基づいて脳の中の小人が復元する」と言わずに済むどころか、「或る情報を基に脳が復元する」と擬人的に言う必要もなく、単に情報が変換することを認めればよいと、こうなるのだろうか。

＊「脳の中の小人」

「脳の中の小人」と言われるものには、全く内容を異にする二つの概念があり、更に、そのうちの一つには二つのバリエーションがある。本書で言及してきたのは、バリエーションがある方の概念のうちの一つである。

分かりよい方の概念で、本書では取り上げていないのは、ペンフィールドとラスムッセンの小人である。これは、体のさまざまな表面の触覚の働きに対応して働く（いわゆる情報処理を担当する）大脳皮質の部分をマッピングすると、体表を表象するかのような図が描けるということを言う。対応する脳の面積は皮膚の重要性に比例するので、たとえば舌や手は大きな割合（広さ）を占め、背中は小さい。そうして、感覚の小人と並んで運動の小人の図も描かれた。これらは、俗に「第二の脳」と呼ばれる足裏のツボの分布を、目や内臓など、体のどの部分に対応するかという仕方で地図のように表すのと似て、一種の便法、比喩であり、理解に何ら困難をきたさない。

本書で触れているのはもう一つの小人の概念である。こちらの概念のうち素朴なものは、脳において生じる画像のようなもの（坂井氏は「鏡」に映る像の比喩を用いている）を見る小人を想定しなくてよいか、というものである。しかるに、その小人が何かを見るには、その小人自身の脳に再び更に微少な小人を想定する必要はないか、という無限後退の懼《おそ》れも指摘されてきた。

このような素朴な発想は古典的なもので、人間の体を時計や自動演奏をする楽器に喩《たと》えることに伴っている。

48　坂井克之、前掲書、二六五頁。

人間は心臓が大きな発条《ばね》である歩く時計に比較できる。［中略］脳は発音盤で、そこに沢山の小さな打棒がきており、これらの打棒にはそれらを動かす針金がくっついている。これらの針金は神経である。人々は、魂が発音盤の上に位置して、板が出すさまざまの音を知覚しているのを想像することができよう。その様は恰度、自分の楽器がうまく調子がとれているかどうかを聴いている音楽演奏家みたいである、比喩の類似を完全にするために、魂は音を聴いてばかりいて、器械を調整する力はもたないと仮定する必要がある。

魂を楽器の演奏家に比較してもよかろう。魂の楽器は脳の諸繊維であることになろう。次のように想定してよかろう、各々の演奏家は自然の分け前として自分の能力に適当な楽器を受け取った。［中略］楽器はいつも演奏家の意向から独立した諸原因によって張りつめたり弛んだりするだろう[49]。

なお、ビランはこの比喩を通して、近代的な生理学的心理学の理念の提唱者の一人、一八世紀中葉のボネの批判もするのだが、そのボネは、小人の中の小人という無限系列の愚を避けるための興味深い考えを示している。ボネは、魂と体(物体)との二元論を信奉しつつ、「霊的身体」という概念によって、この問題を解決できると思ったのである。また、霊的身体は、心理学では人格の基礎となる記憶の在処の問題に答を与え、更に、永世的であるゆえに彼の輪廻の思想を満足し、それから宗教における復活と審判との可能性の欲求にも応え得る、そういう概念であった。

次に、同じような発想のもとだが、今日の脳科学の発展に見合った、いかにも現代的な装いの「脳の中の小人」のイメージもある。

脳の中の観察者、ホムンクルスのここでの役割は、動的に変化するコアの状態を解読して、そういった体験［知覚するなどの一人称的な意識シーンが生じる体験］をするとはどのようなことか、実際に調べることにある。このホムンクルスは、ダイナミック・コアにおける、価値カテゴリー記憶の神経活動をモニターし、それを数学的に解読できる者とする[50]。

エーデルマンはシュピッツァーと並んで非常に啓発的な意見をもっていると筆者は評価しているが、このように「ホムンクルス＝脳の中の小人」の想定をしてみて、そのホムンクルスでさえ神経の活動に伴うクオリアを体験することはできないことを言う。そうして、「意識Ｃは神経プロセスＣ′に必然的に伴って生起する」という「伴立関係」を言うことで、小人を言うことの無意味、不要を主張している。伴立関係を言ってもほとんど言葉だけの疑似解決だが、この主張以外に道はないと私にも思われる。が、序でながら他方でエーデルマンは、神経が処理する情報が何についての情報であるかという根本問題には無頓着な前提をとっていて、ここに問題がある。なぜ、この前提をとるしかないのかについての考察が必要なのである。

ところで、先に紹介した坂井氏の提案は「脳の中の小人」という厄介な問題もスマートに回避できるとの主張とも解釈できる、と述べたのは、氏の提案は脳の中の小人という概念には触れていないが、次のような見解と実際は変わりないのかも知れないからである。

［感覚表象よりは高次の表象である］メタ表象は、第一の脳で実行されたやや自動的なプロセスをより経済的に記述するために人間において進化した、［寄生性の］第二の脳に近いもの——あるいは少なくとも一連のプロセス——と考えることができます。皮肉なことにこの考えは、いわゆるホムンクルスの誤謬（「脳のなかでクオリアに満ちたスクリーン映

49　Maine de Biran: *Le premier journal, Œuvres*, éd. Tisserand, SLATKINE, 1982, Tome I, pp.64-66.　この文章が書かれたのは一七九四年である。

50　エーデルマン『脳は空より広いか』冬樹純子訳、草思社、二〇〇六年（原題、*Wider than the Sky*, 2004）、九五頁。

像を見ている小人」という見解）が、実際は誤謬ではないことを示唆しています。それどころか、哲学者が嬉々としてあやまりを指摘したがるホムンクルスと、気味が悪いほど似ています。私は、ホムンクルスはメタ表象そのものであるか、あるいはメタ表象をつくりだすために進化的に生じた脳構造であるかのどちらか［中略］だと考えています[51]。

尤《もっと》も、この著者も、「自己という問題の解がどんなものか、見方の転換とはどんなものか、私にはさっぱり分かりません」と断った上で描いている。

(2)「三次元構造であるように感じる」？

ところで、坂井氏の引用文では、慎重になのか「見ているように感じている「私」」と表現されている。「見ている私」という表現ではないのである。そうして藤田氏も「見たものを感じる[52]」という表現をしているし、本節(1)で引用した次の文章でもそうである。

ものを見ることの本質は、そうやって網膜でとらえられた光情報にもとづいて、外界の様子を脳の中で復元することである。その復元されたものを私たちは主観的に感じ、また、復元されたものにもとづいて行動するのである[53]。

「復元したものを感じること」だと言って初めて、見ることが成立するかのようである。少し違和感がないだろうか。振り返るに、第2節(3)で、銅鏡の写真の見えに関する藤田氏の説明を紹介したが、その説明の際に、氏は、「脳はこのときには、「ここはひっこんでいる」と感じる」と言っていた。この「感じる」という言葉の使用については、私たちは違和感を覚えずに読むだろうか。人によって違うかも知れない。微妙な気がする。

では、第2節(4)で取り上げた「足跡の写真」の場合はどうか。足跡だから引っ込んでいるはずなのに出っ張って見える、だから、「そのように見えると感じる」という言い方が受け入れやすいだろうか。面白いことに藤田氏は、この写真について取り上げた二箇所のどちらでも、「〜のように見える」という表現だけを採用して、「感じる」という言葉を用いていない。けれども、銅鏡の写真の場合と状況は似たようなものだろう。

ところで、筆者の家の近くに犬猫を預かるペットホテルがあり、その建物の壁に窓や犬や猫の絵が描いてあるのだが、犬が窓から乗り出しているように見える。立体的に見える騙《だま》し絵なのである。この場合、「乗り出しているように見える」と言うのと同じ意味で「乗り出していると感じる」と言うのに違和感はないとも思われるが、いかがだろうか。相変わらず微妙ではあるが。

以上の三つの場合で、もし「感じる」ということの使用を人々が受け入れる、ないし受け入れやすいと思うとするなら（飽くまで仮定の話だが）、それは、銅鏡、足跡、壁に関する現実についての知識を基準に、或る見え方がずれている場合に、そのずれを意識する限りで、その「見え」に「感じる」という言葉を適用してもおかしくない、というのではないのか。「感じる」は、現実とは別の世界、「主観」の世界を立ち上げるかのようである。

そこで、「感じる」という言葉の使用に対して違和感が最も薄いのは犬の騙し絵の場合であるというのも理解できる。このような錯視で出っ張って見えるとき、現実と見え方とのずれに気づかない場合だってある。すると、気づいた後では、ずれが強く意識され、そのことを織り込んで、「乗り出しているように感じた（過去形の表現）」という表現も自然ということになるのだと思われる。現実の壁についての知識が基準として表に出ると、その現実から「見え」の方がずれているゆえに、この「見え」について「感じる」を言う、というわけである。「感じる」と言うことで、現実とは別の世界を指そうというのだろうか。

51　ラマチャンドラン『脳のなかの幽霊、再び』山下篤子訳、角川書店、二〇〇五年（原題、*The Emerging Mind*, 2003）、一四六―一四七頁。
52　前掲書、二〇五頁。
53　同、二一二頁。

「足跡の写真」の場合、足跡だから引っ込んでいるはずなのに出っ張って見える、だから、そのように見えると感じる、と考えればよさそうである。では、銅鏡の写真だとどうか。この場合も、銅鏡の紋様は実際には出っ張っているのだが、写真を上下に引っ繰り返して見ると、紋様が引っ込んで見える。そこで藤田氏は、引っ込んで見えるときに「ひっこんでいると感じる」という言い方をしやすかったのではないのかも知れない。ただ、その場合には、銅鏡が現実にどのようなものであるかを知識として知っているという前提なのであり、だが写真だけを見る人の場合、この知識があるわけではない。そこでこの前提を外すと、この説明は失効するしかない。（足跡の写真の場合、被写体が足跡だと直ぐに分かると、足跡なら引っ込んでいるはずという知識が写真を見る側にある。）そこで、むしろ次のような事情が働いて「感じる」という言葉の使用の違和感を減らすのだろう。すなわち、同じ写真なのに上下を引っ繰り返すと紋様が出っ張って見えたり引っ込んで見えたりする、ということは、見え方というのは現実そのままを写し取っているのではないのだ、という思いが生じるという事情である。ただし、このような筆者の解釈が有効なのも、藤田氏のそのときの叙述が読者に与える効果に限っては、というだけである。というのも、氏の考察が進むと、写真で紋様が出っ張って見える場合も、直接に銅鏡を見てその紋様が出っ張って見える場合も、いつだって、見るとは、情報処理によって復元したものを「感じる」と言うのだから。

そこで、慎重に考察を進めよう。犬の騙し絵は、まさに人を騙すべく念入りに描かれた絵である。「足跡の写真」は「変な写真」である。銅鏡の写真を見るときには、人は特に変だとは思わないが、上下を引っ繰り返して見ると紋様の見え方が変わって「あれ？」と思う。だから、このような場合を例に議論を進めると、「感じる」という言葉の導入も、まあまあスムーズにゆく。（犬の騙し絵は藤田氏が取り上げているわけではないが、氏は、さまざまな図——見え方に一癖ある図——の見え方を取り上げ、さまざまなことを論じ、それらの議論はすべて、見るとは心の出来事だ、という主張へと収斂する。）

しかし、「写真の紙そのものは平面なのに、そこに三次元の被写体の像を見る」いうことは、「変な写真」の場合ではなくとも言えることである。そうして、本章第2節（3）で述べたように、藤田氏の戦略は、どの写真や図の場合にも言えるこの事情、「二次元の情報しかないところに三次元のものを見る」という事情に注意を促すことを梃子にして、一般に「何かを見る」ときにどのようなことが生じているのかを明らかにすることである。そして、その何かは物理的世界のものである限りで三次元構造をしているのに、見る人は、その何かについての二次元情報しか得ることはできず、その「二次元情報から何かの三次元構造を復元するのだ、そうして、その復元したものを感じることが見ることだ」と言う主張をするのである。銅鏡を例にとれば、銅鏡の写真ではなく銅鏡を直《じか》に見る場合にももちろん銅鏡は三次元構造のものとして見え、銅鏡の紋様は出っ張っていると見えるのだが、この場合にも、銅鏡についての二次元情報に基づいて三次元構造を復元した結果、そのように見えるのだ、ということになる。別の言い方をすれば、藤田氏によれば、銅鏡の写真ではなく銅鏡そのものを見る場合にも、正確には「銅鏡の紋様は出っ張っていると感じる」と言うべき、とならざるを得ない。

しかるに、では写真に写っている像は奥行きのある三次元のものとして見えるけれども、像の担い手である写真の紙表面の方は平面に見えるという二重性はどのように解釈すればよいのだろうか。紙という、薄っぺらではあるが三次元の物体の一表面であり、表面であるゆえに二次元に見えるというのが無難な考えであろう。無難だからと言って何か生産的なことを言うことにはならないが。（脳科学者たちは、「平面であるように感じる」と言うのが正確だ、と主張することになるのだろう。）しかし、だとすると、写真の紙が三次元のものに見えるということと、写真に写っている像が三次元のものとして見えるということと、両者を等価に考えてよいであろうか。

この最後の問いは後（第5章第6節）で扱うとして、いまは、以上の考察を踏まえて、藤田氏が、「見るとはどういうことか」を説明するに当たって「感じる」という言葉を導入すべきだと考えるとき、この言葉はどのような意味合いで用いられているのか、探ってみたい。

(3)「主観」と「意識」の概念・いわゆるクオリア

「感じる」という日本語は総じて「心が動く様」を表現する語だと思われる。このことは「感、極まる」とか「感に堪えない」

とかの表現で得心がゆくし、「感情」「感動」「感涙」「感激」「感慨」「哀感」「多感」「痛感」等の「感」という漢字を含む熟語でも確かめられる。だから、喜びなどの感情が心のできごとの典型であり、そこで藤田氏は、「喜びや恐怖といった感情という心のできごと[54]」「人を好きになるとか、何かを決断する[55]」こととかに比べると、「見る、見えるなんて心のできごとと呼ぶほどのものか?と思う人が多いだろう[56]」と言うのではないか。「見る」ことを「心が動く」こと、「感じる」ことだとするには違和感があるのを見越しているわけであろう。（尤も、「感じる」という言葉を「感覚」という言葉との繋がりで捉え、他方で「見る」「聞く」などのいわゆる五感を〈感覚〉の概念で押さえる伝統に寄り掛かれば、「見ることも感じること」と当然のごとく考える人もいるだろう。哲学とか心理学、それから脳科学とかに馴染んでいる人に多そうだが。）

ただし、このような危惧を示しながらも、「見ることは心のできごと」だと藤田氏はきっぱりと主張する。そうして、氏の著書『「見る」とはどういうことか』の副題は「脳と心の関係をさぐる」なのである。また、本章第3節（4）以下さまざまな箇所で紹介した坂井氏の著書の表題も『心の脳科学』である。そして、坂井氏が「心とか精神という名のもとで語られてきた現象」を述べるときには「考えている」ことや「気持ち」が念頭にあるようだが、視覚情報処理のメカニズムにおける注意の現象を説明するときにも、氏も藤田氏と同じく「心」を持ち出している[57]。

「感情」や「決意」「思考」などだけでなく「見ること」までも「心のできごと」とするのはどういうわけか。

藤田氏が「感じる」という言葉にわざわざ「主観的に」という語を被《かぶ》せて「主観的に感じる」と言う箇所が幾つもある。また、別の箇所では「見えるという主観的体験[58]」「見えるという主観経験[59]」という表現をしている。「感じる」ことを元来の「心の動き」として考えるのなら、わざわざ「主観的に」という語を付して「主観的に感じる」と言う必要はないはずである。「主観的」というのが「客観的」ではなく各人ごとに違うという性格を言うための言葉であるなら、言うまでもなく人の内面の事柄である心が、「主観」と「客観」とから敢えて選ぶなら「主観」の方であるのは当たり前である。（「敢えて選ぶ」という言い方をするのは、裏に、心に関しては主観と客観との対立は意味をなさないのだが、という考えが筆者にはあるからである。たとえば何かを評価するとき、評価にはどうしても「主観」が混じりがちであるが、それでも「客観的」評価を心掛けるべきだ、というような場合にこそ、主観と客観との両概念の出番、典型的な概念の出番がある。）

なのに「主観的に」感じると強調するのは、「心が感じる」こととは違う局面にこの語を適用しているからではないのか。そうだとすると、「見ることは心のできごと」だと言うことの眼目は、むしろ見ることの主観性を指摘することにあるのかも知れない。そしてこのことは、本書冒頭で紹介したイングスが、「色は主観的なものだ」と言ったことの拡張版になる。色だけでなく形も含めた見えるもの全体の主観的性格を藤田氏は言うのだから。まさに「復元」のテーマは物体の三次元構造を復元することで、当然に形に関わる事柄である。

ただ注意を促しておくが、色について言う主観性と空間規定について言う主観性とでは中身は違い、すると単純に主観的なものの範囲の拡張と考えるわけにはゆかないとも思われる。というのも、藤田氏は次のように述べているからである。

> 私たちのまわりにある物体それぞれには色がついており、これは、私たちが存在しようがしまいが、変わることのない事実のように思える。しかし、そうではない。それぞれの物体の表面は、どのような波長帯域の光を放出または反射するかの固有な性質をもっているが、それを色として感じるのは私たち自身の目と脳の共同作業の結果である。私たち人間を含めた生物のいないところに、色は存在しない[60]。

54　前掲『「見る」とはどういうことか』一頁。
55　同、一二頁。
56　同、一二頁。
57　前掲『心の科学』、三九頁。
58　『見るとはどういうことか』、五〇頁。
59　同、八五頁。
60　同、三〇頁。

ありきたりの、よく受け入れられている見解で、わざわざ引用するまでもないと思う人がほとんどだろう。けれども、この見解によるなら、色は何かを復元していることになるだろうか。可視光の波長を復元していると言うには無理がある。色は主観経験の中で単純に生み出されるだけであって、復元すべき元の何かがあってそれを復元しているわけではない。「窪んでいるように見える」という場合には、外界すなわち物理的世界にある窪みなどの三次元構造を復元した結果だと、「復元」という言葉が納得できる。たとい、場合によっては外界にあるのは「出っ張っているという三次元構造」なのであって「引っ込んでいるように見える」のは復元に失敗していると言うべきだとしても、である。色と違って元々外界にある空間規定の復元が問題なのである。

確かに氏は、「色に関する情報」という言葉遣いで、色も外界に元からあるかのごとく思わせる書き方もしている。けれども、このようなことは生理学の教科書その他どこにでもみられることで（本章第3節（2）での生理学の教科書の引用にもみられる）、一方では述べたいことを読者に直感的に伝えるための方便であり、他方で情報概念の注意深い検討なしの無造作な使用ゆえのものであると、筆者は判断している。

こうして、「見える」全体を主観経験と規定するにしても、徹頭徹尾主観的なものでしかあり得ない色と、復元に成功する限りではまさに復元として世界に届いている部分（少なくとも世界のあるがままの近似である部分）と、二つの部分から成り立っていると、こういう発想があると思われる。このことは「主観的」という概念を慎重に見直すべきことにもつながるだろう。

因みに、藤田氏は実は、「主観」「感じる」という言葉を使うのに相応しい、とっておきの経験を、見える内容のうちの「質感」に求めているように思われる。

情報処理の内容との関係がいっこうに明らかではない視覚系の機能が残っている。それは、「見える」という主観経験をつくりだすことである。

真っ赤に熟れたトマトを見たときに感じる「赤さ」、〔中略〕海辺で見る水面の「まぶしい」かがやき、モンローウォークの女性の「しなやかな」動き、わが子に乳を含ませる母親の「やさしい」瞳。これらの無数の知覚体験の際に、誰もが感じ、誰もが知っている、心にのぼってくるあの「感じ」・「質感」は、哲学や認知科学では、「クオリア」と呼ばれる。誰もがクオリアを感じることができ、そのようなものがあることに異論はないが、自分が感じているものを他人に見せること、他人がどう感じているかをうかがい知ることはできない。同じトマトを見て、ある人が赤いといい、別の人もまた赤いといったところで、同じ質感を感じているかどうかはわからない[61]。

この箇所では、感じるというのは個人それぞれの事柄だ、という考えがはっきりと出ていると思うが、それは良いとして、氏が挙げる例が、なぜ「赤さ」「しなやかさ」などなのだろうか、ということは考えてみる価値がある。「見えるものを感じる」「脳が復元したものを感じる」と氏が言うとき、その意味は「赤さのような色だけではなく形や凸凹などの空間規定を含めた見える内容全体を感じる」ということであるはずである。なのに、どうして「見えるという主観経験」を話題にするに、トマトが丸く見えることには触れずに赤く見えることの方に、スッと話が行くのか。「見るなんて、喜びなどとくらべて、心のできごとと呼ぶほどのものだろうか？」と氏は人々の自然な考え方を一旦、代弁してみせたが、その考え方に抗した「見るとは心のできごと＝感じる事柄」という主張は、「見えるもの全体」についてよりも「色」に絞って「感じ」を言う方が受け入れやすいからではないのか。言い換えれば、見えている三次元の世界は脳の中で組み立てられたものだ、という話に対しては人々に違和感が湧き起こるかも知れないからのように思える。

実のところでは「赤さを感じる」と言うのも決して普通の言葉遣いではない。しかし、幾分かは違和感が薄れる。なぜ

61　同、八四―八五頁。

だろう。赤などの色を〈感覚〉の概念で押さえるのに人が慣れているからではないか。「感覚する」ことと「感じる」ことは同じことのように思えそうではないか。赤さが感覚なら、それは感じるものだと言ってよいような気がしてくる、このことを当てにした論述ではないのか。（「赤味をもっと感じられるように手を加えよう」と言う場合には、更に違和感がない。なぜか。「もっと赤くしよう」というのとは違う。つまり、見る側に焦点をおいた話だからではないのか。しかし、この場合も、赤味を感じられるようにするには、心の状態に手を加えるのではなく、何か赤いものの方に処理をするのである。）

しかし、いわゆる〈感覚〉の概念との結びつきだけが効果を生み出しているのではない。氏は「しなやかさ」「やさしさ」をも例に挙げている。これらには少なくとも生理学の狭い〈感覚〉概念は適用できない。〈感覚〉とセットとなるべき刺激が特定できないから、これらは生理学の研究の対象とならない。（実は、藤田氏が挙げる「やさしさ」については議論が要る。氏が挙げる例は、わが子に乳を含ませる母親の「やさしい」瞳、なのだから。氏は見る経験において生じる事柄を例として挙げたかったのに違いない。すると藤田氏は、（イ）瞳を見る人が「瞳をやさしいものと感じる」こと、見る人が感じるやさしさに焦点を置いているように思える。しかし、この例は他方で、（ロ）母親が「やさしい」気持ちで子に向かっている、その母親が感じている「やさしさ」を、母親の瞳を見る人がその瞳に見て取るということだとも解釈できる。この場合なら、母親が感じる「やさしさ」はまさしく心の動きだろうし、そのやさしさを見て取る側のことは理解の事柄ではないのか。少なくとも、母親が感じている「やさしさ」とは違うだろう。或る人の表情を見て、この人は凄《すさ》まじく「怒っているな」と見て取り、かつ「怖い」と感じる場合に、前者の「怒り」ではなく「怖い」と感じることの方が、母親が感じる「やさしさ」と同種の経験仕方であろうことを考えれば、このことの納得がゆく。すると（ロ）の解釈の可能性を排除したいなら、「野の花がやさしく見える」などの例の方がよかったのかも知れない。花自身がやさしい感情をもつという可能性は考えなくてよいからである。ところで、もし、「やさしい赤さ」――「烈しい赤さ」「荒々しい赤さ」と対比される――という例を挙げると、藤田氏の議論はどうなるのだろうか。「赤さという感じ」と「やさしさという感じ」とを同列のものとして扱うのは乱暴だということにならないだろうか。）

さて、藤田氏の文章中に、「クオリア」という語、概念が出てきている。「クオリア」を言うのは、「赤さ」「痛さ」「やさしさ」などの経験を引っくるめて「知的経験」と対比させて一緒に括ってしまう哲学の伝統の新しい形態であり、この点に限れば、脳科学も同じ発想のもとにある。（「やさしさ」を感情としてではなく道徳的な観念として、「善」などと通じるものとして扱う哲学では、「やさしさ＝慈愛」も知性の対象とされるので、「怒り」で代表させる方がよいのかも知れないが、論の成り行き上、「やさしさ」の例で考察している。なお、近代哲学における〈感覚〉の概念がどのようなものかは第3章を参照。）しかしながら、昨今もて囃《はや》されるこの語は、哲学の伝統に汚染されているゆえに措いて、鍵となる言葉としては「質感」に注目したい。「心の動き」としての「感じる」と、「何かに気づいている意識」ないし「何かが自分に現われていること」としての「感じる」との間の隔たりを埋めて二つをつなぐものとして、「質感」を考えることはできるだろうからである。そうして、「質感」と「空間規定」とは対立する概念と捉えられることは多いけれども、補完的なものとして考えなければならない。

　対立を考えるのは、空間規定は「量」の概念に親和的で、量と質とを対比的に扱う習慣があるからに違いない。けれども、見ることを含めた知覚においては、質（色、匂い、音など）は「積極的な現われ」として空間規定をもって経験されるのである。質の積極性と比べれば、空間はまさに空っぽなのであるが、その空っぽの場所のあちこちを質の現われは埋めるのである。なお、「クオリア」の概念を利用したいなら、それが現われる「現在」という時間の唯一性にこそ着目すべきである。クオリアの独特性、唯一性は、現在という時間の一回性と結びついている。

　さて、以上の事柄を確認しつつ、主観という概念は元来が認識論上で登場した概念だ、ということに結局は目を遣らなければならない。しかるに、見ることはまさに何かを見ることであり、何かについて知ろう、認識しようとすることの一つの有り方である。また、前節でみた脳科学における「情報」概念の駆使も、何かについての情報（私たちが検討した箇所では視覚情報）によって何かについて知る、という構造を前提している。

　すると、「見ることは心のできごと」というテーゼにおいては、知・情・意という区分を援用すれば「情」の事柄である心が「知」と関わる場面、心における知の側面が問題にされているということになる。そしてこのように絞ってゆくと、鍵として「意識」の概念が浮かび上がってくる。意識とは「何かに気づく」ことで、一人ひとりの個人がその人である最も固有な有り方を表すのが「心」の概念であるとするなら、その心の認知や認識という側面に重点を置いた概念が意識の概念である。そうして、筆者は「質」というものを「積極的な現われ」として規定してみたが、「現われ」という概念は、誰への現われか、ということが問題になる概念であり、まさにそこに「意識」の概念が絡んでくる。このことについては第3章で論じる。また、「クオリア」の概念に関して注意を喚起した「現在という現われの時間」と意識の概念との結びつきについても、その章で確認する。

実際のところ、藤田氏は、動く光点を目で追いかけたりすることができるのに何も見えないと言い張る盲視の患者の例を説明するとき、「見ているという意識」の有無を問題にするが、この場合の「意識」を言い換えて「ものが見えると主観的に感じること[62]」だと言っている。（尤も、一見は植物状態にあるかにみえる人の眼前で動かした光をその人が目で追いかけるといった動作を認めることができると「最小意識状態」と呼ばれる[63]。ここには「覚醒」の概念とも絡んだ意識の程度という問題があり、この問題は更に無意識の心という問題群につながるが、本書では追究しない。心理学的な無意識の概念ではなくて、近代生理学の確立期において問題にされた意識の概念については、第3章第3節、特に(5)と、第5章第2節(4)(5)および第3節を参照。）してみると、「見る」ことに関して「感じる」という言い方をするのは、見ることの成立とは見ているという意識なしにはないということを言い表すためのものであるに違いない。また認知が問題であるので「主観的」かどうかも問題にしているのであろう。

「意識」と「主観」がポイントであるのは坂井氏でも同じである。前節(8)で引用した文で、「意識」や「主観」という語を使っている。繰り返し引用する。「脳における視覚情報処理は、外の世界が内なる意識、主観の世界に変換されてゆく過程といえます。」物体の視覚情報の処理が問題なのだから物体について何らかのことを知ることの成就が問題である、しかるに、その成就は意識ないし主観の世界の成立としてなされる、というわけである。

確かに藤田氏も坂井氏も、著書の表題として「心」を前面に出している（『脳と心の関係をさぐる』『心の脳科学』）。しかし、藤田氏は、脳と心の関係に最も迫っている研究として「意識の脳科学と呼ぶべき研究分野[64]」を挙げている。坂井氏も言う、「脳活動と私たちの意識の中身との因果関係が、脳科学が現在直面している一番の問題です[65]。」実際、巷《ちまた》には、意識と脳との関係を一つのターゲットとした著作が溢れていて、「意識」というものは脳科学にとって究極の謎として位置づけられているのではないのか。この謎を解明することに楽観的な研究者もいれば脳科学の原理的な限界を考える人もいるとしても、この問題は脳科学者たちの念頭に常にあるのに違いない。藤田氏は限界を自覚しつつも「行けるところまで行こう」[66]の精神で研究を進めている一人であるように見受けられる。

では、意識と心との二つの概念の間にはどのような関係が想定されているのだろうか。藤田氏は「意識下の知覚」を言い、しかしながら、そのような知覚でも心の出来事なのだから、心の概念の方が意識の概念を包み込みつつ、より広いものだと考えているふしがある。また、坂井氏には、「被験者自身にしか分からない心のうち」を「被験者の意識内容」と言い換え可能のように扱っている箇所[67]がある。けれども、「心のうちは本人にしか分からない」し「分かるのは意識によってだ」、と読めるのは当然だが、「本人にも分からない心」というものがある余地も残されている可能性はある。そして実際、「本人が分かっていない、気づいていない＝意識していない本当の心」のような心の概念の使い方も一般にある。脳科学に先立って心理学は「無意識」という広大な心の領域を開拓してきた。

序でながら、脳と意識との関係を巡って大胆で包括的な理論を提唱して世界的に注目を集めているダマシオは「心」と「意識ある心」とを区別する。そうして、後者を「自己」の概念の核心だと考える。自己とは自己意識なくしてあり得ないという一般的考えがある。

62　同、五〇頁。
63　前掲『心の脳科学』二三〇頁。
64　『見るとはどういうことか』一九七頁。
65　『心の脳科学』七一頁。
66　『見るとはどういうことか』二〇七頁。
67　『心の脳科学』二四一頁。

ところで、認識する者という観点からの自己の概念および主観の概念は、西洋近代哲学の中核をなす概念である。（なお、藤田氏の文にみえる「経験」と「体験」という語のどちらも、哲学の進展の或る時期に、主観等の諸概念の後で特別な役割をもったものとして登場するのだけれども、藤田氏の論構成上ではキーワードとはなっていないと思われる。）その近代哲学は近代科学と軌を一にして生まれたし、今日の脳科学ももちろん近代科学の発展の線上に位置している。こうして、近代哲学の概念構成が、脳科学の諸概念にまで影響を及ぼしていると思われる。

かいつまんで言うと次の通りである。近代哲学の祖と目される習わしのデカルトに「我思う、ゆえに我有り」という有名な言葉があることから窺い知れるように、近代哲学は「思う＝思惟する」ものとしての「我すなわち〈私〉＝自己」の概念の発見によって始まった。「思うこと」は「思惟」という日常はほとんど使われない日本語に翻訳されてきたが、これも、知・情・意で言えば「知」の作用を基本に考えられているものである。そして近代哲学は、認識論上では観念論であった。「思惟内容としての観念から存在へ」、これが唯一可能な認識の道であると言うのである。ここに「主観」の概念も発生する。そして、「意識」の概念も自ずと呼び出される。意識も「気づく」という仕方で「知」に関わる概念である。

けれども、「意識」という概念は知的営みである「思惟」よりは広い事柄をカバーする概念である。そうして、意識の概念を利用することで思惟の概念は拡張され、かつ、意識の概念は観念論を受け入れやすくするのに貢献した。しかしこの後者の事柄とは、意識の概念が思惟の概念に従属することでもあった。そうして、恐らく意識の概念の方が使い勝手がよかったゆえであろう、哲学史にあって徐々に意識の概念が前面に出て重要性を帯びてくるようになり、「観念から存在へ」の道を探る観念論哲学の認識問題は、むしろ「意識と存在」との関係の問題という仕方で引き継がれる、これが大勢としての流れとなったのである。そして、生命という新たな主題に取り組む中で生まれた脳科学も、この流れから抜け出せてはいない。哲学における意識の概念が、心理学をも含めた諸学問における「意識」の概念にバイアスを与えている、これが筆者の解釈である。

第3章　西洋近代哲学および近代生理学確立期の生命論における意識の概念

第1節　〈思う私〉と「観念」の概念

(1)「思うものとしての〈私〉」

デカルトが言う「思うものとしての〈私〉」とはどのような概念か、確かめよう。(筆者はデカルトの「私」の規定には賛成していない。そこで、デカルトの場合も含めて賛成できない「私」の規定の場合には〈私〉と表記する。)その際、デカルトの言葉遣いの細かいところには拘《こだわ》らず、また、具体例は必ずしも議論の流れに沿った箇所から拾えるとは限らないので、デカルトの考えを汲みつつ議論のあちこちから探すこともして、デカルトの発想がどうなっているかを調べよう。

デカルトは、確実な知識だけを手に入れんとするという強烈な意志のもと、あらゆるものを疑っていった後で、疑う〈私〉あるいは、もし何かに欺《あざむ》かれているのなら欺かれている〈私〉が存在することは確実だとした。そして、その〈私〉とは何かと問うたが、この問いに対する答え方は、疑いの続行と連動している。つまり、疑わしいものは捨てていって、〈私〉

と決して切り離せないものを探すわけである。だから、デカルトがどのような事柄をどういう理由で疑わしいとしたかが極めて重要である。だが、その検討を始めると長大になるので、必要なときに必要な分だけを紹介してゆく。

さて、〈私〉とは何かという問いに対してこの答え方を採ると、デカルトの考えでは、「思う」ことだけは切り離せない、従って少なくとも「〈私〉が思う」という働きが生じている限りで〈私〉は存在する、〈私〉とは思うものである、となる。その際に特に重要なのは、体の存在は疑わしいとする懐疑の効力をデカルトは認め、続行させているのだから、彼は〈私〉を体なしで存在しているものと見なす仕方で規定し、また、それを「精神」「魂」「知性」「理性」等の言葉でも表現する。と言っても、「精神」等の言葉の意味は、「思うものである〈私〉」の発見によって初めて分かってくるようなものとして位置づけている。従って、たとえば「魂」は空気のようなものだ、という考えや、体の栄養を司るような働きをもつ「魂」の概念は退けられるべき、という含みでの言い換えである。そこで、存在する実体としての〈私〉を表現するものとしては特に「精神」という言葉をデカルトは選ぶ。すると、「思う」とは精神の本質だ、という位置づけになる。こうして、念を押すが、デカルトによれば、〈私〉とは物的なものとは全く別の仕方で存在し、思うことを本質とする精神だ、と規定される。

ここで少し説明しておく。仮に、すべてを疑う、疑うことができる、というデカルトの論構成を受け入れた上で、素直に考えれば、「疑っている私がいることは少なくとも確実だ」となるのではないか。しかるに、「疑う」ことが「思う」ことへと置き換えられているのはどうしてか。「思う」というものがデカルトでは、疑うということを一つの過程に含むようなものとして、何かを認識しようとする作用として理解されているからである。疑うとは「疑わしいと思う」ことで、認識を目指すからこそ生じる「思う」ことの一つの有りようであり、認識に至るための方法ですらある。デカルトの言う「思う」とは、前章の最後の箇所でも指摘しておいたが、知・情・意という区分を援用すれば、「知」の作用を中心に考えられているものである。だから「思う〈私〉」の実質は「考える〈私〉」に近い。(「近い」という言い方を筆者がするのは次の理由による。デカルトの「思うこと」はまずもって知的作用に他ならないのだが、彼にとって知的作用とは知的観念を明晰判明に見ることを基本とするものである。モデルとしてあるのは、何かをその「現前」において有りのままに捉えることなのだろうか。しかし、これでは、「考える」

という知的作用の有りようを捉えていない、見抜いていないことが明らかである。知的な思考というものは——空想などとは違ったものである限り——、実のところは観想よりは行動に結びついている。一つには、「どうしよう?」という行動の問いに答えんとするところにこそ思考の典型があり、理念的行動とその帰結の推量とでもいった側面をもっているゆえに。もう一つには、思考というものはそもそもが、記号を相手ないし材料とした操作として遂行される場合も多いゆえに。私見では、直観——「直感」ではない——とは、怪しげな概念である。宗教とも通じる神秘的体験をも栄養としているかも知れないが、認識の文脈では、視覚を感覚の一種として退けつつ、それでいて視覚的なものを認識の範型とするという無理を押し通して出てくるのではないか。それから日常の日本語では「思う」とは「知」の事柄であるよりは、「想う」と同じく「情」を核にもつ言葉ではないだろうか。「もの思いに沈む」とか「あの人のことを思う」「思いを懸ける」とか。そこで、日本語の「思い」は、語感として「精神」の事柄であるよりは、感じるものとしての「心」の事柄という位置づけになる。そうして、そのような思いを漢字では「想い」とも表記できる。実際、「思う」とは何かに「想いを寄せる」感受的な仕方でその何かを想像することである。しかるに筆者としては、「思考」でさえ「想像」の特殊な働かせ方だと考える。なお、デカルトの「思う」の名詞形の翻訳として「思惟」という言葉が重宝されてきた。恐らく日本の哲学者たちは「思考」という言葉がもつ或るニュアンスをも払拭し、できるだけ特定の形式に限定しないで使えるよう、「思惟」という日常では使わない語を愛用し、そのことで問題の所在を見えなくしつつ、抽象的な思弁に安んじて考察を進めるという方策をとってきたように思われる。しかし、非常に興味深い試みだが、デカルトの『省察』の翻訳を綿密な註釈付きで出版された山田弘明氏は、慣例として「思惟(する)」と訳されてきた語を思い切って「意識(する)」とも「思考する」「考える」とも訳されている。その結果、山田氏の訳でデカルトを読む読者にとって、デカルトの議論は受け入れやすい、議論の通りのよいものになったのではないだろうか。ただ、同時に、デカルトが抱えている問題点—ないし彼がつくりだしてしまった思考の罠、自分で引っかかってしまった罠—がますます見えなくなるかも知れない。この罠とは、本章第2節で取り上げるが、「思惟」の概念が「意識」の概念を援用することで拡張され、しかるに、意識の概念が思惟の概念に従属させられた、という経緯のことである。)

さて、以上を踏まえて、では、本書の第1章で取り上げた、「色」を見ることを含めた「見ること」、「薔薇」を見ることなどの話題につなげて、問うてみよう。デカルトでは「見る私」とはどのようなものと考えられているのか、「思うものとしての〈私〉というデカルトの規定の中でどのような位置を占めることになっているのだろうか。「見ることは思うことの一つの有り方」として、見ることのうちに取り込まれる。この主張がどのようにして導かれたかについては直ぐに解説するとして、第2章でみた、「見ることは心のできごと」という脳科学者の主張はまさにこの主張をなぞっているのではないだろうか。

目や脳がないことには見ることの話を始められないし、脳が機能していないところでなお何ものかである心について科学の立場で語ることは拒否する脳科学者と、体なしで存在しているとみなせるような精神を言い、その精神の本質としての「思うこと」を言うデカルトとが同じはずはない、言っている言葉が似たようなものだからといって、主張の中身も一緒だと理解するわけにはゆかないだろう、というのは、もちろんその通りである。しかし、デカルトだとて出発点では体なしの〈私〉について論じながら、結局は目や松果腺や脳の働きを言うのである。そして、目に飛び込む光のことも言う。全体の構図としては現代の脳科学者の立場に接近していたのではないか。

はっきりしているのは、脳科学者にあっても少なくとも「心」とは物的なものとは全く違うものだということは認められていることである。だからこそ、脳と心との関係が彼等にとって取り扱いが難しい問題として話題になる。思うことを本質とする精神は物体とは全く違う存在だ、というデカルトの主張とそれほど変わりはしないようである。

そして類似はもう一つある。藤田氏は、感情や決断などと比べて「見ることなんて心のできごとと呼ぶほどのものか」と一応の疑問を呈してみせなければならなかった。それと同じように、もしデカルトの言う「思う」が「考える」というような知的作用であるとするなら、「見ることも思うこと＝考えることだと言っておかしくないのだろうか」という疑問ないし戸惑いが生じないだろうか。二人では、「思い」の内容を「感情」を典型に想い浮かべるか「思考」を典型として押さえるかに違いがあるとしても、どちらの場合も、「見ること」は「思う」ことから外れるのではないか、という素朴な疑問が立ち上がるのである。

見ることのもつ何らかの性格が、見ることを心ないし精神の事柄だとすることに抵抗するかのようである。ただ、抵抗にも拘わらず、結局のところ、日本語の語感を大切にすると「心」は「情」を中心とした概念であっても脳科学は「心」の概念を拡張して用いているのと同様、西洋近代哲学は「思うこと」を「知的作用」として捉えながらも、やはり逆の方角から大きく拡張するわけである。この拡張はどのようにしてなされたのだろうか。

(2) 思うことと見ること

デカルトではどのようにして「見ること」が「思うこと」にその一つの有り方として取り込まれたのだろうか、以下、考察したい。一般的に言えば「知覚」の「思い」への吸収の道筋の検討ということになる。また、この道筋の中で「意識」の概念がどのように関与し、かつ、その関与によって意識の概念自身がどう歪められていったか、みてみたい。意識の概念は前章第4節(3)でみたように、一人称性を言う概念として、脳科学で用いられる「感じる」「主観」「心」などの概念のすべてを支配しているように思われる重要な概念だからである。

デカルトは、「思う」ものとはどういうものかと問うて、あっさりと「疑い、知的理解をし、肯定し、否定し、欲し、欲さず、また想像し、感覚するものである」と言う。順にみてゆこう。

疑う私が出発点なのだから、疑うことが入るのは当然である。そして先に述べたように、認識を目指すために疑うのであり、そこに知的作用があるのも間違いない。そもそもデカルトが「思う」ということを言うときの中心はこの知的理解をする働きのことである。それから、疑わしいものを退ける、是認するということがあるのだから、肯定と否定も思うことの一部だろう。次項(3)で取り上げるが、肯定と否定をデカルトは判断の実質と考える。また、欲することも欲さないことも、そもそも私は確実な事柄を知りたいと欲しているのであり、欺かれることを欲していないのだから、列に加えてかまわないだろう。

では、想像はどうか。思うことの一つの有り方として想像を入れるのはほとんどの人が認めるのではないか。(筆者としてはむしろ、知的思考の方が想像の或る働かせ方だと考える。筆者の考えでは想像が基幹なのである。しかしデカルトの場合、彼が進める議論の後の段階では、想像は、一つは物体の認識の可能性との関係で、もう一つは精神と体との結びつきという場面で話題にされる重要な作用であるが、知的理解の作用とはきっぱりと区別されている。）

最後に、感覚することに関わる論点。まず確認すべきだが、デカルトは見ることや聞くこと、熱さを感じることなどを引っくるめて「〈感覚〉する」ことだとしている。その言葉遣いを踏まえて問うが、〈感覚〉することは思うことか。思う〈私〉は〈感覚〉するものでもある、というのは容易に受け入れることができる。デカルトが言うように〈感覚〉によって欺かれることがあるにしても、〈私〉が「〈感覚〉することを・する」というのは否定できないから。だが、この承認から、いつの間にか、〈感覚〉することは思うことに他ならない、というふうに話が進んでゆくのを筆者は問題にしている。

光を見、騒音を聞き、熱を感じているとき、たとえば夢ならそれらは虚偽である。しかし、デカルトによれば、「見ている、聞いている、熱いと思われる」ことは虚偽ではない。この場合の「思われる」とは「そのように見える、現われる」という意味合いを含んでいて、語としては「我思う」と訳されるときの「思う」とは違う語が使われているのだが、結局デカルトは、これら「見る」「聞く」などの〈感覚する〉と呼ばれていることどもは「思う」こと以外ではない、と論を結ぶ。（「見ていると〈私〉に思われる」という一文の解釈を巡る論争には立ち入らない。「思われる」とは如何にも不安定さを示す表現ではないか、とか、「何かが見えている」その「何かの見え」が思われるというのではなく、見ているという作用のことを思うのだ、とか。いずれにせよ、〈感覚〉することは「思う」ことの一種だというデカルトの主張は動かない。）

デカルトが言う「思う」ということの中心は知的働きだという筆者の解釈を先に述べはしたが、普通に「思う」という語が言い表すことに即すれば、「思う」ということに、考えたり想像したり、あるいは、知・情・意の全てを包み込んだ事柄を入れても違和感はない。（意についてはデカルト自身、肯定や否定として触れている。情に重点がある「思う」というのは、「誰かのことを思う」「思いが塞ぐ」という場面に認められる。）けれども、「見る」というのはどうだろうか。

私たちは、これまでの考察の流れを受けて、特に「見る」ことと「思う」ことの関係を問うてみたい。

私たち常識人が懐く素朴な普通の考えでは、たとえば「楓を見る」ことと「楓を思う」こと、「見えている楓」と「思っている楓」とは違う。楓を見ることは、楓がある場所で、真っ暗ではない条件で、目を開き楓の方に目を向けることによってでしか可能でない。別の言い方をすれば、「見えている楓」は手に入らない。けれども、楓を思うことはどこででも、暗がりでも目を瞑《つむ》っても、できる。夏に緑の葉が茂っている楓を見ながら、その場にあるものを見える通りに見るしかない仕方で見ながら、自由気儘に秋に黄色く色づいた頃の楓を思うこともできるし、冬枯れの裸の楓の木を思うことも、望むならもっと大木になった楓を思うこともできる。

しかし、デカルトが言おうとしているのは、このように違いがあろうと、「楓を見る」ことも「見る仕方での思う」ことだ、ということである。あるいは「見る」ことの本体は「思う」であって、思いがなければ「内容ある見え」はないということが主眼だと言えばよいのだろうか。（「見る内容」なしの「さまざまな思いの内容」は、もちろんあり得る、しかし、「思いの内容」となっていない「見える内容」はない、という論構成になっている。）この主張が問題だとすると、そうかも知れないな、と人は、ぼんやりと不明瞭さを払えないまま思うかも知れない。たとえば、他ならぬ〈私〉が何かを見るのは、見ていると思っている〈私〉がいるからだ、ということなのだろうか、というふうに。

見ることも思うことの一つの有り方だという見解を人々が受け入れるとしたら、どのようにしてか。これには二つの面ないし仕方があって、受け入れざるを得ないと考えることと、違和感を覚えつつもそれを和らげる新しい言い回しのお陰で受け入れてもよい、受け入れやすいと思ってしまうことがあるように思われる。

受け入れざるを得ないようにみえる理屈とは、デカルトの考察が、懐疑の効力が続いている段階でのものであることからくる。たとえば「青くて丸い塔が見える」からといって、そのような塔が本当にあるかどうかは分からない、塔は四角なのかも知れないし、見ている塔全体が幻影かも知れないし、塔を見ているというのは夢の中のことだということだってあり得る、このことに同意しているという前提での議論が問題なのである。（丸いと見えていたのに実際は四角だったという経験、幻影だ、夢だったと分かる経験はどのようなものなのか、どういうわけでそのように判断をするのかの吟味が必要だが、それは措いたままでの議論である。）その上で、そのような場合でも「青くて丸い塔が見えている」こと自身は否定できないということ、これには何人《なんぴと》でも同意する。続いて、では、この「見えの内容」は何なのか、どこにあるのかと問われるとどう答えるべきか。あるいはこの問いは、一歩進んで「青くて丸い塔がある」かどうか分からないというのではなく、それは間違いであるとする場合に、その間違い自身は何らかの積極的内容をもっているのだから、その内容の場所はどこか、という問いとして考えることもできる。

「青くて丸い塔」の存在どころか、光があるとか目を具えた体があるとかも疑わしい、だから、存在していないと見なしていて、しかしながら「思う限りでの〈私〉が存在している」ことは確実だ、という中で答えることになる。すると、「何か青くて丸い見え」は「思う〈私〉」のうちにある以外にないではないか、そうして、〈私〉とは思うものなのだから、また「思う」とはさまざまものを思うことなのだから、その「何か青くて丸い見え」は「思いの内容」と言う以外にないだろうし、すると、「見る」とは「思う」ことによって成り立っていることだろうと、このような理屈が強力となる。いったん懐疑の力を受け入れたからには、このような結論を受け入れざるを得ないかに思えるわけである。（尤も、右の二つの帰結らしきもののうち、「見る」ことは「思う」ことの一種だという主張よりは、「見えの内容」は「思いの内容」の一種だとする考えの方が受け入れやすい気がする。というのも、「見えの内容」が判断の材料であるなら、それは「思いの内容」であるのでなければならないと思えるからである。デカルトの認識論的欲求は、すべてを知的営みとしての思うことのうちに引き入れてしまう、そういうことなのかも知れない。）

しかし実のところは、このような理屈があったところで、やはり違和感は燻《くすぶ》る。ところがここで「観念」の概念と判断の理論が登場させられ、更に「意識」の概念がひっそりと呼び出されると、事情が変わってくる。特に意識の概念の援用を通じて、人は違和感にも拘わらず、「見ることは思うことの一種である」という（「見ることは心のできごと」という考えとして脳科学にまで引き継がれる）主張を受け入れやすくなったと、このように筆者は考える。

(3)「観念から存在へ」という認識論上のテーゼ

疑わしいことばかりだ（だから虚偽とみなそう）という議論から、疑わしいものでも無ではなく何かであるわけだから、その何かとはどのようなものなのか、ということが当然に問題となる。しかるに、この疑いがある中でただ一つ確実なのは「思う〈私〉が思う限りで存在する」ということなのではあるし、虚偽に陥ったのはその〈私〉なのだから、その疑わしい何かは〈私〉のうちなる何かだとする他ない。そうして、あらゆる疑わしいものは一転して、そのような何かとして〈私〉のうちにあるということに限っては否定しようのない確実なことになる。この「〈私〉のうちにあるとされたもの」が無造作に「観念」と呼ばれる。

　しかるに、このような論理では、〈感覚〉が疑わしいのであれば〈感覚〉内容も観念の一つであることになることに、特に注意しておきたい。後で、そうだとした場合のこの種の観念の特殊性を考察しなければならないが。

　「〈私〉のうちなる観念」という概念を使えば、〈私〉が過《あやま》つのはどのようにしてかは容易に理解できる。判断によって過つ可能性がある、というのがデカルトの答である。疑わしかったこととの関係で考えれば、観念はそれ自体では虚偽でも何でもないのに、その「〈私〉のうちなる観念」を「〈私〉の外にある何らかのもの」に似ているとか合致するとか判断したときにその判断が偽であるのではないかということが、疑わしいということの内実なのである。なお、この判断自身も思いの一つの有り方である。

　しかしながら、「〈私〉のうちなる観念」と「〈私〉の外にある何らかのもの」を関係づける判断が言われているが、そもそもなぜ両者の関係が問題になるのか。「観念」の「表象する」という性格ゆえである。

　思うとは何かを思うわけで、あれこれの異なる思いの内容がそれぞれ「観念」であり、観念は「何ものかの観念」としてその何ものかを「表象」している。（観念は「思惟（＝思い）の様態」だとか「思惟の形相」だとかの規定が提出されるが、様態や形相の概念に関する考察に入るのは本書の性格上、差し控える。）「何ものか」とは「観念が表象している内容通りの事柄で観念の外で存在しているかも知れないもの」である。

　たとえば〈私〉が「塔」を思い「丘」を思うとき、どちらも〈私〉の思いであるが、「塔」と「丘」とは違う。そこで、「思われた塔」は一方では「思われた塔」として、①「〈私〉の思いの内容」だと理解することができ、他方で「思われた塔」として、

②「〈私〉の思いの外で、〈私〉がそれを思うか思わないかに関係なしに存在しているかも知れない何か、「塔」と呼ばれる何か（「丘」とは区別される何か）」だと理解することもできる。このことは「思われた塔」の曖昧さを示すのではない。知的活動を旨とするデカルト的な思いがもつ構造なのである。そこで、この構造を明確に示すために、①の理解に対応するものが「観念」と呼ばれ、②の理解も自然だということを示すために、観念は「②に対応するものを表象する性格をもつ」と言われる。要するに、観念とは「何かの観念」だという性格をもつのである。（しかし、この構造を〈感覚〉に関わる種類の観念にもすんなり認めることには抵抗があるのではないか。だから、「感覚的なものの観念」では「表象力が小さい」という話になってゆく。つまり、〈感覚〉は〈私〉の思いとして〈私〉のうちなるもので、〈私〉の外なるものを表していないという方向に議論は進む。その方向は、筆者には逆であるように思えるけれども。）

注意すべきだが、②の理解の場合でも「思われている限りの塔」について言っているのであって、③「思いの有る無しとは無関係に存在する塔そのもの」のことを言っているのではない。そこで、もし③の意味で受け取るなら、それが、観念の表象する性格に従って肯定判断することだと、このような概念構成である。先に「〈私〉のうちなる観念」を「〈私〉の外にある何らかのもの」に関係づける判断が言われたが、実のところ判断とは、「何かの観念」の表象性に従って「何か」の存在を肯定する、あるいは否定する、この肯定か否定かに切り詰められる。

こうして、観念は思いのうちにあるいわば「判断の素材」であり、判断とは観念の表象性に従って促される事柄だ、という位置を占める。ただし、判断は控えることもできる。そうして、観念は思いの内容であるし、判断も思いの作用なのだから、すべては思うことの内部の事柄だ、ということになる。

認識が可能だとするなら、観念の表象性を手掛かりに存在に向かい、存在を言い当てる仕方しかない。そこで、どういう条件が満たされれば言い当てたことになるのかを確認しなければならない。しかるに、それは、観念を種類分けすることに他ならない。種類分けは、観念の明晰さ、判明さとかに注目すること等でなされるが、核心にあるのは、観念の表象力の違いをみることなのである。ともあれ「観念から存在へ」というのが、デカルトが切り開いた西洋近代哲学の認識論上の観念論のテーゼである。（「認識論上の」と断るのは、認識論としては観念論であるが、存在論としては、観念だけ、ないし精神だけが存在するというのではなく、神は別にして、精神と物体とが存在するという、二元論であるからである。なお、このテーゼは、何かについて、それはどのようなものであるのか、ということと、それは在るかどうかということと二つを厳格に分けて考え、前者が明確にならない限り後者について答えられない、というテーゼでもある。このテーゼの前半部分――分けること――は誰でも同意するだろうが、後半については躊躇する人も多いかも知れない。私たちは、何だか分からないものがある、ということを屡々経験するからである。だから、このテーゼを理解し、かつ、どのように評価するかにまで進むには、「何であるか」の決定のさまざまな水準という問題にまで踏み込まなければならないと筆者は考えるが、ここでは控える。なお、デカルトでは、〈私〉に関しては、存在が先に確認され、〈私〉がどのようなものであるかは後の考察となっているのではないのか、という論点があるのは承知している。この論点を巡って非常に興味深い哲学史および哲学史解釈があるのだが、ここで踏み込むことは割愛する。）

　さて、以上の解説では「塔を思う」ということを例にして「塔の観念」と、この観念をいわば素材にした判断について述べた。「見えている内容としての塔」を題材にしたのではなかった。しかし、デカルトにとっては疑わしいものすべての有り場は思う〈私〉なのであり、それらは〈私〉において観念としてあり、従って「見えている内容としての塔」も観念なのである。そうして、デカルトのこの考えに従えば、たとえば「青くて丸いという見えの内容」が「（〈私〉が見ることと無関係にそれ自身として存在している）青くて丸いもの・の観念」であるということになる。

　だが、このような観念は、「塔の観念」、すなわち「（〈私〉が思うこととは無関係にそれ自身として存在している）塔・の観念」のような標準的な観念からすると奇異なものではないだろうか。

　確かに、「見えているもの」は「見ることと無関係に存在しているもの」を指し示すものだけれども「見えている内容」としてのそれ自体は「見る〈私〉における何か」だ、だからそれもまた観念の一種だ、という理屈をデカルトは採用している。

　そして〈私〉はこの「〈感覚〉の観念」（「〈感覚〉することにおいて内容を得る観念」「〈感覚〉的なものの観念」）から「〈私〉の外にあるもの」の移行を認めることで虚偽に陥ると、説明もできそうである。

けれども、「見えているもの」による「見ることと無関係に存在しているもの」の指し示しは「表象」だろうか。「〈感覚〉の観念」から「〈私〉の外にあるもの」への移行は「判断」だろうか。デカルトは最終的にはこの移行を、認識の成立としては認めず、しかし人の意義ある実践的営みとしては是認する。思う私と体との合一という事実に立脚して人が生きるに当たって、体と体の外の物的事象との間に適切な関係をとっていくという営みを導くものと位置づけるのである。しかし、〈感覚〉が認識の資格を要求するなら虚偽であり、認識の場面では〈私〉は移行を禁じなければならないと言われる。「観念から存在へ」という道は、知的観念のために取っておかれている。

しかも面倒なことがある。そもそもデカルトは「青さ」には「〈感覚〉の観念」という概念を適用するが、「丸さ」については事情は複雑なのである。一方で「丸い円の観念」や「丸い球の観念」としてはデカルトは幾何学的観念を考えていて、これは丸いものを見ることによって得られるわけではない、と主張する。実際、菱形が円に内接することはないこと、直径と円周の比や、直径と球面積や体積との比が、それぞれこれこれであることなどは、知的に理解する事柄であって見ることによって分かることではない。そして、この知的理解はあるべき認識に到達することをデカルトは最終的に是認する。しかしながら他方、「丸く見えたもの」が実際には四角だという虚偽を引き合いに出すときには、デカルトは感官、すなわち〈感覚〉する機能の間違いと位置づけるのだから、丸さは〈感覚〉の内容であるはずである。

そうして、このことを考慮しつつ、もう一度「青の観念」に戻ると、これは、青い色を見ていないけれども青を想い浮かべる、たとえば、直接に黄色の薔薇を見ながら、「青の観念」を想い浮かべることで青い薔薇のことを思うという場合の「青の観念」についてデカルトが語っているのではないことに注意しよう。私たちが「青を見ている」とき、それは「青という〈感覚〉をもつ」ことであり、そのことが取りも直さず「青の観念を懐く」ことだ、と言っているのである。そうして、このような事情であるからこそ、先に言及した観念の表象力の違い、というデカルトの問題意識が効いてくる。「丸の観念」や「四角の観念」（幾何学的観念）は、「丸そのもの」、「四角そのもの」をはっきりと区別して表象する。他方、「見えている青」は何を表象すると言うのか。「想い浮かべた青が実際の青を表象する」のではないか、という話ではないのである。「見えている青」が見ている〈私〉の外で何物かとして存在している、その何物かということが分からない、そのように極めて小さな表象力しかない、という議論なのである。読者を納得させやすい例、すなわち「冷たさ」は積極的に存在する何かなのか、「熱さ」が欠如しているという「無」でしかないのではないか、という例をデカルトは出して、「青さ」もこの「冷たさ」についての議論と同列に考えるべきだと言うのである。（筆者が「存在」という概念をどう捉えているかについては、第4章第2節で述べる。ここで少しだけ言えば、現実性の強度というものの方から、さまざまな種類の存在仕方を整理すればよい、という考えである。[1]）

そうして、このようなデカルトの発想の有り方を図形の経験の方からも確かめると、次のような議論と一緒に理解すればよい。すなわち、こうである。千角形と千一角形とを想い浮かべよう、想像しようとして、その差は明瞭に想い浮かべることはできない、その意味で想像内容としての観念（想像という働きにおいて与えられるもの）は、図形に関してさえ大きな表象力をもたない。しかし、知的働きにおいて千角形と千一角形とを捉えると難なく両者は区別でき、しかも、千角形と千一角形とそれぞれの内角の和がどうだとか、さまざまなことが理解できる。そうして、このような知的観念だけが存在に到達できる表象力をもつのだ、という議論である。観念論における「観念」という概念を、単純に私たちが日常で理解する「心の中で想い浮かべるもの」の総称として捉えるわけにはゆかないことになっている。

それから一言すれば、形の観念と色の観念とを別々に吟味するというようなこのような遣り方のうちには、あるいは、千角形を辺や角、線という数などの幾つかの観念に分けて初めて千角形とはどのようなものであるかが分かる、という考え方のうちには、単純観念とか観念の複合（ないし複合観念）とか、後の哲学者たちが頭を悩ます事柄も既に垣間見えている。そうして、前章までの考察で私たちが出会ったのは、見える内容における色の成分と空間規定との分離の是非だったのである。

だが、このような問題は措いて、いま、デカルトからも離れて、より広い西洋思想の文脈で、「観念」という概念の位

1　前掲『価値・意味・秩序』第6章（初出、前掲『哲学への誘い Ⅳ』）を参照。

置を押さえておこう。「〈私〉のうちなる観念」と「〈私〉の外のもの」との関係というデカルトの問題設定に先立って、観念と存在との関係という問題群が思想史において現われていたのだからであるし、観念の知的性格も前提されていたのだからである。

(4)「観念」と「存在」

「観念」という語は、哲学では由緒ある言葉である。哲学者たちによってこの語(概念)に盛られる内容は決して一致しないとしても、である。そして一致せずとも、哲学ではいつでも、観念は、認識を目指す人間の思惟が関わらないわけにはゆかない何かであった。そしてデカルトでも、「思う」ということは第一に認識作用として考えられているのだから、「観念」という概念が呼び出されるのである。

西洋の伝統における観念の概念の重要な役割を理解するには、そこに二つの発想が関与していることを洞察しなければならない。一つは、以上の考察に連なって、まさに認識が関わる真理の概念に関するもの。もう一つは、人格的なものとしての神、特に全知全能で創造主(造物主)である神、というキリスト教的概念に関係するもの。最初に確認すべきは、認識とそれによって獲得する知識の概念は真理の概念に結びついていることである。そして、真理には、変わらない、永遠不変という含意がある。これは誰もが承認するしかない。(ただし、その上で筆者は、この含意は要請であり理念でしかなく、そのような要請を携えた真理の概念が実際に機能する場面はどのようなものかを考えねばならない、と機会があるたびに言ってきた。真理の概念は、より柔軟な秩序の概念のうちで、その文脈依存的性格と時間的性格とを取り戻すべきなのである。なお、秩序の概念は何らかの価値文脈があることを前提している。)

この含意を踏まえて人々が、「認識の対象」あるいは、(認識されることによって)「知識を構成することになるもの」は永遠不変のものだと考えるのは無理からぬことである。それで、この知識を構成するべき不変のものが「観念」と概念規定される。

けれども、認識は変化する世界に生きる人間が行うもの、少なくとも目指すものである。そして、変化する世界におけるさまざまな事柄に認識が無関係であってよいはずがない。では観念と、変化する現実存在とはどういう関係にあるのか。プラトニズムの伝統では、観念自身が永遠の実在（従って知識を構成するものというより、認識の対象そのもの）であって、この世におけるさまざまに転変する現実存在はそれに与《あずか》ることによってなにがしかのリアリティを得るものであるに過ぎない。（ここには、この変化する世界は不完全なものだという価値評価と永遠に変わらないものへの憧れ、そうして、その変わらぬものへの関わりによって救済を目指すという願望が潜んでいる。）そして後者について正しく認識するとは、後者が与る不変の実在を認識することによってのみ果たされるのだ、とされる。

このことを、観念実在論の主張から離れて一般的で分かりやすい発想につなげると、認識の目標は、現実存在が纏《まと》う偶然的な様相からその「本質」を見抜くことにある、ということになる。私たちを取りまくさまざまな事柄を認識するとは、それぞれの本質を認識するということに他ならず、本質とは時間の推移によって変化するものではない不変のもの、無時間的なものなのである。観念とはその本質に関わるもので、しかるに本質こそが優《すぐ》れて存在するものだと考えられている。対するに、偶有的なものは本質を現実化するときに付着するノイズ的なものでしかない。

（付け加えるに、本質の把握を目標とする認識の理念は、認識の根幹を分類におく私たちの日常の発想そのものを洗練化したものであると、このように考えることもでき、そこに本質の概念と観念の概念との親和性を合わせ考慮すると、「楓の観念」と「楓の現実存在」との関係は、普遍性と個別性との関係ということになる。なお、ここで「一般性」と言わず「普遍性」という或る意味で強すぎる語を用いているのは、一般性の概念には、抽象によって得られる名目的なものである、という含みがついて回り、観念が関わるべき本質のそれ自体としての存在を主張する立場から離れるからである。また、現代の私たちにとって、個別的なものこそ実在するものの標準ないし典型であるのだが、西洋哲学の伝統においては個別的なものは「普遍的なものの時間的世界における現われ」で二次的なものでしかない。）

次に、ここに第二の宗教に由来する発想が加わることで、西洋哲学の根本構図は明瞭なものとなる。すなわち全知全能の神がこの転変する現実世界を創造したという発想である。神はあらゆる事柄をその可能性の様相において知っている（全知)。その内容は神の叡智における諸観念のうちに納められている。(これらの事柄は変化には無縁な、その意味で無時間的な事柄である。)そうして、神はあらゆる事柄を実現できるが(全能)、それらの可能なものの中から或るものどもだけを創造する。何かが現実に在るとは神によって創造されたということである。(この創造によって在り始める現実は、私たち人間という被造物が属する世界である限りで時間的な世界、そこで変化もみられる世界である。)そこでもちろん、創造された現実存在が何なのか、どのようなものであるかは、神が有する観念のうちに示されている。観念は現実存在とは区別されつつ、それの内容を表現している。いわば観念は現実存在するものの範型なのである。

しかるに、このような伝統を受けたところでデカルトの「観念から存在へ」のテーゼを理解しなければならない。つまり、人間は神の似姿として有限な知性をもち、知性の対象は(神の知性にとってと同じく)観念であり、その観念によってこそ現実存在を認識できる、ということになるのだから。そうして、この文脈では観念とは知的観念であるのが当然なのである。

こうして、以上の二つの発想のもとで、次のような考えが流布することになる。すなわち、一般に観念は認識作用としての「思う」ことの内容となるべきものである。(このことを、「観念は思いの直接的対象である」というふうに考える発想が優勢である。けれども、「対象」という概念の位置づけはけっこう厄介である。)観念は何か或る存在し得るものを示す。(ここに、先に紹介した、観念による存在の「表象」という概念の登場もある、また、表象された存在は観念を通じて認識されるものとして、思うことの間接的対象とも言える。)そうして、観念によって表されるものは(創造の御業《みわざ》によって)時間的世界で現実に存在してもよいし、存在せずに可能なままに留まってもよい、と。

第2節　意識の概念と〈思い＝思惟〉

(1) 観念の現われの場としての〈意識〉の概念

さて、観念がある場所については、哲学者たちは分かれる。(少なくとも近代哲学では、観念がある場所は「思い」「精神」だろう、と思われるかも知れないが、そう単純な問題ではない。人が観念を思いの内容にするというのは、神の内なる観念を見ることだ、など、その他の見解、主張も出てくるのだから。）この点は本書では問題にしない。観念が思うことに関わるということがどういうことか、この解釈もさまざまにあり得る。けれども重要なことは、近代哲学にあって、観念とは〈私〉の思いへ現われることができるものである、と見定められたことである。

しかるに、ここでやっと「意識」の概念の登場へと話が進むのだが、「意識」の概念が呼びだされるのは、この「現われ」への注目によってである。というのも次のような二つの事情があるからだ。

一つは次の事情である。何らかの観念を思いの内容とする〈私〉は、変化する世界に生きている。思いも、あれを思い、これを思うことへと変化する。この変化、つまり時間的性格を考慮すると、あれこれの観念が次々に思いの内容となる事態を言うに、諸観念がその時々に応じて意識される、意識に現われる、と表現するのはおのずからの成りゆきであった。意識するとは気づくということであり、観念も現われるためには気づかれなければならず、つまりは意識されなければならない。意識の概念は、変化のうちに存在する〈私〉のそのつどの思いの内容（＝観念）を言い表すのにぴったりのものである。思いの内容とは具体的には意識内容として成立する、と。（意識の概念は「思う」ことよりはずっと強く〈私〉というものをクローズアップするのに役立つと考えることもできる。このことは、認識作用として理解される限りの思うことは、すべての人々が同じ知識の獲得に向かうべきというわけで非人称的なものへ、かつ、真である以上は変化してはならないゆえに無時間的なものへ、と向かわざるを得ないことを背景に確認されるとよいだろう。）

そして第二に、意識とは必ずや〈私〉の意識として、意識内容の〈私〉への現われの直接性を強調する概念である。観念は何かの観念として何かと関係をもつもの、表象関係をもつものであるゆえ、〈私〉の思いとして〈私〉に気づかれるや、おのずと観念の外へと思いを誘う。それに対して、〈私〉にそのつど気づかれて現われている諸観念を「意識内容」という資格で見直すとき、その現われそのことだけがクローズアップされる、しかもその「現われ」は意識する「〈私〉への直接の現われ」だということが当然のことだと了解されるのである。

さて、このような意識の概念が前面に出ると二つの効果が生じる。一つは、「思考」という知的作用を中心とした「思う」という概念の拡張。私たちがずっと問題にしてきた、「見ることをも思うことの一つとする」こともこの拡張に含まれる。二つには、この拡張によって初めて、近代哲学における観念論という認識の構図が人々に受け入れやすくなったこと。ところが、この第二の事柄は実は、「意識」の概念の方を「思うこと」に従属させることでもあった、これが筆者のみるところ、最も重要で由々しき事態である。

(2)〈思う〉という概念の拡張——知的働きとしての〈思う〉ことから〈感覚〉や情念を含む〈思う〉ことへ——

「思いの内容」を「観念」と規定するとき、「思い」というもので私たちはどうしても知的作用か想像する作用かを想い浮かべる。観念とは何かの観念、たとえば「青くて丸い塔の観念」であるが、この観念が私の思いの内容であるとき、塔が思いの外で在るかどうか、また青いか白いか、丸いか四角かは問わずに済む。観念はまさに思いの内容でしかないのだから。しかるに、「見えている内容」としての「見える塔」「青くて丸い塔の見え」を観念だと考えることには私たちは違和感を覚える。というのも、「青くて丸い塔の見え」が観念だとすると、この観念を何の観念だと言えばよいのか戸惑うからである。もちろん、本章第1節(3)でみたように、形式的には「〈私〉が見ることと無関係にそれ自身として存在している)青くて丸いもの・の観念」だとなるのであろう。しかし、この規定は如何《いか》にも奇異である。普通、私たちは「見ている青くて丸いもの」それ自身を、自分が見ていることと無関係に存在しているものだと思って見ているのだから。(別の言い方をすれば、私が見なくても「青くて丸いものはある」と思っている。)

けれども、繰り返せば、まさにその存在が疑わしいというのが、観念の理論を提出している段階でのデカルトの言い分なのだから、「見えている内容」は〈私〉が見ている限りで有る何かで、従って見ている〈私〉のうちなるものだ、そうして、うちなるものであるなら、それは観念だ、という理屈になっている。

ここには込み入った事情がある。筆者は、私たちは「見ている青くて丸いもの」それ自身を、自分が見ていることと無関係に存在しているものだと思って見ている、と言った。この「思って見ている」という場合の「思う」という契機はどのようなものか。この「思う」は、デカルトが言う「見えている内容」に付け加わった「思う」、すなわち「判断」（少なくとも判断の一種、後の哲学者が「自然的判断」――マルブランシュ――、あるいは「自然の判断」――トマス・リード――と呼ぶことになるような特殊な判断）という仕方で働いている「思う」ということになるであろうし、すると「見えている内容」を手に入れる「見る」ことは、この「思う」こととは違うはずである。

ただ、「見えている内容」はその「思う」ことに先立って「見る」ことによって得られたものではあるものの、判断としての思うことの材料として、思いの内容に変換されていると言うべきなのか。変換されているのなら、それは「観念」である。これは筆者がくどく指摘しているデカルトの理屈に沿う考えである。けれども、仮にそうだとしても、変換前の「見えている内容」までを観念と規定していいものか、ここに違和感の源泉がある。

また、仮に「見えている内容」も「思いの内容」として観念であるとした場合に、既に注意したように、「青さという観念」と「丸さという観念」というふうに分けて考えるべきであろうこと、しかしながら「青くて丸いと見えている内容」そのものにおいてどのように両者を位置づければよいのか、俄《にわか》には分からないことも、問題点の一つとして付け加えるべきであろう。注意すべきだが、見ることなしに「青さ」を思い、「丸さ」を思う場合に、「青さの観念」と「丸さの観念」を別に言い、しかる後に両者の関係を考えることには戸惑いは生じない。

ところで、デカルトはまさに、「見えている青さそのものとしての観念」と「青さについて〈私〉がもつ観念」とをしっかりと区別することも止《や》めているように思われる。そうして重要なことは、いずれにしても「（青さなどの）色の観念」は「或る実在的なものの観念であるのか、そうではないのか分からない」と言う。だとすれば、〈感覚〉的なものの観念が表象する相手は不明だと、言わざるを得ないのではないだろうか。

しかしながら、である、「青くて丸い塔の私への見え」を「私の意識内容」だと理解せよ、と言われたら私たちは素直に従える。（ただし、この「私」がどのような存在か、それは第1章で拘《こだわ》った「個人としての私」であり、直ちに「心」と置き換えられては困る存在であるし、同様に、デカルトの概念規定による「思うことを本質とする精神」だと言い換えられても中身が違ってくる存在である。）翻って「塔を思う」とき、その「思いの内容」を「塔の観念」と考える道筋があって、これは申し分なく分かりやすかったわけだが、塔（ないし「塔の観念」）を意識の内容だと考えることにも同じく無理を覚えない。ということは、「思い」の代わりに「意識」を、「思う」の代わりに「意識する」をもってくると、想い浮かべるだけの塔にも見えている塔にも共通の場所を与えることができるということである。

しかもこの場所は、意識する「私」に繋がれている。意識の概念と「私」ないしデカルトの〈私〉の概念との関係については詳しく論じなければならないが、少なくとも意識内容は「私」に直接に現われているものであり、この現われているということだけをクローズアップさせる概念が「意識」の概念なのである。

この意識の概念が呼び出され思惟の概念に重ねられると、「思う」ことの範囲が拡張される。つまり、知的作用として見定められて重要な概念として登場させられた「思うこと＝思惟」が〈感覚〉をも含むこと、これが当然であるように扱われるときに人が覚える違和感が、思うとは意識することだという口吻《こうふん》のお陰で、いつの間にか解消される。（ここで〈感覚〉とは、筆者が本章では「知覚的質」と規定している青色も、「体の感覚」と規定している痛みも、両方を含む概念として用いられている。）そうして更に、ここでは例示していないが、思惟は、知的営みとは対立するものとして考えられることの多い「情念」までも呑み込むものとして提示されても、人々は受け入れる気になるのである。

そうして、意識の概念の方が使い勝手がよいゆえであろう、哲学史にあって徐々に、意識の概念が前面に出て重要性を帯びてくるようになった。意識は認識の唯一の地盤、認識がそれから出発すべき領域、あらゆるものが認識者（認識を目指す者）にまず現われる場として解釈されるのが通例となったのである。そうして、「観念から存在へ」の道を探る観念論哲学の認識問題を重視する立場を引き継ぎつつ、認識論の問題を、むしろ「意識と存在」との関係という仕方で立てるに至るというのが大勢としての流れとなったのである。

しかるに注意しなければならないが、このような歴史的経緯そのことが、意識概念の利用による「思う」ことの拡張は、意識の概念の側からみれば、意識概念の思惟の概念への従属という由々しき事態が生じたことに他ならないのだ、ということを物語っている。

（３）〈意識〉の概念の「思惟」の概念への従属

デカルトではまず「思うこと＝思惟」と「観念」の概念の彫琢があった。「意識」の方は言葉そのものが初めはほとんど使われなかった。ただ、自分の考えを人々に分かりやすく説明しようとするときに、自ずとと言うか、あるいは「思うとはどのようなことか」に匹敵するような吟味は無いままなので、ひっそりと、と言うべきか、必要に応じて呼び出されるというような具合であった。

先に述べたように、意識とは気づくことで、意識の概念は「私」への何かの現われの直接性をクローズアップするときに成立するものだから、「心理的」現象だと理解されるのは必定《ひつじょう》かと思われる。そして、それゆえに或る観念が「或るときに現に思いの内容になっている」のを言うのに、それを「意識されている」ことと説明するのは分かりやすい。そうして、「思う」ということを「意識」の概念に引きつけて理解するなら、本質の概念と連動した観念や人が想像することで想い浮かべる観念が意識内容の資格を得るだけでなく、気づかれるあらゆる事柄が意識内容なのだから、そこで逆に意識内容とは思いの内容だと規定すれば、〈感覚〉内容も思いの内容と言われることが受け入れやすくなり、ならば〈感覚〉も観念の一種だという規定も已《や》む無し、ないし当然となる。

しかしながら、「思う」ということを「意識」の概念に引きつけて理解するときに、人は「何かを思う私」と「何かを意識する私」とは同じものだということを当然のことと考えているに違いないが、しかし、その場合の「私」（「何かを意識する私」と同じものとしての「何かを思う私」）とデカルトの「何かを思う〈私〉」とは違うのかも知れないということには余り気が回らないのではなかろうか。恐らく、こういう問いかけを筆者がすること自体が思いがけないのではないか。

意識を「心理現象」として理解するとき、人は意識するものとしての「私」の存在を自明視しているが、この「私」は、デカルトが言う「体なしで存在していると見なせる精神」に等しい〈私〉ではあるまい。なぜなら、後でたっぷりと論じるが、意識の根底には体があるからである。何かに気づく意識はまずもって目覚めている意識であり、目覚めるとは眠りから目覚めることである。（気を失った後に目覚めることも稀にあるが、気を失っていることと眠っていることとは意識の観点からは同じことである。）その眠りを欲するのは精神なんかではない。体である。

このような指摘は、認識論から始める哲学の立場からは何と素朴な見解だろう、と決めつけられるだろう。哲学には無前提から始めて基礎を見いだすことが求められるのではないか、と。だが、無前提というのがあり得るだろうか。また、基礎とは何だろうか。私たちが物事を理解するに当たって用いる基本的枠組みをなすたぐいの諸概念の発生の順序を探すしかないではないか。[2] そうして、そういう諸概念のうちの第一のものである存在の概念の源泉は、体の存在の経験にあるのではないのか。これは次章の主題の一つである。

しかるに、デカルト以降の哲学の歴史の主流は、認識の道とは「観念から存在へ」と向かう道だ、という観念論のテーゼの装いを変えて、「意識と存在」との関係を意識の側から問う、という問題設定をなす方向へ進んだが、そのときに理解されている意識とは、まさに問題設定が示すように「存在から切り離されている意識」である。意識は何かの思いであり、確かに意識するものとしての自己につなぎとめられているが、その自己とは何かが思われているということを保証するだけのものでしかない。自己ですら希薄化された存在性しかもたないかのごとくである（カントでは、表象すべてに伴う「我考える」の「我」はほとんど形式的なものである。）ここに、意識の概念の思惟の概念への徹底的従属がある。

そうして、少なくともデカルトでは〈私〉の存在は確固たるもので自己意識は存在に届いていたし、また、思惟内容を観念として捉えるデカルトの観念の理論では、観念はそれ事態として（つまり、思われ、気づかれるというその場面から離れて）何かの観念として何かと関係をもつもの、表象関係をもつものであるゆえ、〈私〉の思いとして〈私〉に気づかれるや、おのずと観念の外へと思いを誘うが、それに対して、意識を前面に出すとき、意識内容の現われそのことだけがクローズアップされ、閉じた意識の領域だけでどうやって存在の問題を考えればよいか四苦八苦することになる。もちろん、二〇世紀の現象学における意識の志向性理論は「意識とは何かについての意識だ」ということを強調するが、それはデカルト的発想の改めての復活である。自然的世界の存在についての判断の差し控え、停止などの議論も同様である。

ただし、「意識と存在」との関係という問題設定をなす哲学とデカルトとでは、やはり風景が違っている。まず概要を言うと次の通りである。デカルトでは、「観念から存在へ」というのは認識を企てる人間精神に課された条件であるのだが、その背後にあるのは神の全知における「観念と存在との等しさ」である。そうして神の全能との関係という点に目を移すと、「観念から実在へ」ということが、認識の事柄ではなく創造（有限的世界とその諸々の構成物の創造）の事柄だということになる。「存在」と「実在」という二つの言葉を筆者は使ったが、これは「本質」が「変化する世界での諸々の実在」に先立つという捉え方を表現するためのものである。実在（ないし現存）は本質を表現するものという捉え方なのである。しかるに、歴史が下るにつれ、神の知性のうちなる永遠の観念と本質、言い換えれば可能的存在をまずは云々することが重要だという立場から、専《もっぱ》ら変化する世界での実在に関心をもつという方向へと移っていった。既に指摘したように、意識の概念は現われに関わる概念として時間的世界での出来事として登場したのであったことも注意を払うに値する。

以上のことを、少し説明する。古来、哲学の捉え方の背景には、存在というものについての或る考え方がある。前節（4）でみた、無時間的な「本質」の概念のうちにこそ存在の原型をみて、いわゆる実在を「本質を時間的な世界で具現するもの」とする考え方である。そこにキリスト教的な発想をも入れ込めば、実在するものとは被造物であり、被造物は全知なる神の知性のうちにある観念に象って全能なる神の意志によって創造されたものである。そこでこの考え方によれば、存在に届くとは、第一に本質を理解することであり、第二に、本質の理解を前提にその本質を具現しているものの現実存在を確認することである。後者は確認でしかなく、しかるに確認が可能であるには本質の理解が先だって必要なのである。このことをデカルトは強く主張している。そして、本質の理解をなすとは知的理解をすることであり、「知的働きとしての思う」

2　前掲『価値・意味・秩序』第2章第4節および第3章第2節（初出、松永澄夫・鈴木泉編『哲学への誘い　Ⅰ』および、松永澄夫・村瀬鋼編『哲学への誘い　Ⅱ』東信堂、二〇一〇年）を参照。

ことの任務である。

翻り、意識はただ何かの現われに関するだけである。「私」に直接に現われていることどもはすべて意識内容となる。そして、現われとは時間的世界での出来事なのである。確かに「思う〈私〉」の存在に関して、デカルトは「思っている限り＝思っている間は存在する」として時間的契機に言及しはする。けれども、その〈私〉がどのようなものであるかは〈私〉の本質を知的に理解することによってのみ認識されるのであり、〈私〉の本質が「思う」ことであるということはまさに認識を目指す知的営みにおいて発見されることなのである。この本質の理解があって初めて、時間の推移に関係なしで認められることとして発見されることなのである。〈私〉は自己を「存在するもの＝実体」として把握する。この存在というものは、いわば永遠の相のもとで理解されている。（序でながら、このことは、先に言及した、デカルトで、〈私〉に関してだけは、何かがどのようなものであるかを確定しないことには、それが在るかどうかを論じるわけにはゆかないという構造が適用されないのではないのか、という論点に対する答え方の一部を構成する。）

そこでデカルトでは、「意識」というものも、永遠の相のもとで理解されている本質から外れるものであるはずがないものとして規定される。つまりは、思惟という本質自身の時間的な（時間世界での）現われとして規定されるということである。デカルトが言う「思っている間は」というのは、思惟が意識として現われている間は、ということになる。本節（1）では、「観念も現われるためには気づかれなければならず、つまりは意識されなければならない」と述べたが、その表現はここで述べていることとは違うようにみえるかも知れないが、同じ事態を、重点を変えて言っている。というのも、何らかの観念が現われるとは思惟自身が働くことであり、思惟自身もまた現われるということだからである。そうして、思惟が現われるとは、本質の領域から時間的実在の世界へと現われるということであり、思惟を本質とする精神という存在が時間的世界に存在している、実在していることを証しているのである、ということになる。

ところが、意識内容の〈私〉への現われの直接性は、この〈私〉自身が時間的世界で「現在している、すなわち現在という時間に存在している」ことを言うものでもある。しかるに、デカルトから時代が下るに従って、この時間的存在に重点が移動してくる。

（４）「意識と存在」という問題設定

さて、先に、哲学では「意識の概念は拡張された思惟の概念に過ぎないものとして扱われた」と述べたが、まずもって意識の概念が思惟の概念を拡張したのは、意識の概念には思惟には無い契機があったからなのである。しかるに、それでいて、意識の概念が拡張された思惟の概念に過ぎなくなった、言い換えれば、意識の概念が思惟の概念に従属させられてしまったと筆者が指摘するとき、そこには、思惟の概念を拡張することそのことにおいて意識の概念は、まさにその契機の最も重要な内容を失って思惟に同化してしまった、という含意がある。では、その契機とは何か。その最も重要な内容とは何か。

変化する時間的世界での実在に届くということである。変化する時間的世界での実在に関心を移しながら、しかし意識の概念を思惟の概念に従属させることで、「意識と存在」との関係を意識の側から問おうとする哲学は、この実在への届きという事態を見失った。

女性が服を誂《あつら》えるとき、自分の髪の色や肌色をよくよく意識して見ながら、どのような色の服にしようかと、服の形だけではなく色をも意識してあれこれ想い描く場合を考えよう。こだわって意識されている服の色の方は女性が想い浮かべているだけである。そこで実際には、想い浮かべたような色の服、生地は見つからないということもある。だが、見つつ意識されている髪の色が、そして髪そのものも、服の色と同様に女性の心の中で思われているだけのものだなどと誰が考えるだろうか。意識は存在に届いている。意識とは、現実の或る側面に注意を注いでいるという状態を言うに過ぎない。

あるいは別の二つの例。第一の例。スピーチのとき、自分が緊張しているのを意識して益々緊張する場合。緊張しているという心の状態は、物のように存在しているのではないが、現実にあるからこそ意識されている。第二の例。車を運転するとき、いつも多く使う右手の指を痛めているお陰でハンドルのグリップが弱いということを意識して、普段は膝に添えがちな左手に意識を置いて使う、左手でハンドルを強く握りながら使うとき。痛さ、グリップの弱さ、使っている左手、これら意識されるもののすべては単に想い浮かべられるだけのものではない。

重要なのは、意識は多様な現実の意識として成立しているということである。そして私たちは普通、この現実の概念に存在の概念を重ね合わせる。すると多くの場合に、意識は存在に届いているのである。

いや、存在に届いているというのは思い込みに過ぎない、これが観念論のみならず、認識論を企てる哲学の口癖であることは承知の上で述べている。

意識は心理現象だということだけに重きを置くことが事態を見誤らせる。誰の心理か。もちろん「私」の心理である。では、その「私」とはどのようなものか。哲学者たちはデカルトの〈私〉の概念に引き寄せられる捉え方をしてしまう傾向が大ではなかろうか。翻り、日常生活で私たちは人の特定を体の特定でなすし、もちろん自分自身の特定など、する必要がないので、しはしないけれど、敢えて自分を「これが私です」として示す場合には自分の体をまずは差し出す。その上で、そそっかしい性格で、というようなことを言う。

では、自分の体というものは自分ではどのように把握しているのか。「体の意識」というものがある。こう言うと、直ぐに、「意識する私」が「意識される体」と同じであるはずがない等の意見が提出される。しかし、「私」が自分の体を意識する仕方は、服を見るときにその色を意識する仕方、また花子の視線を意識する仕方、花子の感情を意識する仕方、仕事の締め切り日を意識して段取りをつけるときの意識仕方などとは違う。そもそも自分自身を意識することの根底には体を意識することがあるのではないか。それに本節(3)で述べたが、意識を目覚めにおいて捉える場合には、それは眠りからの目覚めであり、確かに目覚めるのは意識だが、眠りを欲するのは意識ではなく体の方である。そうして、目覚めた意識は、体の状態がどのようであるかを感じ取っていることを引き連れて活動する、つまりはさまざまな事柄に注意を向け始めるのではないか。これらについては、第4章第2節、第3節で詳しく論じよう。

第3節　生命と意識

(1) 本節の概要

体を言うとは生命を言うことである。眠りと目覚めとは対比的な事柄として交替するが、両者は一緒になって死と対立する。脳科学が意識というものを研究のターゲットにするとき、生きている人ないし動物を前提に仕事を進めるのは当たり前である。ただ、その脳科学の意識の概念が西洋近代哲学の影響下にあるということを示さんがため、筆者は哲学の諸々の概念の構成を本章で論じてきたわけである。前章末尾で筆者は次のように述べた。「近代哲学は近代科学と軌を一にして生まれたし、今日の脳科学ももちろん近代科学の発展の線上に位置している。」

ここで言う「近代科学」とはどのようなものか。「物質の科学」である。そしてこれは、デカルトの二元論、精神と物体との二つの種類の存在を認める考えと連動している。(繰り返せば、デカルトの哲学は、認識論としては観念論であるが、存在論としては二元論である。ただし、神という無限実体に関することどもは脇に置いている。) この「物体」ないし「物質」の概念については直ぐに解説するが、今は急いで、やはり「物質の科学」としてしかあり得ない脳科学が、しかし「無生の物体」ではなく「生命をもった物体」「生命体」を相手にするものだという当然のことに注意し、「生命」という(「精神」と「物体」との二者に加わる)第三の概念を必要としているということにも目を向けなければならない。脳科学は近代科学が採用してきた方法の基本を踏襲しないことには存立できないのだが、他方、生命体という、研究相手としては厄介なものを相手にしているのである。また、情報の概念の多用という事態を筆者は第2章第2節と第3節とで指摘してきたが、この概念は生命体が主題であるからこそ要求されたことにも注意を払わなければならない。「情報」の概念というものは人為的な場面で明確に浮上するのではあるけれども、事柄としては生体の環境に対する関係において生まれる事態なのである。

そこで、精神と物体との二元論という捉え方を出発点に、生命というものがその後の歴史の中でどのように位置づけられてきたのか、概略をみる必要がある。

二元論では、生命は物体の或る有り方でしかなく、体は物体の一種である。一方、〈私〉が「思うことを本質とする精神」として存在することは、体もさまざまな物体もすべて存在することが疑わしいという段階で確実な事柄として発見されたのであり、従って〈私〉は体なしでも存在し得るものとして規定されている。その上でデカルトは、精神である〈私〉は「物体の観念」のお陰で物体の本質（すなわち何であるか）を知的仕方でのみ理解できることの論証へと進む。物体の本質は（従って体の本質も）精神の本質とは全く違って「広がり」だとされる。

しかるにこの段階では、物体の本質を理解できたとしても、物体が実在しているかどうかは、それだけでは分からない。体の実在に関しても同様である。そもそも、体はどのような位置に置かれたのか？ 疑わしいと退けられはしたが、認識主体としての〈思う私〉の存在が確認された後では、体はまずは〈私〉による認識の可能な対象の位置におかれた。これを別様に言えば、次のように位置づけられたということである。体とは、そもそも物体の一種であることは彼等にとっては自明であると思われたゆえ、先立つはずの物体の概念によって理解されるべきものであった。そこで、その存在が疑わしいと主張された他の物体（物体一般）と全く同じ資格でまずは〈私〉の「思い」の内容すなわち「観念」という身分で登場する可能性があるものでしかない。

しかるに、観念から出発して、その観念内容に見合うものがあるかどうかを調べる、そのような「観念から存在へ」という方向の道しかない、というのがデカルトのテーゼである。そこで体の問題に限定すれば、〈私〉の存在が認められたことよりはずっと遅れて、一般に物体というものが存在すると証明された後で、体は「体なしに（体とは無関係に）あり得る〈私〉」という存在と事実的に合一しているということが確認されるに過ぎないもので、その事実的合一という一点で初めて他の物体とは違うものである、そういうものとして扱われたのである。

その際、どのようにしてデカルトが物体の実在を承認し、また、「〈私〉の体」というものを認めてゆくのか、その論展開を追うことはしない。本書に関連する話題としては、以下の作業をなしたい。①一七世紀のデカルトにおける意識概念の位置づけの再確認をしつつ、デカルトの物体の捉え方と近代科学の自然観および研究方法とのつながりを考察する。②

一八世紀における「博物誌」的観点の高まりと「生命」の問題への関心の後の、「生命論」における「意識」概念の位置に関する議論。

①においては、「精神」と「物体」との二元論において「生命」というものに固有の領域を認めることはできず、いわゆる生命は物体の或る有り方として処理されることをみる。②では、分割線が移動して、無生のものと生命との間に或る大きな隔たりが認められ、そうして、いわゆる精神は生命の或る発展形態において現われるものと位置づける考え方も現われたことを指摘する。第一に、意識が「感覚」として生命において現われ、すると特に「意識される体」とは実在する体、生きている体そのものとして理解できる。「体の意識」においては、意識は存在に届いているという考えが当然となるのである。第二に、意識の高度の形態として精神活動を解釈すればよいことになる。想像のように実在しない事柄もが相手になるのはこの活動においてである。

(2) 体を含めた物体――内在的原理を剥奪された物質界――

デカルトが最初に確実なこととして提示したのは「思う（思惟する）」〈私〉の存在であるが、その場合の「思う」とは認識を目指す知的働きのことである。けれどもデカルトは直ちに「思惟」の概念を〈感覚〉等を含むものへと拡張した。この拡張は、疑わしい諸々の事柄を一転して積極的な何かとして認めないわけにはゆかず、するとそれらの受け皿として思惟しか見当たらないという理屈と連動してなされている。しかし、どこか釈然とせず或る抵抗を覚えるものではないか。しかるに前節で述べたように、「意識」の概念が呼び出されると受け入れてもよい、いや、むしろ当然の拡張であるかのような気に人々はなるのだと思われる。しかしながら、このことは「意識」の概念を本来の姿から変質させ、「思惟」の概念に従属させ「思惟」の概念に同化させてしまうということであった、というのが筆者の見解である。

「思う」ことのうちに閉じこめられたものとして「意識」の概念を位置づけるなら、「体の意識」が「体の存在」を含意しているはずがない。実際、デカルトは腕が切断されているにも拘わらず腕に痛みを感じている人の例を挙げて、このことを説得しようとしている。（「痛さ」は〈感覚〉の一種であり、意識内容だというのは自明のこととして論を進めて問題ないであろう。）

この例でのデカルトには二つの考えがある。一つは、体がどのようなものであるかは、物体一般についてと同様、その本質を知的に理解する道しかないという考え。その本質とは「広がり」である。そこで腕の切断を言うのは、物体が「広がり」を本質とする物体であると知的に理解できること、これを前提してのことであり、かつ、体の本当の姿は物体としてどのようであるかということのうちにあるという考えを隠し持っている。

翻り、「痛さ」は「知的な思い」ではなく、体の本当の姿を教えてくれるものではない、という位置づけになっている。デカルトに従えば、何より、痛さは思いの内容である、つまり体とは全く異なる存在である精神の事柄なのである。たといデカルトが痛さを精神と体との合一という事態から解釈しようとも、このことは動かない。（先に指摘したようにデカルトは、体は精神との事実的合一という一点で初めて他の物体とは違うものである、そういうものとして扱った。）

痛さと体との関係については、デカルトを離れた文脈で、後（第4章）で繰り返し戻って考察する。今は、以上を再確認したところで、デカルトの物体観と近代科学との繋がりの方に目を移す。

西洋近代哲学と近代科学とは軌を一にして生まれたと述べた。デカルト哲学によって「物体」の本質とは広がりだとされたことの是非は、実は筆者の観点ではさほど重要ではない。広がりの他に質量のようなものを本質に数え入れるべきだとかの議論があっても、どの考えが適切かどうかは細かなことでしかない。近代科学が画期的であったのは、さまざまな種類のものから成る世界を、精神という存在を除いて、一種類の存在に還元したことである。「銀杏の木の本質」だとか「金の本質」だとかを云々する必要はなく、すべて物体だと考えればよいという考えが重要なのである。（ただ、「物体」を言えばその形を言わないと落ち着かないようなところがあるので、より適切には、すべてのものを「物質」として考える、と表現する方がよいと筆者は思う。「物質」という言葉の響きでは物体の本質としての「広がり」の契機が薄れる嫌いはあるが、「物質の科学」としての近代科学は時間と空間とを重要な要素として扱っているので問題はない。）

ガリレイやニュートンといった巨人たちの世代によって確立された近代科学は、天文学と地上の力学とが一緒になることで実現したもので、ということは取りも直さず天上界と地上界とを異質の世界と考えるような世界観を捨てたということに他ならず、これはもちろん大きい転換である。だが、科学の方法論の観点からは、変化する自然の世界をただ一つの存在種、物質として捉え、そのことで分類的理解とは違う理解仕方を発見したことの方が重要である。そして科学は、哲学に「精神」を論じることは任せて、哲学が認識可能性についてどのようなことを主張しようとおかまいなしに、「物質世界としての自然」を対象とした研究を進めたのであった。自らを「精神哲学」と並ぶ「自然哲学」と称する場合でも、それは哲学者たちが「自然哲学」と呼ぶものとは別のものであった。

要点は、近代科学は分類的理解とは違う自然の理解仕方を発見したということにある。「銀杏《いちょう》」という植物はさまざまな姿を取る。銀杏《ギンナン》という実の形、太い幹に緑色の葉を付け始めた姿、枝が隠れてしまうくらいに無数の黄色の葉で覆われた姿、落葉して枝々が裸になった樹形。銀杏の実はどうしてこのような丸い果皮で、その中に稜線をもつ種子があるのか、なぜ黄葉するのか、という問いに、銀杏の本質がそうさせる、というような答え方はある。この答え方には、既に知っていることを本質の中に投げ込んで、次に本質によってその事柄を説明する、というような循環ないし実質的同語反復という面があるのだが、だからといって知識を増やす力がないとは言えない。この点に関する考察は控えるが、秘密は認識が、個物と一般性との間を往還することにある[3]。

事物を分類した上でのこのような説明方式は、事物に内在的原理を認めることによって成り立っている。事物の具体的姿や振る舞いを「事物が内に秘めた本質の時間的世界での展開」と理解するとは、本質を内在的原理として扱っているに等しい。このことは、本章第1節(4)で、神の全知全能との関係で、「本質」「存在=可能的存在」「時間的世界での実在」という諸概念の間にみられる関係について述べたことと照らし合わせて理解してもいい。神を持ち出すのは大仰《おおぎょう》な思考であるが、認識や理解ということを越えて、私たちの日常生活を振り返っても、分類の重要性は直ちに確認できる。私たち

3　松永澄夫『言葉の力』東信堂、二〇〇五年、八一—八四頁を参照。

が生きていて具体的に出会うのは全て個的なものである。そうして生活の骨格は、一方では同じ個的なものを再認し、他方であらゆるものを分類して出会うものすべてを秩序づけようとし、その秩序を頼りに適切な行動をすることから成り立っている。また、行動のレパートリーと分類仕方とは相関する。

ところが、精神を除いては物体しかないという見方では、もはや、さまざまな分類ということは意味を失う。しかも物体の本質が広がりだということになると、個々の物体は一つの広がりの中で相互外在的に並ぶものでしかない。デカルトの宇宙論は退けられ、ニュートンが自然哲学=近代自然科学で君臨するように歴史は進んだとしても、デカルトとニュートンとに共通な自然の捉え方がある。それは、或る物体の振る舞いはその物体に外的な要因によって決定されるという捉え方である。物体の本質を指定したとしても、その本質は内在的原理として働かない。

このことを納得するには落下の法則と、それを発展させた普遍的落下の法則すなわち引力の法則を考えるとよい。銀杏の実はストンと落ち、葉は舞うように落ちる。落ち方の違いは落ちる物の種類で決まる、というのが日常の理解である。しかし近代の力学は、物体はすべて同じ落下の法則に従って落ちると考える。その運動は物体と地球の引力によって生じる。物体だけがあって地球がないなら運動は生じない。そして、引き合うのだから物体は地球の中心に向かって運動する、つまりは真っ直ぐ下に落ちるのである。そこで、舞うような仕方の葉の運動は、鉛直下方へ運動する葉に外から、刻々と違う方向から力が加わることによって生じる。このように、どのような運動が生じるかの理由は運動する物体の中にはない、このような見方を取ったのが近代科学である。慣性の法則はこのことを明白に定式化したものである。実際にはスムーズに転がるボールも必ず止まるが、その理由は摩擦力が外から働くからであって、外力が作用しなければいつまでも運動し続けるはずだと、このような見方をするのである。

(なお、以上は分類的理解と対比させる仕方で近代科学の捉え方の新しい面について述べたが、実際の具体的な研究においては、科学が分類的理解を捨ててしまうということはもちろんあり得ない。何を観察し何を実験材料に選ぶかそのことからして、その適切さは分類によって果たされる。そもそも人がどのような分類をなすかは、その人の行動のレパートリーと対応している。従って、実験しなければならないどのような研究者も分類なしには何もできないのである。）

それからまた、右で落下の法則を例に取ったが、近代科学において出来事の因果的理解と法則的理解とが或る関係を取りつつも法則的理解が優位に立つのはどういうことか、という論点もあるが、これについての考察も本書の主題から離れるので割愛する。既に他の著書で論じている。

(3) 分割線の移動――生命体と外界――

ところで、動物とは「自ら動く物」だ、というのが日常の私たちの理解である。狐がなぜ兎を追いかけるのかの理由は狐自身にある。銀杏が葉を茂らせ花を咲かせ実を実らせるのだって、生きている銀杏の内なる生きる力がさせることではないか。生命体は内在する原理によってしか理解できないのではないか。

体が、デカルトが理解したような物体の一種であるなら、その運動は物理的に理解できるはずである。そして、砲丸のように一塊《ひとかたまり》のものとして運動するのではなく、体がさまざまな部位に分かれ、部位それぞれが違った運動をするなら、或る部位の運動はそれが接触する他の部位の運動によって引き起こされるものとして理解すべきものとなる。実際、手、足、心臓、血液等それぞれの動きを言うことができる。心臓がポンプのように収縮することで血液を受け入れたり送り出したりするのか、それとも心臓が熱器官として血液の出入りを引き起こすのか、そのような細部に関する見解が違おうと、どちらにも共通な考え方が重要なのである。

そうして現代の生理学や脳科学も、化学や電磁気学などの発展の恩恵を受けて研究を進めるのであれ、基本的には近代科学が開発した理解方式と研究方法に従っている。視覚の生理学や脳科学で、物体における光の反射、反射光が目に入って網膜で引き起こす変化、その変化が次に……と辿ってゆくことも、科学が採らざるを得ない遣り方なのである。そうして、その終点の脳の変化まで辿って、さて、という問題を、私たちは第2章でみたのであった。

その「さて」という問題を、脳科学者たちは「脳と意識との関係」の問題として捉えている。そうして、脳を重要視するに至った経緯に近代科学の方法の関与があるのと平行して、意識の概念はデカルト以降の近代哲学の概念規定を引き継いでいる。しかしながら科学一般は、哲学が認識についてその可能性や限界やらを相変わらず論じ続けるのを尻目に、着々と己の研究領域を広げ、目覚ましい成果を収めて来たのであり、その延長上に脳科学はある。だから観念論とは無縁なのである。物質世界の存在を疑いもしないし証明する必要も感じないし、その存在は前提した上での研究である。ただ、それでいて「見ることは心のできごと」というフレーズが象徴するように、「見えている内容」と「外界の様子」とは別の領域に隔離されていると考えるのであり、観念論が抱えたのと同じ構造を前にするはめになって、そこで時に腕組みする。しかしながら大抵の場合にはそのことは大したことではないと考えている。というのも自然科学の他の諸部門と同じく、結局は、見ること等の知覚をも基礎として得られる科学的知見の正当性を信頼しているのだからである。

しかし、脳科学が他方で、力学や光学、電磁気学や化学等と違って、人間の（あるいはチンパンジーや犬などの）体と脳を相手にするのであるから、生命体を巡る新しい考え方の影響下にあるのも事実である。ただ、この新しい考え方というのは一つの確固たる考え方というのではなく、さまざまな観点や主題が入り交じったものである。（特に幅を利かせているのが進化論であるが、これは発見的刺激として、それから便利な解釈の枠組みとして用いられ、その複雑な構造は興味深いのだが、考察を割愛する。）

その新しい考え方の中の古い方で、今、是非とも挙げるべきものがある。それは一八世紀後半の生命論、近代生理学確立期の生命論である。（一八世紀は既に前半から生命への関心が高まった時代で、博物誌に埋め込む仕方での生命の理解が主流であった。また、既に前世紀から、少数の幾つかの単純な法則で複雑極まりない物理的な世界が秩序づけられていることもさることながら、小さな生命体のうちにさえ宇宙と同じような驚嘆すべき構造があるということもまた、神の叡智と素晴らしい御業を証拠づけ、神を賛美する理由となり、すると、このような方向からの生命への関心というものも増してきていた。）重要なのは、無生の物体にはなく、また、死んでしまった生命体にもない、生きているもの固有の特性を見いだしたと人々が思ったことであり、その上、それまで精神の事柄とされてきたものは生命が高度に発達することによって生じたのだ、という見方が生まれたことである。言うなれば、物体と精神との二元論を打ち出し、生命の特有性は見かけだけで、いわゆる生命とは物体の或る有り方に過ぎないという線引き仕方が見直され、無生のものと生命との間に分割線が引かれるようになり、精神はどうかと言うと、生命に基づけられるようになったのである。

　この分割線の移動は、分割線が浅くなったことだともみることができる。二元論では、精神と物体とは、間を架橋するものがない全く別の存在なのであるが、無生のものと生命とはどちらも物質であるということにおいては連続している。生きていたものだけが死ぬのであるが、死ぬことによって残る死体は無生の物体と変わりない。だから、二元論の後で直ぐに現われた唯物論的発想でさえ背後に控えているのかも知れない。(同じ事態が、「唯心論」と訳されることも多いスピリチュアリスムの側から解釈されることもある。本節(5)での言及を参照。)

　では、生きているものを他から分かつ特性とは何か。力学が物体から内在的原理を剥奪したという観点との対比では、己のうちに運動の原理を有するという特性である。これは初めはグリッソン、ウィンター、ハラーら等によって「刺激反応性(刺激感応性)」と呼ばれ、次いでその運動様式を明示するために「収縮性」と呼ばれるようになったり、単に「運動性」と呼ばれるだけにもなったりした。その特性は最初は筋肉繊維に認められ、しかる後に生体のほとんどの組織に存在すると言われるようになった。近代の科学革命は、動くとは動かされるということだという見方を確立し、外から働きかけられた力の大きさに正確に応じる大きさで動くことを発見した。ところが、筋肉繊維の収縮運動は、これに反する様態を見せる。それは刺激を与えられると収縮するが、刺激が或る大きさ、閾値《いきち》を越えない間は何の運動もしないのである。しかも、その値を越えると、筋肉は刺激の大きさからするとずっと大きな運動をするし、刺激がもっと大きくなっても、筋肉の運動の大きさは変わらない。運動は刺激を必要とするとしても「動かされて動く」のとは違い、自らの原理で動く、このように一八世紀後半の生命論者たちは考えたのである。そうして、筋肉繊維だけでなく、真に生きている組織はすべてこのような運動特性をもつと考えるようになってゆく。

　しかし、これだけでは生命の原理が、いわゆる精神的な事柄をも包含するとはとても思われない。しかるに、当時の生理学者や医者たちは、もう一つの生命特性を指摘したのであった。「感覚性」という概念である。これは最初は神経が特有にもつ特性だと考えられ、刺激によって痛みを感じる能力を指した。〈感覚〉がデカルトでは思惟内容の一種とされ、経験論哲学では認識能力を中心に考えられた精神（ないし心）の始まりに位置するものとして扱われたことを想い起こそう。だが、「感覚」を体とは独立したものとしての精神の領域に隔離するのではなく、体の事柄だとして、むしろ生きている体へとしっかりと根付かせ、そのことでもって、ゆくゆくは精神の事柄全体をも生命のうちに根付かせるためには、二つの概念構築が必要であった。ビシャにおけるその姿をごく簡略に紹介する。その際、「刺激反応性」と「感覚性」との両概念を出発点としてそのような構築に至るまでにはどのような理路を経たであろうかについては筆者の解釈を入れ込んだ叙述になることを断っておく。

(4) 有機的生命と動物的生命

一つは、体の生きている組織すべての運動を刺激に応対して生じるものだと考えることである。かつ、物体の運動は外在的力の作用によってしか生じないと考える近代力学的理解が確立した後のことなのだから、生きているものの運動は内在的原理によるとするのなら、運動する組織は自分の外から与えられる刺激とどういう関係をとり結ぶのか明確にする必要がある。生きているものへの刺激の作用が単なる力学的な作用ではないことは明らかである。では、正確には何なのか。

酸に触れると収縮する筋肉繊維が、温《ぬる》い真水に触れても収縮しない、というような場合がある。ということは、筋肉繊維は刺激を弁別し、その弁別内容によって運動するかどうかを決めているのではないか。すると「刺激反応性」と呼ばれる運動は、弁別が引き金となって生じる、やはり内在的原理に基づく運動なのである。してみれば、「刺激反応性」という特性は実は二つの部分、刺激の弁別と運動とから成り立っていると考えるのが妥当だ、ということになる。「刺激・運動」という組が「刺激・刺激の弁別と運動」の組へと精緻化されるというわけである。（第2章第1節(1)で、生理学が「検出」という概念を用いているのをみた。弁別と検出との概念は、重点の置き方ないしニュアンスの違いはあるが、同じようなものである。）

しかるに、「刺激・弁別」に注目すると、もう一つの生命特性として挙げられていた「感覚性」の概念をも一緒に考えるように誘われる。というのも〈感覚〉とは古くから認識論において取り上げられ、そこで一種の弁別に関わる能力として考えられていたからであるし、「刺激・〈感覚〉」を組で考えるのも一般的だからである。（第2章でみたように今日の生理学では完全にそうであり、デカルトに遡っても、「刺激」の概念よりは「物体の体への作用ないし刻印」ということになるかも知れないが、構図は一緒である。生命論において注目された「感覚性」という特性も、やはり刺激に対して、収縮運動とは異なるもう一つ全く別種の反応、痛みを感じるという反応を生じさせる特性なのであった。）そこで、「弁別」と「感覚」とを重ね合わせるなら、専ら神経のみが有するものと考えられた「感覚性」という生命特性を、広く生きている組織すべてがもつ刺激弁別の能力という基盤から捉え直すべきともなる。こうして、「刺激・運動」という組は、「刺激・弁別と運動」という組を経て「刺激・感覚と運動」という三つ組へと変貌する。もちろん三つ組と言っても、刺激という体の外なるものと生きているものとの二つの関係ということは動かない。（刺激は体の外なるもので、弁別と運動、〈感覚〉と運動とは、生きている体の内なるものである。）

だが、このような変貌において、刺激の「弁別」とそれに続く「（内発的）運動」との二つの生命特性は、筋肉繊維や神経に限らず広く生きている組織全般に認められると主張された。すると、このことは同時に「感覚性」という概念がもっていた「痛み」という意識的出来事であるという性格が疎《おろそ》かにされてゆくことにもつながりかねないことであった。ところが、ここにもう一つの重要な概念構成をビシャは提出する。「有機的生命」と「動物的生命」との区分である。この区分は分類的区分ではない。発展的区分であり、有機的生命の段階があり、有機的生命を基礎にその上に更に動物的生命が発展する段階がある。そこで、動物的生命があるところ必ずや有機的生命もある。動物的生命だけが単独にあることはできず、二つは別種だからといって別のグループに分かたれているわけではない。有機的生命だけか、有機的生命プラス動物的生命か、ということになる。

考えてみるに、私たちは「感覚と運動」の組というものを、動物を理解するときに使う。翻ってビシャは、実に「動物的生命」と「有機的生命」とを区別するのである。そうして、感覚と運動とをそれぞれ司る特性を「感覚性」と「運動性」と名付けるが、前者を「有機的感覚性」と「動物的感覚性」とに分け、後者（運動性）の大部分を占める「収縮性」を「有機的収縮性」と「動物的収縮性」とに分ける。（「運動性」には、僅かの組織にしか認められない「伸張性」というものもあるとする。）そうして、「有機的感覚性」と「有機的収縮性」との組が「有機的生命」を、「動物的感覚性」と「動物的収縮性」との組が「動物的生命」をなすと考える。

有機的生命に属する諸作用は、消化、呼吸、栄養、循環、吸収、発汗、分泌であり、動物的生命に属する諸作用は、視覚、聴覚等のいわゆる外的〈感覚〉、移動運動、発声である。（生殖は「種」に関わる作用であり、個体の一時期にのみ関係する作用であるから、どちらの生命にも属させられていない。）

前者、有機的生命を、栄養の働きを例に説明すれば次のようになる。たとえば胃腸の運動は食物の膨張圧などによって力学的に引き起こされるのではない。食物という刺激を有機的感覚性によって弁別し、その後、自らの運動の内在的原理である有機的収縮性によって生じるのである。また、血液循環の場合だと、心臓の収縮は流入する血液の刺激に対する反応運動として生じるとする説明になる。（本章第3節（3）で述べた考え方、心臓がポンプのように働くにせよ、熱器官として機能するにせよ、無生の物質と同じ運動原理で動くという考え方とは異なっている。）

他方、後者のグループは分かりやすい。そうして、私たちが本書の論点との関係で注目すべきは、動物的生命をなすこちらのグループの作用は意識のもとにあると考えられていることである。見ること等が意識的なものであるとされることは本書でのこれまでの考察に照らしても当然であろうし、移動運動や発声はいわゆる「随意運動」であり、運動の統御はその遂行の意識なしではあり得ない。

さて、このようなビシャの見立てでは、有機的生命は消化や呼吸や分泌等の作用を担う器官ごとの生命として言えるものとなり、対するに動物的生命はそれら諸器官の生命が維持され進行しているという条件のもとで、諸器官の総体から成る一つの個体について言うべきものであるということに注意しておく必要がある。

では、この個体とは何なのか。それは体が体を取り巻く諸存在との間にさまざまな関係を打ち立てようとするところに成立するものである。ビシャは動物的生命を「外的生命」とも呼ぶ。生命は発展することで己の外へと向い、そのことが人間では自然が課した限界を越えてゆくことにまで至り、科学、芸術、工業、商業等の営みまで人間を連れて行くとビシャは言う。そうして彼によれば、これらの営みこそ、人が物質に関して表象する粗雑な諸属性からは遠く、精神性について懐く崇高なイメージの正体なのである。

(5)「感覚性」という概念の変質

ところで、このような概念構成において、有機的感覚性は意識に上らない作用であるとされることに違和感を覚える人はいるだろう。〈感覚〉の概念の通常のイメージ（ないし含意）に反するからである。当時もこの点についての論争があった。しかし、この問題について考えるにも、より重大な問題点を先に考えねばならない。それは、生命論における「感覚性」の概念は元々「痛み」の出現に焦点をおいて提出された概念であったので、筆者の観点からは、自分の体の有りようの経験に特化した感覚の概念としてみることができるのに、「弁別」の概念と一体化することによって、その特化という性格が消えてしまうのである。つまり、体の感覚と体の外の事象の弁別（筆者が後で展開する論の術語で言えば「知覚」）と両方を一緒にした〈感覚〉という概念の使い方が舞い戻ってきたわけである。意識下の作用である有機的感覚性が痛みには無縁であるという不都合は措いても、「動物的感覚性」が、いつの間にか視覚や聴覚等の事柄だとして捉えられるようになっている。

〈感覚〉というものをどのように位置づけようとも、〈感覚〉の代表を色や音とすることは、この種の問題を論じる理論家たちのいつものことである。デカルトでもそうであった。彼は考察の或る段階では、「外的〈感覚〉」と「内的〈感覚〉」との区別を言い出すとしても、である。

ただ、一八世紀後半から一九世紀初頭の生命論における〈感覚〉の概念は結局は近代哲学の始まりにおける〈感覚〉概念へ回帰してしまったのかと言うと、それは違う。デカルトでは、〈感覚〉が属する思惟の作用は人間にだけ認められている。

そして、その思惟は体なしで存在していると見なされたものなのである。純粋思惟ではなく〈感覚〉という様態があるのは思惟する精神実体が物体（体）と結合しているからだ、と付け加えるにしても、である。それに対して、一八世紀の生命論は、〈感覚〉を広く動物にも認めたし、それどころか植物も含めた生命体一般に認める人すら現われた。そして、元々、感覚性という生命特性の発見は神経においてであったことから明らかなように、感覚特性をもつのは体（あるいは体の一部）なのであった。

（序でながら、古代のアリストテレスでは人間だけがもつのは思考能力なのであり、しかるに〈感覚〉は思考の一つの様態ではない。思考も感覚も魂の能力なのではあるが。人間が動物である限りで動物と同じようにもつのが〈感覚〉であり、これは自発的運動の能力と対に考えられている。運動と〈感覚〉とは動物が外的なものと関係をもつということに他ならず、そしてもちろん、外的なものの存在は自明であった。――この場合、外的なものとは動物の体の外なるものという意味である。翻り近代哲学で「外的なもの」が話題になるとき、それは精神にとって外的なもののことで、その際「外的」という表現は空間的な意味を剥奪されており、その意味は単に精神にとって己ではないもの、「他なるもの」ということである。――それから、魂は他に栄養摂取の能力ももつのであり、これは植物ももつ。すると、①栄養摂取、②感覚と運動、③思考が、先立つものを基礎に後続する能力が可能になるという仕方で階層をなすのであり、そして思考活動の主体が理性であってみれば、ここにも、生命の最高の発展形態としていわゆる精神を位置づける、そういう発想をみることができよう。しかるに、ビシャの生命論では、「刺激感応性」ないし「運動性」と「感覚性」との二つの生命特性を言うことが、二つの生命、「動物的生命――あるいは外的生命、関係的生命――」と「植物的生命――内的生命――」を区別するということと連動し、しかも動物は動物的生命だけではなく植物的生命の営みを基礎として必要とし含むものなのであり、その動物的生命の発展形態がいわゆる精神の領域の事柄を成立させると主張するのだから、この生命論とアリストテレスとの親和性を言うことも可能なのかも知れない。興味深いことに、このような生命論を受けて、植物的生命、動物的生命、そして後者の精華としての精神という階層を逆転させ、それどころか物質的質料までも含めた自然全体を、精神の微睡《まどろ》みから覚醒へという運動として捉えた一九世紀のラヴェッソン――フランス・スピリチュアリスムの主導者の一人――はアリストテレス研究者であった。）

しかしながら、注意すべきだが、生きている体あってこそ感覚を含めた精神的作用が成立するのだとしても、その作用を特徴づけるものは生命論にあっても結局は「意識」の概念に収斂してゆくのであった。「意識されない感覚」という概念を認める人々も出たが、典型的な感覚は意識されるものである。そうして、感覚性と並ぶ生命特性である運動性に関して繰り返して言えば、非随意的運動とは異なる「意志」的運動こそ意識される感覚とともに動物的生命というものを特徴づけ、その意志とは意識されるものであって初めて意志である。

こうして、認識論上の観念論という立場の新たな展開として立てられた「意識と存在」との関係という問題に代わって、発生ないし発展の問題としての「生命と意識」との関係という問題が生まれた。これは意識を検分しながら意識の外に何があると主張できるのか、という認識論の問題は無視し、生きているものがあって、その生きているものの一つとして意識をもつ人間がいる、ということを承認した上で提起される問題である。

(6) 脳科学における〈意識〉の概念

以上の経緯を踏まえれば、当然に進化論がいわゆる精神や意識というものをどのように考えた(かつ現在進行形として、考えている)だろうか、という話題になるべきかも知れない。他方、意識と無意識とが心理学の主題としてどのように扱われてきたか、という重要な主題もある。けれども、ここで再度、現代の目立つ状況、脳科学の意識に対する態度に目をやってみよう。

脳科学が隆盛している今日、意識を脳の働きとの関連で理解しようとする試みは当然のこととなっている。その意識の概念とはどのようなものか。意識と脳との関係を問題にするという態度が、近代哲学で意識がクローズアップされた理由とそのときの問題意識の方は完全に置き去りにしているのは言うまでもない。繰り返せば、近代以降の哲学における意識への注目は、認識論が哲学の前面に出ることによってなされたのであり、そのとき、意識とは認識の唯一の地盤として登場させられた。言い換えれば、そもそも脳であれ脳を一部にもつ体であれ、意識(ないし意識内容)以外の何物かが存在するかどうか分からない段階で意識が話題にされた（反面、意識については確実にあるものとして語ることができるとされた）のであり、その意識の内容を吟味することで初めて（意識以外の）何らかの存在するものを問題にすることができるとされたのであった。従って、脳科学のように、意識について考察するより前に、いや、むしろ意識についての考察を全く必要とせずに、脳の存在を自明的に前提し、かつ脳についてさまざまな事柄を知り得るという立場を取ることは、意識概念に負わされた役割からしてあり得ないことであった。（もっとも、同じ事情は「生命と意識」との関係を考察する、一八世紀後半の西洋の生命論にあっても言える。生命体が存在するということは自明の前提なのであるから。ただし、生命論は生命と物体との対立に大きな関心を懐いたのだが、意識を扱うと称する脳科学は大勢としては、この対立は小さな事柄だと考えているようである。生命原理のような概念を拒否するのだから。）

けれども、そのような認識論に無頓着に、脳科学は、脳に関してさまざまなこと、その大きさや重さ、脳を構成する神経系とそれに接続する諸神経の形状や配列、それらの電位変化とその伝達速度、活動時の脳の各部での血流の変化等、また、脳の進化的発達と個人の成長における発達等、あるいは欠損や異常等を、私たちが知り得ることは当然だとしている。その上で、脳に関するそれらの知見を意識と呼ばれるものに結びつけ得るのかを一つの問題にしているのである。（研究者によっては、意識との関係は問題にせず、脳をもった人の行動との関係にターゲットをおいている。）そうして研究者たちは、意識の方はどうかと言えば、脳よりは分かりにくいもの、少なくとも科学的研究の直接的対象とすることが難しいものだと考えている。（意識を直接に研究することの困難さは、更に、意識を無意識の概念との関係でも調べなければならないということからもくる。ここには、そのときそのときの意識の他に、記憶という厄介な問題も絡んでいる。意識とはそのつどの現在の概念と結びついていた、ということを想い起こそう。）そこで、脳を研究することで意識を解明するという遣り方こそ初めて意識を漸く科学の俎上《そじょう》に載せることとなのだ、と彼等（の少なくとも一部）は主張するわけである。

そして、脳も脳が埋め込まれた体も本人ではなく他の人が外から観察できるものであることとの対比で言えば、意識というものは個々人の内面の事柄であるということになる。もちろん、ここで「内」と言っても、それは容器の内というようなことではあり得ず、その点では比喩的な言い回しでしかない。内面とは「心」である。そして、科学というものは「複数の人々によって確かめ得る事柄」に関して客観的な知識に到達できるという自負をもっている、このこととの対比で言えば、心の領域は「個々人だけ」の主観的なものなのである。しかも、それでいて、それを客観的な科学の枠内で解明する、これが恐らく多くの脳科学者たちの野心であろう。

こうして、「観念から存在へ」という観念論のテーゼを「意識と存在」との関係の問題として構成し直した哲学の認識論とはまさに反対方向に、脳科学は「脳という存在から意識へ」という道に挑戦している。

しかしながら、である。この「心」というものを構成するものとしての「意識」という概念、これの出自がやはり近代哲学であるのは否めないのである。どういうことか。生命論の場合も含めて、意識の世界は物体（物質）の世界とは別のものであるという考えが引き継がれ、常に維持されてきいている。そうして興味深いことに、西洋近代の哲学が意識の概念を認識論という文脈で主役の一つに引き立てたことを受けて、脳科学も、意識というものに認識もしくはそれに準じる機能を一つの大きな役割として負わせることを考えるのである。そして、この機能とともに、自覚的ないし明示的であろうとなかろうと、実質的には表象という性格が意識に与えられていると思われる。（他の役割としては、一つには行動の制禦。この役割は、認識もしくはそれに準じる機能というものが、その認識そのことを終点とするのではなく、本来は脳をもった人間にとって適切な活動を導くためのものであるという観点が現代の脳科学——あるいは進化論等——には強く刻まれている、このことと関連して理解すればよいであろう。ただし他面、意識をもつ人間は、そのことによって適切な活動に向かう代わりにいわゆる病理的有り方をする可能性ももってしまった。そしてこの可能性は、もう一つの役割に関してもみられる。その意識の第二の役割ないし側面とは、感情——感情的意識——という形式における行動の駆動や抑止である。最後に、自己意識という最高度に重要な役割がある。これは「自己」という存在の確保そのことである。しかるに、この確保に失敗しながらも意識があるという、いわゆる病理的な場合には、現在の感受に切り詰められた意識の可能性と、論理的思考をする意識と、過去を記憶し未来を展望して時間を組織する意識との、三つの分離を考えなければならないかも知れない。なお、第2章第3節で詳しくみたように、今日では、「認知」を主題とする諸種の学問で——また生理学でも――「情報」という概念が、心や意識の内容の含意なしで盛んに用いられるが、情報とは「何かについての情報」という関係性において成立する概念で、その関係性は、観念は「何かについての観念」でありその何かを表象するという関係性、これと類同的でその変奏でしかない、このことにも注意したい。）

さて、私たちは本章第2節の最後で、「体の意識」に焦点を与えるべき、という提案をした。しかるに、痛さや痒さ、それから広くは疲れなどをも含めた感覚こそ体の意識の典型であり、対するに色や音はその役割を担うことはできない。このことは真剣に取り上げて考察する必要がある。

第4章　感覚と体の広がり

第1節　感覚の概念

(1) 奥行きの起点としての体——痛さと体と心——

もう一度、「ものを見るとは、外界の様子を脳の中で復元し、その復元されたものを主観的に感じることだ」という考えについて考えよう。見ることによって推定したり復元したりするべき外界はどのようなものか。藤田氏は、はっきりと「物理的世界」、それも「三次元だ」と述べている[1]。物理的世界は三次元構造をもった物体があり、光が溢れ飛んでいる世界である。(ただ、氏はこの前提をどうして採り得るか。また、同じ問いを別の言い方で言うことになるのかも知れないが、復元がうまくいっているか、そうではないかの区別があることも前提されているが、そのためには、視覚における復元とは別のルートで、復元されるべきものがどのようなものであるかが分かっているのでなければならないはずだが、そのルートとはどのようなものか。なお、体の生理

1　前掲書、六六頁。

的現象についても、三次元の世界のことだと考えているのは間違いない。）

　では次に、復元や推定によって生じるものの方はどのようなものか。一般に、復元されたものという言い方には、「オリジナルと同じようなものであるが、それとは別物である」ということが含意されているであろう。では別物なら、どこにどのような仕方であるのか。藤田氏のように、「見ることは心のできごと」だから、「心の中に、感じられる仕方で」と言うべきだろうか。このような考えの中心にあるのは「主観的」という概念だ。見えている世界は脳の外の世界そのままではない、見る人ごとに作られる世界だ。そこで、在るがままの外の世界を客観的な世界だと規定するなら、「主観的な」世界と言わなければならない。そうして、「主観的」とは「心の事柄である」ということであり、「感じるものだ」ということなのだ、と。

　だが、伝統的な哲学では、心は分割できない、広がりをもたないものである。すると、見えている世界は、「三次元であるように感じられる」だけの世界で、三次元ではないのだろうか。また一方、心とは脳で生まれるものと脳科学者たちは考えているのではないか。実際、復元が行われるのは脳によってであり、だからその世界は「脳の中」で生まれるのだと言うべきなのであろう。

　けれども、その復元されたものを感じることが見ることだと言うのだから（復元が脳で行われようと）、感じられる限りでは「見えている世界として」あるはずだ。ところが、私たちは普通、見えている世界は「脳の外」の世界だと、そうして、脳を包む頭、頭を部分に含む体全体を囲んで広がる世界だと、理解しているのではないか。

　このように問うたところで、次のように考察を進めたい。藤田氏が「感じる」ということを「意識」の概念を中心に捉えていることを踏まえ、しかしながら、前章第2節の最後での私たちの考察を引き取って、藤田氏と違って意識を直ちに「心」の概念によって捉えるのではなく、意識のさまざまな形式に目を向けて、三次元の物象が見えるということの構造を調べてゆく。そのときに焦点を置くべきは、「見えるものの立体的構造が含む奥行き」であるよりは、「体と見えるものとの隔たりとしての奥行き」である。すると、これまでは「見える内容」のことばかりを話題にしてきたが、「奥行きの起点としての体」はどのように経験されるか、これを調べることが前提として必要となる。また、「見える内容」の方も、「体の外に位置するものとして見える」という契機に注意を払って考察し直さなければならない。そうして、前者をきちんと理解しない限り、後者の構造も分からないはずである。

そのために、体の現われ方の一つである痛さや痒さ、疲れなどの経験を考える。これらのうち痛さや痒さは〈感覚〉の概念で捉えられるのが普通である。（疲れのようなものは哲学では余り取り上げられないし、〈感覚〉について論じるときに挙げられることはまずない。）ただ、赤さや轟音、甘さのようなものも〈感覚〉に数え入れる、いや、それどころか赤さなどをこそ〈感覚〉の代表と考え、だから、そのような概念としての〈感覚〉の一員として痛さ等が考察されることが多いのだ、ということに注意を払い、それでよいのか、と問わねばならない。

痛さも色も一緒くたに〈感覚〉の概念で括ることにはもちろんさまざまな理由がある。だが、経験のエレメントを顕わにするために人の経験を分析しようとする本書の限定的な目的に限れば、この括りは事態をみえにくくする。

（２）「感覚」という語

「感覚」という語がどのような意味で使われるかは、三つの領域で分けて考えるのが望ましい。第一の領域は当然に日常の生活で、第二は生理学、第三が哲学、特に近代西洋哲学と心理学。

これらのうち、よく限定されているゆえに最も分かりやすい生理学における〈感覚〉の概念については第２章第１節（１）で説明し、色や匂いのようなグループと、痛さや痒さ等のグループとの両方が〈感覚〉として捉えられる理由も示した。刺激の概念とセットであるということがポイントとなる。

哲学における〈感覚〉の概念は、第３章第２節（２）、第３節（２）で考察した。あらためて確認すれば、色も痛さも一括して当然そのもののごとく〈感覚〉の概念に放り込まれ、かつ「思いの内容」の一種として遇され、ただ、典型的な思いの内容とされ「知的観念」と称されるものとは性格を異にするものと位置づけられている。

なお、脳科学は基本的に生理学の〈感覚〉概念を引き継ぐが、〈感覚〉概念を意識や主観の概念のもとで考察しようとし、このとき、知らず知らずにか自覚してかはともかく、西洋近代哲学における〈感覚〉の概念の影響を受けてしまっているようである。

最後に日常の言葉遣い、これは極めて広い。なぜなら、「感覚」という言葉は、「感」という部分を含むさまざまな語の意味合いと響き合う内容をもたざるを得ず、すると、その内容が広がるのは当然だからである。第2章第4節(3)で「感じる」という日本語の語感を考えたときには、「感覚する」という言葉と「感じる」という言葉との近さにも触れないわけにはゆかなかった。

日常の言葉というものはさまざまな由来の意味内容を受け入れ、文脈によって中身を自在に変えつつ広範に使用されるものである。そこで時には、相互に相容れない概念規定すら、ともに平気で取り入れることもあることに注意しなければならない。それでいて、実際の使用では場面ごとにぴったりの表現として機能して、その文脈ではどういう意味で用いているかがよく分かる、そういうものなのである。

「彼女は色彩感覚が優れていてインテリアの色遣《づか》いが巧みだ」と言う場合、色の〈感覚〉が問題なのだから生理学が言う〈感覚〉の概念と同じかというとそうではない。単に色を見ることを言うのではないし、人が直ぐには見分けない色の微妙な差異を見てとることができるというだけでもない。色の組み合わせ、それも、それぞれの色が占める広がりの大きさ、配置等を含めた全体の効果についての感受性の高さを言う。そして更に、与えられたさまざまな色をどのように感じるかだけでなく、むしろ積極的にあれこれの色を生みだし配置してゆく、そういう能力をも含めて「色彩感覚」と言う。「彼の金銭感覚は庶民の感覚とは違う」と言う場合も、実践、お金の使い方に直結していて、他の言葉を探しようがないくらいぴったりだが、生理学がこのような「感覚」を論ずることは決してないのはもちろんだ。

なお、これら二つの例の場合、「感覚」ということで感覚する側の働き方ないし能力に重点をおいて言っているが、他方、「新しい感覚の小説」と言う場合だと、どうか。或る作品が読む人に与える効果を指すのだから、作品に感覚を帰属させているといってよい。こういう融通が利く使い方も便利である。ただ、もちろんそれを感じる人がいないわけにはゆかないのだから、感じる側から言えば、感覚内容に焦点をおくと言ってもよい。「季節感」「お得感」などの表現でも事実は同じだろう。

「一昔前の感覚」という場合はどうだろう。文脈によって、感覚内容を指しもするだろうし、感じ方をも言うだろう。「感覚が鈍った」という表現の場合は明確に能力の側を指す。（以上は、第2章第1節（1）で生理学における「感覚」という言葉に関して、やはり感覚内容を言う場合と感覚する能力を言う場合とがある、と指摘したことに対応させて述べている。とは言っても、たとえば「テニスの感覚が鈍った」と言うときの「感覚」を生理学の考察主題にすることなど考えもしない。なお、西洋の哲学を話題にすると、日常語と或る学術的―ないし哲学のように学術的装いの―考察のための術語との距離という問題の他に、ヨーロッパ系の言葉と日本語の違いというのも考慮しなければならなくなる。そして、ヨーロッパ系の語の方も、哲学や生理学などで狭い範囲の事柄に限定して使われる場合と、より広い日常的な使い方があり、しかも当然に二つの使われ方には連絡がある。そこで「センサー」という外来語を考えてみると、これは英語（sensor）でも日本語としても学術用語ではない。けれどもこの語は、生理学の「感覚器官 sense oragan」「感覚受容器 sensory receptor」という言葉と真っ直ぐにつながっている。しかるに「センサー」を日本語に翻訳すると「感知器」よりは「検知器」や「検出器」の方が適切ではないか。こちらの方が、外に焦点が向かっていると示せるからである。―序でながら、フランス語の「サンス」には方向という意味もあり、すると、日本語の「感覚」に対応していると思われる場合の使われ方にも、何かに向かってそれを捉えるという、方向性を強調するイメージが出てくるのかも知れない。―ところが、他方、改めて日本語で「感」という部分をもつ語に戻って考えると、それらの語は、「感情」「感激」などはもちろん、「季節感」「お得感」などでも、「感じる人」に重心をおく語である。先に言及した「新しい感覚の小説」という言い回しの場合もそうである。）

このように、「感覚」という言葉は日常では広い場面で用いられ、うまく活躍し、重宝な言葉である。そのような使い方は尊重しなければならない。「感覚」という言葉を使わないことには事柄を表現できないのだから。ただ、引き換えに、すべての用法に通じるものは何かを押さえようとすると難しいような、そういう意味での曖昧さはもっていることは認めないわけにはゆかない。ただし、直接性という要素とか、数値化できない質感に関わる事柄だとか、幾つかの指標を挙げることはできそうではある。しかし念を押すが、このような曖昧さは、日常の言葉全般に言えることなのだが、欠陥であるのではなく、むしろ積極的に重要なのである。曖昧さは言葉の豊かさの裏面なのであり、また、この非厳格さが新しい使い方をも許し、言葉の新鮮な味わいをも可能にするのである。

以上を踏まえて、最後に一言。日常の言葉遣いの方が哲学や生理学に先立っているのだから、その内容の一部が強調されたり時に制限されたりして学術用語に取り入れられることにもなるのは当然である。日常の言葉遣いの手引きなしでは専門的な語も登場し得ない。「感覚」という言葉が哲学や生理学で使用される場合もそうだろう。けれども、日常の言葉というものはあらゆる源泉からの言葉使用を受け入れ融通無碍《むげ》な有り方をするものだから、逆に今度は哲学や生理学の〈感覚〉概念の内容をも大雑把に吟味なしに無造作に採用してしまうということもある。特に、人々が少し理屈っぽく考えるときに、その傾向が出てくるのではないか。するとそのとき、人は近代西洋哲学の概念規定によって権威を与えられ、その上、生理学における確固とした基盤をもつ感覚の概念規定によってもお墨付きを与えられた使い方をする。「赤いものを見る」と言わずに「赤さを感覚する」と言い、単純に「赤い色」と言う代わりに「赤さの感覚」と言うような場合はそうではないか。

(3) 痛さの感覚といわゆる五感——「感覚」という語の限定的使い方に向けて・知覚的質との区別——

さて、以上の確認を踏まえた上で、生理学と哲学における「感覚」という語の狭い使い方に戻ろう。使い方はまさに、或る特定領域に関する学問的な諸概念の構成と不可分である。言い換えれば、日常の言葉の使用とは違って、或る特定の限定すべき事柄を明確に指し示すべきものとして用いられている。生理学と哲学とが〈感覚〉の概念でもって言い表そうとしているものは、インテリアや文体のような高度の経験場面ではなく、まさに経験の始まりに位置すると思われるような事柄である。

しかし、そうであるなら、その限定はもっと厳密であるべきだと筆者は判断する。どういうことかと言うと、痛さや痒さ、疲れなど体の具合を言い表す概念と、色や匂いなど、物象一般に関して言える事柄を表す概念とは区別すべきなのに、生理学と哲学ではこの区別が疎かになっているのを改めるべきだ、ということなのである。第3章第3節（5）でも言及したが、確かにたとえばデカルトは最終的に「外的〈感覚〉」と「内的〈感覚〉」とを区別しているが、このような生ぬるい区別では駄目なのである。そして、この問題は単なる厳密な区別の問題に留まらない。何かが存在するとか存在しないとか私たちは無造作に言うが、そもそも「存在」という概念の故郷はどのような経験にあるのか、という問題にまで繋がっている。

さて、私たちは時に「第六感」と言うが、これは、視覚、聴覚、嗅覚、触覚、味覚を「五感」に数えることを前提してのことだ。しかるに「感」という語は「感覚」に通じるであろう。（「第六感」に入り込むのは、むしろ「勘」という表記が相応しい事柄ではないか、という論点には、いまは踏み込まない。ここには、言葉の音と表意文字による表記という問題も横たわっている。）また、私たちは確かに、目という視覚器官、耳という聴覚器官などをまとめて「感覚器官」（ないし「感官」）と呼ぶこともする。だから、五感によって捉える内容としての色や音、匂い、ざらつきなどの感触、味を、〈感覚〉の概念で捉えるのも普通のことである。（厳密に言えば、この捉え方に立つ場合には、視、聴等を〈感覚〉能力ないし〈感覚〉作用、色、音などは〈感覚〉内容というふうに区別すべきであろう。第2章第1節（1）を参照。）

けれども奇妙なことに、他方で痛みや痒さを「感覚」の概念で考えるのに誰も異存はないであろうが、痛みや痒さを経験するのは五感のうちのどれかによってではない。視覚や聴覚によって得られるものではないし、触れられるときに強い痛みを感じる場合があるとしても、その痛みは触覚によって捉えられる内容だというわけではない。視覚に対する色に相当するのは、触覚においてはざらつき等であり、色はたとえば林檎の色で、ざらつきはたとえば壁のざらつきである。しかるに、痛みはたとえば指の痛み、痛みを感じる人の体のどこかの痛さである。

ここではっきりと押さえておこう、視覚、触覚、嗅覚、触覚、味覚の五つでは体の外の事象が捉えられるという共通性があり、痛みや痒さでは自分の体の状態が経験内容となっているという、大きな違いがある。

痛かったり痒かったりするとき、それは必ず自分の体のどこかの痛みであり痒さである。けれども、目覚めて目を開けたときに飛び込むカーテンの色、それは私の体ではないものの色である。窓を開けると流れ込む香り、それは百合の香りで、やはり私の体の匂いではない。もちろん、私は自分の指の色も見る。いつもと同じ肌の色だと思う。確かにそれは私の体の色だ。だが、肝心なことは、①色はその色をしたものが私の体であることを告げる内容はもっていないことである。②私は色を見ることによってではない仕方で既に自分の指だと知っているものについて、それが或る色をしていることを付加的に知るのである。

まず、①について確認しよう。そこで、通常の経験ではないが、たとえば演奏会で隙間なく立って音楽に酔い痴れる聴衆が一斉に腕を頭上に上げて揺らすときのことを想像してみる。そのとき、空中に舞う沢山の腕の中でどれが自分の腕か、見るだけでは分からない。もちろん、そのような場合でも、もし自分の腕が独特の肌色をしていてそのことを知っているなら、色を見ることでどれが自分の腕か分かるという場合もある。手首に傷があり、そのことを知っている場合と同じである。けれども、それは飽くまでいわば外的判断である。「このような色で、骨が一部曲がっている傘は私の傘だ」とか、「あのように見える猫は隣の猫だ」と分かるときと同じように、偶々或る見えている腕を「自分の腕だ」と弁別したに過ぎない。見えているものという資格では、腕も傘も猫も変わらない。そうして、どの場合でも、見ることとは独立に、「私の傘」であるということ、「隣の猫」ということ、「自分の腕」ということを前もって知っていて、その見るだけでは分からない知識を、見える特徴に結びつけておくのでなければならない。その上で初めて、或る特徴を見たときにその知識を持ち込んで、私の傘、隣の猫と分かる。だから外的判断だと言うのである。そうして、色や傷は見える特徴なのであるが、「私の」とか「隣の」とかは、見える特徴（特徴そのもの）の一つとしてあるわけではない。たとえば「私の傘」であるということは、その傘を買ったときのことを覚えているなどによって知っている。そうして同じように、独特の色というのは自分の腕の見える特徴かも知れないが、その腕が「自分の腕」であるということとそのことは見える内容の要素ではない。（なお、「特徴」による見分けが、個的なものの弁別となる場合の他に、分類的な弁別でしかない場合もあるが、ここでは詳論しない[2]。それから、特徴による見分けは誰にでも開かれている。私がコンサート会場で無数に揺れ動く腕の一つを、見るだけで「自分の腕」だと分かる場合もあるように、全く同じ仕方で、他の人が、見ることで「あの腕は松永――「自分」と述べている筆者――の腕」だと分かることもできる。しかるに、このことを別面からみれば、見ることによる対象の弁別のうちに入っている「自分の」という限定内容の入り方は、私と同じような知識をもつ他の誰かの場合の限定仕方と似たようなものでしかないということである。)

同様のことが匂いについても言える。私が眠っているときに掻いたに違いない汗の臭いがして、それを私が自分の体から出た汗の匂いだと判断するとしても、あるいは、汗の匂いというより私の体臭を嗅ぐとした場合でも、その匂いそのものに「それは私の体の匂いだ」という内容が含まれているわけではない。

色や匂いは、自分の体も含めて物象が経験されるときの主要な現われ方のうちの二つである。そして、体も見ることや嗅ぐことの対象となるが、その対象という資格で現われたものが自分の体であるかどうかは分からない。

次に②の前半部分(「私は色を見ることによってではない仕方で自分の指だと知っている」)であるが、自分の体であるということを告げるのは、一つには痛さのような経験、体の感覚であり、もう一つは、自分が自分の体を動かす経験、動くことが動かすことに等しい経験である。(詳しくは本章第5節を参照。なお、体を動かすときには体の感覚も付随して生じるが、体を動かす経験そのことは体の感覚の経験とは別の事柄である。)そうして、この先立って知っていることに、見ることの内容が接ぎ木されて、見えているもののうちの或るものが自分の体の一部だということが分かるのである。

――以上に述べたことは余りに当たり前のことである。けれども、痛みも色も匂いも、どれをも〈感覚〉の概念で捉えようとするとき、その当たり前のことが見失われてしまう。

なお、ここには、「或る形をして肌色だ」というような「見えている内容」だけでは自分の体(ないし体の一部)であるかどうか分からないものと、痛いことにおいて自分の体だと経験するものと、両者が同じものだということはどのようにして

2　前掲『言葉の力』第2章A節を参照。

私に理解されるのか、という問題がある。同じであることは分かりきったこととして経験されているようではあるが、その分かりの仕組みはきちんと確認すべきである。既に自分の腕だと分かっている腕を見ることでその腕がどういう色をしているか付加的に分かると先に述べたが、この付加はどのようにして可能なのか、という問題は残っている、ということである。

以上に注意を払うなら、いわゆる五感による経験と痛みや痒さの経験とは厳然と区別すべきである。すると事柄は、「感覚」という語を五感の方にあてがうか、それとも痛み等の方にあてがうか、という選択の問題だ、とみることもできる。結論は明らかである、痛さを感覚と考えないわけには決してゆかないであろうから。そして実に、少なくとも日本語としては、痛さの経験のうちに「感覚」という語を適用すべき典型がある。語というものは一般に典型から更に多くの事柄へと適用範囲を広げてゆくものだが、「感覚」という語が、ここでの厳密な議論では感覚と区別されるべきいわゆる五感を言うにも、更にインテリアの感覚や文体の感覚などの高度の経験を指す場合にも用いられること、このこともこの事例だと解釈できる。というのも、これら五感や高度の経験に関して「感覚」の語が用いられるときとは、まさにそれらが痛さに見られる特性を或る程度わけもつというそこに目が向けられるときなのだからである。「感覚」という語が広く用いられるとき、いつでも一つのことが注目されている。それは、色や匂い、音であれ、インテリアであれ文体であれ、その「感覚」を言うとは、それらを経験する人に引き付けて言っているのだということである。ただ、この人を押さえるのに当然のごとく「心」の概念や「主観」の概念をもってくると混乱する。むしろ、体を特定することで特定できる人のことである。

(ただし、多数の中から選ぶという特定をするのは本人ならざる他の人々である。本人の「自分であること」には、体は必ず選ぶことなく——選ぶまでもなく——既に含まれている。)

繰り返すが、私(筆者)は「感覚」という語のさまざまな使われ方を難ずるのでは全然ない。私たちの経験の基礎的部分に関して、二つの区別されるべき経験様態を言い表すには、この語の狭く鋭い用い方をすべきであると指摘しているだけである。分析のために、という目的に限って、このような措置をするのは適切なことだ。それは恰度《ちょうど》、物理学で「落下運動」

の語と概念の適用を鉛直下方への落下運動に限定し、すると銀杏《いちょう》の葉っぱがひらひら落ちるのは（日常での言葉遣いに反して）「落下運動」とは呼ばず、それは落下運動と別の運動との合成運動だ、と考える、その遣り方に少し似ている。これを怪《け》しからんというのは物理学の方法や趣旨を理解しないというものである。言葉というものは多層的で、意味する内容に広がりをもつのは当たり前だ。だが、論ずるに当たっては、核となる意味（別の言い方をすれば、語が表す概念の典型）を限定し、そこから食《は》み出ないようにするのが望ましい場合もある。哲学や生理学で論じるときの「感覚」という言葉の場合がそうである。

それで、では、痛さといわゆる五感とを区別すべきであり、この区別をクローズアップするという議論において痛さを感覚の概念で押さえるなら、いわゆる五感の方は別の概念で押さえなければならないことになるが、その概念を表すのにどういう語が相応《ふさわ》しいか。筆者が採用するのは、きちんと断ることなく既に用いている「知覚」と「知覚的質」という語である。日常、私たちは「見る」「聞く」とかを言って、それらを引っくるめて言う表現を余り必要とはしないが、これからの議論では引っくるめて言う語がある方が便利だから、「見る」「聞く」等をまとめて「知覚」と呼ぼう。そうして、色や音の方は「知覚的質」と呼びたい。ここには、知覚対象と知覚的質との区別という大きな問題があるが、その問題は既に一部第1章第1節（6）で取り上げたが、詳しくは更に第5章で論じたい。

なお、生理学でも哲学でも、感覚と知覚とを区別する議論がなされるときがないわけではない。けれども、そのような議論では大抵が、感覚が材料で、それに或る処理がなされて高度の経験としての知覚が成立すると、そういう筋道が思い描かれている。これは事柄に真剣に向き合っていない、言葉だけで何となく或る事態を言い表そうとしているだけでしかない。

（4）色と痛さの比較・補足

色や匂い、音、味、それから、ざらつきなどのグループと、痛さや痒さ、疲れなどとの違いの中心は、後者のグループだけがそれを経験する人の体の感覚だということにあるが、関連して幾つかの違いがある。そのうちの三つを補足として指摘しておく。

一つは、前者のグループを司る器官はすべて体の表層にあり、痛さや疲れなどのグループはそうではないということ。この特徴は、知覚が体の外の事象に向けたものであるということと連動している。（触に関しては、確かに、稀に喉や食道を何かが通り抜けることが分かるという、体内での触れることに近い経験もある。けれども、そのときは喉や食道は外物——ないし異物——の領域へ開かれた表面としての役割を果たすものとして機能していると言えるであろう。なお、触を除いた視、聴などでは複雑で繊細なものであり数も限られているという特徴をもつが、触を司るのは「ルフィニ終末」「クラウゼ終末」などと呼ばれる幾種かの単純で無数に分散してある受容器だ、というグループ内での違いはある。この違いはコストと必要度によって理解できるであろう。視覚器官である目などはコストがかかるが一対あれば十分である。触はそもそも体が外的環境と関わる最前線の事柄であり、だから目という視覚器官にさえ、それが体表にある以上は、たとえば目を保護する瞼部分に触の受容器はある——触覚の独特性については、本章第6節を参照——。そうして序でに言えば、体表には痛さに関わる無数の受容器も混在しているのだが、それも、痛さは体の変調を教えるものであり、最前線である体表における変調は極めて重要なことなのだからである。）

二つめは、体の感覚は感じているときだけあること。こんな虫歯なら痛いはずだと歯医者が言おうと、本人が痛くないなら痛さはない。さっきは痛かったが今は痛くないなら、痛さは消えたのである。しかし、赤い薔薇を見たあとで見ることを止めれば、赤さは見えていないのは当たり前だが、だからといって赤さは消えたのではない。見ているかどうかに関係なく赤さは薔薇とともにあるというのが普通の考えである。もちろん、人間だけでなく、色を見る動物が全くいないなら色というものは存在しない、というのはその通りだ。それでも、第1章でみたように、色を薔薇に帰属させるのは大きな根拠をもって正当であり得るし、その正当性を承認するなら、色を見ていなくても色はある、と言ってよい。「性質」というものの「潜在的性格」について述べた考察を想い起こして欲しい（第1節（4））。しかるに、痛さなどの体の感覚は、「潜在的」という有り方を拒否するのであり、だから、痛くないときには痛さはない。

三番めは、いわゆる〈感覚〉、すなわち色も痛さも引っくるめて同じような概念のもとで考えるときの〈感覚〉（筆者は本書では採用しない概念）の主観的性格と言われるものは、実は体の感覚についてこそ認めてもよいということ。ただし、「主観」と「客観」とを対立させる典型的な場面とは、第３章第４節（2）で述べたように、「評価に主観が混じるのは避けられないかも知れないが、客観的評価を心掛ける」というような場面である。二つの可能性がともにある事柄でないと、これらの言葉は本当の意味で有効に機能しない。（ここで「主観」「客観」という言葉は、西洋近代哲学の認識論上の概念を離れた、日常的使い方を念頭に、持ち出している。）このような典型的場面に照らすなら、体の感覚に関しては「客観的」という可能性がないので、わざわざその「主観性」を言うのは間が抜けている。或る特殊な議論の文脈を離れると、言ったからといって何か生産的な効果をもつものではない。

以上の前置きをして、少し具体的に考える。その遣り方は、第1章第3節でなした「赤」という色についての考察と類比的な試みを、痛さについて行うとどうなるだろうか、と考えてみる遣り方である。第3節での考察は、「花子の赤」と「太郎の赤」とを比べるというようなことはどのような意味をもち得るか、それから「花子が想像する、あるいは心に想い浮かべる赤」に太郎は接近できるのか、などの考察であった。そのときよりは簡略な吟味に留める。

太郎がお腹が痛くて、この痛さは以前に経験した痛さと同じ（ほぼ同じ）だと思うことはある。また、虫垂炎になると痛くて堪《たま》らないそうだけど、「どんな痛さだろう、どういう痛さを感じるか想像もつかない」ということもあれば、「ああいう痛さの強まったのを感じるのではないのかな」と想像することもある。後者の場合、その想像上の痛さと実際に虫垂炎になって感じる痛さとを比較することもあるだろう。しかるに、これらの事情の有り方は、想い出すなり想像するなりの仕方で想い浮かべる赤と眼前に見る赤とを比べるときの事情と変わらない。

では、ここに花子を登場させて、太郎が想い浮かべている痛さや太郎が現に感じている痛さとの関係で花子の立場はどのようなものか考えてみると、どうか。

「わたしにとっての緑色とあなたの緑色が同じだと、誰が保証してくれるのか？」というイングスが取り上げた問いは、自分と他の人が同じものを見ていて、そのときに色も見るという状況を前提に成り立つ。つまり、色の方は同じとは限らないかも知れないというわけである。しかし、そのような問いを仮に花子がもったとして、では、目の前の同じ薔薇を見ている太郎に見えている色がどのようなものかを花子が気に懸け始めたとしても、それは想像することもできない。比べることもできないものなのだから、想像しようもないのである。しかし、普通、花子はそのような気に懸けなどはせず、太郎に見えている色とは自分に見えている色だ、と考えている。これは、なぜなら二人は同じ色を見ているのだから、という考えなのである。この同じさを当然とするレベルで私たちは生活しているわけである。その当然さは、色が関係する行動が順調にゆくかどうかで測られる。(二人が同じ薔薇を見ていることの方は人は疑わず、色についてだけ、違うのではないかと、ふと思うことがあるわけだが、同じ薔薇を見ているということの根拠も、薔薇に関わる二人の行動の有り方が与える。)

ところが痛さの場合は事情が異なる。二人はともに薔薇を見ることができ、すると二人とも色も見るのに、太郎が痛さを感じているとき、花子も痛さを感じるわけではない。(もちろん二人とも痛さを感じている場合もあるが、その場合は、一方は赤い薔薇を見ていて、もう一人は黄色い水仙を見ているような場合とどこか似たような状況で、初めから違う色を見ているというのは当然で、同じではないかも知れないという問いが生まれる余地がない。違うのが当然なのである。そうして、二人ともお腹の痛さを感じているというときでさえ、二つの痛さは違うということは断言できる。なお、「どこか似たような状況」と言うのは、水仙を見ていない人も次には見ることができるかも知れない、そういう状況は痛さにはないので、やはり同じ状況ではないからである。)

そこで、二人には違いがあるのは明白なのだが、では、花子は太郎の痛みを想像できるだろうか。できる。しかし、それはどのようにしてかについては後で考察するとして、比較のために、先に、花子がいわゆる「太郎の色」を想像する場合にどのようにするか、第1章第3節(3)の考察の一部の繰り返しになるが、確認しておきたい。なお、花子が「太郎の色」を想像する自然な場合とは、(二人がともに薔薇を見ているときに「太郎に見える色」を想像してみるという、何かの拍子で理屈っぽく考えるときではなく)太郎がいま「想い浮かべている色」や「かつて見たという色」についてである。そこで実に、「太郎がいま感じている痛さ」の花子による想像を話題にしているのだが、その想像は、「太郎が思い出している痛さ」や「いま想い浮かべている痛さ」と同じように花子の想像の対象（目標）となるし、しかも、それらについて想像する遣り方は原理的には同じなのである。

さて、太郎が想い浮かべている赤がどのようなものかを花子が想像できるためには、太郎に説明してもらわなければならない。太郎はどうするか。自分が想い浮かべている赤い色をしているものやその赤にできる限り近い色をしているもので花子も見たことのあるものを探す。（元々が、「太郎の赤」にこだわろうと、その赤がどの色のことを指しているかは、太郎が「その色を見た何か」に言及する仕方でしかできない。――細かく言うと、いつ、どういう状況で、とかまで言及する必要がある。――たとえば、「二人が＊＊公園で見た、あの薔薇に見た赤」というふうに。）それが見つかれば、自分（太郎）が想い浮かべている赤がどういうものか、花子が分かってくれることを期待できる。このとき、そのものを二人それぞれが見たときにそれぞれに見える色は同じだという前提を何の迷いもなくとっている。（第１章で指摘したように、実際にはどの色も個性的で、厳密に言えばすべて異なるのであろうが、その異なりを言い立てるのはほとんどの場合にトリビアルである。「厳密には違う」という当たり前のことにこだわるよりは、「さまざまなレベルでの同じさ」を言うこと、言えることの方が実際は大事である。できれば、どういうレベルでの同じさかを自覚することが望ましいが。）しかしながら、痛さの説明ではそのような役割をもつものは原理的に無い。同じとみなせるものに頼ることができないのである。

では、花子はどのようにして太郎の痛さを想像できるのか。（太郎の痛さが「いま感じている痛さ」であろうと「思い出している痛さ」であろうと「想い浮かべている痛さ」であろうと、一緒である。）想像できるのは、太郎が痛さを感じているときの状況と同じような状況で花子自身が痛さを感じた経験があり、そのときの痛さを想い起こすことができる場合に、である。しかるに、この場合、花子が太郎の状況を把握できることが前提となる。そうして重要なことは、状況のうちには必ずや太郎の体の有りようが含まれる、ということである。（色の場合、その色――ないしその色に近い色――をしているものを見つけることが鍵であったが、この点で事情は大きく異なる。）その上で、花子は次に自分の体が太郎の体と同じような有りようをしている場合を想像し、そのような有りようの経験において痛さを感じたことがあるなら、何とか想像できる。

ただし、実際に同じような体の有りよう（たとえば膝を擦りむくとか）になり痛さを感じる場合が訪れたとしても、この痛さが太郎が感じている痛さなのだ、と言うわけにはゆかない。その事情は、太郎が、「自分が言う赤はこの色のことだ」と赤い薔薇を花子に見せるときに、花子が「ああ、この赤ね」と確認できたと思う、そういう事情とは異なる。

ここで更に確認したい。花子と太郎とが目の前に見えている赤い薔薇を見ているとき、花子は太郎に見える赤がどういうものか、そもそも想像しようとはしない。ところが、太郎が現に関係している痛さについて、花子が、どういう痛さなんだろうと懸命に想像しようとすることの方は大いにあるのである。

以上のように色の経験と痛さの経験とは、かくも様子が異なっている。

第2節　感覚と体の広がり

(1) 感覚と体と「私」――存在概念の故郷――

更《あらた》めて確認する、本書で言う狭義の感覚は、必ずや体の感覚であることを。だから、色や匂い、音などは感覚という概念で捉えない。「知覚的質」と規定する。色を見、匂いを嗅ぐのは私であるが、色や匂いが私の色、匂いであるわけではない。それらは知覚対象の性質である。しかるに、私が痛さを感じるとき、痛さは私の痛さなのである。しかも、それは指の痛さであったりお腹の痛さであったりし、つまりは私の体の（どの部分かの）痛さである。手も机も、誰かの手も同じように見えるが、痛みを感じるのは私の手だけである。それで、化膿して痛みを感じていた指先を仮に手術で切り離すなら、指はもう私の指ではなくなるが、それは、もはやその指先に痛みを感じることはなくなることでもある。（痛みが残れば、指の付け根の、いまなお私の体の一部である箇所に感じる。）他方、切り離されたものは私の指であったときと同じように、肌色をし、丸みを帯びた形で見えている。繰り返すが、色を見るのが私であるからと言って色が私であるわけではない。けれども、痛さは私の痛さであったし、私の指の痛さであった、そして、今や、私は痛くなく、指は私の指ではない。こうして、感覚において「私」と「私の体」とが不可分の事柄として現われ、「私」は体を自己と捉える。

実際、私たちは日常生活にあって、それぞれの「私」というものを結局はそれぞれの体に即して考えている。誰かを——それぞれに「私」である人を——指すとき（自分自身を指す場合ももちろん含めて）、その人の体を指すことが最終の答である。「あの仕事をした人だよ」とか「あのグループの中で最も強い心をもった人だ」とか、どのような仕方で誰かを特定しようと、その人の体の特定までゆかない間は、特定は宙ぶらりんで、最終的指定とはならない。

確かに、「即して」とは考えてみれば曖昧な言い方である。だが、次のことは確実である。すなわち、体というものは体の外のさまざまなものと原則的に区別されていることを当然とした上で、各人は、体の外側のもの、体ではないものは自分ではないものと考えていること。（「原則的に」という留保の意味については、第5章第2節(3)を参照。）そして翻って、体の方は自分なのであること。そして、体がどのようであるか、現在どのような具合にあるのか、というのは「私」の現在を根本的に規定しているのである。この規定の仕方を考察することなしに「私」というものは理解できない。

実際、私たちはいつも自分の体のことを気に懸けて生きている。病気でもすればそれが良くなるか酷くなるかが思いの中心に居すわりがちだし、そうでなくとも、体の調子がどうかは、何をやるにも基礎の事柄として感じられ、把握されている。目あるいは肌の紫外線対策、栄養管理等、体の健康は現代の人々の一大関心事でもある。駅の階段をらくらく昇れる。靴下を履くのに立ったままだとよろよろする。体が硬くなったと一喜一憂する。人によってはダイエットだ、魅力あるスタイルの獲得あるいは維持だ、髪形、化粧だと、体は自分の或る種の行動が働きかける相手で、かつ目標物である。（ここには、体の社会性という主題がある。肌の色で差別が行われる社会があるということは、人々が人をまずは体として捉えていることを物語っている。）次第に年老いることを想像し、あるいは実感する、それはまさに自分を体において捉えている。心の有り方、態度が若さを決めるという言い方も或る限定の上でのみ有効な物言いでしかない。子供は或る時期、早く大きくなりたい、と思うだろう。それは大人になってこんなことをしてみたい等のことかも知れないが、大きくなることの内容には体そのものが成長し大きくなるということが含まれていないわけにはゆかない。子どもが欲しいのに子どもができないのはなぜだろう、と悩む人が、体としての己を考えていないわけがない。当たり前のことばかりだ。

確かに、「私」がどのようなものであるかにおいて体の現実性は大したものではないと、言い張る人がいないわけではない。しかし、ことは重要度の問題ではない、単に体ののっぴきならなさを確認するだけでなく、次のことを押さえることが肝要なのである。すなわち、体の現実性、それはまさに「私」にとっての現実性なのだが、そもそもこの現実性を抜きにしては如何《いか》なる現実的なものもない、「私」自身の現実性もなければ「私」にとって何かが現実的なものとなることもないのである。そして、自分の体の存在を感じ取ることこそが、存在の概念に意味を供給する。体の存在が存在概念の原型として働く。言い換えれば、誰にとってであれ、人がもつ存在概念の故郷は体の経験にあり、だから、どのような仕方であれ何か存在するものについて何事かを言うとき、人は既に自分の体の存在を前提、承認しているのである。

そうして、存在という概念の出所まで考慮すると、次のように言って糊塗するわけにはゆかなくなる。すなわち、本質的には(お好みなら「権利上は」という言い方をしてもよいが)〈私〉は体なしで存在し得るものだけれども、事実的にのみ体と結合しているのだ、と。そもそも、体の存在を認めることなしには存在という概念を発動できない。「私が存在する」が最初の項であってもよい。けれども、その「存在」は体において確認できる「存在」なのである。「体の現実性によって基礎的内容を供給される私の現実性」こそが存在の具体性として初めて登場する、これを確認することが重要なのである。

ここで私たちが、自分が経験した印象的な幾つかのシーンを想い出すときのことを考えよう。その中には、自分の身体の事柄と直接に関係ある事もあり、一見関係なく思えるものもある。

盲腸を患《わずら》ったけれど、あんなに痛い思いをしたことはなかった、というときには、体の経験が強い印象の中心にある。そして、この想い出は自分がどうであったかの想い出である。

他方、たとえば海が青々と輝いていたというような印象的シーンを想い出すときはどうか。海は自分とは別のものである。ところが、である、海を想い出しながら人は、あのとき自分は感動したとか、海を見る直前には悲しいことがあったんだとかのことも想い出すのかも知れない。しかるに、その海を見ていた自分自身の想い出、また感動したとか悲しかったとかの自分の想い出ということの中身には、そのとき自分は体調がよく元気一杯だったとか、喉がカラカラだった、唇を噛み締めていた、大きく息をしたなど、何かしら自分の体がどうであったか、自分が体ないし体の一部をどう感じたのか、そういうことの想い出も付随しているものである。そうして、青い海も感動も悲しみも自分が経験したことなのだとしてそれらを自己につなぎ留めているものとして、そのままそのときの私の有りようとしての或る体の感じがあるのである。悲しみのような自己感受というものの最も純粋な形と思えるものにも、体の告知というものは基底的なものとして付き従っている。また、更に言えば、考えごとをしたり読書をしたりしてさまざまな意味事象の意識が活発に働いているときにも、それから夢想に浸っているときでさえ、基底では体の意識は生じている。

以上のことは、私の経験すべてに私の体の関与があり、その体は体の感覚という形式でそのときどきの「私」の有りようを参与しているということを示している。そして体の感覚こそが、私のあらゆる経験をいわば地上に、体と体の外の物事とがともにある世界に据えつけるかのように働いている。(体が他の物事と共存している世界というものについては第5章と第6章で詳論する。)

体の感じというものには、痛さや痒さを典型として考える感覚の概念から、元気一杯、あるいは具合が悪い、のような、広く「体調」とでも呼べばよいようなものまでさまざまにある。既に触れた、眠気や疲れ、目の腫れぼったさ。それから、洗顔のあとの頬の皮膚が突っ張った感じ。空腹、尿意、胃もたれ。息切れ、胸の鼓動。吐き気。足を痛めたあとや五十肩のときの不自由な感じ……。思いつくままに挙げれば、実に多様で、様相がかなり違うものが混ざっている。痛さなどは体の局部に限定された感覚であるし(全身のあちこちが痛いといっても、ここ、そこがより強く痛む等と限定できる)、元気だ、とか、どうも怠《だる》い、とかだと、体全体の有りようを告げる。空腹だと体の欲求であろう。激しいものもあれば、何となく感じられるというものもある。実に多様で、一括《くく》りにはしにくい。けれども、どれもが自分の体もしくは体の一部の具合を告げ、それは「感じる」という仕方での体の告知なのである。当人だけが受け取る仕方、経験仕方で。そうして、そのような状態の体として人は存在しているのである。

(2) 指の痛さと指の色

指と指の痛さとの関係は、指と指の色との関係と同じようなものだろうか。色は物と光とそれを見る人との三者があって初めて生じる関係的なものであることを第1章で論じた。だから物だけでは色はないと言ってもよいわけで、しかしながら、色は物の色だと考えて差し支えないことを、その理由とともにみた。いや、差し支えないどころか、色は物の色だというふうに理解することで私たちの行動はスムーズに進むのである。

では、痛さも関係的な事柄であるのに或る便宜のために私たちが痛さの帰属先として(関係項の一つである)指を選び、「指の痛さ」と理解する、そのようなものなのだろうか。たとえば針で指をつつくと痛い、だから痛さとは針と指との関係によって生じる、そのような事柄だろうか。いや、針が取り去られても痛い。指の或る状態がすなわち痛いということなのである。

次に、「色を見ている人」に相当するものはあるだろうか。指と針との関係はどうなのだろう、というような言い方をしているが、その内実は、指を一部としている体と針との関係を問題にしているのである。そうして、人の特定は体の特定によって果たされるのであった。すると、「指がその一部である体において特定される人」と「指に痛みを感じている人」とは区別することはできないのではないか。後者の人を、体とは区別された「精神」だとか「心」とかの概念で押さえたい誘惑はあるかも知れないが。前段落で「指の或る状態がすなわち痛い(痛い状態である)ということ」と言ったが、この表現は「指が痛みを感じている」ということを言っているのではない。「人が指が痛い状態でいる」ことの簡略表現である。「像は鼻が長い」という日本語の言い回しと同じ表現形式として理解していただきたい。集団で何かをやっているときに誰かが指を痛め、救護班がやってきて「指が痛いのは誰ですか?」と訊く場面を考えよう。そうして救護班はもちろん、一つの体を特定することで人を特定しようとしているのである。

以上の事柄は、人は自分の指の色を見ることをするが、見える内容のうちには見えているものが自分の体(体の一部)だということを告げる要素はない、ということと対比させることでも、よりよく理解できる。（もちろん、自分の体を見ることができるとはどういうことかという問題と、或る見えるものが自分の体であると理解するのはどのような仕方でなのか、という問題はあるが。第６章で詳論する。）また、この対比は、或る人の指の色は、居合わせる（視覚をもつ）人々の誰もが見ることができるが、指の痛さは本人しか感じないという対比と連動している。そうして、痛いということは出来事である。人の刻々と変化し得る状態のそのときの有りようの告知である。

（３）体の目覚めとしての意識と「私」

体と「私」の概念との微妙な関係を考えるために、もう一度「意識」の概念を検討する。第３章第１節と第２節では、西洋近代哲学の枠組みで登場した〈意識〉の概念を取り上げた。近代哲学は意識の概念のお陰でその認識論上の観念論を人々に受け入れやすくさせ、かつ思惟の概念を拡張したが、しかしながら意識の概念を思惟の概念に従属させたのであった。だから、〈意識〉の内容には「観念」という身分が当然に与えられた。しかるに、日常の意識の概念では、意識内容（意識されるもの）とは観念に限らず、現実の存在に届いている場合があるのだ、と指摘した。けれども、そのような日常の意識の概念にあっても、意識の概念が心理の概念へと手繰《たぐ》り寄せられてしまうのは致し方ないことである。（そして、まさにこのことゆえに、観念論は意識の概念を援用することで己を受け入れやすいものにしたのである。）意識とは何と言っても、意識するものとしての自己、「私」を引き連れ、その「私」の一つの中心は、ここで体の特定なしに「私」の特定はないと言っているものの、やはり心の概念で捉えられるからである。

ところで、意識の概念が誤って従属させられた思惟の概念は、体なしで存在し得る精神の本質とされたのであった。そこで今回は、意識とは心理的なものであるとしても体とは切り離せないのだということを納得するために、私たちの眠りと覚醒（目覚め）との対比に注目する仕方で意識の概念を考察したい。

目覚めとはどのような事柄か。目覚めは眠りとの対比にある。目覚めとは眠りから覚めることである。そうして、眠りは体が欲することで、眠りを体抜きで考えることはできない。しかるに、体が眠りを欲するということ、それを人は眠気として感じる。

ここで重要なのは、眠気を感じるのは「私」だと言ってもよいが、その感じとはまさに体の状態そのものであるということである。眠気が酷くなると目を開けてはおれない。眠気は、寝不足で目がしょぼしょぼしている、歩き疲れて腿の辺りが痛い、体が怠《だる》い、足先が火照《ほて》っている、寒い、背中が痒い……等々と並ぶ、体の状態そのものの自己告知の一つである。しかるに、眠ってしまうと、眠気は固《もと》より「私」はほとんど何も感じない。痛さも寒さも、それから眠らずに目覚めたままでいようとする努力も、すべて消えてしまう。

さて、この消えてしまうことを「意識が消失する」と、意識の概念を使って表現してよいだろうか。ここで意識の概念を援用せざるを得ない。援用したい。

何度も言うが、意識の概念は、近代哲学がそれに与えた刻印ゆえに問題含みの概念なのだが、意味内容が拡散してゆきかねない嫌いもある経験の概念（人間の経験の概念）をその中心で押さえるのには有効であるのは否めない。（ただし、経験概念では長いスパンでの時間的契機が表立っており、そこに強味があり、意識概念に対する優位もある。意識の概念は、「意識の流れ」などを言う場合をも含め、いつでもそのつどの或る時の意識に目を向けさせ、時間の経過に従うその蓄積の効果等には余り注意を払わないのではないか。無意識の概念をも取り込み、そのダイナミズムを言う場合は別だが。だから、意識の概念と経験の概念と両方を上手に使って考えることが必要なのである。）

「経験」という言葉は「意識」という言葉より非常に広い範囲の事柄をカバーする。一つには、たとえば「気球に乗った経験」とか「戦争の経験」とか。意識ではそのつど何を意識しているかが問題になるが（だから、或る特定の時点に焦点をおいてしまうが）、経験は大雑把に或る出来事を経験内容として括ってしまえる。しかしながら、出来事を経験内容として語るには、「その内容を確かに経験したのだ」と出来事を或る経験主体に繋ぎとめる部分が必要で、その役割を意識の概念は果たせる。

それから二つには、たとえば「私には戦争の経験がある」という言い方と並んで、「この国は一度も戦争を経験したことがない」というふうに経験の主体を個人ではないものと考え、しかもそれを比喩だとか擬人法だとかと考えなくて済む経験概念の使い方がある。しかしながら突きつめて言えば、経験の主体としては、やはり私たち一人一人の個人、「私」というものを考えるべきなのであり、しかるに、意識という概念は、先に述べたように「意識するもの」として「私」を当然のごとく要請する概念であり、一人一人の「私」を前面に出して考えるよう促すのである。（「集合意識」という概念もあるが、それは表現上の便法であって、その意識内容をもつのは各個人である。）

だが、では目覚めにおいて意識があり、眠りでは意識が消失するなら、そして意識の概念に「私」というものが結びついているなら、眠りは「私」が経験する事柄ではないということになるのか。いや、私たちは、よく眠った、未だ眠い、眠り足りないなどとの感じをもちながら目覚める。眠りは誰の眠りでもない、「私」の眠りなのである。しかしながら、眠たさは未だ目覚めているときのことだし、よく眠ったというのは目覚めた後での振り返りである。そこで、眠りが「私」の眠りであるということは、眠りは体の眠りであり、目覚めは体の目覚めであり、かつ、「私」はその目覚めた体として自己確認をする、というつながりのうちに求めなければならない。

確かに、私たちは深く眠ってしまえば、そのときのことを、眠っているということを、知らない。それも、私は自分の背中なのにその一部に色が変わった部分があるかどうか知りはしない、というような具合の知らなさではない。眠りという相手（知ろうとする対象になり得る相手）を知らないどころか、知る者（ないしは知ろうとする者）としての、そういう限りでの「私」自身が眠りにおいては消えてしまう、そういう理由で知らない。眠りにおいて、私は自分を己（「私」）だとして意識している仕方では存在していない。

けれども、（眠り続ける人――いわゆる植物人間のような人――がどういう存在かは措《お》くが）人は普通は目覚める。そして、私たちは目覚めたときに、よく眠ったとか、眠り足りないとか、浅い眠りだったとか言うことができる。繰り返すが、それはもちろん自分の眠りのことを言うのである。私たちは自分の眠りから覚め、目覚めることで、その眠りがどのような眠りであったかが分かる。うとうと眠ったのか、ぐっすり眠ったのか、など。そして、そのように分かるとは、眠っている間も自分は自分であったと承知しているのである。眠っていた自分（「私」）が存在していたことを自明と考える。

また、眠たさの経験に返るに、私たちは眠く感じること、眠気が襲うことを我がこととして経験する。眠気と戦う場合もある。そして、眠いあとで眠った、眠ってしまった、心地よかった、と、眠りを眠たさとの連続でとらえる。すると、眠りの方は、意識から漏れているとしても、「私」の或る有りようそのこととして意識される眠たさと同様、やはり「私」の或る有りようなのである。

わざわざ言うのがおかしいくらいに余りに明らかなことばかりだ。だが、「私」という経験主体を意識の概念のもとで鋭く捉えようとしたので、確認する必要がある。「私」を（近代哲学におけるのと違って思惟の概念に従属させられてはいない意識の概念のもとで）「意識するもの」として明瞭に捉え得るとしても、「私」を意識の概念のもとに留め置いておくわけにはゆかない。意識は「私」という概念を成熟させるのではあるが、だからと言って「意識するもの」に尽きるものとして「私」を捉えるのは不適切である。「私」を捉えるべきなのは、眠りと意識ある目覚めとを貫く「生きている」という概念の方によってだ。そして、生きているとは体の事柄である。だから、体と「私」との両概念の間に区別があるにせよ、「体抜きの私」はない。「私」というものは、体に着目することでは意識の概念に閉じ込められることなく、それに相応《ふさわ》しい位置を獲得する

「私」は目覚めの時間と眠りの時間を通じて生きている体に則して在るものとして自己を了解する。そうして、これを念押し的に言い換えれば、「私」は意識として立ち上がるのだが、そうして、意識において「私」は体を食《は》み出るものである（意識は体の意識であるだけではなく、知覚においては体の外の諸事象、言い換えれば私ならざるものについての意識でもある、そして、その知覚の成立は、第5章第2節（3）でみるように、体自身が体の外の事柄なしには存在し得ないことに基づいている）のだが、その「私」は目覚めているときの事柄としての意識を食《は》み出ているものとして、意識なしで眠りもするものとして、自己了解するのである。

当たり前のことである。なぜ、これらのことを殊更《ことさら》に言わなければならないのか。思惟、意識、自己の三者を同一視し、その同一視において想定された存在には体の存在は無関係である、と主張する哲学上の誤った考えが根強いからである。

（この序でに、「死」について少しだけ触れる。私たちはしばしば、死を眠りに擬《なぞら》えるからである。死を「永遠の眠り」と言う。また、死者に「やすらかにお眠りください」、とも言う。逆に、或る眠り方を「死んだように眠る」と表現する。だが、誰も自分の死を経験したことはない。眠りについては、誰でもが日々経験している。眠りがどのようなものであるかも、その経験で知っている。誰かが眠っているのを見るから眠りがどうであるかを知っているということではなく、自分の眠りについて知っているのである。誰もが眠りを経験している。それに引き換え、「経験」という語は、死ぬ——自分が死ぬ——ということには適用できない。ああ、「うとうとした死であった」「ゆっくり死んでいた」とか振り返ることができる人はいない。もし「死から甦《よみがえ》る」ことがあるなら、それは死んではいなかったのに過ぎないことの誤った表現である。生から死へは一方通行である。眠りからは再び目覚めるという方向がある。眠りは飽くまで生の一様態で、眠りと目覚めとは交替する。死を眠りに擬えるとは、擬えるだけ、まさに比喩でしかない。では、どうして私たちは死と眠りとを似たようなものと考えることがあるのだろうか。二つのことがある。一つは、他の人の眠りと死についての比較。もう一つは意識の問題。しかし、ここで詳しい考察をするのは控える。人の死は、人間社会では疎《おろそ》かにできない重大な問題ではあるが。いま確認したいのは、当たり前過ぎるが、或る思想伝統との関係で念をおすために言うが、死は生と対立する概念だが、眠りは生の内部で、生の事柄として目覚めと対立するに過ぎないということである。そうして、意識もまた、体という物的なものにおいて営まれる生の内部の事柄であるゆえに、決して物的なものと対立するわけではない。体の死の後も存在し続けるもの、霊魂のようなものを考え、その霊魂と意識の概念とを結びつけるわけにはゆかない。）

（４）感覚——体という存在の訴えとしての意識形態・幻影肢の問題——

意識を目覚めにおいて捉えるなら、意識を、体とは別のところで（体がなくても存在し得るものとして）捉えるわけにはゆかない。目覚めは眠りとの対比にある。目覚めとは眠りから覚めることである。そうして、眠りは体が欲することで、眠りを体抜きで考えることはできない。だから、目覚めもそうである。眠りから目覚める、それはそもそも体の意識が立ちのぼることとして生じる。よく眠った、未だ眠い、眠り足りないなどとの感じをもちながら私は目覚め、体の或る調子として意識の目覚めはあるのである。爽《さわ》やかに目覚めたとき、その爽やかさは気分の事柄であると言おうと、少なくともそこには体調の良さを感じているということがある。

ここで、体と意識との関係に関する近代哲学以降の有力な考えとの関連で注意しておきたい。「意識された体は意識内容でしかない、だから、存在するものとしての体が証明されているわけではない、体が在るのかどうかは分からない」というような議論に引きずり込まれることを拒《こば》む仕方での、体の意識があるのだ、ということを。

近代哲学は意識をまずは体の意識として考えることなど及びもつかないできた。第3章第3節(1)で紹介したことを踏まえ、近代哲学の主張をここでの論点に関連させれば、次のようになる。体の意識というものもありうるが、それは、せいぜい、心の意識に比べれば偶発的で付随的な意識にすぎないのである、と。さまざまなことが意識内容に入っている、その内容の一つとして物体の仲間の体が意識されることがあることを認めてもよかろうと、そういう具合だ。しかも、意識の概念の導入は「思う〈私〉」の確立の後であったので、何についての意識であれ、意識されたもの、意識内容はその何かそのものとは違うと主張される。意識内容はすべて観念だと言うのである。

そこで、仮に体が意識されるとき、意識されている体とはまさに意識の内容でしかなく、体そのものとは違うという考え(あるいは、体を意識することは体があることを当然とするわけではないという考えさえ)が哲学では大手を振って通用してきたのである。そうして、ここから出発して、体そのものというのは、その意識内容の点検によって、存在するとしたらどのようなものなのかと、存在するかどうかが判断されるべきものとされたのである。〈私〉と体の間には大きな距離がある。私が体として在るというような考えからは遙かに遠い。

しかしながら、そもそもが、目覚めに即して捉えるべきものとして意識を考えるなら、意識の最初の登場はまさに体という存在の訴えそのこととしての「体の意識」としてなのである。そして、近代哲学が意識の概念を従属させた「思う」という知的活動だが、これは体の意識の後から、体の意識を前提し伴わせながら成立する事柄でしかない。体の意識、それは、眠さもそうだが、目がしょぼしょぼしている、背中が痒い、寒い等々であり、それらは体の状態そのものの自己告知である。体についての観念であるのではない。(そもそも、先にみたように、体の自己告知こそが「存在」の概念の源泉、典型なのである。体については、「観念から存在へ」という道の可能性は最初から問題にならない。)

体の意識をもつことは体が存在することを保証しない、ということを主張するために、切断された腕をいまでも自分がもっていると錯覚する人の話、すなわち「幻影肢」を持ちだすことによって議論を尤《もっと》もらしいものに仕立てようとしても、無駄である。確かに、事故等で腕を切断されてもう腕をもっていないのに腕があるように感じて(意識して)しまう経験はあるのだろう。けれども、だから体の意識をもつからといって体が存在すると言ってはならないという議論は、認めるわけにはゆかない。注意すべきは、幻影肢の経験をする人は、腕はなくとも肩はもっていて、幻影肢の意識は肩の意識を前提していることである。その意識された肩は実際にある体の部分である。肩も幻影である、いや少なくとも体全体が幻影で本当は存在しない、ということは決してない。別の言い方をすれば、体全体が存在しないのにあるかのごとく思ってしまう「幻影体」の経験をもつ人など、いはしない。体の意識は体そのものの現われ、体の或る状態の訴えなのである。空腹や尿意を覚えるという仕方で意識される体のことを考えよう。そのとき人は食べることや排泄によってのみ対処できる。空腹等によって意識された体は、幻想や夢の内容とは違う手応えの或る現実存在である。

(5) 感覚と体の広がり

さて、痛さを代表とする感覚は体のそのときの有りようであるが、その体には全体や部分を言える。筆者は目や頬、喉、肩、足、胸などについて述べたが、これらが体のさまざまな部分であるのは分かりきったこととして書いた。読む人も、目や頬などが体のどの部分であるか(従ってそれらの位置関係も)知っていて、叙述を読んでいるはずである。ただし、このような部分をもつものとして体を想い浮かべるとき、私たちは大抵は見るときの体(視覚対象としての体)を想い浮かべている。（もちろん、盲目の人はそうではなく、恐らく、手で触れてゆくことで分かる位置関係を想い浮かべるだろうが、これについては第6章第3節を参照。それから、第4章第5節でみるが、誰にあっても、自分の体を動かすことで動かせる体局部ならその配置関係が分かっているということがある。）どうしてかと言うと、第5章第4節（2）で詳論するが、一般に、見ることが具える空間の構造は明瞭であり、だから体の局部の位置関係も、見られた体においてこそ明瞭であるからに違いない。

けれども、本節（1）で私が体のさまざまな部位を言ったとき、それは見ることで代表される知覚によって知られるのではなく、感覚によって知られるものとして語ったのであった。すると先にも述べたように、感覚によって知られる体（ないし体部分）と知覚によって知られる体と、二つはどう違い、どのようにして経験において一致させられるのか、という問題があることに気づく。この問題の詳しい考察は後の第6章第3節に委ねて、いまは、感覚による体の告知があり、しかも感覚自身においてさまざまな体部分が区別されることを確認したい。感覚は場所規定を携えている。近代哲学において〈感覚〉の概念は（赤のような知覚的質と痛さのような感覚とを一緒に扱いながら）、体から切り離されても在り得るとされた「私」の概念、これに重ねられて登場させられた意識の一つの形式（思うことの一種）とされることで、広がりの契機を奪われたものとして提示されることが多いが、これに抗して、事柄に則した感覚概念を鍛えあげなければならないのである。（匂いや音などの「知覚的質」も広がりの契機を奪われる仕方で概念化されていること、このことの過ちも筆者は一貫して指摘している。）

日常の経験を振り返って素直にみれば、事柄は実に単純である。体が怠《だる》い感じとかの場合、体は全体的に漠然とその有りようを告げる。けれども、痛さや痒さのような感覚もあり、私はそれらを体の局部に感じる。右手、その親指、掌、あるいは背中などといったふうに。たとえば背中など手の届かない場所が痒いとき、其処を人に掻いてもらうことがある。「孫の手」という道具で掻こうとすることもある。そのとき、掻いてもらう場所、孫の手が当たる場所について、其処は痒い箇所とは違う、ああ其処だ、とはっきり言える。感覚には場所という契機があり、その契機ゆえに或る感覚と他の感覚とはその質の違いによるだけでなく位置の違いによっても区別される。そして、その場所は体の空間規定、体というヴォリュームあるものの内部の空間規定である。

痒いのとは別に痛さも感じるとき、二つの質は、体の別の部分の事柄として経験される。痛い箇所と痒い箇所は別の箇所である。二つの質が同時に同じ箇所で経験されることはない。また、蚊に刺されてあっちもこっちも痒いというときには、同じような質であっても別個の痒さであり、それは痒いという感覚が場所規定をもつからである。

ただし、感覚は出来事である。或るとき痒さを感じ、暫くして痛さを感じる場合もある。これには二通りある。体の同じ部位の感覚が、痒さから痛さに変わる経験と、痒かったところが痒くなくなり別の箇所が痛くなる経験と。これら二つの経験は違う。違うのはやはり、痒さや痛さが場所規定をもつからである。前者の経験では感覚の変容がある。（その変化の途上では痛痒いとでも表現したい質の出現もあるかも知れない。これは、痛さと痒さとの二つの質が同時に経験されているというのではない。両者どちらとも違う質の感覚である。）他方、後者は或る感覚の変様ではなく別個の感覚の出現なのである。

そうして、場所規定をもつ感覚の経験は取りも直さず、感覚する者（私）自身が広がりをもった体としてあることを本人に示す第一の経験である。（対するに、色を見る、香りを嗅ぐ、音を聞く等の知覚経験でも、後で詳しくみるように広がりの契機があるが、それらが携える空間規定は体の外側に広がるもの、という性格をもつ。）

感覚は場所規定をもって自分の体の有りようを告げる。それは、感じるそのときの体そのものの有りようである。感覚は精神の事柄であって、体は感覚を媒介に知識にもたらされる何かでしかない、というのではない。感覚は場所規定をもっていて、場所規定をもった感覚の現われはそのまま、ヴォリュームをもつ体の直接の経験である。ただし、体の広がりはどこまでも広がってゆくものではない。感覚は非常に狭い範囲に限定された広がりでの配置において現われる。なお、体のヴォリュームの経験は体の周りの空虚と体の場所との経験と不可分なのであるが、その次第については本章第4節で論じる。

第3節　感覚が含む価値的契機と行動の動機づけ

（1）体の現在の状態の自己告知としての感覚

　さて、感覚は場所的規定、すなわち身体的空間規定をもつだけではない。出来事として生まれ消えてゆく、という時間的性格にもう一つの特徴がある。指が痛み、あるいは背中が痒いとは、或るときに痛く、痒いということである。通常は痛くないし痒くないのである。（このことと、感覚は「潜在的」という有り方を拒否するということとは同じことである。）もちろん痛くも痒くもなくとも、指も背中も、自分の指、背中としてあり続けている。そうしてそのとき、痛みや痒さによってではなく、冷たいとか、（後で論じる）何かに触れられているという感覚とかによってその存在が告知されている。交替する感覚が体（ないし体の局部）の存在をそのときどきにどのような状態であるかとともに告知するのである。

　では、状態とはどのような性格をもつのか。無論、痛いとか冷たいとかの状態である。しかし、それらの差異を越えた共通の性格はないのか。価値的契機を含んでいるという共通の性格がある。痛いのは望ましくない状態である。冷たいのも大抵は望ましくない。体が熱く火照《ほて》ったあと、冷たさが一時的には心地よいということはあるが、このときは逆に望ましいという、やはり価値的契機を含んでいる。

　この価値的契機は、何かにとって望ましい、良い、とか、悪い、とか言っているのではない。痛さや冷たさそれ自体が辛かったり気持ち良かったりする。（比較するに、たとえば食べ物は空腹の人にとって価値があり、吠える犬はそれを怖がる子供にとって負の価値規定を帯びるのであり、それ自体で価値がどのようであるとは言えない。知覚では、知覚対象それ自体の内在的評価が知覚の出現を招くというのではない。知覚する側のものとの関係において規定される価値が問題である。その価値には三つの種類がある。第一に、体との関係で定まるもの。第二に、知覚的質がそれ自体として享受される場合の価値。これについては、第1章第1節（3）、第5章第2節（6）、第5節（4）、第6節（1）を参照。第三に、その知覚対象自身よりは重要な他のものを意味する働きをもつ場合のその働きの価値。たとえば黒雲——見える対象——はもうすぐ雨が降ることを意味する仕方で価値をもつ。）

そして、これらの感覚はまさに体（ないし体の局部）の状態の良し悪しそのことにも等しい。そこで、感覚において体（全体ないし局部）はそのときどきの己の状態をいわば自己評価的な仕方で告知するのである。だから、感覚を（哲学や心理学、生理学がなすように）場所規定をもたない心の様態だと位置づけることは不適切であるし、同時に、体の実在には、思考内容としての体の観念に他ならないと解釈された限りの感覚、体そのものとは別ものだと解釈された感覚から出発してなす論証による結論として到達するしかないのだと、いくら観念論が主張しようとも、体はまさに感覚においてその実在性を示し終えているのであり、感覚を媒介に間接的に狙われるべき何かではないのである。

実際、体全体の漠然とした感じとしての「体調」は、そもそもそれが「良い」か「悪い」かを言うことを根幹とするが、体調が良くて元気（元気と感じる）ならどんどん活動するし、怠《だる》ければ動作を緩慢にして体を労《いたわ》る。あるいは怠いなりに頑張る態勢をとるとしても、元気一杯のときとは違わざるを得ない。熱っぽいと、どうにも辛く、何事もしたくなく、また、できもしないことがあるし、身の置き所がないようにも感ずる。これはまさに我が身に起きる切実なことで、この切実さや活動の滞りない快調さに「現実に在る」ということの意味（中身）を求めない、というのには無理がある。実在というものの基準そのことが汲まれるのは、むしろこのような経験においてである。そうして、人が存在の概念をどんどん拡張するときも、その典型の役割を果たす存在概念が得られるのは、このような経験においてである（詳しい考察は、第５章第１節および第６章第１節を参照）。

（２）感覚と行動の要請

体（ないし局部）の或る状態の現われとしての感覚は、価値的内容を携えるゆえ、しばしば人の次の行動や態度の有りようを規定する。前項で述べたのとは別の例を挙げれば、眠気を感じるときは、本当は眠る方がよい。空腹なら、できれば（食べ物があり時間がとれれば、また、食べている間に襲われるような危険がなく安全であれば、更に人間は周りの他の人々との関係を重要だと考えるものだから、他の人々が承認するに違いないと安心できているなら）食べる。寒い冬にストーブの横で体がぽかぽか暖かいと、じっとしていたいかも知れない。

とりわけ、望ましくない感覚は体（ないし体の局部）の変調や不調という性格をもつので、適切な対処を要請する。目を酷使したり緊張したりして目に強張《こわば》りや疲れを感じれば、ちょっと目を閉じてみる。肩凝《かたこ》りや正坐した足の痺《しび》れた感じが生じると、肩をほぐす運動をし、足の位置を変える。怪我をして指が痛ければその指は使わないよう用心する。薬を塗る、包帯を巻くなどのような手当てということも私たちは知っている。（手当てするというのは、私たちが自分の体を対象として扱えるということを条件とする。このことを巡っては、第6章第3節。）しばしば、要請は切迫したものになる。感覚とは、体の或る状態を訴える出来事である、ということの所以《ゆえん》がここにある。

感覚に導かれ私たちは自分の体を気遣い、必要で可能なら適切な対処を施し、いわば自分の体の世話をする。体は生理的に自己を整えてゆくのを基本とし、生理は意識が与《あずか》り知らない行動の領域外の過程なのであるが、その過程は前提した上でそれとは別に、私たちは自分の体を主題にした態度をとったり行動をなしたりもし得るのであり、その態度、行動を導くものとして感覚は機能するのである。（これは、知覚が体ならざる諸事象を相手の行動を導くのと、対をなしている。）そして、体ないしその局部を相手とした行動を適切に動機づけ導くために、感覚は体のどの部分が問題なのかを、その場所規定によって示す。

（生理とそれを前提した行動との二つの区別は、第3章第3節（4）で紹介した、ビシャが有機的生命と動物的生命とを区別したときに認めていたことだったのではないか。ただ、ここでは、行動は生きている体が体の外のものと関係を取りに行くことだけでなく、自分の体をも対象とすることに注意を促している。なお、体の外の事柄への働きかけである行動にも、対物行動と対人行動とではその有り方が全く違うことに目を向けなければならない。後者ではほとんどの場合に意味世界の媒介がある）

体を主題にした態度や行動には二通りある。一つは、痛む箇所を労《いたわ》ってその部位を使わない、動かさないようにする、あるいはそこを庇《かば》うような仕方で体をゆっくり動かすような遣り方であり、私が主体として体を動かすものであるということに発するもの。深呼吸をするというのも同じような遣り方に数えてよいであろう。もう一つは、痛む部位を温めたり、そこに傷があるならそれを手当てしたりといった、体の局部を相手とする行動をなす仕方。こちらでは、自分の体自身が行動の客体となっている。もちろん、その行動そのものは私が主体として体を動かすことで可能なのではある。（けれども、痛む傷の手当てを妻にしてもらうこともできる。そのときは妻が行動主体である。）だから体は二重の仕方で現われる。しかるに、この二重性があるということ、すなわちたとえば私たちが自分の手で自分の肌をさすったり肩を揉んだりできるということは、当たり前のことながら、実のところ大したことなのだ、と言わねばならない。これは、体が弾丸のように、まさに一丸となっている物体であるならできないことである。体の運動は、局部の配置は元のままだが、局部相互の位置関係を少し変えることでなすものであり、かつ人間では、体の局部が他の局部へと折り返して働きかけ得る。（このことは、体の周りには原則的に体の運動が可能な広がりがあるということを前提している。そして、自分の体の局部が、触覚を始めとする知覚の対象ともなり得ることとも連動している。）特に手というものの働きは顕著である。訓練すれば足でも相当のことができる。

（３）体の要求――生理と行動・眠りと感覚および知覚――

体が生きているということは、次にも生き延びようとすることであり、それが可能であるためには体はさまざまな要請をこなさなければならない。その基礎的な部分は生理的仕方で果たされる。他方、感覚が体（ないし局部）の或る状態の告知として出現し、それはしばしば、やはり感覚同様に意識的なものたる行動による適切な対処を促す。

もっとも、眠気という感覚は特殊で、体において感じることだが、行動による対処は安全に眠れる場所を見つけること等くらいで、眠りそのものは勝手に体の生理としてやってくる。だからまた、眠ってしまえば意識は消える。体の生理に根ざすとはそういうことである。そして、眠りでは行動主体としての「私」は消える。行動主体が立ち上がるには、目覚めなければならない。

目覚めたときの行動の中心は、実は体自身をどうするかというよりは、体の外の諸事象とどう関係をとってゆくかということにある。目覚めるとは、さまざまものが見え、聞こえ、匂う、また、触れることができる、そういう知覚世界へと目覚めることであるということが、そのことを物語っている。人の生活の重要部分を占める他の人々との関わりも、具体的であればあるほど、他の人の体の知覚というものを要求する。

こうして、前節(3)では「眠りと目覚め」という事態を、「私」と「体」との関係を考えるために、特に「意識」の概念に焦点をおいて取り上げたが、その意識の内容として、「眠い」ということは別にして、体の感覚と知覚というものを考えるように要求されることになる。(意識に関してもっと重要なのは、「想像」の働きである。想像こそ意識を飛躍的に発展させるエンジンである。だが、これは本書の主題ではない。)しかるに、ここでは、感覚の概念に主眼をおいた考察をする。

感覚は出来事といった性格をもつ。どんな感覚も切れ目なく持続することはない。あるいは少なくとも強弱の変化がある。そこで非常に強い痛さの場合、たとえば指に酷い怪我をしてズキズキ痛いときを考えてみるに、ほとんど起きている間中、痛いということがある。しかし、そのような痛みでも眠りの中では感じるだろうか。

疼く痛みのお蔭で眠れないということはある。ということは、眠ればやはり痛みも感じなくなるということではないか。もし感じるとしても、少なくとも目覚めているときの方が痛みは強いということは誰も否定すまい。そうして実のところ、もし「眠っていても痛みを感じる」と言いたいときには、むしろ半分目覚めているから感じてしまうのだ、あるいは、痛みを感じる仕方で目覚めようとし、ただ、直ちにすぐに眠りに引き込まれ目覚めへの途上から引き返したので(そして眠ればまた感じなくなる)、全体として眠っていても痛いと言ってしまうだけなのではないか。

同じように、尿意ゆえに目が覚めるということがある。ということは、眠っているときに尿意があるから目が覚めるのだと言いたくなるかも知れない。けれども、尿意を覚えたときは眠りから目覚めへの移行の過程に入っている。そして、尿意を覚えて目覚めたのに、再び眠ってしまい、そのまま尿意もなくなることもある。眠気を覚えるのは未だ眠っていない目覚めのときで、眠りにおちいればその眠気は消えるのと、違うはずだけれども、意識の観点からは似ている。

眠りと目覚めとは時間の流れに従って交替するものである。だから、交替も或る時間経過を要して生じる。ほとんど即座の就眠、目覚めというものもあるであろうが、一般には或る経過を辿って眠りに入る、目が徐々に覚める、というような推移を考えるべきだ。そこで、両者をいつでもきっぱりと区別しようというのには無理があるだろう。眠りに入ることは意識が遠のく過程として記述することができ、何らかの意識があれば少なくとも目覚めようとする過程だと考えるのに無理はない。

ところで、痛さが酷くて目が覚めるというのと、尿意で目が醒めるというのとで、違うことがあるとすれば、何だろうか。それは、痛みには対処の仕様がない場合もあるが、尿意には排泄という明確な対処があるということであり、かつ、その対処をどこまでもは引き延ばせないということである。そうして、その排泄は、乳児等ではともかく、普通は意識の統御を要する行動である。ただ、排泄行動は、排泄場所は必要とするが、それを別にすれば、体の外の何かを特に不可欠とするわけではない。

ところが、空腹感や渇きはどうか。これらも体の生理において必然的に定期的（間歇的）に生じるものではあるが、意識される事柄である。そうして眠気とは反対に、積極的な行動を要請する。食べ物や水といった体の外にしかないものを手に入れ、食べる、飲むという行動である。ただし、その行動が可能になるには、その前に、まさに食べ物や水を発見しているのでなければならない。しかるに、これらの発見が、自分の身を置く場所を見いだすこと、危険なものを発見することと並んで、知覚に課せられた基本的な使命であるのは分かりきったことであろう。こうして、目覚めとは体の外なる諸事象の知覚へと向いた意識の目覚めであると述べた指摘に返ってゆく。（ただ、人間では見ることそのこと、音を聞くことそのこと等を喜ぶ、そういう仕方の知覚が生まれる。知覚の元々の使命からは外れるが、人間の生活に豊かさをもたらす。）

（４）知覚と感覚の協働や競合

さて、事情が以上のようであるとすると、では、体の感覚が引き連れる価値内容と知覚事象の価値内容と、両者はどういう関係にあるのか。後で詳しく考察することの先取りになる部分も多いが、この段階で概略をみておきたい。

体の外の事象を相手にする行動と自分の体を世話する行動とは向きが違うのだから、体の外の事象の知覚と体の感覚とは、一般的に言えば競合すると言えそうである。しかし、幾つかの場合がある。

まず、体の調子が悪ければ何もできないわけで、だから体の不具合を訴える感覚がある場合、何とかしなければならない。周りの事柄がどういうふうか気にする（そしてさまざまな仕方で知覚する）余裕はないかも知れない。しかし第一に、だからと言って、そのときにはさまざまな知覚が不能ということにはならない。悪寒《おかん》がしていても、周りのものは見えるし音も聞こえる。悪寒の方がより切迫して（負の意味で）重要だと言えるだろうが。そして、心地よい音楽を聴いていれば体の不具合を幾分か忘れられるということもあるのである。もっとも、音楽の場合の音の聞き方は、音の出所が重要だという聴覚本来の聞き方から離れているけれども。

それから、たとえば二の腕が痒いとき、人はその腕を見もせずに掻くことができる。自分の体の特定の場所に自分の手をもってゆく運動は、知覚に導かれる必要がない。（詳しくは第6章第3節で論じる。）けれども、怪我をした指に包帯を上手に巻くとき、指を目で見ながらやる方がうまくゆくに決まっている。痛いから手当てをすべきことに気づくわけだが、そしてその手当ては体を相手になすのだが、体は対象となっているのだから、その対象相手の行動を導くのはその対象の知覚なのである。ただし、人が自分の体を他のものと同様、知覚できるということは特筆すべきことである。人は自分の指と包帯と、両方を一緒に同じように見るのである。

そもそも人が環境内のあれこれを知覚するようになったのは、体を生き延びさせるためであった。その生きることそのことは感覚の出現を必要とするわけではない。しかしながら、たとえば空腹感というものが生まれる。これは痒さや痛みのような体の不具合を告げるたぐいの感覚ではない。食べずにいるとまずいという意味では同じだと思われるかも知れないが、違う。空腹感があるのに食べないままの状態が続き、その結果ふらふら感が生じたり頭痛がしたりするなら、それが不具合を告げる感覚というものである。痛みは手当てを要請するとしても手当てへの欲求ではない。痛む箇所を余り使うなという消極的要請を含むかも知れないけれども。だが、空腹感は食べることの欲求である。そうして、この欲求を満たすための行動というものがあり、それはもちろん食べるという行動だが、その前に食べ物の探索行動を要する。しかるに、探索は知覚が受け持つ。つまりは、この場合、感覚が訴える価値が知覚を動機づけ、知覚対象の価値はその価値に従属して評価される。

けれども、もう一面がある。たとえば食べ物が目に入るとき、あるいは食べ物を追っかけてゆく行動をなすとき、（食べ物の方ではなく）見る目自身に覚える感覚、それから走る足や鼓動する胸、呼吸する鼻腔や口などに感じる感覚は、知覚と行動とに付随して生じることでしかないのである。知覚や行動そのことにおいては、感覚は、それらが私の知覚であり行動であるということを告げるという、或る意味で重大極まりないものでありながら、他面、黒子のような背景的役割に徹している。

さて、これら二つの場合では、以上のように、体の感覚が引き連れる価値内容と知覚事象の価値内容との間には、どちらが優位であるかは場合によるとは言え、一般にはむしろ両方向に向かういわば目的論的な調和的関係がある。

しかしながら、知覚と感覚とが競合したり、感覚が知覚を妨害したりする場合もある。目に打撲を受けて痛い場合には、あるいは病気で痛い場合にも、目は体の他の部位と同等の地位しかもたない。だが、何か細かなものを見続けたので目に痛みを感じるということもあり、これは目が、見るためのものという特殊な器官であるということと連動している。また、何かが眩しいとき、目も、眩しい思いをさせられるものとして、はっきりと存在を主張するが、これも見ることに関係している。そして、痛みを感じれば見ることを止めるのが望ましい。眩しいものを見るときに眩しいというのは、普通のものを見るときにも黒子として感じられる目が、より強く意識されるということでしかないが、眩しすぎると、やはり見ることもできない。目が痛くなることもあるほどで、ともかく、目を瞑るなりしなければならない。

ところで、細かなものを見続けたから目が疲れる、更には痛いという場合、疲労や痛みは眼という体（部分）自身からくる。けれども、眩しさで痛いとき、痛さはまさに見ようとする相手が原因で生じる。もちろん、痛いのは目という体部分で、見ようとする相手、知覚対象ではないのだけれども。この場合、知覚対象となるはずのもの自身が知覚を妨害するのである。（だから、知覚器官に関わる感覚と知覚とのこのような状況は例外的であるべきである。）

さて以上を受けて、西洋哲学との関係で更《あらた》めて確認したい。感覚であれ知覚であれ、これらを認識論の枠組みで論ずるべきものといった位置から解放しなければならない。その解放を積極的な側から言えば、認識一般を価値論の文脈の中に位置づけなければならないということである。認識の要《かなめ》にある真偽の区別という事柄も、あれこれの価値文脈が要請するところに生まれるさまざまな秩序の中の一つに関わる事柄として扱わなければならない。また、意識の概念に戻れば、意識とは基底では常に体の意識(感覚)と体の外部の事象の意識(知覚)としてあり、かつ動的な連関の中で、適切な態度、行動を制禦する。体や物体抜きの意識、あるいは体や物体の代わりにそれらの観念を内容とするしかない意識の概念は、間違った理論が生み出した虚構である。意識の実在性は何よりも、体や体の外部事象の実在性につながれているのである。

第4節　体と体の外――体の近傍の空虚と地盤――

(1)私のミニマムな経験を求めて

さて、すっかり目覚めると私たちは、自分の周りの事柄を確認しようとする知覚への態勢へいく。しかし、知覚の基底では、自分の体自身がどのようであるかも、さまざまな感覚という形で姿を現わす。目覚めたとき、よく眠って体の調子がすっきりしている、疲れがとれているとか、空気を胸一杯に吸い込み或る冷たさを感ずるとかのことがあるが、これらも体の感覚と言ってよい。すると、目覚めは意識の目覚めであり、それは基本的には知覚世界への帰還であるのだが、同時に体が目覚め、体の感覚が鋭敏になることでもあるのである。

そこで、ここで考えてみるべきことがある。そもそも知覚は、体が体の外の事柄なしには存在し得ず、それらと否応《いやおう》ない交渉関係に入らざるを得ないという事情に起因して生じることである。交渉の或るものは単なる生理的過程によってなされるが、人間では意識の統御のもとでの行動による交渉も不可欠なのである。しかしながら、行動による知覚対象への対処には余裕がある場合が大半であるのも事実である。だとしたら、もしかして、目覚めても知覚なしで、体の感覚だけが鋭敏であってもかまわない、そういう状況もあるのではないか。

知覚は感覚を伴うことなしにはあり得ない。（先に述べたように、たとえば私が何かを見るとき――私に何かが見えるとき――、私は必ず自分の目のことを知っていて、その目の知られ方は、感覚の形式をとる。）しかし、その逆、知覚なき感覚経験はあるのではないか。そして、いわば純粋な感覚経験があるなら、それは私たちのミニマムな経験ではないか。（筆者は「知覚なき感覚がある」とも「純粋感覚経験がある」とも考えていない。ここでは、複雑な現実の経験を分析するための思考実験を提案している。）

既に筆者は注意を促したのであった。人は、印象的な自分のさまざまな経験を想い出すとき、その経験をしたときの自分の体の状態をも少なくとも付随的に想い出すものだ、と。しかも、人のあらゆる経験（意識的経験）には、それが他ならぬ自分の（「私」の）経験である、という性格を与えるために、自分の体の感覚というものが意識の一形式として入り込んでいる、と。しかるに、この言明、「あらゆる経験」というふうに多様で複雑な経験すべてを見晴るかす言明を逆転して、むしろ「ミニマムな経験、最小の要素から成るものに切り詰められた在り方をしている経験」を取り出すことはできないか。その経験は、単独の体の感覚の経験ということになるのではないか。それとも、そういうわけでもないのか。（念のために言うが、ここで「純粋な感覚経験」というのが、哲学の歴史で繰り返しバリエーションをなしつつ登場した概念、言葉上では似ている概念とは違うことは、肝に銘じておかなければならない。ここでは、自分の体の事柄であるということを必須性格としてもつ感覚の経験が主題なのである。このことは繰り返し注意すべきである。だから、主客未分の経験というようなことを言いだして、それに重ねるたぐいの純粋感覚経験の可能性が問題なのではない。体の意識とともに主体に相当するものは確保されていて、ただ、客体ないし客体へと仕上げられることを予定されているもの、すなわち知覚要素が未だ伴っていない場合としての純粋感覚経験の可能性を筆者は問題にしている。感覚の概念から自分の体という重要な要件を欠如させるなら、あるべき感覚概念に届いていない。序でに言えば、哲学者たちや生理学者たちは往々にして「質」の経験という資格で痛さ等の経験も色や匂い等の経験も一緒くたに扱い、これらを純粋感覚経験として扱い得るのではないかと考えるが、これももちろん見当外れである。体とその空間性を取り去った――別の言い方をすれば場所規定を取り去った――感覚概念も、体の外、体の表面をも含む体の外の空間規定を落としてしまった知覚的質の概念も、抽象の産物である。感覚の場所規定については既に考察したが、更に第6章第3節で考察を深め、知覚の空間性については第5章で詳論する。）

このような検討を通じて何が明らかになるのであろうか。筆者が見込んでいるのは、体が体を取りまく世界の中に位置していているという根本事態の経験の明瞭化である。哲学が陥ったデカルト以降の観念論から脱しようと努力してこの事態に迫ろうとした人たち（たとえばメルロ＝ポンティやギブソン）は、当然に知覚に注目した。筆者も知覚という経験の最重要性を認める。ただ、このとき、知覚経験を主題に考察し始めると私たちは、つい、体の向こうに位置する物の知覚を取り上げ、体の周りの空っぽな広がり、すなわち次で為す区分の④のことには意を注がないことを戒める必要がある。（なお、物でなく物が位置する広がりを取り上げると、そこを満たす光のようなものを一緒に考えたくなる。しかし、単なる「明るさ」が基本的経験で、「光」の概念が介入してくるのはその後のことでしかない[3]。）

もちろん、知覚についてのきちんと目配りのできる考察なら、物の知覚を主題にしながら、物等が体から或る方向に或る遠さをもって知覚されるということ、従って当然に体と物等との間に空虚を認めるのだという事態をも主題化しないはずはないし、そのことは先人たちも行っている。とは言え、その（空虚をも考慮した）知覚についての考察に進む前に、私たちが体の外自体をどう経験するか、その有りようを確認しておく試みも必要なのである。すなわち①物という形をとる（すなわち物のヴォリュームという仕方で現われる）空間性以前の空間性、従って②物と物との間としての空間性（ないし物が占める位置を提供する空間性）にも先立つ空間性、それどころか③物と体との間の空間性（つまり奥行きの空間性）にさえ先行する空間性、別の言い方をすれば、④体の周りの空虚という形式の空間性の経験、いわば「純粋な体の外の経験」と性格づけられるもの、これがどのようなものであるのか、考察しようというのである。というのも、この経験こそが、体の外側の事象の知覚という経験の始まりに位置する経験とも言えるのであるから。（だから、文章中での番号の付け方にも拘わらず、事柄としては、④、③、それから①と②の順序で経験は構造化されている。）

空虚としての体の外というもの、感覚や知覚を論ずるときも主題として扱いにくいもの、少なくとも典型の資格で人々の注意を惹くもの（体と物）ではないものに、体の場所という要素とともにスポットライトを浴びせること、これがミニマムな経験を取り出そうとする試みを通じて何とか可能になるのである。

（2）体の重さの経験

目が覚めたが、真っ暗で、全く静かだ。風も吹いてこない。花の香り、料理の匂い、黴臭《かび》さなどの匂いもしない。こういう状況を想定してみる。このとき、何かを知覚する経験というものが言えるだろうか。言えない、と、まずは言いたくなる。それから、いや、床の堅さ、枕の温もりなどに気づき、ああ、何かしら知覚内容がある、と訂正した方がいいかなとも思う。

だが、どうして床の堅さや枕の温もりを知覚内容として直ちに挙げることはしなかったのだろうか。

第一に、目覚めると早くも、それは行動の準備の態勢にあることに他ならず、すると人は何か対処しなければならないものがあるかどうか確かめることをするのであり、しかるに既に私の体に触れ馴染んでいる床や枕には、それらは前提であって、注意を向ける必要がないからであろう。目覚めるときに私たちの意識が向かうのは自分から少し離れてある周りのさまざまな事柄なのである。それらは未来の交渉があり得る相手で、だから、それらとの関係が未だコントロール可能なものなのである。しかるに、床や枕は既に体に触れている。否応なしに関係に入ってしまっている。このことは私の体に重さがあるゆえに要求され、そうして床や枕は私の体や体部分を支えている。そして、そこに不都合がなければ前景に出る必要はない。

そこで第二に、床の堅さは体を動かさなければ経験内容とならない。温もりが自分の頭の温かい感じから分離して枕の温もりという身分を手に入れるのも、私が頭を枕から少し持ち上げ（あるいはずらし）、次いでもう一度、枕に触れてみる、そういう経過を経てのことになる。――以上のような理由で、何か知覚経験があるか、と問われて、床や枕の知覚という

3　前掲『知覚する私・理解する私』第二章を参照

ことを思いつきはしないのであろう。

ところで、実はここで二つないし三つの重要な経験を筆者は呼びだしたのである。重さの経験と温冷の経験、そして付随的に、それら両方に関わっている、動く経験。

最初に、重さの経験と、それに関連する感覚をみよう。哲学者たちが彼等の言う〈感覚〉の概念を論ずるとき、取り上げるのは色か音、それから匂い、堅さやざらつきのような感触（本当は「知覚的質」と規定すべきで、感覚の概念によって捉えてはならないもの）、というのがほぼお決まりのことであった。（しかも、時間を論じるときには音を、自分の体に関係することを問題にしているときには感触を、という具合に、論旨に都合のよさそうな——本当によいとは限らない——例をそのつど選ぶのであって、順序を考え、漏れなくバランス良く目を配るということをしない仕方であった。）

しかるに、ここで確かに筆者も堅さの経験に言及しているのではあるけれども、筆者が持ちだしているのは、石ころや机の堅さではない。床の堅さの経験である。手で触れに行って触れたものが堅いかどうかが分かる、そういった経験ではない。自由に動かせる手による探索が顕わにする何かの堅さが問題ではない。あるいは、堅いものがぶつかってきて堅さが分かる、そういう経験に重点があるのでもない。体の重さとの関わりで、体を支えるものがどういうものかを現われさせる、その仕方としての堅さなのである。だから、体が在る以上は既に実現してしまっている経験である。手で探索し、何かが堅いか軟らかいかを知覚しているときも、それを可能にすべく体全体を支えているものの堅さ、哲学者たちが顕わにする物の堅さとは別のものの堅さが、体を少し動かすことで分かるという、そういう話題なのである。（序でながら、手を動かせるのは肘や肩を支点にするからであり、肩は腰や足で支えられ、足と体全体は堅い床などで支えられねばならない。梃子《てこ》の原理の発見は、行動する体の骨格の構造によって導かれている。）

筆者が注意を向けているのは、何かが見えてくることや、何かの音がする、匂ってくるなどの、知覚器官の働きによって知覚事象が現出することがない場合ですら、体の外の何かがすぐにも姿を現わそうとせずにはおかないといった事態である。そして、この事態の基底には、私が自ら動くものである、そして自分の体の重さを感じるということがある。（暗闇で恐る恐る、足で踏みしめ得る場所を探し、求めるものを見いだすときなら、それは触覚による知覚事象の現出だと考えてよい。触覚が特別な器官をもたないのに「五感」の一つに数え入れられるときには、このような探索が考えられている。そして、何かがないか、あればどのようなものであるかを積極的に探索するときには手を用いることが多いので、しばしば手が触覚器官であるかのように言われる場合もある。けれども、触覚一般というものを特別の器官なしで体表すべてによって担われているものだとして考えるとき、触覚の特殊性が現われ、かつ、体の周縁とはどのようなものか、という重要な問題が顔を出す。この問題では、「触れられる感覚」としか言いようのない感覚が、大きな役割を果たす――後述、第5章第4節(4)――。それから、触れにゆくことと触れられることとの相即は行動の問題とも関係する。人を相手にする行動の場合には言葉による働きかけや、笑いかけるような表情による関係設定など、離れたままの行動もあるが、物的対象を相手にする場合には相手に触れることを含む行動が必要である。ただし、これは相手の知覚を主題とした触れることとは違う。たとえば石ころを掴むとは石に触れることを含むが、石がすべすべしているかを知るために触れるのではない。後者の仕方で触れるときには、石に働きかけてはならない。石に導かれる手の運動をする必要がある。また、何か、例えば金槌に働きかけて間接的に石を相手にする場合は、その金槌に触れるという契機を含む。その金槌のような道具を使う場合の触れ方は触れ方で、様子が違う。行動経過における金槌の触覚的知覚と手の感覚とが金槌の握り方、動かし方を絶えず導き、その動かしによって新たな触覚的知覚と感覚とが生まれ、というふうに進んでゆく[4]。しかるに、以上を踏まえた上で、ここで床の堅さを話題にしているとき、筆者は、重力ゆえに体は体を支えるものに触れていないわけにはゆかないという事態、これに関わる限りでの触覚に特に注意を向けている。なお、体の周縁、別の言い方をすれば末梢の重要性については、第2章第3節(6)で論じた。体と行動相手との関係については特に第6章第2節。)

疲れているときなど、体を動かせば自分の体が重く感じられる。しかし、そういう特別な場合ではなくとも、体の重さを私たちは経験している。というのも、次のような事情があるからである。体は諸部分の分節がない弾丸のようなもので

4　これらの事柄などについて、詳しくは、前掲『知覚する私・理解する私』第二章第4節を参照。

はない。別々に動かせる頭、手足などがあり、首や肩、肘や膝があり、それらの運動は諸部分の分節あればこそ可能である。そして、人が取り得る姿勢には幅があるが、どの姿勢も、頭、手足などの配置に応じて、どこかの体部分が重さを感じさせるのである。姿勢とは全くの静的なものではない。動く可能性がある中でのバランスなのである。そこで私たちは、自分の体の部分々々の重さを感じつつ、重さを支えるもの、自分の体ならざるものを、微かな動きの中で見いだしているのである。

(3)温冷・寒暑の経験

さて、もう一つ私がミニマムな経験を求める中で呼びだしたもの、それは、温冷の経験である。この経験は、感覚と知覚とのつながりとそれらの区別の発生を考えるのに恰好の材料を提供する。ここで、林檎の赤さ、甘い香り、すべすべした肌、林檎が落ちて床にぶつかったときに出す音などと並ぶのが当然のこととして概念化された林檎の冷たさの経験、このようなものについて語っていればよいということにはならないことが重要である。氷に触れると、氷が冷たいと分かると同時に、指先が冷たいと感じる経験、いや指先が冷たいと感じなければ氷が冷たいとは思わない、こういう経験に目を向けねばならない。ここには、冷たいという同じ質が自分の体と知覚対象へ振り分けられるという、感覚と知覚との共通の基盤と分化の始まりを垣間見ることのできる場面がある。

そして、この分化にも体の運動の関与がありそうなことは次の例に明瞭である。カップを手で包み込んだとき、カップが温《あたた》かいと、温かさをカップに帰属させる。言うなればカップの状態の知覚である。けれども、カップを持ったままでいると、自分の手の温《ぬく》もりを感じ、カップの知覚の方は消える。そして、カップからいったん手を離し、再びカップに触れると再び温もりを私の体の温もりとしてではなくカップの温もりとして帰属させる。重さの経験の場合と同様、温冷の経験に目を向けることは、付随的に体の運動を呼びだすことになるのである。

ところで、温冷の経験に注意を払えば、更に次のような経験をも分析すべきであることにも気づく。すなわち、目覚めて布団を剥いだときの寒いという経験。この経験では、これが見え、あれがあちらに見え、あの音は向こうから、この音はこちらの方で聞こえる、それと同じように、林檎という特定の対象を他から区別して切りだしつつその冷たさが分かる、ただし、その林檎という特定のものに触れた指の冷たさの感覚ももつ、こういうことがあるのではない。体が寒いという感覚と、体の周り全体の寒さ、気温が低いという意味での寒さと、両者が融合しているような経験がある。（ここでは、特定の対象を温冷という質において知覚するということが生じているのではない。なお、暖房が効いた部屋にいるのに体が冷たい、また病気で熱がある——と体温計は告げるし、誰かが体に触れて、熱いと分かる——のに、悪寒《おかん》がするという経験は、体調の概念とともに、従って痛みの概念などとも一緒に考えた方がよい。）

　自分の体の重さの経験と体を支えるものを見いだす経験、それから温冷や寒暑の経験、これらに目を向けることで私たちは何を学ぶべきか。①痛さや痒さという典型的な感覚はいつでも生じているのではなく出来事的に出現するたぐいの感覚であり、だから目立つのだが、それらと違う、いつでも自分の体の存在を告げているような或る種の感覚があること。そして、②そこに知覚の薄明がやってくること。③知覚世界が明瞭に姿を現わすのは、体の運動という契機によってであろうこと。日蔭から日向に出てゆくと自分の体が温もると同時に、日向の場所が暖かいという知覚がはっきりと出現する。しかるに、場所の漠然とした広がりは物という形をとっていない体の外である。この経験では、体の外側に少なくともほんの少しは広がる世界があることが告げ知らされている。そうして、目覚めたとき私はいつまでもじっとしてはおられないのだから、このような経験が私のミニマムな経験であり、この経験において現われるのが私にとってのミニマムな世界ではないのか。

　感覚の空間性（場所規定をもつこと）を言うとは体の空間性、体の広がり、ヴォリュームを言うことである。しかるに、体の広がりを言う以上、私たちはどうしても体の周りにも広がる空間を認めないわけにはゆかない。けれども、体の周りの広がりは感覚によって経験される事柄ではない。すると、感覚が顕わにする体の空間規定と体の周りの空間規定とはどのようにして接続されるのか気になるが、ここで取り出そうと試みたミニマムな経験の中に、この接続の有りようがほの見えている。

ところで、この、体の空間性と体の外の空間性との関係という問題は、（最初から一つの空間を想定してその一角に体を位置づける仕方で考えれば問題にならないのだが、そのように位置づけることは自分の体を経験することの特殊性を見逃している）、感覚によって知られる自分の体と、知覚される仕方で知られる体とが同一の体であるとはどのようにして保証されるのか、という繰り返し指摘した問題にも連なっている。というのも、体の外側で体から離れているという規定をもった諸々のものを対象として経験する様態が知覚なのであるが（触れる仕方での――従って、離れずに接していると思われる――知覚の特殊性、複雑性については第5章で詳論する）、すると知覚は明らかに体の周りの空虚を前提した経験であるからである。（自分の体が知覚対象となるとき、知覚される体部位は知覚器官に外在的である。なお、知覚器官は体の表面にあることの意義について、本章第1節（4）で取り上げたことを想い起こしたい。）

（4）「此処《ここ》」と体が含む方向性

自分の体の重さを感じたり寒暑を感じたりする経験の特徴は二つある。一つには体の外の知覚をも引き入れようとする傾向をもつこと、もう一つは、いつでも生じているものであること。そして、いつでもある経験で目立たないものだからだろうか、「感覚」（彼等の言う〈感覚〉）を重視する立場の哲学者たちもこれらの経験を考察主題として取り上げることをほとんどしてこなかった。それから、これらの経験では物の知覚というものは未だ姿を見せていないということも、認識論を偏愛する哲学者たちが見すごした一因であろう。しかしながら、人がなす重さや寒暑の経験は、より目立つ事柄の基底にいつも伴っていて、何もかもを人の経験につなぎ止め、言い換えれば目立つ側のあれこれの経験を他ならぬその人の経験とし――、その人はと言えば体に則してあるものだとその人自身を承知させる、そういう錨《いかり》のようなものではないのか。そして、経験する者としての人を体につなぎ止めた錨の先にあるのは、体が支えられている床などの場所である。言うなれば、人は体によって床や地面に投錨し、寒暑が行きわたる空間に包まれていると己を経験するのである。

ミニマムな経験の場合でも、人は体を、体の周りの広がりとともに経験する。人は、狭いかどうかは分からないが、或る世界の一角に、「此処という場所を占めるものと己を告げる」体として存在していると自己了解する。

「此処」とは何か。「此処」とは場所を示す言葉だ。場所の概念は空間規定なしでは中身をもたない。空間規定の第一エレメントは何か。体のヴォリュームである。そして、そのヴォリュームは斉一的なものではない。手足や腹部などそれぞれに特徴ある部分があり、或る部分は他の部分との相対的位置関係を少しだけ変える仕方で動く。そうして、動きのうちに方向がある。動く方向は、体に対して空虚を、体の外側の空虚、運動を妨げず運動が可能である広がりであるという意味での空虚を携えている。

筆者は既に体の諸部分の運動可能性に、体の重さの経験との関係で姿勢という観点から言及しておいた。姿勢を定める第一の要因は重力である。そして、この重力が――私の経験としては自分の体の重さの経験が――、上下の方向を定める。体がある此処という場所とは地面や床、ベッドなどであり、それらに支えられ、それらの上に体はある。そして、体自身が下方と上方とで違った構造をしている。

また、体を動かすことは、一瞬であれ、重力に逆らうことを含む。体の運動とは、動くものが一丸となった弾丸の運動のようなものではない。手や首という部分を動かすことであり、体全体を移動させる運動の場合でも、足などを動かすことによってなす。しかるに、足で地面を押し体を浮き上がらせることなどなしでは、水平方向でも、下り坂を下りる場合ですら、移動できない。体にも、地面等を押す下方の部分と、下方部分によって支えられまた下方部分の運動によって運ばれる上方部分との区別がある。そして、体の上方部分の更に上、体の外側には空っぽの空間がある。僅かなりとも空間がなければ動けない。体を浮き上がらせることができない。

いや、手足等の部分の運動が可能であるのなら、体を支えている下部を除く体の近傍すべてに、どれほど広がっているかは分からないけれども体を取りまく広がりがある。そして、体が容易に移動できる方向が前である。前はまた、体の各部の配置で言えば、食べ物を食べる口がある側である。そもそも、食べ物に向かって進み、食べ物を手に入れる、あるいは、食べ物の方に手などの体の部分を伸ばし、次いで食べ物を自分の方に引き寄せる、これが運動の基本である。そして、後ろは前の反対方向であると同時に、危険から離れ、逃げてゆくときに危険なものが置き去りにされるべき方向である。遠ざかるのが易《やさ》しいと同時に、そちらに向かうことが困難な方向である。

最後に、前方方向（偶《たま》に後方方向）からのずれとしてさまざまな方向が定まる。従って、右と左という方向も、上下や前後のような特権的性格はもたない。

要するに、体は、手や足、口といった、方向による差違を抱え込む仕方で異なる機能をもつ体部分からなる、ヴォリュームあるものとして己を提示するだけではない。己の外、ヴォリュームの外に、それら体各部の運動が可能であるそのことによって、方向によって差違化された内容をもつ広がりを顕わにするのである。

そこで、「此処」というのは単なる場所規定ではない。体自身が具える方向性の基点／起点である。それゆえ、此処という場所規定は、体全体が在る場所を意味しつつ、此処から脱して其処《そこ》や彼処《かしこ》へと赴く広がりを孕《はら》んでいる。だからまた、此処という場所は、場合によって広くなったり狭くなったりする位置限定である。それは、体の運動が支配する領域をどう捉えるか、それが違ってくるさまざまな場合があるということによる。

その中で、「此処」を最も鋭く（狭く）限定する二つの場合がある。第一に、人が立っている、あるいは体を横たえている場所、それからもう一つ、第二に、指で何かに触れる、ないし押さえる場所が、その人にとっての此処である。（指で、指から離れた場所を「此処」だと指し示す場合もあるが、その場所は文脈によっては「其処」にもなる。必ず「此処」になるのは、指が触れている場所である。）前者は体全体を移動させる可能性との関係での此処の規定である。後者は、指が体の部分で最も動かしやすいものであり、かつ、体の外の物との交渉において活躍するものであるゆえに、指が此処を規定する役割を担うことを言うに他ならない。そして、此処の規定はいつでも、此処から離れる可能性とともにあるのでしかなく、ただ、離れた場所自身が、体が具える方向性を分けもち、そのことによって場所は無差別なものではなく其処とか彼処とかの内容を受け取っているのである。

第5節　体の動き

(1) 体を動かすことによる感覚の出現

ここで、体を動かすということについて少し考えてみたい。もちろん、自分の体を動かすことである。生きることは、生きるのを止《や》めれば体を分解し腐敗させにかかる勢力(微生物)に抗しての、生き延びようとする自己形成、自己維持活動である。それは体の内部での生理的活動と、外部の環境内のあれこれと適切な関係を取る活動という両面から成っている。人間という動物で言えば、後者の或るものは目覚めのときに行動という形態でなされる。本節の主題として取り上げる「体を動かす」というのは、主としてこの行動遂行のために必要に応じてなされる動かしのことである。外部環境と適切な関係を取るという活動のうちで行動を除いた部分のほとんど(すなわち呼吸――ただし外呼吸――の際の運動を別にしたもの)は、外気温変化に対応した体温維持活動のことを考えれば分かるように、結局は体内の生理的活動によって可能になっている。そうして、呼吸も含めこれらは、眠りと目覚めを通じて不断に継続する活動である。

体内の生理的活動の多くは意識されない。多くは体(細胞)を満たす体液を舞台とした諸々の複雑な化学反応からなり、その詳細が科学者たちによってどんどん解明され始めて、未だ極めて短い年月しか経っていない。その解明内容を体全体のさまざまな有りように対する寄与という点でどのように解釈すべきか、という興味深い問題があるが、それは本書の主題ではない。生きていて誰もが自分の体のことだと分かる、その分かり方と内容の整理が課題である。血液の循環は分からなくても心臓の鼓動のようなものは、激しい運動をしたり緊張でドキドキしたりするときなどに感じられる。満腹の後、いつか胃の辺《あた》りがすっきりするという仕方で、間接的に消化の活動が納得されるようなこともある。また、体が火照ったりするとき、食べて体が温まったと感じたり元気になったと感じるときも、体の内部での何かの動きを漠然と思う。鳥肌が立つ、汗が出る、唾《つばき》が溜まるなどのことでも、体が何か活動のうちにあることを示してくれる。けれども、これらの活動は「私が動かす」ことで生じるものではない。（そもそも、化学反応や電位変化といった生理的活動の主要部分は「動き・運動」の概念では捉えきれない。）

私が動かす体の運動とはどのようなものだろうか。呼吸は心臓の鼓動と同じように休むことなくなされるべき運動として体の生理の根幹に組み込まれ、眠っているときも勝手に進行している体局部の運動であるが、頑張ってほんの少しだけど息を止めることもできるし、ゆっくり吐くなど、幾分かはコントロールできる。深呼吸もそうである。欠伸《あくび》は止めようもなく出ても、そこに、いかにも自分が口や顎等を動かすのだ、という性格を付け加えることができる。排尿、排便などでも、人はコントロールできる仕方での体の或る動かし方を学ぶ。それから、伸びをする、目を擦《こす》る、痒いところを掻く、頭《こうべ》を巡らす、立ち上がる、歩く。服を着る。バナナを掴み、皮を剥き、食べる。茶碗を左手に持ち、右手で箸を使ってご飯を食べる。このように、普通に「私」が体を動かす仕方での運動を思いつくままに挙げていって、それらはどれも、当然に自分でよく分かっている運動である。

では、この分かっているというのはどのような分かりだろうか。この当たり前のことがどのような細部からなっているのか、確かめよう。

前節の最後で、重力との関係で姿勢を保つことに触れた。姿勢とは体の各部がどのような配置を取るかによって定まるものである。私たちは自分の体の各部の位置関係を、部分と部分とが触れ合った感じや特定箇所の窮屈さ、引っぱられ具合、緊張や弛《ゆる》みの感じ、或る筋肉の疲労等によって分かる。つまりは感覚によって分かるのである。しかるに、運動とは或る意味で次々に違った姿勢を取ってゆくことである。「体を動かす」と一口に言うが、体を動かすとは必ず体の部分を動かすことなのである。移動運動のように体全体を動かす場合にも、交互に足を動かすなどの部分を動かすことを通じてなす。だから、運動がもたらす各部の配置の変化に伴って、ここで指摘したような感覚が次々に生じてくる。

だが、運動の結果によって運動が分かるのか。ないし運動の経過はそのまま体各部の配置の変化過程だから、次々と変わる感覚によって運動が分かるのだろうか。確かにこの感覚の関与は重要である。けれども、この感覚は運動それ自体を告げるのではない。自分の体の運動が別の仕方で分かっているところに副次的に加わって運動の現実性を強固にするものに過ぎない。（だから、ここで言う感覚はもちろん、しばしば言われる「運動感覚」というものではない。「運動感覚」という語は、「彼女は良い運動感覚をもっているのでダンスが上手《うま》い」という言い回しで、「運動神経」とは少し違うけれどもそれに似たような意味合いで言われるのなら、それはそれで内容をもつ。しかしながら、或る哲学説や心理学、生理学で提出された〈運動感覚〉の概念はかなり怪しいものである。それは、感覚の概念全体が間違っているところに加えて更に強引――ないしご都合主義的――に運動という事柄を押し込めて出てきた概念である。また、「運動に伴う〈感覚情報〉」というものが生理学で語られるが、これは、刺激の概念から出発し、情報の概念をも援用する生理学での〈感覚〉概念の使い方に添ったものとしては中身がある。ただ、ほとんど意識されない感覚という考えへと行き着く。脊椎へのフィードバックによって反射を引き起こし、運動を自動的に制御するのだからである。かくて学問を離れた私たちの日々の生存における経験が提供する感覚経験とはずれているとも言える。痛さや痒さを典型とする感覚は、意識される――言い換えれば、現われる――のでなければ感覚の資格を失うであろう。）

(2) 体を動かすことができる――局部を動かすことで――

自分の体の運動の分かり方を考えるには、感覚のことよりも、そもそも私たちは自分の体各部の動かし方を学ぶという成長過程を経てきていること、これを考えねばならない。最初からできる運動の基礎の上に、新しく複雑な運動が積み重なる。このとき重要なのは、運動という点でみればそれは体局部の複雑な動きに分かれるが、全体として何かを実現しようとする行動となるべく統制されていることであり、従って体の動かし方を学ぶとは行動を学ぶことの要素なのである。だから、何を目指す行動なのか、これが肝腎で、行動のためにたとえば個々の筋肉をどう動かせばよいかは、行動がうまくゆくことにいわば付いてくる。

赤んぼうは乳房を吸う。母親の姿を目で追う。そのとき、乳を飲むことができているか、姿をとらえ続けることができているかだけが問題で、唇、喉、眼球、首のそれぞれをどう動かすかは、体全体の在り方における一つの配置であるに過ぎない。乳房に取りつくときの体の傾き方が違えば、唇の動かし方だって変わってこようというものだ。

行動と言ってもさまざまある。共通なのは、重力があり、体を支える地面や床などに支えられて、体の周りに空虚がある中で体の局部の配置を変える、という条件である。この条件の上で、行動の四つの誘因を言うことができる。第一には、体自身の有りようを楽にするということ。たとえば寝返り。これは、体の或る同じ部分の長時間の圧迫感あるいは同じ姿勢でいることによる強《こわ》ばりから逃れるための運動である場合が多いであろう。因《ちな》みに赤んぼうは未だ寝返りができない。そして、病気になって、あるいは老齢になって、寝返りも打てなくなるということもある。（そして床擦《とこず》れができて酷い痛みを生じさせる。）だから、睡眠中の寝返りでも、それは実に簡単に人が知らず知らずなしているようだとしても、恐らく微かな感覚の目覚めが先行して体の状態の不都合を告げ、その状態から楽になるためにできる最も容易な運動をしているのだと言うべきだと思われる。（そして、寝返りで半分くらい目覚め、体の姿勢を変えたことが分かりつつ、すぐに意識が遠のいて再び眠る。）同じように、長時間の直立起立の後で足を斜めに出すなどして姿勢を変える、肩をほぐすような運動をする。それから、痒い箇所を掻くような場合だと、体における何事かの実現ではあっても、単なる姿勢の変化による良好状態の実現が問題だ、というわけではない。感覚を変様させるそのこと自身が課題である。

二つめの誘因。食べる、飲む、掴むなど、対象がある場合の、対象に導かれる仕方での行動。対象に合わせた体の動かし方が求められる。私たちは柔らかい綿のようなものを持つときと、固い石を持つとき、それから、金槌のように一方の端が重い棒状のものを持つときとで、指や掌の動かし方を変える。薄いガラスでできた壊れやすいものを持つときはまた違う。金槌を持つだけではなく、それで釘を打つときの握り方、緩め方、腕の動かし方は、また別で、しかし、それも首尾良く釘が打てるということの試行錯誤の中で学ぶことである。

なお、これらのとき、綿や石、金槌、ガラスが、視力があればまずは目によって知覚され、それから、持つときに触れる仕方で知覚されるものであること、更に、触れるときに自分の触れている体部分に触れられ感覚が生じることに注意したい。知覚については次章と第6章で、触れられ感覚については本章第6節で考察する。

第三の誘因。体を動かすこと自体の喜び。赤んぼうが手を開いたり結んだり（指を伸ばしたり曲げたりの「結んで開いて」を）する。これは、それが楽しいのである。もちろんそこには、そのようなことをすると周りで取りまく人たちの顔が大騒ぎして喜んでいるようにみえるからでもあろう。

最後に、体全体を移動させたい欲求。（目的に対象への接近があるなら、広い意味での二つめの誘因と重なり、その前段階をなす。）赤んぼうはハイハイ、掴まり立ち、歩行を学ぶ。そのうちに、泥濘《ぬかるみ》を歩く仕方を覚えるだろうし、場合によって水の中で泳ぐ仕方や積雪の坂道を進むための体の動かし方もできるようになるだろう。

動かせるものとしての自分の体の部分を私たちは他の部分から浮き立たせて分かっている。たとえば、自分の両腕を交叉させた後で二つの手のそれぞれ五本の指を交互に絡ませて胸の側に向かって半回転させた後、見える一〇本の指のどれかを誰かに指差してもらってそれを動かす、ということを試《ため》してみるとよい。その指をさっと動かせるわけではない。けれども、左手の薬指を動かせ、などと言われると（体の部位に名前が付いていてそれを知っているという条件で）難なくできる。それから、この指を指差してもらう場合は、指されたのは右手の中指だから……と判断によって特定した後なら、できる。それから、この指を、と触れてもらったら、この場合も触れられた指を直ぐに動かせる。（もちろん、触れられた部分が、動かすことができる部分だ、という前提があるときのことである。）触れられるという感覚によってそれが自分の体のどの部分かが分かるからである。

私たちは体の或る部位を選んで動かせる。ただ、たとえば右手首を曲げるときには右肘《ひじ》も動かしているのだろうが、右肘をどう動かそうかと選ぶわけではない。右手首を動かすことだけを選べば、右肘の動きも付いてくる。私たちが自分で選べる運動は、各関節を支点にした梃子の原理に従っている。たとえば手首を支点に手が動き、しかし手首も全く不動のままともゆかず、すると手首に繋がる腕は肘を支点に僅かに動き、その肘もまた少しは動くとき、肘から肩にかけての二の腕は肩を支点に動く、というふうになっていて、最終的には地面を踏みしめる足が体全体の動きを支えるとかになる。（手首を曲げるのが歩きながらの場合でも、どの時点でもどちらかの足が地面を押していて、そこに束の間の支点が生まれる。）結局は体全体での配置が絶えず微調整されているのである。私たちは自分の関心が向かう主たる部位の或る仕方での運動、これに焦点をおくことで体を動かすことを実行できる。（なお、第6章第2節（1）で考察するが、知覚対象を相手にする行動では、知覚対象に焦点をおくことで行動に必要な体の動かしができる。）

(3) 動かされるから動くもの

私は自分の手を無造作に動かす。もちろん私は本も持ち上げて動かせる。手と本とでどう違うのか。動かされる側のものとしての私の手を考えると、もし私自身によってではなく他の何かによって動かされる（たとえば誰かに押される）のなら、その場合には、その仕方は本が動かされる仕方と同じである。この仕方では、「動かされる」とはまさに受身のこと、運動させられることを意味している。自分では動かないときに他から動かされているわけである。そして、この受動によって動くことは、私たちには理解しやすいと思える。動くものが他を動かすのである。

風が木の枝を揺らす、流れる水が水車を動かす、私が棒を押したら棒の先の石が動く（動く棒が石を動かす）、これらのどれも同じ理屈で分かる。スイッチを入れると扇風機の羽根が動き始めるとき、羽根を動かしている動くものは見えないが、そのときでも私たちは電気が動いているのだろうなどと漠然と想像してみて初めて、動く理由が理解できた気になる。（だからといって電気が羽根を押すなどと考えるのではもちろんない。ここにはエネルギーの概念、その基としての力の概念などが働いている。しかるに、動かすことにおける力の概念の出所は、自分が何かを動かそうと頑張ることにあるであろう。）ヤカンの蓋が動くのも、沸騰した水から上昇する蒸気という動くものが蓋を動かすからだと理解できる。

ところで、何かが動く理由が「他のものによって動かされる」ことである場合の分かりやすさの背後には、動かす他のものの動きは前提している、ということもあることには注意したい。動かす側の動きの理由は問わずに済ました上での分かりやすさなのである。

そこで、水車を動かす水はどうして動くのかと問えば、水は高い所から低い所へと動くものだ、それは木の実であれ何でも重いものは落ちるのと一緒だ、とでも答えることになる。また、風はなぜ動くのか、動くのが風というものだ、ここで打ち留めにする、これが日常の理解、当然の理解である。そして、風が動くものであることを前提に、風に動かされて木の枝が動くのもよく分かる。

するると、石が動くことを容易に説明してくれる棒の動きであるが、その棒が動くことそのことの方も私の手が動かすからであると、これも、棒に触れている手が動くという前提では難なく分かる。同じような理解仕方が働いている。しかしながら、その手はどのようにして動くか（「私」によってどう動かされるか）となると、同じような仕方では理解できない。ただし、代わりに、「私」が体を動かすことについては、猫が歩いたり、背を丸めたり、右前足を顔にもっていったりする、それと同じように当たり前のことだ、という別種の理解仕方がある。要は自分で動くということだ。そして、そのことを認めれば、それから先には進まない。自分で動く猫を指定したら、猫に運動の理由（説明原理）があるのだから、それ以上の追求、猫の外に理由を求める追求は必要ないし、できない。

しかもこれは、風というのは動くものだ、としてそれで打ち留めにするというのとも違う。というのも、風の動きについては気圧差とかを持ちだして説明するという、日常を越えた物理学的説明はあり得るからである。その説明による理解は「自明である分かり」ではなくなり、日常の理解を越えるとしても、それでも何かが動くことの理由を先へ先へと求めてゆける構造をもっている。そのような理解は、重いものはなぜ落ちるかと更に問うて、（「重力」によってと答えれば、説明すべき事柄を概念化したもので答えることになり、ほとんど同語反復でしかないが——ただ、それでもこの概念化は既に日常から科学への一歩である）、落ちるものと地球との間の「引力」によってと、先へ進んでゆけるのと同様である。同じように、ヤカンの蓋を動かす蒸気はどうして動くのかを理解するのは難しくとも、蒸気を動かすもの（ないしお湯から蒸気を追い出す・動くもの）として熱を想像することは自然であり（そして、熱というものはエネルギーとして何か動くようなものとしてイメージする）、そこから科学的説明へと進んでゆくこともできる。そうして、科学的説明も結局は、何かが動くことをその何か自身によってではなく、他のもの（事柄）との関係によって説明し、そうすれば理解したことになる、という理解方式に収斂してゆくのである。（ただし、何かが・原因となって、何かを動かす・結果をもたらす、という因果性を含む理解仕方は探究の動因としては働くが、探究の成果においては、さまざまな要素間の関係の法則性だけが残る、というふうに探究は進む。――しかし、法則性も、或るものの運動あるいは変化を説明するに、そのものの他の事柄との関係の有り方に理由を求めるということでは変わらない。――ただし、科学理論を拠り所にした技術が問題になるとき、因果関係は舞い戻らざるを得ない。というのも、技術とは何かを確実に生じさせようとする行動なのであり、行動を原因の位置に、生じさせる事柄を結果の位置におくものだからである。そうして、そもそも実験等の技術が法則の発見をもたらしたのである。なお、以上の事柄は、第3章第3節(2)で述べた近代科学の物質観につなげて理解するとよい。）

ただ、或る動きの理由を動くものとは他のものに求めてゆく、ということを次々に限《きり》なく追究してゆくことはできるとしても、私たちは直接に動かすものが分かればそれでお終いにすることが多い。もし動かす側の運動を前提しないときには、先へ先へと、その運動を引き起こすものを考えてゆかなければならず、終わりがなくなるのだが、そのような羽目に陥ることはしないのである。（法則的理解はこの無限後退を免れそうであるが、その法則がなぜあるのか、という問いを惹起しないわけではなく、それを説明の終点として安らわせる力をもたない。また、古来、哲学で第一原因を求める衝動がみられたことの理由を考えてみるのも興味深い。また、自らを始まりの位置におき、原因の資格を要求できる行動という概念は重要だが、その行動についても、その行動を結果としてもたらすのは何かを追究するという考えが浮かぶのはどうしてなのか、などの問題があるが、本書では主題としない。諸概念の発生の順序がどうなっているか、整理することによってのみ諸問題に答えることができる。）

そこで、ここで、事態が実は次のようになっていて、二つの別種の理解仕方には一方が他方の基礎になっているという関係があることに気づかなければならない。すなわち、自分が自分で動く（自分の体を動かす）ことで何かを動かす、この自明性が基礎にあって（だから自分が動くことは当然のことと理解した上で）これと類比的に、何かが何かを動かす、逆から言えば何かが何かによって動かされる、ということが当然のこととして分かるのである。

(4) 自ら動く――体と体の外の事柄との意識・課題の感受というステージ――

自分で動くものがどうして動くのか、と問う場合、確かに外側に理由の一端がないわけでもないにしても、最終の理由は動くもの自身に求めるしかない。もちろん、体の動きに関しても、一つひとつの筋肉がどうして収縮するのかと問うて、たとえば刺激があるからだ、と答えてゆく仕方もあり得る。しかしこれは第3章第3節で紹介したように、素朴な「動かすものによって動かされる」「動かされ方は動かす方によって決まる」という力学的な考えとは違う。生理学の領域で考案された説明である。そしてこの説明は、運動の原理を動くものそのもののうちに、実際のところ生きているもののうちに、みようと試みたのは確かである。けれども、筋肉だ神経だと体をあれこれの要素に分解するなら、「自分」という一つのもの(体)がどうして一つであるかを見失い、結局は「自分で動く」という事柄の根本の理解には届かないことになる。

こうして、体自身が全体として一纏《ひとまと》まりで自分で動くものだと、これを認めるなら、そこで行き止まりである。これは、差し当たりその答で打ち留めにするというのとは違う。

さて、筆者は指摘した、「私」が体を動かすことについては、猫が歩いたり背を丸めたりするのと同じようなことだと私たちは理解するものだ、と。一般に動物というものは、自ら動くものである。動くのは生きるためである。動くことで体の外の事柄と適切な関係を取ることが、(生きることを尺度として測られる)価値的な事柄なのだからである。そして、人間も動物として自ら動く。

ただ、私たちはその「自ら動く」ことを、「体が自分で動く」とは決して言わない。「体が自分で動く」とは「私が動かそうとしないのに体が勝手に動く」ことであり、それは確かに体が体自身にある理由によって動くのかも知れないけれど、異常事態である。ニコチン中毒で手が震えるとか。普通は、人が動物として自ら動くことは単純に「人(それぞれ)が動く」のであり、そのそれぞれの人の立場で言えば、「私が動く」のである。しかも、たったいま「私が動かそうと……」という表現をしたように、同じ内容のことを「私が・体を動かす」という分節を持ち込んで表現することもある。

この分節の持ち込みはどういう場合になされるか。デスクワークばかりなので少しは体を動かさなきゃ、とかの場合。

5　前掲『知覚する私・理解する私』参照。

それから、講釈ばかり垂れずに体を動かせと、行動というものを単なる構想や表明とかと対比させて言うような場合。いずれにせよ、意志の一押しを要求するような場合だと思われる。意志の問題は難しいが、体との関係で言えば、自分の体の動きを制御している、という面を前に出している。この制御を指して、「私が体を動かす」と言う。

けれども「私」は体の外の何かとして体を動かすのではない。そのような何かであるとするなら、「私」は体とは別の物的な動くもの、あるいは刺激であるということになってしまう。「私」は体に即したものであり、「私」が体を動かすとしても、体が動くとは私自身が動くことなのである。（本を動かすのは、手を動かすなどのことを通じてなのであるのに、手はそのような仕方で動かすものではない。だから、つい、手の方は「直接に」動かす、という表現を使いたくなる。だが、この表現も適切ではない。離れた所の石を動かすのに棒を用い、棒で押して動かす――「棒を媒介に」動かす――場合と対比させて、石を「直接に」動かすとするのが、よく分かる表現である。直接にであろうと、動かす相手は動かすものの外の別のものである。しかるに手と「私」とは相互外在的な別のものではない。なお、仮に「私」が「直接に」手を動かすことを認めるなら、「私」は「手を媒介に」本を動かすという言い方も認めるべきとなろうが、決してそういうわけにはゆかない。）

目覚めているときに体を動かすことは、あれこれの価値の感受のもとで、望ましい動きをすることである。（もちろん、うっかり、へまな動きもする。）その動き、行動の前にワンクッションが、価値の感受と行動との間《ま》としてある。この間が、大袈裟に言えば課題を課題という資格で浮かび上がらせ、その後に課題への対処としての行動の出番となるのである。

人間は動物として、自ら動くものである。動くのは生きるためである。動くことで体の外の事柄と適切な関係を取ることが、生きることを尺度として測られる価値的な事柄としてあるからである。ただ、その動くとは体が動くことで、そのことは体内での生理的活動と同様、「私」というものの関与ないし登場を要請することなしでも理解できる。

しかしながら、この価値的な事柄が、実際の関係を取る前に課題という資格で浮かび上がること、そうして、課題への対処という資格で動くといういわば二段構えがあること、ここに「私」の登場がある。第1節でみたように、「私」とは体を感覚において意識するのみならず、体の外の事柄も意識する仕方で目覚めるものである。その感覚は体の或る状態を告げ、それに対処するべく促し、体の外の事柄のうちの物的事象は知覚という形態で意識内容になり、やはり適切な対処を促す。私は感覚し知覚するものであるが、それは取りも直さず、その感覚や知覚に動機づけられ、あるいは導かれて、体を動かすものであってのことである。

　私が自分の体を動かすというのは、私が自分で動くということである。動かされるから動くものの場合、動くことの理由は自分のうちにはない。それを別の言い方にすれば、動くことに価値的契機はないということである。しかし、私が体を動かして自分で動くとき、その動きは価値文脈のもとでなされる。そして、意識としての「私」はその価値の感受としてある、目覚めるのである。

　なお、私は自分で動くから、動けば疲れもするのである。（ここに力の概念の出所がネガの形で示されている。）そして、疲れもまた一つの感覚であり、それは運動前とは違う体の新しい状態の告知であり、それがまた私に別の対処を要求する。多くの場合、私は動くのを止《や》める。疲れは体全体の疲れである場合もあれば、どこか局所の疲れの場合もある。

　さて、動くのを止めることが対処になるというのは、むしろ例外的である。典型の方は、皮膚が痒いとき、痒い場所を掻くような、行動による対処である。そして、これらは体を相手の行動だが、他方、体の外の事柄が問題に入り込んでいる場合、たとえばお腹が空《す》いていて体の外にある食べ物の摂取によって解決されるべきである場合、食べ物を見つけれ、それを取りにゆき、食べる、このように他のものに対する行動となる。自分を襲うかも知れない動物を見つけた場合に逃げるのも、行動の典型である。確かに、逃げるよりは気づかれないように動くのを止めるということもありはするが。ただ、後者の場合でも、油断なく見張るなどの活動は一層、高まる。そして、見張るとは、目をすばしこく動かすなどのこともしつつ、基本的には意識を鋭敏にすることである。

(5) 体を動かすことにおける体の空間性と感覚の座としての体の空間性との統合

体を動かすことは体の局部の配置を変えるという運動として実現できる。体は自身のうちに上下、前後を基軸に、左右を副次的軸とした方向性を含んだ仕方で広がっており、局部はその広がりにおいて配置されている。その配置が視覚像など知覚の助けを借りずに運動そのことにおいて完璧に掌握されていることは、次の例で理解できる。

目を閉じた上で、左手の親指と人指し指で環をつくり、その環の中に右手の人指し指を通す、ということを試みてみる。環を頭上、左肩右方、後頭部、腹部、右腰と移動させても、どの場所でも右指は的確に環を通る。また、指を通すのに、環を作った手の掌側から通すこともできるし、反対方向から通すこともできる。

ところで、私は環を右の肩甲骨の下部にもっていこうとしてもできない。届かない。その手前で既に無理を覚える。しかるに、ここで「無理を覚える」とは、一方では運動が無造作にできはせずに非常な努力を要するし、更には困難に直面するということであるが、他方では、痛みに近いような感覚が生じるということでもある。因みに、このような痛みを感じることをも積極的に引き受けて、生来身についた運動とは別の運動を練習してなす、これは人間の特性ではないのか。このようなことを動物がするのか、大いに疑問である。動物も、たとえば手に入れるのに困難な場所にある餌を入手しようとしてかなり無理のある運動をし、そのことで痛みを覚えることはもちろんあるだろう。しかし、それは対象を目掛けた行動の一局面でしかない。しかるに人間は、各種スポーツやサーカスなどを想い浮かべれば分かるように、自然の中で動物として生きるだけであったなら決してしないに違いないたぐいの運動を自己訓練し、できるようになる。それらの運動は、体の空間的構造に最大限に多様な可能性をもちこもうとする努力と言える。そしてその際、感覚は他の運動のときよりも一段と強く体の空間規定を顕わにし、自ら体を動かすことにおいて把握する体の空間性と、感覚の座として主張する体の空間性とが、重なり統合されるのである。

第６節　触れられ感覚と異物

(1) 動かされる——運ばれる・押される——

動かされるのではなく自ら動く、そういう体に即して私はある。そして、動かし得るもの、或る範囲で運動を制禦できるものとして自分の体を、その各部を位置関係ともども知っている。他方、現実に動かすとき、体の部分と部分とが触れ合った感じや特定箇所の窮屈さ、引っぱられ具合、緊張や弛《ゆる》みの感じ、或る筋肉の疲労等によっても、自分の体はその有りようを告げる。後者は痛みや痒さなどの感覚によって体の或る状態が分かるのと同じ分かり方であり、ただ、少し慎ましい仕方での体状態の告知経験である。なお、人は衣服を着るのが普通なので、運動に連れ体の衣服への触れ方が変わってくることでも、さまざまな感覚が生じる。

では、体は動かされることによってもまた(自分の体として)知られる、ということはないのだろうか。動かされることには二つの場合が区別できる。一つは体ごと運ばれる経験。もう一つは体のどこかを押されて動かされ、姿勢が違ったものにされることを典型とする種類の経験。

運ばれるということを、私たちは電車に乗っているときやエレベーターを利用するときなどに経験する。そして、事故で意識を失って担架で運ばれるような場合とは違って、運ばれていることを知っている場合がほとんどであるが、その知り方はどのようなものか。

電車では外の景色などが見え、それが動くないし変化してゆくのを知覚するということによる判断(自分自身では——自分から能動的に——動いていないのに体が移動しているという判断)が入り込むことが多い。目を閉じていれば、体の揺れを感じても、そしてそのことによって電車が移動しているなと確信するにしても、それは体の移動(揺れる運動とは別の移動)そのことの直接経験ではない。移動は結論づけられる事柄である。

他方、自分が乗っている電車は停まったままなのに向かい側に停まっていた電車がゆっくり動き始めると、自分が動き始めたように思ってしまうこともある。このとき目を瞑っていて向かいの電車を見なければそのように思うことはないわけで、だから明らかにこの経験でも知覚の関与は必須である。しかしながらこの場合、知覚の関与は判断の材料としての関与ではない。さまざまな錯覚と同様、勝手に生じてしまう思いなのである。ただし、この「思い」として表現している事柄の中身が何なのか、たとえば「体が運ばれている」という感覚と言ってよいのか、難しい。動き出した向かいの電車を見ることがなければ錯覚は生じないし、生じてもプラットホームの柱とかに目を遣ればすぐにその錯覚は消える、新たな知覚が錯覚を追いやる。いや、向かいの電車を見ることに返っても、ぼんやりと見ているのでなければ最初から錯覚も生じない。そうして、そもそも知覚とは移動しながらの知覚であれ、場を動かない仕方での知覚であれ、知覚する側の（眼球の運動、視線の運動を含めた）能動的な働きによって成立するものである。以上を踏まえれば、例外的な状況では偶々《たまたま》成立した知覚が、普通はそれを成立させるはずの隠れた運動の方を幻として呼び起こすのではないか。

実際に電車が動いているとき体が揺れ、座席と体とがずれてそのときの摩擦等によって感覚が生じ、また、首の皮膚と服との接し方に変動があって皮膚に感覚が生まれるなどし、これら感覚が自分の体を体として告知する、これは分かりやすい。更に、揺れに対して望ましい姿勢を取り戻そうとする体の動きの感知というものもある。重力の経験について述べる際にも指摘したが、姿勢の維持というものは静的に得られるものではなく、維持のための運動が必要で、この運動が体を本人に意識させるのである。ただ、これらの感覚は「体が運ばれる」という感覚かと言えば、違う。

或る方向へ、その方向にのみ移動させられるという体自身が告知する感覚は、電車が動き始めたとき、それから、透明なガラスの壁等でできているのではないエレベーターで急速に運ばれるときなどに一瞬、経験される。それは物理学で言えば加速度が生じたことに対応する力を体が蒙り体の姿勢が僅かに変化させられようとする経験とでも言い表せるのではないか。この経験では体だけが前面に出る。体の外の座席や床は体を支えるものという資格で背景的に経験される。第2章第1節で、「平衡感覚」についての生理学の考えを紹介したが、生理学は直線加速度を刺激として検出する受容器を見つけ出した。その上で、この受容器の働きによって生じる感覚は、意識されることが少ないと指摘していた。その紹介の際の考察も想い起こしたい。

ところで、この例での力の経験も既に圧迫の経験とも言えるかも知れないが、典型的な圧迫の経験は、体が動かされる経験の第二の典型として挙げた、体(ないし体の一部)を押される経験である。しかるにこの経験では、場合によって痛さとか窮屈さとか質の種類は変わるが、体自身の有りようが感覚によって分かるとともに、何か圧迫してくるもの、体に外的なものも経験内容に入ってきている。つまりは知覚の登場である。

この外的なものの経験は、自分が動いて何かを押す場合とさほど変わらない。それも当然で、こちらが押せば押し返され圧迫を受けるからである。これらの場合には力と抵抗との対(力学における作用と反作用の対に対応する対)から成る経験が核にある。そこで、この対によって人は自らが自分の観念の世界に閉じ込められたままでいるのではなく外的世界と関係をもち外的世界があることに気づくのだ、とする哲学も屡々みられた。ただし、「外的」とは観念の場としての精神に外的、すなわち、「精神とは他のもの」という意味で語られるのが普通であって、大抵の場合、素朴に「体に対して外的」であるというふうには考えられなかった。しかしながら、私たちとしてはこの経験を、体の変化と相即的な「体の外のものの知覚」が生じることとして確認すべきである。

ところで、体の外の多くのものの知覚は視覚や聴覚、あるいは嗅覚によってなされるが、これらにおいては力(少なくとも力学的な意味での力)という要素は入っていない。これらにおける外在性の契機とはどのようなものであるかは次章で詳しく考察する。ここでは以上の考察の流れを受け、能動・受動という観点から、①こちらが動いて何かを押す経験と、それから、④体が押される経験との間に位置づけることができるものとして、力の関与が余り目立たない二つの経験があることを指摘したい。一つは④に近い側で、③「触れられる」という経験、もう一つは①の行動に近い側で、②手で触れにいって触れた相手がどのようなものであるかを探索する触覚という知覚経験。(見ること、嗅ぐこと、聞くことにおいても、頭《こうべ》を巡らす、息を深く吸い込む、耳をそばだてるなどの能動的働きがないと知覚は成立しない。特に、或る持続する事柄を、体の側の動きを通じて連続するものとして検出するのである。第5章第2節(2)、第3節(6)を参照。一瞬の事柄といえども、知覚される限りでは僅かなりとも持続する事柄でなければならない。）

①から④へと、徐々に受動の要素の配分が増しているが、ここでは、③の触れられ経験を取り上げる。この経験では「触れられ感覚」としか言いようがない独特の感覚があり、かつ「触れてくるもの」という体に外的なものの知覚という契機も含まれる。なお、探索的（かつ典型的）触覚については後で考察する。

（2）触れられる——触れられ感覚の特殊性——

何の脈絡もないところに、運ばれるとか押されるとかのことが生じることは滅多にない。電車やエレベーターで運ばれるとき、私たちはそのつもりでそれらに乗り込むのだし、押されるのも、満員電車や何かの会場など混みあった場所でやむなく人に押されてしまうとか、状況が分かっている。だから、運ばれや押されを孤立して経験しはせず、それがどういう事柄かは、体がそのときどのような有りようをしているかを含め、全体の文脈、状況の中で分かる。この点は、何かを押す場合でも同様である。そこで、これらの経験において体の有りようが（判断の結果等によってではなく）体自身の自己告知として分かるその分かり方を取り出すのは、前項で試みてはみたが、注意深い作業を必要とする。

それに対し、何かに触れられるという経験は突如、孤立して生まれることもけっこうある。もちろん、熱があるかどうかを調べるために額に触れられるという、予期される脈絡での経験ももちろん沢山あるが。そこで、触れられ経験を（判断などの要素のいつの間にかの混入などを避けて）単独に取り出してその内容を分析することは比較的に容易である。

さて、先に、手の十本の指の中で触れられた指がどれかは直ぐに分かることに注意した。それは、触れられることで感覚が生じ、感覚は一般に体のどの部位かの感覚であるという空間性をもつのだから、当然と言えば当然である。けれども、触れられ感覚は、これまで体の感じの例として挙げてきたもの、痛さや痒さ、体調、眠気や疲れ、目の腫れぼったさ、頬の皮膚が突っ張った感じ、空腹、尿意、胃もたれ、息切れ、吐き気、五十肩のときの不自由な感じ、長時間の同じ姿勢による体のあちこちの強張《こわば》り等々とは違う特殊な性格をもっている。それは「何か」によって触れられているという「何か」

の契機があることである。「何か」とは体とは異なる何か、すなわち「異物」である。そして「触れられ」は知覚の萌芽である。体ならざる体の外なるものが「何か」として微かに現われるのだから。

その経験は冷気を感じる場合に通じる。体が、あるいは皮膚が寒い、冷たいと感じつつ、外気が冷たいと、そちらにも冷たさを振り分ける経験の場合である。しかしながら、この場合とも違う独特さが触れられ感覚にはある。冷気の場合には、体の外に漠然と広がる何か、体の運動にとっての空虚、体の運動を許す空虚という体の外側が顕わになるのであるが、触れられ感覚では体と張り合って体と同じような存在資格（ないし身分、様態）をもつ体ならざる何かが経験内容に入ってきている。外気の経験の場合、それは身を置く場所の経験である。しかし、触れられ感覚の核心は異物の経験にある。

体と張り合うということだけに着目すれば、能動的な体の運動に抵抗するものの方が、ぴったりした資格をもつように思える。運動を阻むものがそうであるし、押しても動かない、あるいは押す分だけ押し返してくる（作用に対して反作用する）ような相手がそうである。また、向こうから体を押してくるものがあれば、そのようなものも、能動・受動の出発点における関係が入れ替わっただけで張り合う関係に入り（押されたら人は踏んばったりして体の安定した姿勢を保とうと力を入れるもので、押し返す場合もある）、有りようとしては体と似た存在性格をもつのではないか。体と張り合うものは、体とは違うが体と同じように在るものとして経験されると言ってよい。

しかるに、触れられることにおける異物の経験では、まさに「体とは異なる」というただそれだけの中身でもって、つまり、たとえば力という契機の媒介を経るようなことなしの純粋な形で、「体と同じような資格で在る何か」が経験される。触れられ感覚は体の或る状態を告げ知らせる感覚であるのは間違いなく、同時に異物という体とは別のもののいわば純度の高い知覚でもある。触れられ感覚では感覚と知覚とがほぼ同等の重さで分化しつつ現われている。ここに触れられ感覚の特殊性がある。ただし、体か異物かの動きが全くなくなると、体の外のものの経験だ、という契機は薄れゆく。第４節で論じた論理が働く。

このことを納得するために、これまで取り上げてきた諸例を振り返り、更に加えて、打撲を受けた瞬間の痛さ、皮膚を鋭く切ったときの痛さ、小さな小さな刺が指の皮膚に隠れて分からないくらいに刺さったままのときの痛さ、何か押しつけられる圧迫感、触れてきたものを払いのける経験、虫が皮膚を這う経験、それから、皮膚が水に濡れるときの経験や、べっとりと泥やジャムのようなものがくっついているときの経験等、一連の少しずつ似ていて少しずつ違う経験をも考察し比較することも益あると思われる。けれども、本書の分量が更に長くなるので、控えることにする。

次章では、体の外の物象の知覚の構造を詳しく考察する。

第5章　知覚の空間性

第1節　体の移動と空間

(1) 世界の空間性

さて、体を動かすには、体の周りの空間、その中で体(ないし体の局部)が動ける空間が要る。しかし、その空間には屢々体とは別のものもある。いや、それどころか、私の体が在ろうと無かろうと、空間とそこに並存している諸物体があるのではないか。ならば、どうして私たちは空間について語るのに真っ先に(前章第2節(5)および第4節(1)(3)(4))体のヴォリュームを挙げたのか。

まず、私たちが、自分の体であろうがなかろうが、本当に在るものなら何処かに在る、と考えているという、至極普通の単純な事柄から始めよう。(裏側から言えば、何処にもないものは架空のものだ、ということになる。そこで、架空のピーター・パンの国は「どこにもない土地」と命名される。なお、物体や人体のような物的なものではない存在事象でも、何らかの場所規定はもつ。たとえば青森銀行のような存在を考えてみる。この銀行は、詐欺の舞台のためにでっちあげられた架空の銀行とは違い、実在する銀行である。そして、本店は青森市にある、支店なら東京にもある、と言うことができる。それは、それらの場所に銀行の建物が在り、其処で銀行が関わる用件を果たすことができることを言う。もちろん、建物の存在は銀行の存在の補助であって、銀行の本体ではないが、そうだとしても、存在するものは或る場所につながっている。では、店舗を一つももたないネット銀行はどう考えればよいか。公に認められ業務を行うには登記が必要で、登記には所在地を記さなければならない。やはり、何処かの場所に何らかの仕方でつながっている必要はある。そして、同じ伝で言えば、誰かの頭の中にしかない妄想でも、その誰かの体の場所につながっている。——体を必要としない霊魂を云々する人でも、霊魂が生きる場所を想定しないわけにはゆかないだろう。——なお、そもそも、現実ではない妄想でも妄想としてはある、というふうに或る仕方での存在を私たちは認めるのだが、在り方が違うさまざまなものに「存在」という概念を適用できるのはどういうわけか、という大問題が先立ってある。この問題は、さまざまなものがどのような効力をもつかを調べ、効力に見合った存在を私たちは認めるのだ、というふうに解くことができる。そうして、この効力が働く場所というものを私たちは特定できるのであり、すると、その場所とのつながりという一点にまで切り詰めなければならないとしても、存在の概念と空間の概念とは切り離せない。）

　では、その何処か、とはどのようなものか。重要なことは、あれこれの実在するものが位置するそれぞれの何処かは、或る一つの空間の何処かであることによって全部つながっているとしか考えられないことである。そして、あちこちに在るものどもすべてはその空間に位置していることで統合されていて、その総体が一つの世界を成していると私たちは考える。逆に世界の概念の方から考えても、私たちは、世界は空間的なものだとしか考えられない。従ってまた、別の世界のことを考えるとき、私たちは必ずやこの世界とは別の空間のことを想像する。実のところ、どんな空間を想い浮かべてもこの世界の空間に接続させてしか想い浮かべられないのだけれども、それでも、別の世界なら別の空間でなければいけない、と思うのである。ファンタジーやＳＦでも、一方でこちらの世界と別の世界とを不連続なままにしつつ、他方、両世界間のどこか特殊な通路を確保するのが普通である。

　ところで、では想像上の別の世界ではなく「この世界」の空間とはどの空間かと問えば、私たちは、それぞれの私、自分が居る場所を含む空間だ、としてしか具体的に示せない。しかるに、自分が居る場所とはどういう場所か。それ自身ヴォリュームをもつ（言い換えれば空間的なものである）自分の体が在る場所である。ここに、私たちが空間について語るのに体のヴォリュームの経験を取り上げることから始めた理由がある。

もちろん、直ちに私たちの考えは次のステップに進む。すなわち、自分の体が存在しなくなっても相変わらず世界は存在する、と誰でも考える。体が在った場所に他のものが在るだけだ、と。すると、この世界がもつ空間規定を考えるのに、そこに自分の体が在る、ということを前面に出す必要はないように思える。それから、人によっては次のように確信している。自分という存在の本体は体ではなくて魂（ないし何か魂のようなもの）であって、この世界では自分はこの体とともに在るのだけれども、死ぬと、魂が体から抜けだして何処か他所《よそ》に行き、其処でちゃんと在るんだ、と。このとき、他所がどういう場所か、さまざまな考えがあり得る。（しかし、他所もやはり空間的なものとしてしか考えられない。）ただ、どう考えようとこのような発想においても確実なこととされているのは次のことである。自分が死ぬ以前に存在している世界がこの世界であること、その世界は、私の体が存在していた空間と一緒にしか考えられないこと。この世界、現実の世界の空間性というものを具体的に考えようとすると、自分の体自身の広がりを含み体の周りに広がる空間に則して考えるしかないと、やはりここに返ってゆく。

しかしながら、この確認の上で、やはり次には、①まさにこの空間に自分の体以外のさまざまなものがあれこれの場所に位置しているということ、これを私たちがどのように経験するのか、考えねばならない。そして、②自分の体をその空間の中心に据えて考えることから脱却して、体を他のものどもと並ぶものでしかないと理解する、この次第もみてゆかなければならない。

①は差し当たり、体の外のさまざまな物象の知覚の有りようをみるという単純なことである。しかし、そのときに諸物象が位置する場所は体を中心にしてのみ指定できるものでしかない。そうして、この中心というものは、感覚による体のヴォリュームの経験であり、その中心から広がる体の外とは、前章で想定したミニマムな経験とでも言うべきものにおいて辛うじて当然の要請として経験内容に入ってくるものでしかない。

そこで、重要なのは②だということになる。しかるに、この②の理解というものは幾つもの要素を統合することで初めて成立する。根本的な統合は、A．感覚において経験される体の空間性と知覚される体の空間性との統合であり、B．体の運動空間と諸物象の知覚空間との統合である。ところが、Aに関して厄介なのは、そもそも知覚されるだけの体には、それが知覚している人自身の体であるという性格は入っていないことである。或る知覚対象が他ならぬ自分の体であるということを知る手だてを人は手に入れなければならない。この入手ができれば、知覚される限りの体と他の諸物象とが同じ知覚空間に位置するのは当然のことで特に考察すべきことはないのだから、自分の体も、知覚世界の他の諸事象と並ぶ一構成員というように過ぎないという位置づけを得る。

Bの統合に関しては次の三点、特に第三の事柄が重要である。①体の運動に連れて知覚空間における諸知覚事象の配置（見える内容における配置、いわゆるパースペクティブ的な配置）が一方では変化し、②他方では、その変化にも拘わらず、事象相互の位置関係に或る恒常性を洞察し得ること、③体を動かすことによって多くの知覚対象に接近できること。

さて、実はこれらの重要な事柄に関する考察は、本章第5節で糸口となるもの（行動における体の運動と知覚との関係）を取り上げて行いはするのだが、周到な議論は第6章まで延期しなければならない。そのことを念頭において、まずは、単純であるかにみえる①について、詳しく調べることにしよう。

(2) 体を移動させる――実在概念の根っ子――

何かが実在するなら何処かに在るのでなければならず、その何処かを含む空間的な世界とは私が居るこの世界であるのなら、その世界の広がりは私の体が位置している場所を含む空間の広がりに一致する。こう確認しながらも私たちは、同時に、その世界は自分の体が消えてしまおうと相変わらずさまざまな物体その他に場所を提供する空間的なものだ、とも考える。こういう考えをするときには、私たちはその空間を自分の体の移動に則して捉えていると思われる。体の移動を言うとは、体が位置している「此処」を特別な場所としないということである。そして此処が相対化されるなら、此処に位置する体も特別なものではなくなる。体の移動を可能にする、体に先立って広がる空間というものを、此処から次の此処へと至る体の移動過程は想定させるのである。そして、そのような空間なら、さまざまな物体その他にも、体と平等な資格で位置できる可能性を提供するであろう。

加えて、体の移動が、地面等を押してそれから離れ、再び地面等に支えてもらうということで成り立つのであってみれば、既に地面等が空間を構造化するものとして広がっている。そこに体は加わるだけでしかないように思える。実のところ、何も、目印になるものさえも存在しない空っぽの空間というものは茫漠としている。抽象的な幾何学的空間でさえ、座標が設定されなければ内容をもち得ない。具体的な空間でその座標に相当する役割を果たすものは、相互に差異が見分けられる固定的なものである。それら固定的なものとの関係で移動が確定する。（因みに、列車内では車輌や座席等の配置が具体的な空間を提供し、その中で人は移動し、しかるに列車は固定した地面を駅から駅へと移動する。そして人は、車内での移動の効果は無視するのがほとんど当然として、列車とともに、動かぬ大地によって規定された空間を移動する。）体に先立つものとして想定される空間の実質、体の移動に則して把握される空間の概念というものは、体の移動を支えつつそれ自身は固定的であるものによって構造化されている。

こうして、体の移動運動に則して把握する空間は、具体的であり、かつ、実在するものどもの世界と一体になった空間として考えてよい。体の存在性はさまざまな感覚によって告げられる痛切なものであるが、その体と、体を支える固定的なものとは同じ重さの存在性をもっている。しかも、体を支える地面のようなものは体に先だってあることが信頼されているのである。ここで「重さ」と表現している事柄は、第3章第1節（3）でも言及した「現実性の強度」という概念のもとで理解すべきである。

体の運動はでたらめには遂行できない。定まった配置にある手足の調和的でリズムある運動だけが許される。そうして、そのように制約のある運動はエネルギーを必要とするし、疲労を覚えさせたり体を火照《ほて》らせたりする。努力なしでは体は休息の態勢に戻る。これらのことにリアリティを見いだすことなしにどこに「存在」の概念に初めての中身を供給する経験があると言うのか。(たとえば空想内容も空想としては在ると言えるように、「在る＝存在」という概念は拡張されてゆく。しかしながら、実際に在る、実在するということが最初の「存在」概念の内容である。存在の概念の内容を確認するには「無い」とか「裏切られる」とかの経験の特異な位置についても考察すべきだが、いまは割愛する。)そうして、自分の体にリアリティを認めるなら(認める以外にないのだが)、体が移動してゆく空間にもリアリティを認めないわけにはゆかない。そこで、空間が「空っぽ」を意味し、空っぽとは「無い」ということと同義だと考える人にとっては「空間が在る」という物言いは認められないかも知れないが、便宜的に、以上に考察してきたような内容で理解される空間を「実在空間」と呼ぶことは不適切ではない。(「空っぽ」という理解を、真空を認めるのか、といった議論につなげてゆくこともできるかも知れないが、ここではそういう議論はしない。物があちこちに散らばっていて、その間は空虚だという考えの由来については第6章で考察する。実在するものは何処かに在る、といった強固な考えを受けて、「実在するものは空間形式をもつ」といった言い方をし、その上で、実在からいわば質料を抜き去り形式だけを取り出したものとして「実在空間」の概念を考えてもよい。)

そして次のことが重要である。体の存在こそが実在概念の根っ子にあり、体は空間に位置するものであるからには、その空間、すなわち、いま「実在空間」と呼んだ空間に位置するものはすべて、体と同じような存在性、存在資格を有すると考えてよいことになる。

第2節　体と価値づけられた体の外の諸事象および刺激の概念

(1) 体の外を満たし分節を持ち込むもの

では、体が位置する空間には、体の他に何が位置するのか。この空間の実在性は体が其処を移動することにおいて確証されるのだが、移動の前には「此処《ここ》」の向こうに「其処《そこ》」や、更に「彼処《かしこ》」へと広がる空間である。そうして、「其処」や「彼処」は体が移動することで「此処」になり、体が位置する場所となるわけだが、ということは、この空間には体に匹敵するものは何もない、空っぽということであるかのようである。

しかるに、体が移動する前に既に、「其処」や「彼処」という資格のままで（「其処」や「彼処」という内容、場所という内容に尽きない、それ以上の）具体的な内容を得ているものがある。すなわち、私の体の移動運動の可能な行き先としての空虚な其処や彼処とともに、あれこれの内容をもったものが同じ空間の中に現われているのである。その内容とは、其処彼処でのさまざまな知覚事象の現われである。そして、この現われに即して考えれば、其処や此処から成る空間は知覚空間である。この空間は、その中を体が移動してゆけるという見込みのもとでは、実在空間として捉えられる。

「其処」や「彼処」の内容としてのその知覚事象は、第一に、空間を定める固定したものとしての地面であり、地面の上の尖った石、樹木であるが、のみならず第二に、動くもの、蟻、揺れる木の葉、ゆっくり動く上空の雲などである。そうして、「其処」や「彼処」が体の移動先として実在する空間の部分であるのなら、それらの場所に位置する地面や樹木、雲なども実在するはずのものとして把握される。（「はず」でしかないということの意味については、第5節で論じる。）

さまざまに違ったものが違った場所に知覚される。それら諸々の知覚事象の並存的知覚という仕方で、一つの広がり、「知覚空間」が、私たち一人ひとりに現われる。これは間違いない。ただ問題が残っていることには気づくべきである、知覚空間が、体がその中を移動する空間と同じかどうか、これは未だ考察すべき事柄なのである。右の文で私は、「其処」や「彼処」が体の移動先として実在する空間の部分であるのなら、と述べた。「なら」という留保、これが満たされるかは分からないのである。しかも実は、ひとくちに「知覚空間」と呼んでいるが、知覚にはさまざまな種類があるのだから、知覚空間も一種類だと決めてかかるわけにはゆかない。

ここで、筆者としては、そもそも知覚内容に空間性を認めるという、この当たり前のことをきちんと述べなければならない。哲学史を勉強したことのない人には驚くべきことであろうが、知覚する者とは誰かという問題にどう答えるか、という問題に絡んで、知覚内容は空間的なものではないのだ、という根強い考えもあるからである。その考えのあらましについては、第3章第1節と第2節とで述べた。繰り返せば、それによれば、知覚する私とは思う私であり、知覚は思うことの一種で、知覚内容も感覚内容や「思われた数学的観念」と同様に思いの内容、別の言葉で言えば「観念」であり、すると、私が広大な海を思っても(想像しても)その思いが海のように広さをもつわけではないように、知覚内容もそれ自体としては(たとえば見られた海原も「知覚という思い」の内容として)少なくとも物体がもつような広がりを有さないのだ、というのである。(とは言え、見える海原はまさに「広大」なのでないか。これはどういうことか。近代の哲学者たちは表象の理論をもち出すことで切り抜けようとした。広い海原の観念自体は広くない、広さや狭さが言えるものではない、ただ、広い——実際に空間的に広い——海原を表象しているのだ、そうして、見える海原も観念でしかないのだから、同じことを言わねばならぬ、というわけだ。)

思うことと見ることとは全く違うというのが普通の人の考えだから、このような主張には読者はびっくりするに違いない。だが、哲学者たちの言い分を聞いていると不承不承、認めさせられそうになるのである。しかし、それは措いて、私たちは考察を、知覚事象は体に対して外在的であることを確認することから始めよう。

(2)見ることと目の感覚

ミニマムな経験では、体の外側の広がりは、体を支えるものと、体の周りの空虚と、二つに分節されている。前者は堅いもの等として知覚され、後者は体が運動するものであるということにおいて理解され、かつ、寒暑等の経験においては、或る中身をもつものとしても経験される。(体を支えるものの方は、温度経験に関して言えば、寒い、暑いとかの様態においてではなく、冷たい、熱いなどの様態で、物として経験される。)しかしながら、このような体の外の広がりは二つとも或る意味で平板なもので、無限定に広がっている。地面等がどこまで広がっているか分からないし、体の周りの広がりも体の近傍の僅かだけの広がりとしてしか経験要素とならず、体の向こう側の端は輪郭づけられないままである。体の外側は「体に伴う」とでも言える仕方で経験されるだけである。体を感覚と運動において知るというのはそういうことである。いわば体を内側からこれだと分かるときに、体ではない外側は付随的に経験内容に入ってくるようなものである。そして、体の輪郭の限定そのことすら覚束《おぼつか》ない。

体の輪郭がどのように経験されるかについては、第6章で考察する。ここでは、私たちの普通の経験では（つまり、目が覚めたが、真っ暗で全く静かで風も吹いてこず花の香りも何もなく……というように、第4章第4節（2）で想定した経験ではない、普通の日常の経験では）、あれこれの知覚事象が体からいろいろな方向に或る隔たりをもって現われていることに目を向けよう。体の外の広がりはそのまま知覚世界の広がりとなり、それが途方もなく多数の知覚事象で分節されている。

見えるものが目の前に見える、ということを私たちは当たり前だと考えている。この当たり前のことを、ここで少しきちんとみてみよう。体の外の諸事象の知覚における体の感覚の関与を確認することから始める。

知覚する人は自分の体のことを知っている。（取り立てて何も知覚していないときも知っているが、そのことは、これまでの感覚についての考察で確認済みとする。）見ることで言えば、物や広がりを見る人（私）は、見ている目のことを知っている。自分の目について知っているのでなければ、「目の前」とかの物言いはしない。見えているものの広がりを位置づけ確定することはできない。私の目は私自身に見えるもの、私自身によって見られているものではないけれども、それがあり、働いていることを、見ている私は知っている。目の知られ方は、見えているもの（見られているもの）の知られ方とは違う。しかも、目と見えているものとが基本的な関係を取り結ぶのは、広がりという契機においてなのである。そうして、見えているものに「私に見えている」のだという性格を与えるのは、私が目を動かし、目に微かな感覚を覚えることであり、目と目の前との広がりが一つの広がりであると経験されるゆえに、見る私と見えるものとは同じ資格の存在だと人は理解するのである。

目という体部分の知られ方は、基本的には体の他の局部が知られる仕方と同じである。すなわち痛かったり、痒かったり、周りが突っ張った感じ、乾いた感じ、腫れぼったさなど、「目に感じる感覚」によって。また、目（瞼《まぶた》）を開けたり閉じたりするとき、眼球を動かすときなど、自分で動かす体部分として。

けれども、目の場合、目を開けること閉じることに応じて何かが見えたり見えなくなったりするという特殊性が伴っている。眼球の動かしも、むしろ何か見えているものが動くときにその動きを追いかけて見るとか、あるいは何かを見ていて次に別の何かを見る場合とか、視線の動きとして実現される。そうして、何かがちゃんと見えるように目を用いていることを見るときに知っているし、よく見ようと目を近づけたり、目に緊張を覚えたり、目を細めたりし、そのことを知っている。視覚の生理学では、光の受容ということから始まる作用の系列を考える場合が多いが、探索という能動的契機が知覚の成立には必要なのである。そうして、この能動性が、見ることの反復を通じて、より上手に見ることができるようになることを説明する。(とは言え、もちろん目を開けても眼球を動かしても暗闇で何も見えないことがある。だが、それでも自分が目を開けたことを知っている。動かせるものとして知っている。なお、もし目が疲れたら私たちは目を休める。これは体の局部を主題にした行動であるが、それは再びよく見ることができるようになるためになされる。)

そうして、これらの目の知られ方、見ることに目の感覚が伴うことが、他ならぬ私が見ているのだ、ということを告げる。感覚は知覚の背景をなし、知覚を、私がなす事柄だと告げて私につなぎ留めている。誰にとっても共通な内容かも知れない知覚が非人称の事柄ではなくそれぞれの私の事柄だということは、感覚による私の体の関与の確認が伴っていることによって当然のこととなっているのである。

ただ、このように感覚は或る意味で重大極まりないものでありながら、感覚は黒子のような背景的役割に徹している。意識内容の中心にあるのは知覚なのである。そして、このような事情は行動においても同様である。何かを実現することが前面に出て、感覚は、体を動かすという当たり前のこととともに目立たず控えている。結局、知覚と行動の方が重要なのだからである。(西洋近代哲学が主張するように、見える内容は〈私〉の思いの内容だから見ているのは〈私〉だ、と言うのは当を得ていない。あるいは「〈私〉が見ていると思っている」とかにおいて保証されているのではない。そもそも、ではその〈私〉とはどのようなものか、と問うべきである。見る目を一部としている体に即して捉えられない〈私〉というものの概念は空疎である。)

同じような事柄は、嗅覚器官である鼻についても、聴覚器官である耳、味覚器官である舌にも言える。鼻をくんくんする、耳をそばだてる、舌で食べ物を転がす、舌でしゃぶる、これらは能動的な動きで、かつ、鼻、耳等がそれぞれ体のあるべき場所で感じられる、ひそかで目立たないけれども感じられる出来事であり、これらの体の或る特殊な部位の感覚を背景に、音や匂い、味を知覚できる。（音や匂い、味が知覚内容であり、本書での限定的な用語では感覚内容ではないということは、それらが体の外の或る事象の音や匂い、味として経験されるということゆえである。特に、以下の第４節、第５節の叙述を通じて納得できるであろう。）

(3) 体と体の外の諸事象

さて、「目の前」とは、目を表面にもつ私の体の外のうちの前方向、体が具える方向性に基づく前の方向に、ということである。（体が具え、かつ指定する方向自身がどのようなものとして規定されているかについては、前章第４節の最後の項で論じた。）「目の前」というのは大雑把な表現であって、「探している書類はすぐ目の前にあるじゃないか」という場合も「目のすぐ前に犬が飛びだしてきた」場合も、「坂道を登り切ると目の前に広大な風景が広がっていた」場合も、どれも目の前である。前は体が指定する方向であって、その方向に体からさまざまな程度で離れた位置にさまざまなものが見える（見えてくる）のである。

しかしながら、体の外のもの、体ではないものは私ではない。なのに、それらを私が見る（一般に知覚する）とはどういうことか。なぜ、このような問いが出てくるのか、それが分からない、というのが普通だろう。だが、見える内容は私の中身を一部、構成するのではないか。とすると、私ではないもの（体ではないもの）が私のうちに入り込んでいることになりそうで、私は体に限定されないものだ、ということになりはしないか、少し不思議な気がしないだろうか、ということろから出てくる問いである。

実際、ルビーを見ている私とルビーを見ていない私とは違う私ではないか。そのとき、目を開けている私と目を開けていない私との違い（体の有りようの違い）だけが問題なのではない。たとえばルビーの赤い色に目を奪われている私とそうではない私とは、目などの体の状態の違いで説明できるわけではないであろう。もちろん、それは私が美しさに感激する心をもっているからだ、などと言えば済むようにも思われる。けれども、第１章と第２章とでみたように、「赤さが見える」こと（更には色だけではなく何かが見えるという内容の全て）を私の「心のできごと」だと考える人も（哲学者も脳科学者も）いるくらいだということは、その主張の是非はともかく（或る文脈では正当で、しかし全面的な主張だとすると間違っている）、見える内容は私の中身を一部、構成するのだということを物語っている。ただ筆者は、見えるものが「見る私の外なるもの」であることにこだわっている。その私とは体の特定によってのみ定まる私であり、体ではないものは自分ではないと理解している私なのである。

そこで、体と体の外の諸事象との区別によって私と私ではないものの区別は確保されているにも拘わらず、私が他方で体の外の物象を見る、知覚すると言うとき、その記述での「私」という語は不安定な内容を負わされている。知覚することにおいて私というものは体を食《は》み出た内容によって規定されてしまっているように思える。もちろん、「体を食み出る」という表現は、「体に即して」という表現と同じく曖昧なものであるから、私が「体に即して存在するものでありつつ・体を食み出る内容をもつ」と言うことは、矛盾だと言い切らなくて済むけれども、何とも落ち着かない印象を与える。しかしながら、これらの表現は両者相俟《あいま》って、何とか事態の有りようを指し示そうとしていると受け取るべきであろう。では、その事態をどう理解すればよいのだろうか。

第1章で、色を代表とする論構成にしたが、色に限らず、匂い、音などは物的世界には存在せず、それらは、それらを見、嗅ぎ、聞くなどする人、つまりは〈私〉のうちに投げ込むべきだという主張をみた。そうして、第2章第3節と第4節で、色や匂いどころか空間の三次元構造を復元したものも、それは感じるものである限り、言い換えれば意識内容となる限りで「私の心のできごと」なのだ、と捉える考えにも出会った。この考えは、体や脳、外界を前提しているのに、この点では観念論の構図に似ている。

体の外の事象という私ではないものを知覚することでその事象が私の内容を構成する、という事態をどう理解すべきか。この奇妙とも思える事態の根底にあるのは、筆者がみるところ、次の二つである。（イ）体は体の外側の事柄なしでは存在しないこと、それも、（ロ）体の外側の幾つかのものと絶えず交渉し、物質とエネルギーとの代謝なしには生きていけないし、危険なものからは遠ざかる等のこともしなければならないこと。

(イ)はたとえば外気圧が十気圧になったら体はペチャンコになって形を留めないし、外気温が摂氏千度であれば黒焦《こ》げになったり溶けてしまったりして、もはや一つの物体として存在し得ない等のことを、(ロ)は更に、仮に外気圧が一気圧、外気温が二十度であっても、(体の内部でのさまざまな生理的活動に支えられた)呼吸や間歇的摂食、発汗、排泄等、体の内と外とを貫通する物理的流れがあることが、生きている体として存在するには必要であること、そして、その有りようを妨げる事柄からは逃れるべきであることを言っている。

(イ)は、物的なものが一つの個体であるとはどういうことか、という問題につながっている。体ではなく単なる石ころにとっても、それが一つの石ころであり続けるための外的条件というものがある。そして、そもそも私たちが目で見て、あるいは手に取る仕方で石ころを一つの石ころとして認める場合でも、石ころが一つのものであるということは、その私たちとの関係(たとえば私たちが石ころを地面などから分離できること)においてのことでしかない、ということは考えられる。(蟻にとっては石ころと地面とは一続きのものであろう。)要は孤立したものなど一つもないわけで、ただ、それでもすべてがさまざまに関係している状況で、まさにそれらの諸関係の関係項という資格で何かが一つの何かであるということはどのようなことか、という、さまざまな観点で考慮して答を与えるべき問題があるということである。この問題については、私たち人間の知覚と行動との関係で若干のことを後(特に第6章)で論述する。

(ロ)の方が私たちの主題にとっては、より重要である。実のところ、(イ)に関連して持ち上がる問い、孤立したものは何もないという状況で、それでも個体というものの存在が明確に指摘できるか、という問いに対して、個体として扱うのに相応しいものの一つの例としては生命体をこそ挙げ得る。生命体の種類によっては群体という形態をどう考えるべきか、地下茎で殖えてゆくような植物では個体をどのように考えるのが適切か、などの問題はあるにせよ、生きているものが自己形成する仕方で己と己ではないものとの区別を打ち立てるのは間違いない。己の外のあれこれに依存し、代謝によって己と外界との間に物的流動性があるにしても、いや、この流動性を通じて、己と外界との区別を生み出し続ける、それが或るものが生きているということである。死んでしまえば体は腐敗し始めてゆく。一つの個体としての纏《まと》まりを失う過程に入る。そして私たち人間もそのような生き物の一つである。一〇三頁での末梢に関する考察も想い起こしたい。

そこで、この自己形成し、自己を維持する生命体に関し、生きる主体というものを言うことができる。ただ、ここで言う「自己」とは単に（飽くまで相対的だけれども十分に強い意味での）「個体性を活動によって自己形成的に維持するもの」を言うのであって、これまで話題にしてきた、私たち人間に関して言う際の、経験の主体としての「私」という意味での自己とは違う。しかしながら、共通の重要な一点があり、それは経験も自己形成も時間的事態であるということである。どのような経緯を経るかがどのような自己の形成となるかのうちに入り込むし、経験主体も経験によって己の有りようを変えてゆくのである。

そして重要なことは、生命体が自己形成する経緯の中に体と体の外の諸事象との交渉の経緯というものもあり、体の存在は体の外の諸事象との関係を抱え込んでいるということである。そして、経験主体が体を食み出るという事態も、生命体は生命体の外の諸事象との関係を抱え込む仕方で自己形成するということに基づいている。また、体自身が経験される側の位置を占めるとも言えるようなことがあり得るのも、そのつどの生命体の有りようがどうであるかが次の有りように反映する、そういう時間的性格ゆえのことだと理解できる。なお、実に「経験」という概念が「意識」の概念に比べても強味は、この瞬間を越えた意義をもつ時間的性格を含意しているところにあるのである。経験概念がもつ時間的性格は、「経験したことがある」という言い回しが典型的に示している。意識の概念の方は、第3章第2節（3）でも指摘したように、いつでも現在と切り離せない。無意識の方はそうではないし、むしろ過去を蓄積するものとしての概念の含みももつけれども。

しかしながら、以上は基盤や前提の話である。生命体の自己から意識的な経験主体の成立までは一つの飛躍がある。生命体の自己形成を言うことから人間という動物における経験主体、「私」の成立を言うことへ、そこに何が生じているのか、これは見極めなければならない課題である（本節末尾を参照）。

さて、この課題を念頭に、このような自己形成的な体から、体の外に目を転じよう。すると、体の外の諸事象の総体を、私たちは普通「環境」という概念で捉える。だが、環境は前もってあるのではなく、生きるものの側が己を限定する際に己ではないものから成るもの全体に環境という性格を与えているのだ、ということに注意しなければならない。そして、それはどういうことかと言うと、体の外のさまざまなものを、生きている体は価値的に分節しているということである。そうして、これゆえに、（人々がつくる意味世界という特殊な環境は措いて）物的環境を考えるに、一方で体と体の外のものとは同列の存在なのであるが、しかし、両者の間には非対称がある。そして、生きている体の側で体の外のものの現われということが生じるのも、この非対称の特殊な側面として成立すると言えよう。

（4）「刺激・〈感覚〉」「刺激の源への〈感覚〉の投射」「刺激・運動（ないし反応）」

生きているものは次の時間をも生き延びようとする。生き延び得るかどうかは保証されない。ただ適切な活動によってのみ生き延びることができる。そうして、その活動は外的環境の中でさまざまな事象と関わる活動である。

ここで、これまでさまざまな文脈で顔を出してきた「刺激」の概念を中心に、事態がどうなっているか考察したい。刺激の概念に私たちが最初に出会《でくわ》したのは、現代生理学における〈感覚〉の概念は刺激の概念とセットになっているということを確認したときであった。このとき、〈感覚〉としては色も匂いも音も痛みも数え入れられている。ただ、体の特定部位である〈感覚〉の受容器に接触性受容器と遠隔受容器との区別が認められ、後者については刺激と刺激の源との区別ということが無造作に言われていることにも注意しなければならない。そこで、次の二つが区別される。

Ａ．刺激・〈感覚〉（痛み、味、冷たさなど）

Ｂ．刺激の源・刺激・〈感覚〉（色、匂い、音）

また、生理学で「情報」の概念が重用されるときには、刺激は何かについての情報をもたらすものと位置づけられる。しかるに、刺激を受ける体の部位が次の部位へと情報を受け渡すその仕方は、実際には当該刺激に対して或る「反応」をすることによってなのであった。すなわち、

C．刺激・反応＝情報処理

〈感覚〉の生理学では、反応は運動よりは化学反応や電位変動という形の方を取る。

次に私たちは、その現代生理学の誕生を準備した一八世紀後半の生命論における「刺激反応性」という概念を取り上げた。これは生きている組織だけがもつ生命特性の一つだとされ、特に筋肉繊維の特異な収縮運動をなす能力として注目された。すなわち、刺激に対する反応としての運動が刺激と組になる。

D．刺激・運動

そしてさまざまな学説が出る中で、これは二つの能力に分解された、と筆者は解釈した。一つは刺激を弁別する能力、もう一つは、その弁別に応じて適切に運動する能力。そして前者は、初めに刺激反応性と並ぶもう一つの生命特性とされた「感覚性」の概念と合流した。この特性は当初は「痛み」を感じる神経の特性として発見ないし提出されたのであった。

E．刺激・感覚（痛み）

けれども、新しい「感覚性」の概念は弁別という側面に焦点を置くもので、かつ、ほとんどの組織に認められると主張

され、その結果、「意識されることのない感覚」という座り心地の悪い概念を許容することになった。（尤も、既に指摘したように、現代生理学でも〈感覚〉の概念は刺激の概念とセットで考えられているゆえに、「平衡感覚」のように普段は意識されない感覚が認められている。）そうして、この弁別の能力と、弁別内容に応じて運動する能力とのセットが生命を成すと考えられたのだが、第3章第3節（4）で解説したように、生命に二種が区別されることになった。「有機的生命」と「動物的生命」である。そして、意識というものは、色や匂いを感じることや随意的運動という場面で、動物的生命の方にだけ認められるというのである。そこで「感覚性」に限って言うと、これは、意識される感覚に関わる「動物的感覚性」と、意識されない感覚に関わる「有機的感覚性」との二種に分かれるわけである。

以上をまとめると、FとGと表せる。

F．刺激・弁別（「有機的感覚」による）・運動

G．刺激・〈感覚〉（「動物的感覚性」による）・随意的運動

こうして、以上のさまざまな組の構想を、繰り返しを厭わず一覧の形にすると、次のようになる。

感覚や知覚に関する限りの現代生理学と脳科学における考え

A．刺激・〈感覚〉（痛み、味、冷たさなど）

B．刺激の源・刺激・〈感覚〉（色、匂いなど）

C．刺激・反応（化学反応や電位変動など）＝情報処理・〈感覚〉（色、匂い、音、痛みなど。復元された三次元構造はさすがに〈感覚〉の概念には数え入れられないが、感じるものとされる。）

一八世紀後半の生命論で提案された考え

D. 刺激・運動

E. 刺激・感覚（痛み）

F. 刺激・弁別（「有機的感覚」による）・運動

G. 刺激・〈感覚〉（「動物的感覚性」による、痛み、色、匂い、音）・随意的運動

AからCまででは、刺激の源はもちろん、刺激も体の外のもので、その刺激の受容器として体の特異部位があり、そこから始まり脳を最終ランナーとする感覚神経系で、反応ないし情報処理過程が進む。次に、DとEとは概念上FとGの組の前段階だから飛び越して、F、Gについて言うと、Fでは、刺激は刺激を受ける組織にとっては外的なものであるが、体の外のものとは限らない。（たとえば心臓にとって、体の内なるものである血液が刺激となる。）その組織は体の他の部分が死んでも生きていると言えるもので、こうして組織ごとの生命が考えられているのである。

しかしGでは、たとえば体の或る部位からの分泌物が胃を刺激して胃が痛むという場合も想定されていないわけではないが、刺激としては主に体の外のものが考えられている。このことは、動物的感覚性と動物的運動性とから成る動物的生命とは体の外の事柄と関わりをもってゆく生命として、体全体を一つの個体として営まれる生命だと考えられ、そこで〈感覚〉は外物の認知、随意運動は外物への働きかけを典型として概念化されていることに見取ることができる。引き換えに、Eで注目された体の感覚というものが中心主題から外れる扱いになってしまったことは惜しいことである。

筆者の観点から興味深いのは、第一には、現代の「感覚の生理学」では、〈感覚〉が主題なのだから当然と言えばそうかも知れないが、〈感覚〉を終点としてその成立の仕組みが研究されていること（刺激・〈感覚〉のセットおよび場合によっては刺激の源をも考慮）、それに対して、FとGでは運動が終点であるということである。筆者の考えでは、「感覚の生理学」を離れた一般論として、いわゆる〈感覚〉を終点としてそこにスポットを当てる考察仕方というものは、西洋近代哲学におけ

る認識論偏重と同じ発想のもとにある。けれども、もし〈感覚〉の概念のもとで一緒くたに捉えられている、痛みなどの「体の感覚」と、色や匂いなどの「物象の知覚的質」との意義を、両者の区別の意味ともども、きちんと理解しようとするなら、それらは、本来は運動を終点とするはずの事象の中継点でしかない、ということを押さえなければならないのである。

この中継という事態がはっきりと押さえられているのはＦ（刺激・「有機的感覚」による弁別・運動）とＧ（刺激・「動物的感覚性」による〈感覚〉・随意的運動）においてでしかない。ただ、Ｆの組では、すぐにみるように、実質的には内容をもった〈感覚〉なるものの出現は危ぶまれる。そこで、この両者、ＦとＧとの対比は何を意味するのかということも、よくよく考えるべきである。ただし、私たちは、体と体の外の諸事象との関係を考察しているのだから、Ｇを柱にして考察を進める。ＦはＧと違って体全体ではなく、体の部位である組織の生命を言う仕方で持ち出された図式であるからである。或る組織の外は体の内であり得る。

（単独にＧだけを取り上げるなら、これはありきたりのものでしかない。すなわち、随意運動の「随意」ということのうちにある「意志」なる契機を取り出し、それを「感覚」と称するものと一緒に、いわゆる「心」や「意識」の領域の事柄として刺激と運動との間に置くという図式は、生理学で認められる「求心路・中枢・遠心路」という構造に重ね得る。生理学的中枢に意識の場を認めることが普通に承認されているからである。この承認は、デカルトの身体観にも現代の脳科学にも通じる。）

第二に注意すべきは、ＡとＢとの違いである。筆者は特に、生理学で「投射の法則」と呼ばれるものの内実を考えたい。〈感覚〉は接触性受容器で刺激を受ける場合には受容器の場所に投射され（Ａ）、遠隔受容器で刺激を受ける場合には刺激の源という「体から離れた場所にあるもの」へと投射される（Ｂ）と言われる、ここに「体の感覚」と「体の外の体から離れた物象の知覚」との区別が少なくとも言葉上では、きっぱりとではなくとも指し示されているかに思われるからである。ただ、だからといって、Ｂで言う〈感覚〉とは実は「知覚的質」を表しているのであると言い切ったとして、それなら、ではＡで言う〈感覚〉は「体の感覚」を表していることになっているかというと、そうはなっていない。生理学が接触性受容器（Ａの組）と遠隔受容器（Ｂの組）との区別を指摘するからといって、そのことは「体の感覚」と「知覚的質」との区別を明確に言うこととぴたっと重なっているわけではないのである。

しかし筆者としては、そういう曖昧さを取り除いて、敢えてAにみえる〈感覚〉を「体の感覚」に限定した上で、それとBとの違いを、〈感覚〉ではなく運動を終点とするGの系列に反映させてみたい。言い換えれば、第一の着目点（AとBとの終点に置かれている〈感覚〉は本来の終点であるはずではなく、FとGとが示す「運動という終点」、これに向かう途上の経過点ではないのか、という論点）と、第二の着目点（体の一部位である受容器で〈感覚〉が感じられる場合と、体から離れた位置にある刺激の源に〈感覚〉が投射される場合との区別）を併せて考えるのである。するとGは、次のような二つの系列に分割されるべきとなる。

H．刺激・感覚（痛みなど）・随意的運動

I．刺激の源・刺激・〈感覚〉（＝「知覚的質」、色、匂いなど）・随意的運動

そうして、これら二つの系列を、意識を伴わずに進むFの系列（刺激・弁別・運動）と対比させ、対比の意味に迫る、これが、考察がとるべき道筋である。手掛かりは、まずは、AからGまでのすべての組ないし系列に共通な「刺激」という概念の位置を確認することに求めるべきであろう。

（5）意味ある作用としての刺激──弁別と現われ──

HおよびIの系列とFの系列との違いは、意識の出現ないし関与の有無である。F（刺激・「有機的感覚」による弁別・運動）では意識がみられないのは、FはD（刺激・運動）の組の体側でなされる事柄を二つに分割して「弁別」の契機を「（非随意）運動」から独立させることによって得られたものだからである。その弁別というものは、E（刺激・感覚）の組における感覚と同様なものだと考えられたのではあるが、Eにおける感覚は「痛み」であり意識される内容であるのに、Fの系列での弁別は意識を伴うとは限らない、いや、むしろ意識なしの弁別だとされた。意識なしとは、痛みに相当するような積極的な

何かを言えない、ということである。この事情は、第2章第1節で「平衡感覚」について指摘した事情に幾分か似ている。すなわち、視覚や嗅覚が〈感覚〉と言われるときは能力の観点から言われ、色や匂いが〈感覚〉と言われるときにはそれら能力によって得られる内容を指すわけだが、平衡感覚は結局のところは能力の観点から取り出されるだけで、それに対応した積極的な内容（色や匂いに相当するもの）は見当たらない場合が多い、という指摘である。（回転や傾きという内容が意識される場合もあるが、これらは空間的言葉で表現され、感覚が質的にどのようなものであるかについて不明瞭であるという事情を物語っているのではないか。）そこで、こういう言い方をしてよければ、弁別は概念上でだけ感覚能力のごとき役割を期待されているだけなのである。

他方、Eでは感覚（内容）が終点となっているが、Fでは弁別は、運動が終点であるべき現象において、その終点に至るまでの経過途上で必要な能力として要請されたのである。そこで、では、なぜEでは感覚が終点として扱われているかと言うと、まさに感覚というものは特に注目に値する内容をもっているからだ、と思われる。（論者たちがそのように自覚してなした、というのではなく、筆者の解釈である。）内容とは具体的には痛みであり、やはり〈感覚〉の成立を終点として考える現代生理学をも視野に入れて一般的に述べれば、内容をもつとは、〈感覚〉が意識されていること、現われていて、その意識内容、現われの具体的内容があるということに他ならない。（意識の概念と「現われ」の概念との結びつきを指摘した第3章第2節の考察を想い起こしたい。）

しかしながら、その上で言わなければならない、この内容はもちろんそれ自体として尊重されるべきものという資格を得るかも知れないが、それはあくまで第二義的にであって、本来は、運動という終点に向かうはずの経過ステージであるということに由来する意義をもつはずなのである。

対するに、F（刺激・「有機的感覚」による弁別・運動）での弁別の契機の取り出しはほとんど形式的な要請でしかないとさえ言ってよい。というのも、弁別固有の内容を「痛み」のようにこれと指摘できるわけではないからである。実際、刺激の弁別がなされるや否や運動は生じる、つまりは「刺激即運動」なのであり、その間に位置する弁別は、生きている組織に向かって外からやってくるさまざまな物的作用が「刺激」と呼ばれるに値するということを明示するための概念でしかない。

第3章第3節では、刺激とそれに反応して生じる生体の運動との関係は力学的な作用と反作用との関係とは違うということに重点をおいた説明をした。だが、今は、生命体は己にとって意味がある作用に対してしか反応しないということの方に焦点を移して、そのような作用だけが「刺激」と呼ばれ、また、そのような作用の選択を強調するために概念的に弁別という契機が要請されるのだ、と言えばよいかと思う。

本節の(3)では、体は体の外のものなしには存在しないということを指摘した。しかるに外のものはもちろん一様ではない。それはさまざまに異なるものに満ちているということを言うだけではない。体の側から違ったふうに価値づけられるということこそ重要である。(ここに、体と体の外の事柄との非対称が現われる。)

しかるに、このように考えてゆくと二つの考察課題が出てくる。一つは、その価値の尺度はどのようなものか、何に関係するのか、という論点。もう一つは、H(刺激・感覚・随意的運動)とI(刺激の源・刺激・〈感覚〉・随意的運動)との違いは、この価値づけに関わって生じることではないのか、という論点。

第一の論点の一つめの問いには、体が良好な仕方で生き延びてゆくために、という尺度で作用の価値は測られる、という答が出てくるのは当然だろう。二つめの問いに対しては、どのような刺激か、に応じて、どのような運動が望まれるのか、ということがあり、この運動に関係すると答えればよいに違いない。そうして、これらの答は、〈感覚〉そのことを終点として考察する人々は、運動を離れて〈感覚〉それ自体に価値を見いだそうとしているのかも知れない、ということと対比させて考えるのがいい。

第二の論点は、次のように考えるべきとなる。体にとって、或る場合には刺激を受容した体の部位が、刺激との関係で重要であって、別の場合には、刺激の源の方が重要であるのだ、だから、HとIとの区別が出てくる、と。具体例で考えよう。

土手下を歩いていてイノコズチの種子が足首を擦り、その部分に痛みを感じるというのは、生理学によれば、脳で生まれた〈感覚〉が接触性受容器の場所に投影されるからだ、という説明になる。遠隔受容器の場合の例だと説明は次のようになる。林檎で反射した光が目に飛び込み、その光についての情報処理の結果、脳で赤い色の〈感覚〉が生まれるが、赤さは、光刺激の受容器である目でも光という刺激でもなく、林檎に投射される。（何度も注意するように、林檎は光源という資格で考えられている。そして、刺激の源に投射される〈感覚〉は、筆者の用語では「知覚的質」と呼ぶべきである。体の事柄ではなくなっているのだから。）

これら二つの例を、価値の関わりという観点から言えば、どうなるか。体が良好な状態であるべきという尺度によれば最初の例では痛い皮膚が重要で、二番めの例では林檎が重要であるから、二つで違いが出てきている、と。（これらの重要性は皮膚については直ぐに理解できる。林檎がどうして重要であるかは、食べ物であるという特殊性によるという面もあるし、一般的に、物体として或る空間を占拠しているから、という理由もある。林檎の果実ではなく林檎の樹木であったら、それを避けて歩かないとぶつかって痛い。あるいは進めない。痛いなどの体の事柄の先取りが含まれているが、そのような事態を生じさせる可能性をもつものが在ることに気づくことは重要である。知覚対象としての物体の性格については第6章の考察を参照。）そうして、この違いこそ、筆者がこだわってきた「物象の知覚的質」と「体の感覚」との違いそのことに他ならない。直ぐに付け加えるべきだが、これらの重要性は、皮膚を手当するなどの行動や、林檎を掴んで食べるなどの行動につながるはずのものなのである。

ただし、「はず」であって、つながらなくてもよい。特に後者の行動の方はそうである。このことは、〈感覚〉（「物象の知覚的質」と「体の感覚」とを一緒にしたもの、特に前者）を終点として事柄を考察しようとする態度が出てくる理由にもなっている。つまり、単なる弁別と違って〈感覚〉が積極的内容をもっているということ、これが注意を引き留め、運動への移りゆきを遅らせる、あるいは忘れさせるのである。そうして更に、認識論に傾く哲学の影響もあるのか、〈感覚〉を認知の観点から扱う習慣が、〈感覚〉を自足的な事柄だと見誤らせるのかも知れない。尤も、現代の脳科学は進化論を受け入れているゆえに、人において生じるさまざまな事柄（特に脳において生じるとされるもの）は、本来は脳をもった人間にとって適切な活動を導くためのものであるという観点が強く刻まれているお蔭で、〈感覚〉の役割とは何なのかと、〈感覚〉を他の事柄に従属させる仕方で解釈するというのを当然とするようになっていもする。

(6) 目覚め——知覚世界への帰還・価値事象と行動——

体への刺激の有りように応じて生体ないし人間においで生じることにどのような種類のものが生まれるか、それをみる前に、一つ作業を行いたい。それは、もう一度、「目覚めにおいて意識を考える」とした第4章第2節(3)の遣り方を、今度は、そのときにやったように体の感覚に焦点をおくのではなく、知覚のことも考慮して採ってみることである。次の理由からである。体への外からの作用のうち体にとって意味あるものだけが刺激の概念で押さえられるべきだとしても、刺激の弁別がすなわち反応＝運動になってしまって弁別に固有な内容がない場合と、内容をもった〈感覚〉が現われる場合がある、というのが前項の主旨であった。そうして、この「現われ」を「意識」の概念で捉えた。しかるに、この〈感覚〉は、筆者の考えでは、前章で扱った「体の感覚」と、本章で論じている「物象の知覚」における「知覚的質」との、両方を含むものである。(知覚的質はもちろん「物象の知覚」というもの全体のうちの一つの側面でしかない。たとえば色は、林檎を見る、空を見るときに林檎の色、空の色として見えるわけだが、林檎や空はそれぞれの色に尽きない。他の側面をもつ。) そこで、目覚めにおいて意識を考えるなら、体の感覚のみならず物象の知覚を、眠りと目覚めとの対比という観点から整理することが望まれるわけである。

さて、目覚めが体の目覚めであるとしても、目覚めの活動の中心をなすのは、実は体を意識することそのことではなく、知覚である。目が覚める、それは大抵は目を開けることとして生じる。そして目を開ければ、視力をもつ人の場合、真っ暗でなければ何かが見え、見えるものが並ぶ広がりが、そして、それらの奥行きを構成する広がりも、見える。見えるものが並ぶ広がりは目の前に広がるのであり、奥行きは向こうに、目の前方方向に、誘い込むように広がっている。目を閉じていても、目が覚めると、鳥の声や風の音、時計が時を刻む音などが聞こえる。そして、それらの音も、あちこちの場所の規定を携えて聞こえる。体の外の何処かという場所規定である。眠っているとき、このような世界への通路は閉じている。目覚めると通路が開き、そこに戻ってくるのである。これを、知覚世界への帰還だ、と言えよう。

ここで述べている知覚世界の空間性については第4節以降で詳しく調べる。いま確認すべきは、知覚世界とは体にとっての環境世界であり、かつ行動世界であるということである。

体の外の世界は体にとっての環境世界であるということは、それが知覚されていてもいなくても、だから人が目覚めていても眠っていても、変わりないし、体は環境世界の有りように適切に対応しなければならない。眠りと目覚めとを通して、人はそこに身を置き、生きるに不可欠な空気を吸い、息を吐く。それから、たとえば外気温が低下するなどの環境の変化があれば、それによって体温まで下がることのないよう、その変化に適切に対応する体の純然たる生理的プロセスが作動する。

しかし、目覚めて体の外の諸事象を知覚すると、人はそれら諸事象のあれこれに、より積極的に行動によって関わることができる。空気と並んで決定的に重要である食べ物を見つけること、食べることも、目覚めてなすことである。また、環境世界には体に危険を及ぼすものもあり、眠るのは一応は安全が当座は確保されているという前提でのみなのであり、突発的に危険な事柄が生じたときに対応できるのは、目覚めているときだけである。一つには、知覚によって危険を察知すること、もう一つは、適切に行動することによって対応できる。

そこで、人が目覚めるとき、環境世界は、固い地面と泥濘《ぬかるみ》、通れない草の茂み、体を濡らし、支えもしない川、果物、棘、蚊など、体とどのような関係に入り得るかによって分節される仕方で知覚世界として現われるが、この分節とは、人が行動によって環境世界の中のあれこれと選択的な諸関係を取ることを許す、そのあれこれを浮かび上がらせる分節に他ならない。

目覚めると知覚世界が現われる。（別の言い方をすれば、知覚という形式の意識が目覚める。）しかし、その現われは現われとして完結し自足しているのが本来であるわけではない。知覚される仕方で現われているものは、第6章で詳しくみるが、体の尺度で環境世界から切りだされたものであり、体と同じような存在性格を隠し持って現われている。たとえば、見えているものの多くは見えるだけでなく、掴んだり押したりできるもの、あるいは掴めなくても手を濡らすようなものとして見える。音は音を出すものの音として聞こえ、その音を出すものは大抵は行動の対象となり得る。そこで、諸々の知覚対象が広がる知覚世界は、本来は行動の舞台、体の運動として実現される行動の舞台なのである。

確かに、知覚そのことが既に活動である。というのも、知覚は決して受身で実現されることではないからである。しかしながら、目覚めという活動の本領は、より能動的な行動を準備し、支えることにある。その行動は、環境世界の中の重要なものと積極的に関わるために体を動かして実現するものである。

もちろん、本書「はしがきに代えて」で述べたように、人間は「意味世界」にも生きる存在なのだから、体の方は目立つように動かしていなくても、アイデアを掴もうとか計画を練ろうとか、やはり単なる目覚めの活動以上のエネルギーを使う行動もする。他方でまた、人間にあっては、風景に見惚《みと》れるとか、水音のリズムに心委《ゆだ》ねるとかする知覚の様態もあり、そのとき人はアイデアを探すような種類の行動とも体を動かす行動とも無縁であるかのようになりもする。そのようなとき、知覚する「私」は、いわば夢心地になる。見られた風景や水音なども、手応えを欠いた、ただ「私」を満たすだけのものになる。別の言い方をすれば、見るとか聞くとかの知覚において、「見え」や「音」の現われに尽きない「在るもの」が、見、聞きしている「私」の体に対峙しているという態勢が消えてしまおうとする。しかしながら、目の疲れだとか、呼吸による胸の動きの感じだとか、なにがしかの体の感覚が、私が目覚めている限りで立ちのぼり、その限りでは「私」の夢心地はいつでも行動への態勢へ移りゆこうとしている「私」につなぎとめられているのである。夢心地は本当の眠りに閉じこめられた夢ではない。他方、眠っていてよい場合と同じく、自分が安全な状況にいるから夢心地でいられる。それは一つの幸福の有り方である。

眠りからの体の目覚めは意識の目覚めであり、目覚めとともに出現するさまざまの現われには価値的契機がある。体の感覚という様式の現われであろうが、見えや音や匂い等の知覚様式の現われであろうが。また、知覚の現われが行動との関わりという本来の性格を保っていようと、あるいは現われ自身の魅力(価値)でその性格を覆ってしまおうと、この根本は動かない。一般に意識とは価値事象に関わる或る種の活動なのである。認識という面からみようとするなら事柄を見誤る。

もともとが生命体は、生きてゆくというそのことにおいて、すなわち遂行的に、さまざまな事柄を価値的に分節する、分節してしまうものである。ナメクジがキャベツの葉や苺の実は食べ、砂は決して食べないように。湿ったところを動き回り、強い陽差しのもと熱く渇いた砂地には這ってゆかないように。しかるに、その遂行が、これこれの環境ではこうしてしまう、環境内の或る事象に直面すればそのことはすなわち振る舞いが或る方向へいってしまうことと一つことになっているのか、よくは分からない。けれども、私たち人間に関して言えば、眠りの時間と目覚めの時間の区別はかなり明確であって、目覚めにおいては意識が働き、人間の意識は（環境にあって重要な事柄を弁別するや直ちに何かをしてしまう、有りようが或る方向へと動いてしまっている、という仕方での遂行の前に）価値分節を「現われ」という様式にもたらし、行動を選択的なものにする。

この「現われ」という契機こそが「意識」という概念によって掬《すく》い取るべきものである。意識は生命において誕生するもので、それは生命体にとって「重要な事柄が顕わになる様式の発生」である。生は元々が活動であるが、意識はその活動をより柔軟なもの、より大きな可能性をもつものにするのである。そうして、意識は関係的な存在としての「私」を、経験主体として立ち上がらせる。

第3章第3節（4）で、一八世紀西洋の生命論で、「動物的生命」という概念が提唱され、それは「外的生命」とも呼ばれ、そこには意識が生まれている、という考えがあることを紹介した。しかるに、意識に内容があるとは、何かに気づくことであり、その気づきの内容は、広い意味での現われとして押さえるしかないと思われる。そこで、「私」は現われのうちにさまざまな価値事象をそれと確認するのであり、必要に応じてそれらと関わる行動を統御するのである。（繰り返すが、現われそのことを楽しむ、感受に浸るということもするようになる。）そして、確認や統御を積み重ね、新たな状況に対してその積み重ねによって養われたものとして己を立ち現わせる。

翻ってみるに、空腹を覚える、寒さを感じる、固いものにぶつかって痛い、イラクサの刺《とげ》などで指を痛める等の体の感覚という様式の意識にあっても、何かを意識するとは、その何かが価値的に重要な事柄だから意識するということなのであった。そしてこの場合の重要だとは、それらへの対処を何か直《す》ぐにでもすべきだ、ということである。体に関する対処の要求は放置できないものである。だから、眠っていてさえ、その要求が強い場合には要求は体の感覚として生じ、それは目覚めへとつながろうとするのであった。

しかし、目覚めは環境世界を知覚世界として現われさせる。それは環境世界を、人が積極的に行動するべき舞台へと変えるのである。知覚とは本来、行動の準備に他ならない。知覚対象への適切な対処という行動を呼び起こし、行動を導く。知覚する「私」(知覚対象に気づく私、知覚という様式の意識、体の外側の事柄についての意識をもつ「私」)は行動の主体となり得る「私」である。行動は、体の外側の何かと関係をもとうとする体の運動として実現されるが、その何かを知覚は、その価値的契機とともに見いだすのである。

更に、知覚世界には、他の人々もいる(他の人々の体も知覚対象となる)世界である。その人々もまたそれぞれの体の外なる事象を知覚する人々であってみれば、知覚世界は公共の世界である。眠れば私は自分一人の世界(世界とも言えないもの)に退く。目覚めると、庭を見て、その庭について妻と語れる。妻が眠れば、私は一人おいておかれる。けれども、妻も目覚めると分かっているから安心している。妻が目覚めれば、妻は私と共通の知覚世界に戻る。二人に世界が知覚される仕方は幾分かは異なるだろうが、知覚世界は行動の舞台という資格では、二人が、そうして他の大勢の人々もまた、行動において競い合ったり協力し合ったりする共通の世界である。

更に、人々と共通の世界を言えば、知覚世界であり行動の舞台でもある物象の世界に重ねて、意味の世界というものもある。意味世界の事柄についての意識が大きな役割を果たすようになる。私たちが生活の中で気に懸ける(意識する)のは、人間関係であったり仕事の進み具合であったり、世の景気の先行きであったりするが、これらはすべて意味世界の成立と変容を考慮しないと理解できない事柄である。さまざまな意味が価値をもち秩序をつくる、そういう世界で私たち人間は暮らし、それぞれ自分の生活を整えてゆく。

体の感覚、物象の知覚、そうしてさまざまな意味事象の感受、そうして、ここでは取り上げなかったが、さまざまな感情、これら多種多様な「意識内容」と言ってもよいもの、それらはすべて何らかの価値的なもので、それらのどれもが、それと確認できる「私」の経験内容（しばしば時間の推移に従って変化してゆく経験内容）となり、「私」は行動し、新たな内容を探しにゆく。「それと確認できる」とは、「私」に現われるということであり、あるいはむしろ、「私」は価値の感受として成立する。そして、このことでそれらのどれもまさに「私」の経験内容だ、となるわけなのである。

それから、「私」は次なるステージへと動いてゆく。さまざまな経験内容は相互に別事柄であるのにそれらは相互の分節のままにすべて「私」のうちに流れ込み、あるいは「私」がそれらを己へと取り纏めてしまう。あるいはむしろそれらの凝集として「私」がつくられてゆく。生命体の単なる自己形成と自己維持とは異なる、経験主体としての「私」の誕生とは、このような事態を言うのである。眠っていても「私」は在るはずなのに、目覚めている時間においてこそ「私」というものが確かなものとして立ち上がるのも、以上のような事情ゆえであろう。

そこで、次のことも言ってよいだろう。目覚めて活動することに生きていることの本領があり、眠りは、目覚めているときになされる諸活動を可能にするために必要な、目覚めに従属するものという位置にあると。当たり前と言えば当たり前である。私たちは、自分の生きていることの重要な局面を眠りの時間にみようとは思わない。目覚め、活動することのうちに生の実質をみるのが普通である。ずっと眠っていられたら楽だろうな、眠っていたいと言う人も、目覚めている生活に中心を見いだしているのである。また、眠り続けて生きている人がいるとき、それを価値がないとは決して思わないが、或る失われている貴重な事柄をその人のために惜しむのは、否定しようがない。

（しかし、以上に述べたことは、もちろん、眠りの時間には活動がないことを言うのではない。目覚めている時間こそが活動の時間であるとしても、では眠っているときには活動しないかと言うと、そうではない。眠っていると動かないように見える体も実際は微かに動いている。体内での生理的活動は目覚めのときと同じように続いているし——これは直接には観察できないが、どのようなものであるかを生理学者はさまざまな手法で調べることができる——、体の外の変化に対応した人が見ることのできる動きもある。死んでいるのでなければ、体は活動し、活動によってのみ自己を維持しているのである。ただ、それらの活動は活動している本人の意識に上らない。

そして、意識に上らないこれらの活動は目覚めているときにも上らない。これらは生きてゆくために必要不可欠なものであって、自由度を入れる余地などないものである。そして、体内での生理的活動は措いて、環境との関係で言えば、眠りの状態では、体はまるで第3章第3節で紹介した「有機的生命」の概念が言い表そうとしたような態勢にある。たとえば外気温が下がれば鳥肌が立つ。これは刺激と即座の反応だと解釈できる。そして同じ刺激は体内の生理的活動の適切な変化を引き起こす。体と体の外のものとの交渉関係は、呼吸や外気温の変化に対する対応等の必要最小限のものに切り詰められているとも言える。そして、その関係の維持、遂行にとっては意識は必要ない。自分で制御する行動ではないのだから。眠りでは、主体的、能動的「私」も退出する。対するに、目覚めは「動物的生命」の領分である。）

第3節　刺激から始まる生理的プロセスと「刺激・感覚・行動」および「刺激・知覚・行動」

(1) 刺激を受けての「生理的プロセスだけによる対処」と「感覚と行動による対処」との対比

以上の考察を踏まえ、外からの刺激を受けた後で生体において生じる事柄を、一つは終点の観点から、もう一つは意識の発生の有無の観点から眺め、二つの観点を突き合わせることでみえてくることを整理しよう。

最初は飽くまで人間に限って、幾つかの事態を比較して、幾通りかの対比を浮かび上がらせる。次には、意識をもつとはとても思えない二つの動物が刺激を受けてなす振る舞いと人間の行動とを対比させて考える。

最初の比較は、外気温の変化に対して人ではどのようなことが起きるかに関してのもの。出発点は、曇り空から晴天に変わり、強烈な日差しが照りつけるという出来事である。以下の系列のAでだけ、感覚も知覚も出現しない。なお、系列に記されていなくても、すべての系列で生理的プロセスの関与はある。それから、CとDとは次項（本節（2））以降でしか検討しないのだが、Bとのつながりと Bとの違いの両方を垣間《かいま》見させるために、ここでも掲載しておく。

A．↓光が人の肌に届く↓皮膚温の上昇↓皮膚の温受容器の興奮↓体性感覚神経の興奮↓視床下部の温感受性ニューロンの興奮↓①汗腺支配の交感神経の興奮↓発汗（因みに動物によっては呼吸促進）
↓②皮膚血管支配の交感神経の抑制↓皮膚血管の拡張
↓③甲状腺ホルモン系抑制↓甲状腺の分泌低下
↓④パゾプレッシン分泌亢進↓腎臓における尿量減少
↓体温上昇を防ぐ。

B．↓光が人の肌に届く↓皮膚温の上昇↓皮膚の温受容器の興奮↓……↓中枢の或る部位の興奮＝皮膚に熱さを感じる、暑さを感じる↓帽子を被る、服を脱ぐ、日蔭に行く……↓皮膚の熱さの感覚は消える、暑いと感じるのが和らぐ。

C．↓光が人の目に届く↓眩しい↓目を閉じる、手を額にかざして眩しさを避けつつ池を見る↓Dへ。

D．↓池の水面で反射した光が目に届く↓ロドプシンの褪色↓視覚経路におけるインパルス伝導↓大脳視覚領ニューロンの応答＝池の水が見える、灰色だった池の水が青く見える。

まずはAとBとの共通点。共通なのは、光が熱刺激として皮膚によって受容されることと、それに引き続く生理的過程の最初の部分。（皮膚に熱さを感じるだけの場合と、体全体で暑さを感じる場合とでは、対応する生理的プロセスが違うが、その詳細は省く。皮膚の温点という刺激受容器の他に、深部温度受容器のこと、それから、皮膚近辺の毛細血管で温まった血液の循環など、考慮すべき沢山のことがある。しかし、筆者の論点の大筋には影響しない。）

終点はどうだろうか。実際に生じる事柄としては、どちらのプロセスも体温の上昇を防ぐという共通の終点をもつように思える。そして、その終点が体にとって決定的に価値あるものであることは間違いない。体温が一定であるというのは、生きている体にとって、ヒトの体が十分に機能するためにきわめて重要である。血糖値、pH、体液中のナトリウムイオン、カリウムイオン、カルシウムイオンの分布やバランス等の恒常性（ホメオスタシス）も不可欠である。しかしながら、これらのことは、病気のときなどの高熱が異常事態だということを自然に経験的に認知する、このような事柄を除けば、生理学者たちの研究成果として初めて言えることであり、これらを発見するには特別な方法等が要る。Aの例で言えば、神経、視床下部、甲状腺、腎臓等の存在すら、日常生活のレベルでは知らないことである。Aで記述されているようなことがそれらの部位で生じていることを、当の本人は知らない。意識しない、という言い方をしてもよい。また、Bの生理的過程についての記述部分に関しても同じことが言える。（発汗そのこと――発汗のプロセスではなく汗が出てしまったということ――は、汗が皮膚を濡らすときの皮膚の感じや、汗を見ることで普通に分かる。これらのうち、前者は汗をかく本人に限られ、汗を見ることは他の人にもできる。或る動物種が発汗機能をもつかどうかが分かるのも、発汗は観察できるからである。）

そこで生理学者も、体温の調節のために動員される三つの事柄として、Aにみえる二つの事柄、皮膚血管拡張と発汗と、Bで登場する、服を脱ぐような行動とを並べ、その動員の順序の合理性を話題にしている。

ヒトが高温にさらされたときまず起こる反応はクーラーを入れたり、服を脱いだりする行動性体温調節である。そして行動だけでは体温を維持できないと、皮膚血管が拡張し、それでも体温が上昇すれば、最後には発汗が起こる。行動性調節で適当な温熱環境が得られれば、体温調節のためにはそれ以上何もする必要がない。また、発汗は強力な熱放散経路だが、体の貴重な資源である水を消費する。こう考えると、①行動性調節、②皮膚血管拡張、③発汗という動員の順番が合目的的である。[1]

目的を言うとは、価値的観点から言うことである。（水に関して「貴重な」という表現もみられる。）そうして一般に、外的環境の変化に応じて、その変化を刺激として生じる反応は、生体にとって価値あるものであるはず、という大前提が採られている。そうして、この叙述では行動も一つの「反応」として概念化されている。けれども筆者としては、幾つかのことを指摘しなければならない。

Ａでは、「刺激・反応」の組は体の部位に関して言われる。最初の刺激は外からで、その作用を受けた部位が反応し、今度はその反応が他の部位に作用してその部位の反応を引き起こし、と次々に進んでゆく。そして実は、この進行には限《きり》がないのだが、これらの生理的プロセスを記述しているＡ系列は、皮膚血管拡張や発汗を終点に配している。なぜこれらが終点という資格で遇されるのかというと、これらによって体温が下がり、体にとって望まれない体温上昇を防げるからである。

序でに、もう一点言えば、体の中の或る部位（Ａでは皮膚）は他の沢山の部位とさまざまな仕方で関係している。だから、実は作用関係もＡ系列の方向にだけでなく四方八方へと向かうのである。それでも、なぜ特にＡに記したような系列が取り上げるのに値するかというと、やはり皮膚の温度上昇を打ち消すことにつながる系列こそが体自身の尺度で重要だと判断できるからである。

この「体自身の尺度で」ということは、そもそも日光という体の外のものの体（皮膚）への作用が単なる物理的作用としてではなく体にとって意味ある（別の言い方をすれば、価値的に分節された）外界の要素として「刺激」の資格で受け取られるということにおいても働いている。こうして、Ａ系列の始点と終点とは、体にとっての価値的観点から対をなす仕方で定まっているのである。

なお、系列の始点と終点とを注目すべきこととして浮上させるこの価値的観点が、体全体を尺度としていることを念押し的に押さえる必要がある。というのも、Ａの系列自身の性質を、体全体における位置ないし役割から離れてそれ自体として考えるとどうなっているのか、そこには価値的観点で理解すべきものは何もない。第３章第３節では、「刺激・反

１　『標準生理学』八三八頁。

応＝運動」という組は、一八世紀後半の生命論では生きている組織にだけ見られると考えられた、ということを紹介した。無生のものにおける力学的な「作用・反作用」の組と対比して、それとは違うものとして理解されたのである。しかしながら、現代の生理学が明らかにした、Aの系列に記したような生理的プロセスを構成する一つひとつの出来事は、（ほとんどが力学的運動よりは化学反応であったり電位変動であったりするのだけれども、それでも）生体、無生のもの問わず、物的世界における現象すべてを理解しようとするときにお目にかかるものばかりなのである。その理解仕方は、私たちが第3章第3節(2)でみた、近代科学の物質観ないし自然観と方法によるものであるし、理解できる関係とは作用関係である。これ以外の遣り方は考えつけない。だから、たとえば次の系列とA系列とは全く違う種類の出来事であるかのようにみえるとしても、事柄の有り方、理解仕方ともに大差はないのである。

E．強烈な日差しが照りつける↓水溜まりが温む↓水溜まりが蒸発する

Eの系列の始まり部分に「刺激」の概念を適用することは不適切である。価値的観点が入らない場合には「刺激」の概念の出番がないからである。同様に、終点も、筆者による任意の措置によって仮に定められただけのものである。生理的プロセスと同様、系列は更に先に、蒸発して空中に移った水がその後にどのような動きないし変化を見せるかなど、追跡できる。ただ、差し当たりは蒸発して地上に水溜まりが無くなるまでを考えれば、よし、と、系列の外にいる筆者の立場だけが終点をひとまず定めているに過ぎない。また、同じように、Eの系列のどの項でも、さまざまな方向への作用を見つけることはできるわけで、だから筆者はEの系列に代えて、水面での光の反射へと系列を辿ることもできるし、また、水溜まりが温むことから水の運動とか、水中の昆虫の動きとかの系列を記述してもよいわけである。系列に輪郭を与えるのは系列自身ではない。外の観点が必要である。

以上を踏まえて、生理的プロセスAの系列を改めて眺めるとどうなるか。もちろん、それも生理学者たちが夥しい出来

事の中から一つの系列を成すものとして掬《すく》い出す研究によって見いだすものでしかない。ただし、生理学者の関心だけに理由があるのではない。基本的には、そのプロセスが生じる体自身を尺度とした価値の観点というものに生理学者は追随するのであり、そうでなければ、プロセスを理解したことにはならない。

「作用・反応」は体のさまざまな局部で、あらゆる物的事象と共通の仕方で生じる。だが、体全体にとっての望ましさの実現（今の例の場合には体温に関するホメオスタシス実現）という価値的観点をとれば、或る特定の刺激（太陽光）に対する体全体としての反応の終点ないし完成を差し当たり言うことができる。そうして、この種の価値的観点を導入せざるを得ないことこそが、一連の生理的プロセスを、生きているものに特有の事柄としている。

以上の考察を踏まえた上で、B系列はどのようなものとして理解すべきか。

系列中に見える生理的プロセスの部分の性格は、A系列をなすプロセスについて述べたのと全く同じ性格をもつ。

では、終点はどうか。Aにおけると同じく、体温の上昇の回避であるようにも思える。生理学の教科書は、この回避を目的とした手段のさまざまとして、Aにみえる皮膚血管拡張や発汗と、Bにみえる行動とを並べているのだから、そうなるのは当然で、ルートが違うだけにみえる。

けれども、Bでは「皮膚の熱さの感覚が消える」「暑いと感じるのが和らぐ」ということが終点なのである。このことは体温上昇が回避されたことと対応するのかも知れないが、二つは別のことである。そして、この終点を規定するのは、先立って「暑いと感じる」ことである。生理的プロセスの始点としての「刺激」の作用の受け取りではない。そして、この「暑いと感じる」ことの成立も、生理学はやはり或る生理的プロセスが進行することでもって説明するが、そのプロセスの最終場面で登場する〈感覚〉の成立とその刺激受容器部分への投射は、直前の生理的プロセスとは異質であり、このことは第2章で十分に論じてきた。また、終点に至るために取られる行動も、それに対応する生理的プロセスが発見できたとしても、そのプロセスと等価だということにはならない。

「皮膚に熱さを感じる」「体が暑いと感じる」というのは体の状態の意識であり、望まない状態であり、それらの「感じが和らぐ」のも体の意識であり、ただ前者と違って望ましい状態である。そうして、これらの意識との関係で「帽子を被る」「服を脱ぐ」等の行動が出現する。「暑いなどと感じずに済む」ために行動するのである。だから、行動がどのようなことであるのか、人は行動するにあたって知っている。「意識している」という言葉を使っても不適切ではない。

服を脱ぐ等の行動は結果として体温の上昇を防ぐのかも知れない。だが、人はそのことを目的として(そういう行動だとの思いで)それらの行動をなすのではない。暑いという感じを取り去りたいから、そのことをもたらす可能性のある行動をなすのである。(「体温を下げる」というのは、暑いという感じを取り去りたいということがもつ直接性をもたない、と言うべきか。知識が関与しなければ登場しない条項であろう。ただ、暑いという感じを取り去ることに成功したとき、その取り去りの努力が結果的に体温を下げることにつながった、ということはあるであろう。けれども、たとえばメントールを皮膚に塗れば、皮膚温は変化しないのに冷感を感じる。感覚を問題にすることと体温を問題にすることとが別のことだということが納得できるであろう。)

そこでBでは、「行動という反応」を生理学が言うにしても、実際のところは「刺激・反応」という組が直接に成立するのではない。行動は「感覚」を介して登場する。その感覚自体が価値的なもので(皮膚が熱く感じるのは不快だ)、それゆえに行動が始まり、行動は何か望ましいこと(不快の感覚から逃れること)を実現することを目指す。言い換えれば、行動は価値的な事柄であり、行動は始まるときに既に終点を望見している。そして、価値の意識に基づく選択可能性が行動には伴っている。服を脱ぐ代わりに、あるいは服を脱ぐこともしながら、日蔭にゆくという行動をするかどうか、自分次第だし、帽子を上手に被るかどうかも自分の遣り方次第だ、などのことも弁えている。また、行動しなくてもよい。それから、服を脱げば暑さを感じなくてよいと分かっていても人前だからしないとか、行動の選択には文化が関わったりする。(今の例の場合、「服を脱ぐ」という振る舞いは、「暑さから逃れる」行動であるが、「不謹慎——と人から思われる——行動」「人を驚かす行動」としても規定されるかも知れないわけで、振る舞いをどういう行動だと規定するかは、振る舞いがもたらすものを何と見定めるかによって決まるという論理を示している[2]。)だから、どういう行動が生じる(なされる)かは、どういう刺激が作用したかによって決まることではなく、生理学が扱う範囲外のこととなる。

翻って、光の刺激を皮膚が受けたときにどういうことが生じるか、これは刺激と皮膚との関係で定まっており、生理学の守備範囲のこととなる。Ａでは光が熱刺激として作用する場合を取り上げているが、皮膚内の物質が光化学的に変化しタンパク質と結合して抗原性をもち、抗原体反応を引き起こす場合もあり、この系列は系列で追跡できる。こちらの系列を生理学者が研究するか、それともＡの系列を調べてゆくか、それは生理学者の関心による。

また、もう一つ注意しなければならないが、Ｂで実際になした行動が目的に適うかどうかも別問題なのである。翻り、Ａの系列に属する皮膚血管拡張や発汗という生理的現象は、体が正常の状態であるなら必ず生じるし、酷い体温の上昇のときにはその抑制のために不十分かも知れないが、それでも体温を下げる効果を必ずもつ。そうして、こちらのＡの系列に関して一つ補って言えば、この生理的プロセスが生じることは、人が暑いと感じるかどうかからは独立している。このことは、眠っていて暑いという意識などないのだけれども汗をかいて体温を調節している場合のことを考えれば納得ゆくだろう。目が覚めているときでも、気づかぬうちに鳥肌が立っていて、それをふと見て、そう言えば寒いなと感じ始める、こういう事例でも理解がゆく。

なお、カップの場合、カップの熱が手を温めるという変化があるのに対応して手はカップを幾分か冷やすという関係があり、このような作用関係は触覚に特有のことだと思う人もいるかも知れない。(体の外のものが体に作用するというのは、生理学が刺激から始まる系列を持ち出すことからも分かるように、一般的な考えである。ここでは反対方向の作用を問題にしている。)確かに、目で薔薇の花を睨んでも薔薇が萎れてくることはない。温かい手で触れ続けると花弁の水分が蒸発して萎れるかも知れないのとは違うと言うべきと思える。けれども、薔薇を見るには光が必要である。薔薇を見させてくれる光は薔薇に作用する。美術館で名画を保護するために照明の強さをどうするか悩んだり、本物は暗い倉庫に収納しレプリカを展示

2　この論理について詳しくは、前掲『知覚する私・理解する私』第三章、第四章で論じている。また、簡便には、松永澄夫「行動の論理」――立正大学哲学研究室編『行動する』(立正大学哲学研究室編『哲学　はじめの一歩』第4分冊『行動する』春風社、二〇一五年、所収)を参照。

するなどは、こういう事情ゆえにある。[3]

(2) 感覚による知覚の妨害

ところで、Bで、服を脱ぐという行動とは別の選択肢、日蔭にゆくという行動の理由を考えるに、体の感覚とは別に、自分が居る場所をどう経験しているのか、ということが関与していると思われる。ただ、暑いという体の感覚がそのままその場所が暑いという知覚なのだと言ってよいのか、それとも暑さの感覚は陽射しが暑いという太陽ないし日光の知覚を引き連れていると言えばよいのか、いや、場所や日光に関しては判断をしているのだと言うべきか、或る曖昧さがある。(生理学は、皮膚温すなわち環境温だ、という考えで、問題の所在を認めないのではないか。)

そこで、このような感覚と知覚との未分化的曖昧な状態をも念頭におきながら、典型的な感覚と典型的な知覚との差異を、両者の共通の根っこをも探りつつ考察するために、前もって(三〇三頁で)掲げた四つの系列のうちの、CとDを比較する。Cは、感覚による知覚の妨害という特殊なケースだが、この考察の入り口として取り上げるのに恰好の例である。

C. 強烈な日差しが照りつける→光が人の目に届く→眩しい→目を閉じる、手を額にかざして眩しさを避けつつ池を見る→Dへ。

D. →池の水面で反射した光が目に届く→ロドプシンの褪色→視覚経路におけるインパルス伝導→大脳視覚領ニューロンの応答＝池の水が見える、灰色だった池の水が青く見える。

Dの記述のうちの生理的プロセスの部分は、これまた当の人が与《あず》り知《か》らぬこと、感じもしなければ知覚もしないことで、この部分は、今は焦点におく必要はない。重要なのは、光が目に飛び込むことでCでは目に眩しさを感じ、Dでは池の水面が見えるということである。見えるものは体の外、体からかなり離れたところに見え、かつ、青い色で見える。

眩しい、というのはどういう経験か。眩しさには程度がある。眩しいものが見えるという弱い段階から、眩しくて見ることができない、更に、目がチカッと痛みを感じるくらいまで。別の言い方をすれば、知覚的なものも生じはするが失敗したとしか言えない知覚のような場合から、目という体部分の或る状態を告げる瞬時の感覚と言ってよいような場合、あるいは後まで痛みを残すような場合まである。ただ、いずれであれ、眩しさによって何も見ることができないか、少なくとも見ることの妨害がある。

しかるに、眩しさを覚えた直後に、目を閉じる場合と、手を額にかざして何かを見ようとする二つの場合をCでは挙げているが、これはどういうことか。

目を閉じる場合から考える。この場合、太陽光で皮膚に熱を感じて帽子を被る等の行動に移るのと同じ構造があると言える。歓迎しない感覚(体の感覚)を閉めだそうとするわけだ。しかるに、目は光刺激の遠隔受容器なのだから、目に眩しさや痛みの感覚を覚えるというのは、生理学が言う、刺激の源に〈感覚〉が投射されるという法則からの逸脱であることに注意しよう。尤も、そもそも〈感覚〉の種類が違う。光の目への刺激の場合、〈感覚〉(筆者の言葉遣いでは「知覚的質」)としては色が生まれるはず(そして池の水面に投射されるはず)なのだから。

同じ光が額とか皮膚に当たる場合は熱(温かさないし暑さ)を、その場所(皮膚)に感じるが、これはどういうことか。光の刺激が温度変化という刺激として作用する場合、その受容器は皮膚に無数にある温点という自由神経終末に過ぎない受容器で、これは接触性受容器であり、複雑で繊細な構造をしていない。しかるに、この受容器に大きすぎる熱、たとえば摂氏四五度を越える熱の刺激が作用すると、「熱痛」と呼ばれる感覚が生まれる。この感覚はその部位が損傷しかねないことを告げる。

このことと目に眩しさや痛みを感じることと比較しよう。痛みで言えば、目に打撲を受けたり埃が入ったりしても目に

3　参照、前掲『食を料理する』第4章第一〇節。

痛みを感じる。打撲や埃は強い刺激である。また、瞼は眼球を保護する役割をもち、眩しさを感じさせるような強い光が目に当たる場合でも目を閉じれば瞼に温かさを感じるだけとなる。このようなことをすべて考えあわせると、光という刺激に対応する遠隔受容器である眼球は、瞼を含めた皮膚よりはずっと繊細で、だから眩しさや痛みが生じる場合とは、光の刺激が大きすぎて目が接触性受容器であるかのごとく働く場合なのだ、と言えるのではないか。あるいはむしろ、受容器の損傷の危機が訪れた場合と言うべきか。（因みに、温度受容器の方は皮膚のあちこちに多数が散らばっているのに、視覚受容器の方は目として頭部前面に二つしかない。極めて複雑で貴重な器官なのである。）同様の例として、酷い匂いで鼻が曲がる、鼻に刺激を覚え、クシャミが出る前のように鼻が動いてしまう、鼓膜が破れそうなくらいに耳に一瞬、痛みのような感覚を覚える、あるいは耳の中がボアーンとする、舌が痺れる等を挙げることができる。これらは、匂いを嗅ぎ分ける、音を聞く、味わうという本来のあるべき姿を妨げる出来事である。

そこで、目に眩しさを感じる場合、目の損傷可能性の切迫度が、皮膚に熱を感じる場合よりも更に大きく、目を閉じる行動はすぐさましなければならないことになる。そしてこの場合は、瞬目《しゅんもく》反射、すなわち、角膜や目の周辺に物が触れたり近づいたりすると瞼が閉じる動きに近くなる。光は物とは違うのに、繊細な目にとっては大き過ぎる刺激となる場合の光は、恰も物であるかのように経験されると言うか。そしてこのようなとき、行動と言っても非選択的で瞬時になされる。

以上を逆から言えば、普通の状況で目に作用する光の刺激は、極めて弱いものだと言ってよい。このことと、刺激の受容器の場所に〈感覚〉が投射されるのではなく、刺激の源に投射されると生理学が言うこととはつながっているに違いない。受容器の状態が特に焦点となって気づかれるべきほどの悪い状態にはない、光という刺激もそれ自身では重要ではない、他方、刺激の源と見なされる光を反射しているもの、たとえば池の水面が重要な場合が、見ることが成立する場合である。（聴覚の場合、大きくて強い空気の揺れは風として体に触れ、皮膚も耳も触覚として働くが、微細な空気振動が鼓膜を刺激すると、音という〈感覚〉——筆者の言葉では知覚的質——が、空気振動の出所から発するものとして聞こえる、これも同様の理屈であろう。）

そこでまた、ここから、Cで、眩しさを覚えた直後に、目を閉じるのではなく、手を額にかざして何かを見ようとする場合を筆者が挙げている理由がある。体の部位である目の具合が大して悪くなければ、体の外の何事かを見る（一般に知覚する）ことが重要だから、こちらの行動を人は選ぶ。一般に、感覚の要素が強ければ人は感覚が生じる体局部をケアする行動を取るし、そうでなければ知覚によって体の外の事象の探索に向かう。二つを分かれさせるのは、どういう価値文脈が強く働くかである。何かを見たいということがあっても、眩しさで目を痛める可能性があるなら、ひとまずは諦めなければならない。そういう要請がなければ人は、体の外の何かを相手にするためにはそのものをよく知覚しようとするし、そうではない場合でも体の外の事柄に気を配り、何かあればいつでも対処できるようにしているのである。確実なのは、感覚は概して行動への切迫度が高いということ、連動して、行動の選択肢が狭いということである。

以上に述べた事柄は、第４章のあちこちで感覚について考察したことと重複する部分もあるが、それらの箇所で述べたことも含めて、体の感覚と物象の知覚との関係を纏めれば、次のようになる。

一般に、私の経験すべてに体の関与があり、その体は体の感覚という形式でそのときどきの「私」の有りように参与していて、体の感覚こそが、私のあらゆる経験をいわば地上に、体と体の外の物事とがともにある世界に据えつけるかのように働いている（第４章第２節（１））。特に知覚に際しては知覚器官の感覚が黒子のように働いていて（たとえば見ているときに目のことを感覚という様式で知っていて）、その感覚の随伴こそが、知覚は他ならない自分がしていることだと知覚内容を我がことにさせている（第４章第３節（４））。それから、体の感覚と知覚との協働（第４章第３節（４）でも触れたが、第６章でもみる）および感覚による知覚の競合と妨害（本項）。ところで、感覚と知覚とが競合する場合のうちに感覚と知覚との共通の根っこを探ることができないか、項を改めて、みてみたい。

（３）感覚と知覚との共通の根っこと両者の分化・競合

もう一度、暑いから日陰に行く場合のことを考えよう。また、私たちは既に第４章第４節（３）で、温冷と寒暑の経験について考察したので、その考察をも踏まえて、繰り返す部分があることも懼れずに確認しよう。

暑いとは体の感覚で、それは望ましくないから逃れたいわけである。けれども、場所を移動するとは、そのとき体の感覚と同時に、いま居る場所(漠然とした体の外)が暑いという知覚を伴っているとも言えるのではないか。体が暑い、寒いという感覚と、体の周り全体の暑さ、寒さ、言い換えれば気温が高い、低いという意味での暑さ、寒さと、両者が融合しているような経験がある。(つまり、寒暑の経験では、筆者が区別することに固執している、体の感覚と体の外の物象の知覚との区別が実は曖昧になっている。)そうして、体を囲む漠然としたものからそこに位置して相互に区別できるさまざまな物象に焦点を置くと、感覚と知覚の分化の次第が理解できる。こうして温度というのは、知覚と感覚との共通の根っこがどのあたりにあるかを教えてくれる。

次の例を考えよう。すなわち、漠然と体全体の寒さとその場所の寒さとの二つを同時に言っている場合と違って、指が氷に触れて、指が冷たい、ただそれだけが感じられる場合があるかと思うと、氷が冷たいと分かるほうに重きがある場合がある、という例である。

自分の指が冷たいと感ずるのが感覚で、感覚の内容とは冷たさで、それは冷たさの感覚を覚える間だけ生じている、体における出来事である。それに対して、氷の冷たさは知覚されるもので、かつ、冷たさという質を通しての物の知覚、体とは別の空間位置にあるものの把握、ならびに、その物が冷たいと表現される状態にあることの把握である。そして、氷を知覚するかどうかに関係なく、氷はその状態にあると私たちは捉えるのである。たとい(第1章第1節(4)で考察したように)「冷たい」とは潜在的な性質でしかないのだとしても、である。

さて、指が冷たく感じられるから、氷が冷たいことが分かる、言い換えれば、指という自分の体の一部に覚える冷たさの感覚のお陰で氷という物体の冷たさの知覚が可能となる、このように言いたくもなる。そして、これは、氷が指を冷やすという作用の因果関係を、結果から原因に遡ることだ、とも解釈したくなるかも知れない。しかし、(イ)ひたすら指の冷たさだけを自分の事柄として感じている感覚経験や、(ロ)子供の額の熱を計るために指を額に当てて、その微妙な熱さを対象における事柄として知覚しようと意を集中している(それゆえ自分の指が熱いとかどうだとかという方向へは注意がゆかない)母親の経験、そして、(ハ)指の冷たさを感じつつ同時に、指で触れている氷を冷たいものとして知覚する経験など、三者三様の様態も考え併せたい。いや、経験は更に多様なのであり、その中の一つとして、推論(指がこんなに冷たい、何か冷たい物に触れたせいに違いない、とか、冷たい物に触れてもいない、気温が低いわけでもない、体の調子が悪いからだろう、など)が介入する経験も時にあるだけのことである。ただ、少なくとも言えることは、(イ)と(ロ)とでは、恰も体の感覚と体の外の物象の知覚とが競合するかのようだということである。しかるに、競合は共通の根っこがあって、そこから分化が始まるということを前提している。この分化はどのようにして生じるのか。

第4章第4節では、カップの例を出した。カップに触れてそれが温かいと知覚するが、カップに手で触れたまま動かずにいると、カップに帰属させた温かさ(カップの知覚を成立させその知覚的質という規定ないし性格をもった温かさ)が手の温かさの感覚へと位置を変え、しかし、いったん手を離して再びカップに触れることで、温かさのカップへの帰属が復活する例である。ここに、感覚と知覚との共通の基盤と、体の運動を介しての分化の始まりを垣間見ることができる。運動は、体と体の外の事象との間の隔たりを埋めたり広げたりし、また、体の外の或る種のもの(第6章で考察する、体の尺度に応じたもの)との交渉を始まらせ、あるいは終わらせる。なお、運動と知覚の空間規定との関係については、本章第4節で考察する。

(4) 知覚と行動との切れ目

興味深いのは、先に比較のために列挙した諸例の中のD(池の水が見えることが終点である系列)には、Bで登場した「帽子を被る」等の行動の記述がないことである。仮に補うとすれば、池を見るためにもっと近くまでゆくなど、池の水が青く見えることに触発される行動をあれこれ挙げることになるだろう。ただ、池の近くに行くという行動が池を見るためだとすると、またも見ることが終点になる。このような終点の有り方についても直ぐに考察するが、もし見ることが再び終点になる場合とは違う行動を考えるなら、どのような行動で補うのが妥当だろうか。

実は、Bで「感覚（体の感覚）」に引き続く「行動」を記述したのだけれども、それは、Aの系列の終点に対応するものを呼び出すためであった。しかるに、「感覚の生理学」があり、その生理学は「体の感覚」と「体の外の物象の知覚（特に知覚的質の経験）」とを同じ概念（〈感覚〉）で捉え、「刺激・〈感覚〉」をセットで考えている。このことから分かるように、元来は行動が終点であるはずだったろうということを無視して、〈感覚〉の成立を終点として考察する場合の方が多い。そして前にも言ったが、このことには〈感覚〉をも認識論的文脈で論ずるという哲学での習慣も関係しているのかも知れない。

そこで、一方ではAの生理的プロセスに終始する系列との比較でBでは感覚（体の感覚）と行動という契機が浮上していることを言わねばならなかったが、今は、他方の、感覚に引き続く可能性のある行動と比較して、知覚と行動との関係をみるという課題があることに気づく。

知覚と行動との関係の一つの典型は、苺が赤く色づいているのを見たら摘んで食べるとかのように、知覚対象が行動の対象ともなるという関係である。Dの例の場合にそのような行動を付け加えるとすると、たとえば池に飛び込んで泳ぐという行動を挙げ得るだろうか。

けれども、「池が見えること」に引き続く行動として最も多くみられるのは、「池の向こうのどこかに行くのに直進して池を通って行こうとはしない、池を迂回するという行動」であろう。それは池を相手の行動であるわけではない。しかし、池を見ること、池が見えることがなければ、人は池に落っこちて行きたい場所に行けないわけで、見ることは見る相手に向かうのとは別のさまざまな行動の導きをしている。

このように補ってみたあれこれの「行動」と、見るという「知覚」との関係は、皮膚に生じた「感覚」が或る特定の行動を促す（動機づける）という関係の有り方とは明らかに違う。感覚は体の或る状態を告げ、体とは感覚をもつ自分の体なのだから、無視できない。そして感覚は常に自己評価的なものである。心地良いか不快か、落ち着かないか……。しかも目立つ感覚ほど、負の評価を纏って現われる。それはそのはずで、体の状態が望ましくないなら、適切に対処して改善する必要があるのだから、その要求のための感覚が現われなければならない。そして行動は、この感覚の変容を目指す。

麻酔を必要とする歯の治療を受けた人は多いだろう。治療は終えたが未だ麻酔が効いている状態で誤って食事をして、唇の内側などを噛んでしまい血が出る、なのに痛さを感じない、こういうことがある。痛くないから、感覚によるのとは別の仕方で出血に気づくまで変な噛み方を続けてしまう。一般に、痛い思いをしなくて済むならどんなによいだろうと思うことが人にはあるかも知れないが、もし怪我をしても痛さを感じなくなったら大変なことになる。実際、痛さを感じることができない人が、しょっちゅう打撲等で体を傷つけて生活に支障が出る人がいるそうである。お年寄りが皮膚に貼るカイロや湯たんぽなどで低温火傷《やけど》をするのは、熱さの感覚が生じないからである。

感覚が促す対処というのは体を向いている。痒いから掻く。暑く感じるから服を脱ぐ。確かに、実のところは、このような積極的な行動の余地がない場合も多い。たとえば膝が痛ければ膝に湿布するということもあるが、基本は歩くのを止めるとか、むしろ行動を控えることがくる。ただ、この場合も痛む膝を労《いたわ》るという意味では、対処は膝に向かっている。尿意、空腹、渇きのような欲求という性格をもつ感覚、外的刺激とセットになっているのではないけれども体に感じるということでは感覚の仲間と考えてよいものも、放っておくわけにはゆかない。しかし、直ぐに決まった行動をしなければならないというのではない。温々《ぬくぬく》した気持ちよい感覚は感覚で、その状態を持続させるために体を動かさずにじっとしているとかの、体を主題とした態度を動機づけるが、不承不承、何かをするために動き出すかも知れない。こうして、確かに多様な行動が選択され、あるいは行動が控えられもするなどの自由度がある。だが、それでも感覚は特定の種類の行動と結びつきやすいのは否めない。

それに対して、池が見えるという場合はどうか。暗闇で歩いていて一歩先にある池が見えず、そのまま歩くと池に落ちる。この場合には池が見えることは重要である。また、真後ろで音が聞こえたら慌てて飛び避《よ》けるであろう。けれども、前者の場合には歩くという、池が主題に入ってこない行動が先にあり、しかも偶々《たまたま》池に向かって歩いていたからであって、池が見えていることとそのことが新たに特定の行動を促すわけではない。池があるではないか、泳ごう、という場合の行動との関係とは違う。いずれにせよ、知覚との関係が言える行動には、行動する人の極めて大きい自由度がある。また、池の水が灰色に見えようが青く見えようが、どうということはない、何か対処しなければいけないということにはならない。車のクラクションがあちこちで鳴る外国の街で、クラクションが危険を告げる場合でなければ、それらの音を賑やかなことだと聞き流せる。間近で聞こえて慌てるのは、音を聞く人の側ではなく車の方がこちらに向かってきているからである。

このようにみてくると、知覚されるものの体からの距離というものが一つの決め手であることが理解できる。感覚は体自身の事柄であるのに対し、知覚は体の外の事象の知覚なのであって、しかも、その「外」という有り方にもいろいろあり、体からどのくらい離れた外かは重要な要素である。

距離という契機の重要性は、私たちが作用というものを(作用するものと作用を受けるものとの間の)距離が無いときに可能だと考えるのが普通だ、ということと対比させて理解すればよいかと思う。(因みに、万有引力の概念が初めて登場したとき、多くの人々は、それは離れたままで——引っ張り合う綱もないのに——力を及ぼすことを言うのだから、理解できない、神秘的な概念だと思い、或る人々は、それは新学問では追放されるべき「隠れた力」に属する概念の再登場だと批判した。それほどまでに、私たちは作用を接触において考える。高圧線の下は嫌だ、と言う人も、離れた高圧線が直接に体に影響を及ぼすと考えるわけではなく、そこから発して体に届く電磁波の作用を心配するのである。)

離れているものは(相手に届く何かを経由するなどしなければ)相互に独立していると私たちは思ってしまう。だから、体から離れて見えているものは体に作用を及ぼさないし、そのものとの関係は接近しない限り始まらないと、そういう態度で臨む。実際には、それが見えている以上、それから発した(光源としてであれ反射するものとしてであれ)光が体の或る部位に到達して刺激として作用しているのであるが、その刺激は気づかれず、知覚対象として現われるのは体から離れているそのものなのである。(このことを生理学は、刺激と刺激の源とを区別しつつ投射の法則を持ち出す仕方で承認している。)そこで、この知覚対象が行動にどう関わってくるか、ということに焦点があるが、知覚と行動との間には、感覚と行動の間以上に、ずっと大きな切れ目があることが眼目である。

「知覚と行動」「感覚と行動」との間の切れ目という事態を考えるために、「刺激・反応=運動」という組と比較してみたい。

ただし、「刺激・反応」の組には二つの場合を区別しなければならないから、先にこの区別の問題を片づけておかなければならない。

(5)「刺激・体の局部の反応」と「刺激・個体（体全体）としての運動」

本節(1)でAとして掲げた「刺激・反応」は、実は「刺激・反応・反応……反応」という、体の幾つもの部位、体内で生じる一連の生理的プロセスであった。（このプロセスはすべて、特別な生命原理等を要請することなく一般の物的事象と同じような仕方で理解可能なのだけれども、価値的観点を介入させて初めて、プロセスの始まりに位置する「刺激」を言い、かつ、恰もプロセスを総括する位置にあると解釈できることでプロセスの差し当たりの終点と認めたくなる「反応」を取り出すことができる。つまり、第一に、本章第2節(5)で述べたように、生体に絶え間なく降りかかってきている無数の作用のうち意味あるもの、言い換えれば価値的に重要なものだけが「刺激」と呼ばれるが、Aの例では太陽光は体にとって不都合な変化―体温上昇―をもたらしたゆえに「刺激」の概念が適用できる。第二に、その不都合を打ち消すに至る体温調節へ向かって刺激に対する反応から始まった生理的プロセスは進むのだが、体温調節の成就を直接にもたらす段階の「反応」が、当該刺激という始まりに対応する終点の反応の地位を、解釈上、与えられるのである。そして、このように価値的観点を介入させる理解が要請されるところに、このプロセスが生命の営みに属するということの証《あかし》をみることができる。）

そうして、このような生理的プロセスなら、繰り返すが、実は「刺激・感覚」の組および「刺激・知覚」の組自身の成立にも必要なものとして、生理学が見いだすのであった。もちろん、温度調節のプロセスと血糖値調節のプロセスとが違うように、プロセスの中身は場合々々で違うのだけれども、性格は同じだ、ということである。そして、プロセスの終点に位置するはずの感覚や知覚が、実際にはプロセスを成す諸項とは異質であるというのが、生理学や脳科学を悩ますのであった。

ところで、感覚や知覚の後にくるはずの行動に関しても、筋収縮などに関する一連の生理的プロセスを言うことができる。そのプロセスを生理学者が理解する仕方は、すべての生理的プロセスの理解仕方と同じである。皮膚血管拡張に関わるものであろうが感覚神経系に関わるものであろうが、また、実は見るときの眼球の運動に関わる生理的なプロセスであろうと、その理解仕方は同じである。ただ、私たちがもつ人間の「行動」の概念には、感覚や知覚と同様、意識が関与するものという含意がある。そして、行動が意識的なものであるという側面において、行動は生理的プロセスの総体とは異質な事柄として理解するしかない。行動が何を実現しようとするのか行動に先立って望見しているとか、上手に行動しようと注意深くコントロールしているとかの事柄は、生理学の管轄外なのである。（まして、人の目を意識して行動を選ぶというような文化が関与するものを生理学はどう扱えると言うのか。尤も、今日の脳科学は、「社会的脳」などの概念をもちだしてきているが。）

ところで、行動のこのような側面は、行動は体の部位に着目することなく全体としての体の振る舞いとして言われるものだ、体全体の事柄として理解すべきものだ、ということと連動している。このことは、生理的プロセスの諸系列に現われる反応は体のあれこれの部位の事柄としてしか考えられないことと対比させなければならない。

そこで、以上の事情を踏まえた上で、或る刺激から始まる生理的プロセスとして体内で生じる一連の反応の系列を総括することで初めて言える、その刺激に対する「反応」ではなく、「体ひとまとまりの反応」として理解するのが適切であるゆえに人間の「行動」に匹敵するような振る舞いで、なおかつ「刺激・反応」という組で理解するのが適切だと思われるもの、これを引き合いに出して、「刺激・感覚・行動」と「知覚・行動」の組の特性を浮かび上がらせる方がよいであろう。例として挙げるのは、人間とは違う生物の場合である。

相変わらず、曇り空から晴天に変わり強烈な日差しが照りつけるという、同じ一つの出来事から始まる例を考えよう。

F. ↓池に日蔭か日向《ひなた》か等の諸条件によってさまざまな温度の水域ができる。或る温度の水のところにゾウリムシが集まる。（泳ぎ回っているうちに偶々或る温度水域の内側に入った個々のゾウリムシがそこから出る方向に泳いでも当該温度境界で反転し出られなくなる。）

G．→ミドリムシが、光が射す場所に集まる。

Fはゾウリムシの走性、ただし、無定位の運動性の記述、Gはミドリムシの指向走光性の記述である。どちらも、外界刺激に対して動物が個体としてどのように反応するかを述べているが、その反応は運動であり、刺激に応じて決まった反応である。ゾウリムシの場合には、運動しているときに偶々出会う、水温を異にしている二つの水域の境界面、ここでの温度変化という刺激、ミドリムシの場合には、光の刺激である。

さて、ミドリムシの運動仕方を詳細に調べて、ミドリムシの鞭毛が、どういう条件でどういう動きをするかを探り、そこに温度変化や光量がどのように関わるかなどを発見することはできる。つまりは、ミドリムシの全体としての運動反応を、それらの体の諸部位の一連の反応に分解して考察することもできる。しかし、そのような考察では、ミドリムシが生きているということを捉えることはできない。何度も言うように、このような理解仕方は物的事象一般の近代科学の方法に則った理解なのである。

だが、ミドリムシは光合成を行うので、光を求めるのだ、僅かの光の刺激を受けて、より光量が増す方向へと運動してゆくのだ、という理解は、価値的観点を含むが、まさにこのことにより、光は単なる物理量ではなくミドリムシにとって意味ある「刺激」という概念で押さえるべきこととなり、ミドリムシの運動も、生きることを尺度として測られる価値ある運動、刺激に対する適切な「反応」だとして理解できる。

もちろん、このような理解、価値的観点の適用は、私たち人間がミドリムシの運動を外から観察した上で、しているものである。ミドリムシ自身が光を（あるいは、もしかして熱を）どう経験しているか、確定的なことは言えない。しかるに、どうして私たちが価値的観点を語るかと言うと、自分たちが体に或る感覚を感じるゆえに或る行動をする、あるいは体の外のさまざまなものを知覚して、そのことを切っ掛けに或る行動をするとき、その行動は、感覚や知覚の内容と何らかの関連があるし、かつ、大抵の行動は自分としてはそのときに理由のある行動であると、別の言い方をすれば意味があり或る価値を帯びた行動であると、了解しているからだと思われる。自分の行動、特に典型的な行動、意識的な行動に関する了解に準じて、生きているものとしてのミドリムシの運動を理解しようとするのである。

そして、事情がこうだとすると、ゾウリムシやミドリムシの振る舞いと私たち人間の行動とを分かつものは何か、ということも次に自然に要請される考察であろう。

(6) 壁と炎――ゾウリムシの無定位運動性と人間の行動――

ゾウリムシが池の中の或る領域から外に出ないとき、その領域は温度差という壁で区切られているかのようである。その壁はもちろん、池の土手という、私たちが通常想い浮かべる壁の一種ではない。そこで、土手という典型的な壁から先に考えよう。

水面に浮かんだ幾枚かの枯れ葉が風に吹かれて岸に向かって動いてゆき、土手にぶつかってほんの少し回転して止まる。枯れ葉の動きを理解するのに内的な運動の理由も外的刺激の概念も必要ない。風という外力によって動かされ、土手で先端が跳ね返され、その分、枯れ葉は全体としては少し回るように見える。枯れ葉の形や重さによって、また風力を受ける枯れ葉の面の傾き、水の動き、土手にぶつかるときの葉の方向等、さまざまな要因があって、ほとんど予測不能のさまざまな運動をするとしても、その運動は力学的なものである。水や風、土手は枯れ葉にとってさまざまに違って価値づけられた環境成分であるわけではない。

翻ってゾウリムシが池の中で泳いでいて土手に近づく。多数の繊毛を動かしながら体全体を回転させるような仕方で進んでいる。そして、土手にはぶつかるというふうではなく、先端の繊毛が土手の壁に触れるや、それが刺激となって繊毛が逆転し、ゾウリムシは全体として後退する。その後、向きを少し変えて泳いでゆく。

「泳ぐ」という表現をしたが、ゾウリムシは風とか水流とかの外力によって動かされるのではない。自分で動くという理解仕方を私たちはする。後退も土手に押し戻されて生じるのではない。繊毛が逆転することで生じる。そして、この逆転がどのようにして起きるかをみるには、外的な要因としては「刺激」一つだけを指摘して、あとはゾウリムシの体の内部で生じることをみてゆくしかない。ただし、その内部で生じる生理的プロセスは、これまでさんざん論じてきたように、物的世界全般に関して適用するのと同じ仕方で、物理化学的に理解できることばかりである。

けれども、ゾウリムシ個体としてみたとき、生理的プロセスは価値的観点から理解するのが適切なものへと変貌する。そもそも、繊毛と土手との接触を「刺激」の概念で捉えること、すなわち或る生理的プロセスを始まらせるものとして位置づけることそのことが、生きているゾウリムシを主人公にすることによってしか生じない。

土手は、池の水、そこで繁殖している食物となるバクテリアの濃度、有性生殖のときの相手の個体、水草等、異なる価値をもったものが散らばっている環境の一部である。環境は生きている個体によって、種や個体ごとに違ったふうに価値的に分節されている。そして刺激とは、それらのうちの或るものが或るときに特に関係してくるときの共通の有り方だとでも言えばよいかと思う。（環境は池を越えて、日光や雨が降り注ぐ世界まで広がっている。ただし、すべての生き物にとって、それを取り囲む近傍という、非常に狭い最小限の環境を言ってもよいような場合がある。金魚にとって金魚鉢がそうであるように。けれどももちろん、外気温が高くなると鉢の中の水温は高くなるし、外気から酸素が水に溶け込んでこないなら金魚は死んでしまう。狭い環境を言い得るのは、生物が生きる時間をごく短くとるときだけである。人間にとっての環境も、宇宙船のクルーにとっての宇宙船内という特殊な極めて狭い環境も言えるのは別格として、普通は地域を言い、地球を言うが、太陽系まで広げる必要はある。だが、あとは銀河系にまで広げなくてよいものか。遠い遠い環境の影響を有意的なものとして見積もるべきかどうか、という判断の事柄になる。同様のことはまた、人と生活環境という主題については重要な問題となる。人が住居を選ぶとき、交通便や買い物の便などが前面に出る狭い環境を考慮する。そこに来ている電気を供給している遠い発電所がある場所まで含めた環境のことは思いつきもしない。しかし、後者の環境を含めたものを重視すべき文脈もあるのである[3b]。）

3b　参照、松永澄夫「環境に対する要求と設計の主体」松永澄夫『環境——設計の思想』東信堂、二〇〇七年、所収。

さて、土手から目を転じて、違った温度の二つの水域の境目がゾウリムシにとってどのようなものであるか、に考察を移そう。境目は温度の勾配が急で、そこを通り抜けようとすれば、その温度変化が刺激として作用し、ゾウリムシは泳ぐ向きを変えるのである。土手と温度の境目とで、刺激の種類は違うと言うべきなのか、言う必要がないのか、それはそれぞれの刺激(外的なもの)によって始まると見なせる生理的プロセスがどのようにして始まるか(ゾウリムシの体の中でのプロセスの一等最初の変化)によって決定されるべきことだろう。しかし、いずれにせよ、個体としてのゾウリムシの運動を「刺激」に対する「反応」としての運動と理解することはできるであろう。要するに、ゾウリムシにとって、土手という典型的な壁と、水温差によってできている境界と、両者には本質的な違いはない。

ここで私たち人間の場合を考える。人も池で泳ぐことがあるが、土手を通り抜けることはできない。プールでの水泳だと、壁にタッチしてリターンすることが多いが、最も普通の、陸上での壁と歩行等の運動を考えよう。人は壁にぶつかる前に方向を転じる。横殴りの雨が建物の壁の方向に降ってくれば壁にぶつかるしかない、雨が回れ右をするはずもないのとは違うのはもちろん、ゾウリムシの場合とも違う。人は壁に触れる前に方向を転ずる。壁が見えるからである。真っ暗闇で恐る恐る進んでいるときなら、壁にそっと触れてから向きを変えるだろうが。

この事情は、あたかも視線で壁に触れるかのようである。ここで重要なのは、視線が壁に添って動くことである。壁に限らず、物を見るとき、輪郭や表面を視線でなぞる。手に先立って小さな運動が、手や体の大きくてエネルギーを要する運動の可能性をみてとるとでも言えばよいのか。

なお、壁に触れることとぶつかることとは違うことにも当然に注意を払うべきである。また、壁を支えに伝い歩きをするときの壁との関係も別の有り方である。そして、壁を相手の行動は無数にあり得る。壁を壊す。壁に絵を描く。壁にピンでポスターを留める。壁にボールを投げて跳ね返るボールを捕まえる遊びをする……。それから、もちろん、ただ壁を眺めるだけということもある。厭な色の壁だと思ったり、古びた壁だが趣があると見入ったり。

次に、温度差がある領域での人の行動はどうか。焚き火の場合で考える。焚き火の向こうにある更に火にくべる薪を取りに行くとき、人は焚き火の周りを回ってゆく。炎が見えていて、それにぶつからないようにとの思いからだろうか。いや、炎は壁とは違い、直ぐに燃えるものでなければ通り抜けることができる。実際、人は引っ掻き棒を炎の中に差し入れて薪の位置を調節する。（修行している人が、敢えてさっと小さな炎の中を通り抜けるようなこともあるらしい。このとき、恐らく意を決して行動するのに違いない。壁だと、いくら意志の力で向かおうと、通り抜けることはできない。）

人が炎から離れて動くのは、近づきすぎると熱いからである。この「熱い」というのは、人が「今日は暖かい」と言うとき、自分の体の温かい感じと外気の温かさとをともに表現しつつ、どちらかと言うと後者に傾くようなところがある、それとは逆方向で、どちらかと言うと体の熱い感覚に重点がある。炎もしくは焚き火が熱いと言うには、炎には触れてさえいないのである。（炎で熱せられた外気には触れていると言ってもいい。壁に触れるというのとは様子が違うが。）どこまでが炎か（炎の輪郭ないし境界――炎をどのように定義するか、火の粉や舞い上がる灰、薪から出る水蒸気などの成分の広がりだと考えればよいのだろうか――）すらよく分からない。或る距離以上には焚き火に近づかないのは、結局は体に感じる熱さが酷くならないようにであり、逆に、冬の焚き火で、その近くにゆくのは体に温かさを感じるのを楽しむためである。（炎を見る楽しさは知覚の事柄だから別にしている。）

壁と焚き火とを例に出したのは、人間の場合、物象の知覚と体の感覚とが分化しつつ生じ、その両者によって行動が導かれることを確認するためである。そして、その導きは知覚の場合と感覚の場合とで違う。たとえば林檎を見れば手を伸ばして取って食べたり、長く伸びた木の枝を、それを見ながら剪定したりする等の、体から離れた知覚対象を相手の行動と、痒いという感覚に動機づけられて痒い部位を引っ掻く体を相手の行動と、という具合に、行動の向きが違ってくる。

なお、感覚の導きの場合にも行動は選択できるが、特定の種類に限られる。それに対して、或るものの知覚と行動との関係は、知覚から出発すれば無限と言ってよいほどである。何かを見ることが何か行動することと無関係なこともある。ただ、行動の方から考えると、その行動の遂行のためにはさまざまな知覚に頼らざるを得ない。地面が見えなければ歩けないし、壁を見落とすとぶつかる。柿の実を捥《も》ぎたければ柿の実を見つけるべきである。柿の実を鋏で枝から切り離すとき、鋏を使う手を触覚として鋏を知覚し、かつ鋏に触れている皮膚部に或る感覚をもち、それら知覚と感覚の変化の両方に導かれて適切な行動をする。

翻ってゾウリムシの場合はどうだろうか。池の土手と、水温が違う二つの水域の境界線と、両者がゾウリムシの運動仕方を変更させる仕方に変わりはないように思える。どちらもが或る刺激として作用し、ゾウリムシの或る反応を引き出すと、このような理解が妥当だと思われる。（繰り返すが、ミドリムシの場合と同じく、ゾウリムシが土手と境界線とをどう経験しているのか、確定的なことは言えないが。「経験」という言葉も実は適切ではないのだろう。）

では、ゾウリムシでは二つの場合で区別がないとはどういうことだろうか。人間の場合、知覚と感覚とが、また行動も、ともに意識的なものであり、そのことによって三つは区別され、かつ、体の感覚と行動との間、物象の知覚と行動との間には切れ目がある。その切れ目は前者では僅かでしかない場合が多く、後者では途轍もなく大きいという違いはあるが。しかるに、ゾウリムシでは、刺激と反応との間に実際上の切れ目がないのではないか。

どういうことか。自分の外側の何かを刺激として受け取り、それに反応するということは、生き物であるゆえの自分にとって意味（＝価値、プラスであれマイナスであれ）ある外的事象を弁別し、その刺激に対して原則としては適切さをもった反応をするということではある。だが他方で、弁別は取りも直さず反応につながり、刺激は反応のうちにいわば吸収される。このことを、両者の間に間《ま》がないとでも言えばよいのではないか。そうして、弁別は形式的には一種の認知のはずだが、それは独立項として自立せず、私たち人間が知っているような認知は流産したかのようである。

実のところ、刺激を受けて人間が体の感覚をもつときも、刺激の代わりに感覚が前面に出て、刺激という体の外のものの契機は背景に退く。他方、生理学が言う遠隔受容器で刺激を受ける場合には、刺激の代わりに刺激の源が前面に出て、それが体の外の物象の知覚である。この二つの場合での前面に出るとは、現われること、それ自体が内容をもつということである。しかるに、私たちは第2章第2節で、意識の概念と現われの概念との結びつきを指摘したのであった。

こうして筆者は、人間の知覚と感覚および運動と行動の特性を理解するために、次のような四種の系列に整理したい。

（イ）刺激・体の局部の反応・生理的プロセス（刺激は体の生存を尺度とした価値的観点抜きでは概念化できないが、最初の局部の反応から始まる生理的プロセスは物理化学的に理解できる。）

（ロ）刺激・生体個体の反応としての運動（刺激即運動、人間では無条件反射、条件反射の場合。膝蓋腱反射では膝蓋腱だけ、瞬目反射では目だけの体部分だけが関わると考えてはいけない。運動は体全体の姿勢から切り離せない。生理的プロセスとは違う。）

（ハ）刺激・体の感覚・行動（刺激は感覚によって覆い隠され、感覚は或る特定の性格をもった行動を促すが、感覚と行動には切れ目がある。感覚内容によって行動への切迫度は異なる。）

（ニ）刺激の源・刺激・知覚・行動（刺激は媒体として退き、刺激の源が知覚対象となる。知覚は基本的には行動を導くが、それ自身で充足しようともする。）

⑺一時的な終点としての知覚、行動が始まるまでの「間《ま》」――「現われ」という「私」の内容と現在――

ゾウリムシのような動物一般の「刺激・反応」の組から、人間の「感覚・行動」および「知覚・行動」の二つの組への移行において最も重要なのは、意識の関与である。体の感覚、外的物象の知覚、行動について、人間以外の動物に関してどのようなことが言えるかについては、さまざまな推測ができるが、ここでは深入りしない。動物虐待を人々が問題視するときには、或る種の動物に痛み等の感覚を認めるからであろう。また動物の研究者たちは非常に多くの動物について、外的物象の巧みな知覚について述べる。畑仕事をやっているときに、体の端っこがちぎれたミミズが体をくねらせているのを見て、ミミズは痛いと感じていると思うか、そういうことはないだろうと思うか。ミミズの研究者は神経や中枢と呼んでよいようなものの有る無しで判断するかも知れない。他方、ミミズが光や振動や匂いを「鋭敏に感じる」という言い回しは珍しくない。さまざまな鳴き声を出す昆虫が音を聞かないはずはない、というのは、研究者ならずとも、人々の普通の当然の考えであろう。

ミミズは匂いが分かるかとか、蝶に世界がどう見えているか、蝉は音を聞くのだろうかとかの研究では、意識の概念を持ち出さずともやってゆける。揮発性の化学物質、光や空気振動との関係でミミズや蝶や蝉がどういう振る舞いをするかを調べるという仕方で事柄が研究されるからである。（では、なぜ化学物質や光や空気振動に注目するか。それは、人間の嗅覚や視覚や聴覚が化学物質や光や空気振動に関係しているということが分かって初めて可能なことであるし、また、光に関係した振る舞いをすれば視覚がある等の考えになるのも、人の視覚を標準に考え、その視覚の概念を拡張しているわけである。）実際、コウモリが真っ暗な洞窟で壁にぶつからずに飛んだり蚊を正確に捕らえたりするために超音波を発し、その反響が耳に及ぼす刺激で離れた場所の洞窟壁や蚊の位置が分かるのは、まさに、超音波という媒体によってコウモリにとって重要なものを知覚するということだ、と理解する他ない。けれども、いわゆる意識の関与を言うべきかについては、人は躊躇するであろう。

もちろん「意識」の概念をどのように理解するかが先決問題であろう。第3章第2節でみたように、西洋近代哲学では「意識」をあらゆるものの「現われ」の場と考えた。ただし、現われるものとは「観念」と考えられた、筆者は、この考えのうち「現われ」という契機が意識の概念の決め手だ、ということだけは援用する。ただし、「現われ」の典型は知覚内容だと考える。「柱の陰から男が現われた」というような場合をまず取り上げなければならないだろう。しかるに、意識というものを眠りからの目覚めという観点から考察したように、「感覚内容」「知覚内容」が確定しているという意味での「現われ」の概念で意識の始まりを押さえるべきだと考える。だから、男が柱の陰から現われる前に柱が見えていることそのことの現われを先に考えなければならない。

しかるに、筆者は第二に、意識の成熟を可能にするのは想像だ、という観点で考えている。想像にも「現われ」の概念を適用できるだろうか。余りに頼りない中身しか想像にはないのではないか。いや、さまざまに想像する内容の違いがはっきりしているということは、想像内容が無ではないということである。すると、想像の内容を、まさに「想像のうちに現われる」或る種の「現われ」として理解してよいのではないか。想像の内容を支えるのは想像そのことでしかなく、現われるものの存在というものを想定できず、想像しているに過ぎないものは想像することを止めれば消えてしまうとしても、まさに「消える」という言い方を誘う「現われ」というものを言うことができると思われる。そうして、意識が羽搏《はばた》くのは、むしろ想像によってであり、フィクションであろうと何であろうと、或る中身のある事柄が意識の内容となるのである。それらがその都度の意識の内容となることを「意識に現われる」と言ってよいのではないか。恰度《ちょうど》、「無意識とは現われていないものだ」という考えと対になっている。

なお、「このようなライフスタイルの流行は（あるいは流行が現われたのは）、環境問題への関心の現われだ」というふうに、「現われ」は広く何かの出現を言う。それまではなかった或る中身がある事柄を言えれば、それは「現われる」と言えるというわけである。こうして、このような「現われ」の概念の広がりをも考慮して理解すべきは、現われは時間の概念、特に現在という時間の概念抜きでは成立しないことである。意識の概念と現在という時間との結びつきについては、これまでも何度か言及した。

さて、この現在という時間を呼び出したところで、単なる「刺激・反応」の組とは異なる、人間の「感覚・行動」と「知覚・行動」との二つの組、意識の関与がみられる組へと考察を戻そう。

刺激がすぐさま反応に引き継がれるのではなく、感覚と行動との間、知覚と行動との間に切れ目がある。この切れ目は時間との関係で言えば、間《ま》があるということである。この間を埋めるものは何か。感覚や知覚の内容、何かが現われていることそのことではないか。そして、この現われが現われとして確認されていることこそ意識の最初の成立ではないのか。しかも、感覚と知覚は刺激の受容から生まれるが、刺激への対処（刺激に対する反応を広義化したもの）そのものではない。ここから感覚と知覚の二面性が出てくる。

一方で、感覚も知覚もそれら自身が何物かとして現在の内容を満たす。重要なのは、この内容が、意識するものとしての「私」の内容だということ、「私」のそのときの有ることの中身に入ってきているということである。池の青い水に見とれている「私」は、風の音を聞いているだけの「私」とは違う。その違いは目を開いているか閉じているかの違いだけではなく、青さや、池と木立の配置など、個々の知覚内容ではなく、その全体がつくるもので「私」に感受されるものの総体である。(このことと、「色は〈私〉の心の出来事だ」という主張とは同じではない。第1章を参照しつつ、本章第2節(4)の考察を想い起こしたい。)他方で、感覚の現われ、知覚の現われは、刺激が要請する対処へと向かうはずのプロセスの中継点であるという位置づけがなくなるわけではない。こうして、一方で「〈感覚〉の生理学」が体の感覚や知覚的質の成立を終点として生理的プロセスの研究に没頭するのには理由がないわけではないし、けれども他方、感覚や知覚が行動という刺激への対処とどのような関係をもつかをみないなら、これらを理解することはできない。

感覚(体の感覚)と行動との関係については既に論じた。では、知覚と行動との関係はどのようなものか。

刺激に対する局部の反応だけでなく、体全体の対処行動をも視野に収めんとする場合の生理学は、刺激から中枢への求心的経路と、中枢から運動への遠心的経路とを体において確認するということでその任務を果たしてきた。そうして、行動にも〈感覚〉と同様に意識の関与があることを考慮せざるを得ないゆえ、中枢に意識の場を与えるという戦略をとってきた。中枢で〈感覚〉が生まれ、かつ、運動の指令や制禦も生まれるというわけである。ただ、中枢であれ、物的出来事の流れであるものにどのように意識という次元が違うものを組み込めばよいか、その悩みが消えるわけではない。そうして結局のところ、運動(筋肉繊維や腱の収縮や伸張等)の生理学はあっても、帽子を被るか日蔭にゆくかを選択する行動、あるいは人の目を気にして服を脱ぐことを止める、そういう行動は生理学が扱う範囲外のことだとするしかない。(ただし、代わって、そのような主題すら引き受けようとする脳科学はある。「社会的刺激」を受け取る脳領域を確定できるという研究も盛んで、「社会脳」というような概念が市民権を獲得しているのである。)

筆者が注目すべきだと考えるのは、「間《ま》」というものである。一つは時間の間。知覚から行動への移りゆき(行動が始まるまで)に間があり、時には知覚に留まったままですらあるということ。刺激の弁別はすなわち反応であるというのとは違う次元が開かれているということである。もう一つは、空間の間。知覚されているものと体との隔たり。二つの「間」は連動している。膝を叩かれれば直ちに膝が上がる。叩くというのは作用である。そうしてその作用は、本節(4)でも指摘したように、作用するものと作用を受けるものとの距離無しで生じる事柄だと私たちは考える。いわゆる刺激の弁別と反応とが一つことであるのは、反応の即座性だけではなく空間規定においても認めることができる。逆から言えば、離れているものは（相手に届く何かを経由するなどしなければ）相互に独立していると私たちは思ってしまう。だから、体から離れて見えているものは体に作用を及ぼさないし、そのものとの関係は接近しない限り始まらないと思う。（林檎が見えているときに体に作用しているのは林檎で反射して目に到達した光であって、林檎でないという考えである。）そこで人は、知覚の現われにかまけていることもできるのである。（本節（６）で、或る行動の遂行のために必要なさまざまな知覚を問題にするのではなく、逆方向から、つまり或る知覚から出発して、その知覚内容と行動との関係を考えれば、どのような行動もあり得るし、行動無しでもあり得ると述べたことを想い起こそう。）

（８）奥行きと行動・複数の知覚対象と横の広がり

反射の場合だと、刺激を受けるや反射運動が生じるし、蚊に刺されて痒くなれば直ぐにも引っ掻きたくなる。だが、林檎が見える途端に林檎に手を伸ばすのは反対に余程訓練しなければできないし、そもそも訓練するには動機が要るが、その動機は知覚内容自身からはやってこない。引っ掻くのには痒みを消したいという明白な動機があるが。（因みに、コウモリが超音波の反響で蚊の位置を捉えるや、その蚊を食べに行くのは、ほとんど反射のようなものではないか。蚊は離れた位置のものとして捉えるのだから、この捉えを私たちは知覚の概念で理解しないわけにはゆかない。けれども、知覚から知覚対象を相手にした行動へ、そこに「間」があるのだろうか。このような疑念と、コウモリでは意識の関与はないのではないかという考えとは、連動している。）

林檎を見ることから林檎に手を伸ばすことへの移行はなくてもかまわない。更に、仮に知覚対象たる林檎を行動の対象とすることを選んだ場合でも、遠くに見える林檎なら、手を伸ばす前に、あるいは林檎を掴み食べるには、林檎が見える位置まで歩いて行かなければならない。要するに、見えているものと体との距離、奥行きとして見える広がりを埋めてゆかなければならないのである。そして山道で、先に見える山腹に獰猛な熊が見えても余裕をもって眺めておれるのと対照的に、その山腹までは少し遠すぎて行こうと思わないということもある。

前項で、〈感覚〉の生理学と違って、体全体の対処行動をも視野に収めんとする場合の生理学は「刺激↓求心的経路↓中枢↓遠心的経路」を言うと述べたが、このプロセスの場合、その出発点も到達点も体の周縁部でしかないことに注意しなければならない。けれども、〈感覚〉の生理学が刺激の源にも言及せざるを得ないように、知覚対象は体から離れたものとして知覚される。それに対応して、遠心的経路の終点の体の動きは実に体から離れた所にある対象を狙うことが多いのである。(この事態については第6章第2節で詳しく論じる。)そしてその距離は、開始された行動が知覚対象を相手の実効的なものになるには、いや、なり始めるには、更に必要とされる時間の長さ、これと対応する。そこで、人は林檎に手を伸ばし始めたものの、林檎に手が届く前に林檎を相手の行動、掴むなり食べるなりの行動を止めることだってあり得るのである。それに比べると、反射運動は刺激を受けるや始まり、始まったときには終わっているようなものである。そもそも運動が向かう相手もいない。また、皮膚が痒いと感じたら直ぐに引っ掻く場合は多く、引っ掻き損なうこともほとんどない。それで、瞬時の感覚の変様と引き換えに(治りかけた怪我が再び悪化するときのように)皮膚の状態が悪くなるかも知れないというのに、行動を控える、あるいは引き返すのが間に合わないということがあるわけである。

(離れたものを相手の行動が離れたままで可能だ、いうことも実際はある。たとえば音を聞くことのできる動物には離れたまま音で働きかけることもできる。ただ、これは相手自身の存在様式を考慮して初めて理解できることであり、一般化できない。笑いかけたり睨みつけたり、手を振ったりするだけで働きかけ得る人の場合も同様である。石に向かって大声を出したり睨みつけたりしても、邪魔な石を道から退《ど》かすことはできない。ところで、私が人に笑いかけ、その人がその私の顔を見ているなら、自分の気持ちを伝えるという私の行動はなされ終わっているということにも注意したい。或る目つきで人を見た瞬間に、その人に対する或る行動をしてしまったことになる、「しまった」と思っても遅い。この種の話題は、人が意味世界に生き、意味事象は価値事象であるという、本書「はしがきに代えて」で言及した事態についての考察の中で取り上げるのが相応しい。また、価値は、判断的評価によるだけでなく、むしろ、より根源的には「感受」されるものであり、その「感受」の典型は感情にあり、人と人との働きかけ合いにおいて生まれる感情は「経験の重要なエレメント」であるのだけれども、本書では論じないことにしている。)

さて、本節(6)から始めて挙げたさまざまな例を通して述べてきたことは、「刺激・反応」の対に代わるはずの「知覚・行動」の対では、行動には極めて大きな自由度がある、ということとしてまとめ得る。刺激と反応との対の場合には、仮にその関係が力学的なものではないと考える場合でも、そこに因果の関係をみる人は多いと思われるが、それと違って、知覚と行動との間に因果関係を探すことはない。(動機という概念は適用するかも知れないが。なお、行動は何を原因として生じるのか、という問題設定の議論は多いし、行動を結果として生じさせたものを探すことを私たちがするのも当然だが、因果関係という発想の故郷をどこに求めるか、という観点から眺めるなら、行動こそむしろ、結果の位置にあるものとして考える前に、「何かを結果としてもたらすもの」として原因の概念で押さえることが相応しいのである[4]。)そもそも、何かを知覚していることと無関係に或る行動を始めることは多い。庭を眺めていて、さあ、時間だから出かけようと、見ることを切り上げて、立ち上がって外出する。咽の渇きを覚え、飲み物をとりにゆく。行動は己を始まりの位置にあるものとして自己規定する。(「時間だから」等の理由で行動することと行動が始まりの位置にあることとは相反するものではない。)そうして、だから行動は(もちろんさまざまな制約のもとではあるが)「私」が主体としてなす自由なものなのである。そうして、知覚と行動との間に切断があり、そこに間《ま》があるということ、まさに現在という(瞬間ではなく)幅のある時間が生まれるということ、ここに、知覚と行動との両者を改めてつなぐ「私」が意識として登場する。そうして、その間は、積極的な中身のある「現われ」が満たす間なのである。その、現われという余りに当たり前の性格が、認知という概念に本格的に場所を開き、知覚の生理学や脳科学に「意識」の成立を言わせる。(また、認知に強い関心が向けられると、体の感覚よりは物象の知覚の方の話題が多くなる。)

ただし、知覚と行動の間には大きな切れ目があるというのは、知覚の方から出発すれば、という話であって、或る行動の側からすれば、その行動が可能になるにはさまざまな知覚の助けが要る。歩いて行くには地面が見えている必要がある

4　前項『知覚する私・理解する私』第二、第四章を参照。

し、前方の池を見ないなら池に落っこちる。

さて、行動の自由とは選択可能性があるということである。行動するかしないかの選択もあるが、どの知覚対象を相手の行動を為すのかの選択もある。そう、一つの刺激に対する一つの反応を一つずつ確かめる、あるいは一つの刺激から出発して一つの〈感覚〉が生まれるという観点からは漏れる、私たちの知覚世界の実際に目を向けなければならない。（体の感覚でも、歯が痛く背中は痒く、体全体が疲れているなどの同時に幾つも感じるということはあるが、以下では専ら知覚について考える。感覚の多数性が体の広がりと連動していることだけを指摘しておく。第4章第2節（5）および第6章第3節を参照。）

通りを歩いていて、真後ろから車のクラクションが鋭く聞こえるなら、人は慌てて飛び退《の》く。けれども、前方でガチャンドシン、工事の音らしきものが聞こえるとき、うるさい音のする所を通るのは敵《かな》わないから迂回しようか、いや急ぐので直進しようか、と選ぶことができる。そして遊園地で、太鼓や笛の音が聞こえてくる方に行ってみようか、遠そうだけど、とか、それとも歓声が上がっているあっちの方を先に覗くか、と選択することもできる。音は違った方向の異なる遠さから聞こえる。その方向や遠さは体を起点（基点）としている。しかるに、聞こえる音どうしの隔たりを言うことができ、音の方向が違えば、その隔たりがつくる横の広がりを言うことができる。そして、最も成熟した知覚種である視覚を考えれば、見えるものはさまざまで、どれも体から遠く、あるいは近く見えるが、見えるものどうしは横の広がりをつくって見える。（成熟の核心は安定した空間性にあることについては、本章の次の二つの節で論じるが、視覚の空間規定こそ最も安定したものである。）その広がりは、どの方向の知覚対象に関わって行動するかという選択可能性を示している。

以上、「刺激・反応」という動物の基本的有り方との関係で、知覚を（また感覚——体の感覚——をも）行動との関係に重点を置いて考察してきた。以下では、節を改めて、知覚そのことをより詳しく考察したい。焦点をおくべきは知覚の空間性である。

第4節　探索的契機を含む知覚と知覚空間

(1) 伸縮する知覚空間——方向と遠さ・知覚器官の探索運動——

前章第4節で「ミニマムな経験」を取り出すことができるか試みる仕方で、体の在る場所や体の周りの大気の（寒暑という仕方での）経験に注意を向けた。そして、そのような経験は知覚の薄明であり、かつ体の周りの空虚の経験でもあることを確認した。それを踏まえ、本章第2節(1)で、その体の周りの空虚が、単に私の体の移動運動の可能な行き先として空虚な其処や彼処であるのではなく、あれこれの内容をもったもの、すなわち、さまざまな知覚事象の現われが位置取る場所でもあるのだ、と話題を知覚へと転じた。

しかるに、知覚には幾つかの種類がある。知覚はその種類に応じて違った仕方で体の周りの空虚を広げ、知覚空間となすのである。広げるとは、遠さに向かってである。つまり、知覚対象はその遠くまで広げられた空虚の向こうに現われるのである。

私（筆者）の家から余り遠くない所に竹林がある。月も出てない夜にその林の小径《こみち》に入ってゆくと、自分の掌《てのひら》さえ見えない。懐中電灯なしでは歩けない。灯りを消すと、私は恐る恐る足を前に出し、ゆっくり手を胸の前あたりから顔の前の方へと上に動かす。足を受け止めてくれる地面がちゃんとあるか、顔にぶつかって傷つけるものがありはしないか、確かめるのである。私は頭では、林が自分の両側と先の方に広がっていることを知っている。自分の家から竹林までの道のりも覚えている。その空間が不意に私の背後で消えるわけもないことは分かっている。けれども、暗闇の竹林の中に立つ私の周りの空間は、現実に経験されるものとしてはほんの少しの広がりまで縮こまってしまう。まさに、「ミニマムな経験」の思考実験で確認したような、体が在ることが従える体の場所の経験、体の重みを支える此処と体の周りの僅かな空虚だけの広がりまで。

そのとき、風の音がする。それは頭上で竹の葉が互いに触れ合うことで出る音だ。だが、そのような音の正体は分からなくても、確実に言えることがある。それは、音が頭上の高い所でし、それが移ってゆくことだ。音が聞こえることで私の周りの空間が、音が聞こえるところまで大きく広がる。音の移動に連れて、その広がりも一方に伸びてゆき、他方で縮まる。静かになると、私の周りの広がりがどれだけあるか覚束《おぼつか》なくなる。私の体の近辺まで収縮してしまう。それから今度、くぐもったキジバトの鳴き声が聞こえる。眠りから瞬時、覚めたのか。声は先ほどの風のざわめきよりはもっと遠くでし、すると私の世界は一挙に、その遠くまで広がる。

「音は此処で聞こえて、離れた所にあるのは音の出所だ」という物言いは納得のゆくものだが、それでも、此処で聞こえる音がどこか此処ではない所、此処から離れた所から聞こえてくるという音の性格を消すことはできない。そこで、音のする場所と音を聞く私が居る場所との間に空間が広がる。（「音のする場所」という表現は、「音を聞くことができる場所」、だから「音を聞く人が居る場所」に等しくなる場所のことを言う場合もあるが、ここでは「音が此処までやってくるための出発点、音が生まれる所として聞かれる場所を指している。生理学や脳科学は、音は聞く人において、人の脳で生まれると言うかも知れないが。音は此処で聞く前にどこかで生まれて此処に届くというふうに聞こえるのである。）

音を聞く知覚とは、質としての音を聞くだけではない。音には空間性が伴っている。音は、音を聞く私の体が在る此処を起点としてどちらかの方向に或る遠さをもったものとして聞こえる。音によって方向は違い、遠さは伸び縮みする。音はかなり遠くまで私の体の周りの広がりを広げる。海辺の宿の小さな部屋にいて、その壁や窓しか見えないとき、波の音がして、カモメが鳴いて、漁船の発動機の音が聞こえてくる。すると、部屋よりはずっと広い広がりの中に自分がいると思える。波やカモメ、発動機の音がそれぞれの方向と遠さをもって、私の所で聞こえる。音のぼやけた感じとか鮮明さとかが、此処で聞こえる音を遠くまたは近くに配置させるのか。

通りを歩いていて、音で車が遠ざかっているか近づいてきているか分かるようなときには、音の大きさも、音の遠近に関係しているように思えるかも知れない。しかし蚊の羽音は決して大きくないが耳元すぐ近くのものとして聞こえる。音の鋭さが、音までの遠さを極めて短いものにする。また、「耳を劈《つんざ》く音」と言うが、それは耳の内部まで侵入するかのようである。低い衝撃音だと、体で響くことも伴う。しかし、耳が態勢を立て直すと、音は或る遠さのものという性格をもって聞かれる。

　さて、真っ暗な竹林に戻ろう。風の音も鳥の鳴き声も消え、再び静寂が訪れたとき、私の世界は自分の体が在るその辺りだけに収縮したかのようである。不安になった私は、懐中電灯のスイッチを入れて足許を照らす。すると、光が届く範囲の視覚空間が浮かび上がる。更にもし竹林の上空を飛ぶ飛行機の翼等に付けられた光が見えるなら、その光と私が居る場所とを連続してつなぐ広がりが見えなくても、私の体の周りの世界は一挙に遠く上空まで伸びる。その光っている点と私の体との隔たりの間（中間）に挟まっているものが何も見えないときには、見えているものまでの距離感がつかみにくいと言おうと、点として見える光が見上げる目のすぐそばだと見るということはあり得ない。真っ暗な夜に見える星、打ち上がる花火、それらもそれぞれしかるべき遠さを携えて見え、すると、それらと私（私の体）の間に視覚空間が張られるのである。

　また、次のような経験もある。森の空き地でキャンプをしたとき、夜、ぼんやりした薄墨色の広がりが黒い森の縁まで広がって、それはかなり狭い広がりであった。頭上にはより遠くまで空間はあるように見えたが、森（ただ暗いだけで前もっての知識なしでは森とも判断できない、むしろ何も見えない部分）の上辺の向こうにまで回り込んでいるようには見えなかった。それから、鍾乳洞の中の湖の岸辺で、照明が暫時、消され、それから、ひそやかな音が鳴りはじめるとともにゆっくり弱い光が広がりを戻してくれたことがあった。このような経験では、視覚空間は狭い。

　では、暗闇が視覚空間を狭くするのか。光が視覚空間を広げるのか。必ずしもそうではない。霧の深い湖畔の道で車を運転していて、私は慎重に慎重に、のろのろと運転した。霧は白く明るく、それに私は車のライトも点《つ》けた。霧で何かが隠されて見えない、それが怖いと言ってよいのだが、死角になったところに何かが隠れているかも知れなくて怖いというのとは違う。後者の場合、隠す物の向こうに物を越えて視覚空間は広がっている。けれども、霧では広がりがすぐそこ、前方二メートルくらいまでしかないのである。霧が少し晴れると、すうっと広がる。「視界が開ける」と言うが、それは視覚空間が広がるということだ。

通常の視覚条件では視覚空間はさまざまな知覚の空間の中で最も広大で、しかも安定したものではあるけれども、このように視覚における空間の伸び縮みもある。（これら、竹林、森の空き地、鍾乳洞、霧の中での狭い視覚空間の経験を、そのときには広い空間の一部だけが見えている、それだけのことだ、と事柄を割り切っていいだろうか。すべてを包み込む空間、たった一つの空間でどこまでも広がる空間という考えは、可能な体の移動運動を想い浮かべることに付いてくることでしかない。しかるに、本章第2節(2)の最初に述べたように、まさに実在する世界というものは、私たちが自分の体の移動に則して捉える空間とそこに位置するさまざまな物象から成る世界として理解するしかない。すると、事情は次のようになっている。「私が何かを見るその都度に見える広がりというものは、見ることに先立って在る空間の一部である」という順序ではなく、私が、見える広がりを自分の行動の舞台だと考える限りで、そうして、行動とは体の運動、ひいては体の移動を要求するものであるゆえに、私は「その都度の視覚空間の更に先にまで広がってゆく空間を想像し、そのように想像された空間においてのみ、実在する世界というものを認める」と、こういう順序なのである。また、視覚空間と世界の広がりとの関係に関するこの事情は、音を聞くときに音が広げる空間や、或る方向からやってくるものとして嗅がれる匂いの経験も携える広がりの契機などを含めた、種々の知覚空間すべてにみられることである。）

匂いはどうだろうか。匂いからも、匂いを嗅ぐ私の体の外の広がりの何処か、という契機を取り去ることはできない。湿った土と苔の匂いが下から立ちのぼる。前方に煙草の匂い。誰かがそちらから来ている？　確かに、匂いは息を止めて吸い込まないなら嗅がずに済み、だから逆に、匂うときは吸い込む鼻腔の所で匂いがするのだ、とも言いたくなる。けれどもやはり、台所から匂いがしてくる、ここなら、匂いがしない、このあたりには匂いが充満しているなど、どのような経験の場合も、匂いから空間規定を除けないのであり、その規定は嗅ぐ人の体の外側として経験される。鼻の中で匂うわけではない。鼻がクローズアップされるときとは酷い刺激臭で鼻が曲がると言いたいようなとき、鼻の状態がおかしくなるときで、それは先に話題にした眩しさのように、むしろ知覚妨害に近い場合だ。匂いは匂いを出すものを知らせるはずなのに何が何だか分からない、というふうになるのだから。[5]

一つ注意すれば、匂いが漂ってくるときの匂いの遠さは杳《よう》としている。これは匂いの知覚空間は狭いことと連動している。けれども、間近で鼻にツンとくる匂いと、離れた所から微かに匂ってくるものの違いは直ちに分かる。そして、やってくる匂いの方向も大抵は分かる。土の匂いと蓮池の甘い香りと、すぐに混ざってしまうとしても、二つの匂いの違いとそれぞれの最初に匂いがしてきた方向はすぐに分かる。そして、当然にその方向には空間が広がっていると経験されるのである。そうして私は、香りに満たされた広がりを口にしたくなるが、それは漠然と体の周りに広がるもので、早、次項で論じる横の広がりという性格ももつ。

それから、触れる仕方での知覚。触れたものは触れる手や皮膚からの距離が零で見いだされるが、それでも知覚されるものの体に対する外在性は堅持されている。

最後に味覚であるが、食べ物や飲みものの味はもちろん口の中で味わうが、味がするものは舌先や舌の上、味わう舌という体部分の外側に位置づけられる。実のところ、食べ物は噛み砕き唾液に混ぜ、消費する過程で味が分かり、その消費とは体内への取り込みではある。けれども、嫌な味のものは吐き出すこともできないわけではない。知覚対象である限り、それは体に外在的なものであるという原則は維持されているのである。[6]

知覚されるものの体に対する外在性に関して重要なのは、体を基点（かつ起点）とした方向の差による次元と、これに加わる遠近差（距離）という奥行の次元とがあることである。

体の周囲の空間が具える方向の差という次元については、既に次のことを述べておいた。体は、手や足、口といった、方向による差違を抱え込む仕方で異なる機能をもつ体部分からなり、ヴォリュームあるものとして己を提示しながら、更

5　匂いの空間性についての詳細な議論は、「移り香」などの現象の考察も含めて、前掲『知覚する私・理解する私』。

6　味覚に関する詳しい分析と、一般に知覚対象は知覚されることによって変化を蒙らされるのではないと思われているが、知覚可能な状況におかれることは知覚対象がなにがしかの作用関係と変化の過程に入ることを条件とするのだ、という論点とについては、前掲『知覚する私・理解する私』の他、特に、前掲『食を料理する』第４章第一〇節を参照。

にそれら体各部の運動の可能性によって、ヴォリュームある己の外に、方向によって差違化された内容をもつ広がり、体がそちらに移動可能な空虚な広がりを顕わにすること。いま付け加えるべきは、この広がりの中のあちこちに位置を占める仕方で何か具体的内容をもつものが知覚されてくることである。そして、その知覚内容は更に相互に遠近の次元を携えるものとして経験される。楓《かえで》の樹は遠くに、木犀は手前に見えるし、メジロの囀《さえず》り声は近くで、カラスの鳴く声は遠くで聞こえるのである。この遠近（あるいは見える楓と木犀の間の隔たりとしての横の距離と対比させて言うなら奥行き）の次元の成立、これが知覚の最大の謎であり、また、知覚を感覚から区別するものである。（ただし、この区別を言うからといって感覚には空間性がないと言っているのではない。感覚は体の空間性を携えている。そして、体の空間は知覚の空間に繰り込まれる。この繰り込みについては第6章第1節を参照。）体の外の広がりの遠近は、現実には体の移動運動の大小によって測られるのだが、知覚空間において遠近はこの運動を可能性として先取りするかのように現われているのである。

そうして、この先取りを可能にするのは何かと問えば、体全体の姿勢の制御や運動に支えられた知覚器官の運動だ、と答えるべきではないのか。前節（6）で、こう述べた。壁を見るとき、あたかも視線で壁に触れるかのようであり、一般に物を見るとき、輪郭や表面を視線でなぞる、と。また、手に先立って小さな運動が、手や体の大きくてエネルギーを要する運動の可能性をみてとるとでも言えばよい、と。小さな運動とは視線の運動だが、それは眼球という知覚器官の運動が（時に頭部の運動の支援をも受ける運動が）実現することである。

ところで、本書では一貫して、体の向こうに離れた何かが見えるという、奥行きに一つの焦点をおく仕方で考察してきた。しかるに、見えるものの輪郭をなぞるというのは、横方向の広がりを前提しているかのようであるが、実は、視線が方向を変えるということなのである。（視線が奥の方に回り込んでゆく場合などでも、横方向の動きを含む。）そこで、この、方向を変え得るということ、変えても同じものの違った部分が見えるということが、重要なのである。視線の方向を変えつつ何かを見るということができること、変えることできちんと見ることができるということが、奥行きと横の広がりの両方を生み出す。視線の運動とは探索の運動なのであり、体から距離をもち、体から独立した何物かという性格を、見える内容に与える。

対比のために体の感覚である痒さや痛みを考えよう。これらの空間性についても筆者は力説してきた。そうして、体のヴォリュームと、体自身がもつ上下や前方後方等の方向性という、あらゆる経験の基底にあるものに注意を促してきた。しかし、体の空間性は、探索運動の余地を入れるものではない。痒い箇所を掻くために何処が痒いかを探す探索はあり得るが、それは外からの探索である。しかるに、そのような探索の前提としての痒さの空間性というものはある。痒いことそのことに、体の或る部分が痒いという空間規定は含まれているのである。そうして、体の感覚は探索運動によって発見されるのではないということと、〈感覚〉の出来事としての性格とは同じ事態の二様《ふたよう》の表現である。前節(3)で、次のことどもを指摘したが、それらも、ここでなした考察に関係している。すなわち、指が冷たいという感覚は感覚を覚える間だけ生じている、体における出来事であるが、氷の冷たさの方は知覚経験であって、感覚とは違う性格をもっている。この経験は、冷たさという質を通しての物の知覚であり、体とは別の空間位置にあるものの把握と、冷たいと表現される状態にあることの把握とから成り立っている。そこで、氷の知覚というものは、(その知覚は現に生じているのだが仮に)その知覚することがなかったとしても(言い換えれば、それを知覚するかどうかに関係なく)氷は存在し、かつ、その冷たい状態にあると捉える、そういう性格をもつのである。

この性格は、知覚は探索であることと連動している。指による冷たいものの知覚である場合には、知覚が生じる前に指が氷に触れにゆくという探索運動が明白である。眼球を動かす視線も同様の事柄として考えなければならない。音のする方向や匂いがやってくる方向を確かめる(耳や鼻がある)頭を巡らす運動、耳をそばだてる、空気を吸い込もうとする運動も同じように理解すべきである。(確かに、耳を塞いでも侵入する音はある。音が危険である可能性のあるもの――動くもの――についての警報であるという役割に照らせば、この性格も理解できる。しかし、聞き方で聞こえ方が変わるという性格を見落としてはならない。また、場所を移動すれば、音は聞こえなくなる。逆に聞こえる場所を探すことも私たちはする。)

翻って、痛さや痒いという感覚は、少しでも軽く感じたいと願っても無駄である。痛さや痒さから離れる場所への移動可能性もない。体の空間性は経験する本人そのものと一体になっているのだからであり、体の感覚は発見したり見失ったりするような事柄ではない。(痒い箇所を引っ掻くことで感覚を変様させるとか、異なる感覚で対抗させるとかするのは別の事柄である。)

さて、私は用心しながら足を踏み出し、慎重に手を動かす。地面に触れる、それは地面の発見である。窪みがあると、足は支えてくれるだろうものを、思わず深いところにしか見いださず、その分、下への広がりが張り渡される。一方、手の方は何にも触れず、空虚を確認する。空虚は触れるものの欠如によって体の周りに広がる。ただ、このような確認は既に体の運動の職掌である。そして運動は、此処を離れて別の場所を新たな此処にするという仕方で、また、運動によってさまざまな知覚事象の方向や遠さを相関的に変えることでもって、知覚空間を構造化する。構造化は知覚空間の成熟と言うこともできる。

(2) 横の広がりと知覚空間の構造化——場所としての理解——

さて、知覚空間の構造化には運動の介入が必要だとしても、介入以前に、あれこれの知覚事象の間に広がりを認めるという契機が必要とされる。しかるに、前項で聴覚と視覚に関して挙げた例では、人は知覚事象を自分の体を起点にさまざまな方向にさまざまな遠さをもって知覚するのだということ、知覚の度に(空虚ではなく具体的中身を携えた)知覚事象と体との間に広がりが張り渡されるのだということを確認しただけに過ぎない。振り返って体の周りの空虚を考えるに、これは確かに既に、体から離れる方向への広がりとともに、その広がりが放射状に体の各方向へ遠ざかるに連れ、広がり自身は言うなれば体を囲む幾方向もの円周上にも広がり、いわば(先に既に言及した)横の広がりをも萌芽的に含んでいる。しかし、この経験では積極的に複数の事象の並列的な知覚が生じているのではない。体の広がり自身が有している前後、左右、上下等に分かれる諸方向を延長しつつ広がって相互に離れてゆくものがやはり連なって体を囲む、そういう空虚な広がりが経験されるだけである。

ところで、前項で挙げた視覚の例、闇の中に光ないし光点を見るという経験は、実は視覚としては特殊な例であった。そこで、光点の遠さを話題にするときはもちろん、照明光が届く範囲がなす広がりを話題にしたときにも、光に照らされるものどもについては敢えて言及しなかった。筆者としては、何一つ照らされずとも、光点を見ること、また光が扇状に広がりながら薄れてゆくそのことを見ることが、体から体の向こうに張り渡される広がりの知覚であるということ、これを確認すればよかったのである。また、夜の森の空き地での薄明かりの広がりの経験や白い霧の経験、これは何が見えるとも言えないくらいの、しかしながら茫漠とした広がりを見る経験でしかなく、このとき、やはり構造化された知覚空間が現われているわけではない。

だが普通、私たちは明るさの中で、いや薄暗がりにおいても、さまざまな事象を一望的に見る。あるいは何かを特に見ながらもその何かの周囲の物事をも見る。それも特に目を向けるもののぼんやりした背景を成すものどもとしてとは限らず、それぞれに主張をもったものとして見るのである。そうして、（それらと体との間の距離ではなく）それら相互の配置が視覚空間を構造化する。この構造化による安定性が、視覚空間の第一の特徴である。（ここで言う「主張をもったもの」が体を尺度として切りだされるものだということについては、第6章第4節で考察する。）

視覚空間の安定は、時間が推移するからといって位置を変えはしない（移動しない）ものが数多く見える、ということに基づいている。他の動物ではその時々の価値対象、食べ物とか危険な動物とか特定のものだけ、しかもしばしば動くものに目がゆくのかも知れない。もちろん、鳥も決まった庭の決まった樹木にやって来、動きはしない枝々に生った木の実を啄《ついば》み、決まった塒《ねぐら》に帰り、だから当然に安定した構造化された空間を捉えることを活動の前提としているはずである。けれども、その都度その都度の視覚の特徴はどうなのか。特に見るもの（特定対象）と背景との差が非常に大きいのではないか。しかるに人間は実に多くのもの、おびただしい量の視覚対象を一望的に見る。それらの中で地面等を初めとして木立の太い幹、山、あるいは建物など、どっしりと動かないものが見え、動かないものどもの配置が安定した視覚空間を提供し、その枠内で、雨が降るとか葉っぱが舞い落ちるとかの動きも見るのである。言うなれば、舞台と舞台に登場するものとの区別をもって視覚世界は現われる。

そして、舞台を成す、持続し安定して見えるものどもがなす固定的な空間的枠組みのお蔭で、見えている空間は、見ている私から独立したものであるかのように経験されてしまう傾向がある。別の言い方をすれば、視覚事象の私の体に対する外在性が前面に出るよりは、視覚事象どうしの外在性が目立ち、視覚空間がパースペクティブ性をもたないものであるかのごとく理解されるのである。楓の横に木犀が見えるのは、まずもって楓が体の前方左に、木犀は前方右に見えるからであるというふうに、視覚事象どうしの外在性は視覚事象と体との外在性を経由して成り立っているのだが、にも拘わらず、それだけで自立しているかのような趣《おもむき》をもつ。つまり、視覚事象も他の種類の知覚事象と同じく、すべては知覚する私、見る私の体を基点（起点）とした或る方向の或る遠さのところにそれぞれに見えるのであり、見る私の目の状態にも依存するのであるが、その私の体や目を抜きにして成り立っている空間が見えている、そういうふうに見る私は受け取るのである。（注意すべきだが、体と見えるものとの間の広がりが奥行きであるのと対比的に、視覚事象間の広がりは横の広がりであり、それに尽きると言ってよいかと言うと、そうではない。それらの間にも遠近という奥行きの広がりは堅持されている。或る見えるものが他のものの一部を隠して見えなくさせつつ、二つは横に並んでも見える、というのも奥行きの一つの場合である。或る見えるものが体を基点として離れた奥の方に見えるという奥行きではなく、見えているものどうしが遠近の奥行き配置をもって見えるということが、写真のうちに奥行きを見ることとどう違うかについての議論は、本章第6節（6）を参照。）

ただし、以上は見る人が（眼球は動かすが）体全体を大きく移動させないという状況での話である。移動することによって見えるものの相互配置は変化して見える。前方左右に見えていた楓と木犀とが、見る私の移動とともに、楓が木犀を隠すような仕方で重なって見えるように、である。見る位置によって左右が入れ替わりもする。ところが実のところ、この変化のうちにみられる或る一貫性こそが視覚空間の構造化を更に強固にする。そして体が視覚空間の中を移動できるということ、ここに視覚空間が体の周りの空虚の延長であり、その空間におけるものとして見える事象が体と同じ存在性格をもつという私たちの信念を構成する。実際、鏡の中に見える空間の中を体が動き回るわけにはゆかないが、そのような空間が見えるときでさえ、少なくとも体の近傍に広がって見える部分、体から鏡の遠さまで広がっている視覚空間は移動できる空間なのである。（鏡から先へは移動してゆけないとしても、その手前と先とで視覚空間に違いがあるわけではない。一つの連続した視覚空間である。だから、この場合の視覚空間は移動できる空間よりは広い。なお、体全体の移動運動はなしでも、頭《こうべ》を巡らすとか、少なくとも眼球を動かして視線を移動させるとかのことが、見ることにはある。このことにも注意したい。）

次に、他の種類の知覚とは違う、視覚の際立った特徴のあと一つにも目を向けなければならない。それは、視界が開けるとき視覚空間は非常に広大であることである。もちろんそれでも、最も遠くに見える丘や森、地平線、水平線、空というものを想い浮かべれば分かるように、幾何学的空間のように想像によってどこまでも広げてゆける空間とは違っている。（幾何学的空間は剛体の運動と一緒に考察すべきものだと筆者は考えている。運動空間の理念化されたものと言ってもよい。では、理念化は、どうして可能か。運動を行動の観点から捉えることで可能になる。どういうことかと言うと、行動というものは単なる運動ではない。現実に繰り広げるに先立って想い浮かべられるものである限りで意志的に為され、或る範囲で制禦できるものである。すると、行動の概念そのものが理念性を孕んでいるのであり、すると、何かの運動を、刻々と運動するその時点ごとに運動に密着するしかないことにならずに、いわば離れて俯瞰し、始まりから終点まで進行してゆくものとして理解できる。）

見える広がりには限りがある。これはまさに、視覚空間は全くの空っぽではなく、見えるものが位置を占める空間で、見えるものと体との隔たり、それから、見えるものの幅や見えるものどうしの隔たり等によって構成されていて、だから視線の一番先、最も遠く見えるのものどもの縁《へり》の向こうまでは広がらないからである。そうして、下方は地面等で限られている。（もちろん、だからといって地面の下には何もないとは人は決して思わない。）上方には広大な空が見えても、空も空っぽであっても青や灰色に満たされた縁をつくり、そこまでが視覚空間である。青天の夜の空だったら、ほぼ一様な遠さで星々の間の隔たりがつくる円蓋まで視覚は広がる。

さて、さまざまなものが一望的に見え、広大である、そういう視覚空間の特徴ゆえに、私たちは目が見える限りで、さまざまな事象の場所を指定するものとして視覚空間を利用する。場所とは基本的には人の体を此処という基点（起点）に方向と遠さの両方の指定でもって確定され、かつ運動可能性によって意義を得るものなのだが、視覚空間ではその場所のさまざまが、単なる空虚としてではなく、相互に隔たりを保って配置されたあれこれの見えるものによって特徴づけられたものとして与えられるからである。

(3) 聴覚空間

ここで、音が携える空間契機について、若干のことを確認しておきたい。

先に挙げた、竹林で聞く風の音やキジバトの鳴き声の例を考えれば分かるように、聴覚空間は音を聞く度に、聞く者を中心に或る方向へといわば見えない橋が架けられるように拡がるものである。音は出来事であり、聞こえる端から消えてゆく。そこで、沢山の音が同時に聞こえることは少なく、するとさまざまな違った音の違った配置における共存、しかも配置を変えない仕方での共存は、視覚の場所と比べてずっと少ない。東の庭で鳥が啼き、南側の道路で犬が吠えるのが聞こえても、その同時性は束の間である。しかも、鳥は南側の庭にもすぐに飛び移りながら啼くのだし、犬も走り抜けたりする。そもそも音を出すものは動くものなのだから。こうして、聞く者を中心に裂け目が遠方へと広がり、かつ場合によって襞《ひだ》をつくるかのように横に動いてゆくとでも表現すべきか。聞こえるあれこれの音がいわば横に繋がって広がったものになるというわけにはゆかず、視覚空間の一望性と安定性に相当するものは聴覚空間には期待できないのである[6b]。

もちろん、こちらの教会から、あちらの教会から、そのまた向こうの教会から次々に鐘が鳴り響き続けるときのような場合には、幾つもの音が持続し、音の一望性というものが言えるかも知れない。しかし、その場合、音は融合しがちである（少なくとも和音的になる）という側面ももつ。そうして、ずっと聞こえ続ける音は背景化してゆくか（単調で人が慣れてゆく音）、音楽の音のように人が聴き入るものとなるか、いずれにせよその空間形成力は弱くなる。演奏会の会場で音楽を聴く場合、さまざまな音の調べは楽器の配置に見合った方向性をもちはするが、全体として漠然と前方から聞こえるか、あるいはホールに充満するかのようである。（指揮者の聞き方は別である。どの音をどの演奏家が出しているか聞き分けているだろう。）また、鐘の音《ね》の方は街中に響きわたる。これらの音が引き連れる空間は、木犀の香りで満たされる匂いの空間よりは広大だし、その分節もより明瞭ではあるのは間違いない。だが、時間に制約された束の間の空間であることは否めない。（なお、広大さに関して言えば、やはり視覚空間には及ばないのだが、少なくとも遠さという次元に関しては、聴覚空間は必ずしも狭くはない。確かに、遠くで人が会話をしているらしいのを見ることはできるが声はさっぱり聞こえないとき、これは聴覚の能力に理由がある、聴覚空間の単純な狭さを示しているだけのようである。けれども、たとえば、見ることの叶わない遠くの鉄橋を渡る列車の音が聞こえるとき、あるいは海辺の宿の部屋で海鳴りの音を聞くときはどうか。壁やドア、白い明るさが茫漠と向こうに見えるだけの高窓あるいは障子等で囲まれた部屋に居るとき、視覚空間は非常に狭い。そのような視覚状況は決して少なくない。しかるに、部屋の外遠くから聞こえる音が、部屋に居る人の知覚空間を一瞬、大きく広げるのである。）

（4）触覚による対象の位置づけと運動空間

さまざまな味は口の中で、あるいは舌先で味わうものだから、その空間性について言うことはほとんどない。「うまさが口中に広がった」という表現があるとかのことに注意する程度のことしかない。では、触覚ではどうか。触れることには触れる対象の外在性という契機がある。そして、体のどの部分が触れるかによって、単なる外在性だけではなく、体が有する方向性を対象も分けもつので、その方向性のさまざまによって触覚の空間性は些かなりの内容をもつ。重要なのは、何かが触れてくる場合ではなく、こちらから触れに行く場合、体（ないし手や腕などの体の一部）の運動という要素が加わる

6b　ただし、或る音、たとえば鐘の音や鉄橋を渡る列車の音が、毎日同じ時間に定期的に聞こえてくる場合には、音の空間が「束の間」性とはむしろ逆の性格を帯びてくるということもあるのではないか。この箇所を読んだ大西克智氏から、このようなコメントが寄せられた。そうして、反復される音の件はむしろ記憶と習慣の問題として扱うべき事柄かも知れないとも思うと、氏は付け加えた。

ことで、触覚の空間は運動の空間と一つになるということである。言い換えれば、触覚の対象は運動空間に位置づけられるのである。

ただ、この事態は少し丁寧にみなければならない。第一に考えるべきは、体全体の移動運動はしないままで優れた触覚器官である手を動かして何かに触れる場合。この場合、まさに体を基点(起点)として手が動く方向に広がる触覚空間と手が動き回る運動空間とが一つこととして経験される。そして触覚は、この空間における触れる相手の位置づけという要素を必ずもつのである。しかしながら第二に、体全体の移動に伴って初めて実現する触覚の場合、運動空間はその中で体が移動する空間であり、体を中心としたものではなくなっている。けれども、触覚は相変わらず対象を体にとってどの方向のどのくらい離れた場所(手を大きく伸ばす必要がある場所かどうかなど)に見いだすか、という仕方での空間規定を携えるのである。

それから第三に注意すべきは、触覚は対象を運動空間に位置づけるだけではなく、対象の大きさという空間規定を運動空間の中に持ち込むということである。ただし、このことの重要な役割については第6章で考察する。

第5節　構造化された知覚空間と場所の理解と存在

(1) 異種の知覚内容の位置規定による統合——知覚的質の物や事象への帰属——

さて、前節末尾で筆者は、音の経験の空間性を確認するために海とか列車とかに言及したが、海も列車ももちろん音そのものではない。それで筆者は実は、読者が海や列車の空間配置を、海鳴りや列車の音を聞くことなしに想い浮かべ、その上でそこに音の経験を重ねる想像をするであろうこと、これを当てにした叙述をしたのである。そして、ではその想い浮かべとはどのようなことかと言うと、(目が見える読者を前提して言えば)恐らく海や列車の視覚的配置の想像である。このことは、指の痛み、肩凝りなどの感覚には体の空間性という契機があるのだということを確認しつつも、私たちは指や肩という体の局部の配置を視覚的に想い浮かべるのが多いということと似ている。私たちは音を聞く経験においても、視覚空間の優位のもとで視覚空間を利用してそれのあれこれの場所に音を位置づけるという傾向をもつのである。このことを別の言い方で、音の空間性を視覚の空間性に重ねる仕方で一つに統合するのだ、と表現してもよい。

そもそも、知覚の種類によって知覚空間の有りようが違うにしても、どの知覚空間も同じ自分の体を基点(起点)にして四方八方に広がっているのだから、それらが一つのものへと統合されるのは当然である。そうして、体を基点したさまざまな方向や遠さというのは体に内在する空間規定と体の運動可能性とによって内容を与えられているのだから、知覚空間は結局はどれもが運動空間として理解されるのである。ただし注意すべきだが、知覚空間は運動空間を表現しようとはするが運動空間とは違うのであり、運動空間に還元されることはない。(このことは鏡の映像が位置する広がり、視覚空間を考えれば納得ゆくであろう。しかしながら、鏡に見ることのできる奥行きある純正の視覚空間を、絵画に認め得る奥行きと同列に考える愚をおかさないようにしなければならない。)

さて、以上を確認した上で、異種の知覚内容がどのような仕方で相互に関係をもってゆくものか、みてみたい。「共通感覚」のような怪しげな概念、言い換えれば、もっともらしいだけの言葉を持ちだすことで理解ができたつもりになることは止《や》めよう。

要点は二つある。一つに、異種の知覚事象が同じ位置規定を獲得すること、ないしは同じ位置規定に収束しようとすることによって、それらは同じ一つの事象の違った知覚による違った現われと理解されること。ただし、収束が成功するとは限らない。もう一つは、この論理は、知覚対象は原則として行動の対象ともなり得るということに連動していること。後者については、本節(4)(5)で論じる。ここでは前者を考える。

それ自身が方向性をもっている体からさまざまな方向に伸びるその延長線上の何処かに何かが見え、同じ方向の或る遠いところで音がし、匂いもほぼ同様の方向から漂ってくる。これらをばらばらの経験としてそれぞれにできるだけ正確に記述しようとすると、見えているものの位置、音がしている場所(何処かから此処に聞こえてくる、その何処かの位置)、匂いがやってくる出所の位置、これらは同じようでいてずれているのも当然である。知覚の種類によって空間性に個性があるのだから。(ずれが言えるのは体を基点として広がるという共通性を背景にしてのことである。)しかし、同時に経験されるとき、それらの位置が一つに収束することがしょっちゅう起きる。

たとえば私が書斎で原稿を書いているとき、美味しそうな匂いがしてくる。右手の、部屋の開け放たれた扉の向こうからだ。そのくらいのことしか分からないが、それでも、前の方から匂ってきたのではない、急に下から昇ってきた匂いでもない、隣室の方からやってくる匂いだ、そういうことははっきりしている。それで、匂いで仕事から気を逸《そ》らさせられた私は、グツグツという音にも気づく。その音も右手方向から聞こえるが、これは遠さの程度がかなりはっきりした、そういう音だ。私はおのずと、右の方に目を遣る。(グツグツ言う音が、私が坐っている椅子の下から聞こえるなら、ビクリとしてそちらを見て、何の音だと確かめようとするだろう。)部屋の開口部を通して、台所が見え、その一角に、湯気が盛んに上がっている鍋が見える。すると、音のする場所、匂いの出所が、たちまち鍋が見える位置に収束する。

そして、このとき鳥の声が聞こえ、庭に目をやるとヒヨドリが見える。鳥の声だから鳥がいる可能性の高い庭を見たのではない。そちらの方から音が聞こえたからだ。もし背後から聞こえたなら、そちらを見る。ただ、いずれにしても、ヒヨドリが見え、かつ鳴き続けているなら、私は音がしている場所を、見える小鳥の位置に確定する。音を聞くだけのときは、その位置は漠然としていた。方向と或る遠さを音はもっていただけである。

また、上空で大きな音がして、さほどは遠くないと聞く。けれども、見上げて遥か遠くにヘリコプターを見つけると、その見えている位置から聞こえてくる音だと、その音を私たちは聞きなおすのが自然である。(逆に、見えているヘリコプターの位置を、音の近さに合わせて近い位置に見なおすことはしない。)音が遠ざかってゆくとき、その遠ざかりを、見えているヘリコプターの遠ざかりに一致させる、私たちはそういう聞き方をする。

私たちは、音や匂いの、特に遠さに関する曖昧な位置を、目が見える場合には、視覚空間における見えるものの位置へと収束させる、これが普通である。既に確認した視覚空間の構造化された安定性と広大さにこの理由がある。

沢山のものが一緒に見えるのは言うまでもないが、音も幾つかが同時に聞こえることはしょっちゅうある。匂いも幾種かが同じときにしてくることはある。いずれの場合にも重要なのは、複数の同種の知覚内容は位置的に分かれながら、異種の知覚内容は同じ空間位置を取るものとして結合してゆこうとすることが多いということである。

パタパタパタという音がしていて、ミーンミンミンという音がする。パタパタという音のする方を見ると小さな子供が路地を駆けてくるのが目に入る。ミーンミンミンという音は左の庭の方でするので、そちら東側の庭の南京ハゼの幹を見ると蝉が見える。私は二つの音を子供と蝉とに振り分ける。そこへ、もう一つのミーンミンミンという音。これは背中側、もっと近くで聞こえ、振り向くと窓の網戸に蝉が止まって腹を動かしているのが見える。この蝉が鳴いて出している音だと私は思う。

さて、ミーンミンミンという二つの音を、妻の声と息子の声とを特定できるような意味で違った蝉の声だとは私は決して分からない。弁別できない。けれども、聞こえる位置が違うから別の音で、それは別のものの音である、これははっきりしている。そして、区別できないから、同じような音が別の場所でしても不思議とは思わない。ところが、妻の声が隣の部屋から聞こえ、次の瞬間に私の真後ろで聞こえ、同時に庭の方からも聞こえるなら、私は怖い思いをするだろう。違った位置規定をもつ三つの声、音は、三つの違ったものの音でなければならない。しかし、私はその音はたった一人の妻の声でしかないと聞き知って認めるから、そのことがそのときの聴覚内容の空間規定と衝突して混乱するというか、あり得ないという思いに竦《すく》むのである。なお、ここでは、同じ時間に聞こえる複数の音の話をしている。別の時間に聞こえる音を同じ音と聞く、あるいは同種のものの音と聞く、というのは別に検討すべきである。（音の同じさという考えは、録音と再生の技術が日常生活に入っている私たちにとって馴染みのものである。第2章第2節と第3節とで、何かの情報から何かを「復元」することについて視覚に絞った考察したが、聴覚の場合は音を音の出所と切り離す考えが或る程度は自然であるということも、音の情報処理を言う場合には考慮しなければならない。ただ、第1章でもみたように、「同じさ」という概念は極めて厄介で取り扱いには細心の注意、慎重さが求められる。そうして、比べるとはどういうことかを、そもそも比べるものをこれと指定することはどのようにして可能なのか、そこを押さえない議論は混乱に陥る。[7] なお、実は本書の執筆過程で、音に関する情報処理についての考察を書き進めたが、余りに膨大な量になってしまい、本書に盛り込むことは断念することにした。）

パーティーの会場で、コーヒーの香りがして、どちらを目指してゆけばコーヒーにありつけるか分かる。煙草を薫《くゆ》らせている人が何人か見えても、その人たちが散らばっていれば、自分を悩ます煙草の匂いがどの人の煙草かも分かる。化粧品や香水の香りが赤い服の女性からのものか青いドレスの御婦人のものか、黙って立っている人のものか、盛んにお喋りしている人のものか、これも分かる。見えているものの位置規定と匂いの位置規定、音の位置規定との一致ないし収束が、色や香り、音を同じ一つのものの色と香り、音にする。

さて、以上の諸例から分かるように、異種の知覚内容の位置規定による統合に関して重要なのは、この統合によって「物や事象と・その知覚的質」という分節が成立することである。（燃えていている火のようなものの場合、「物」とは言いにくく、「事象」と表現できよう。引っくるめて、ひらがなで「もの」と表記してもよいが、この表記には、ひらがなが続く文章中では分かりにくい場合もあるという不便さがある。両方を合わせて「物象」と表現したい。）

匂いと音とは違う。見えている形や色も別の事柄である。けれども、それらが或る同じものの匂い、音、形や色として把握されるのは、それらが同一の位置規定をとることによってである。最初の例で言えば、右手の方から聞こえてくる音と、やはり右手から匂う匂いがあるが、しかし、その右手の方という位置が音と匂いとでどれほど正確に一致するか曖昧である。特にどのくらい離れた所からやってきているのか、音についても匂いについてもよくは分からないままである。ところが、私が右手方向を見ると鍋が見え、その鍋の位置は視覚空間においては極めて明瞭で、すると途端に音と匂いとは鍋の位置という明瞭な位置規定を手に入れる。そして、音も匂いも鍋ないし鍋の中身の音や匂いだと理解される。言い換えれば、同じ或るものが或る形と色をしていて、或る音を出し、或る仕方で匂うと、このように私たちは理解するのである。知覚的質は知覚の種類によって異なるが、どれも一つの物象の現われという資格をとる。

このように、私たちはすべての知覚的内容を一つのものにそのさまざまな質として帰属させる。そして、その一つのものとは、いま話題にしている異種のすべての知覚内容が一致して位置づくその場所に在るものなのである。そうして、知覚とはそれぞれの知覚の種類に応じた内容（視覚なら形や色、嗅覚なら匂いなど）だけを対象とするのではなく、むしろ他の種類の知覚には別種の内容を供給するであろうこのものをこそ本来の対象とするのである。第1章第1節（6）で述べたように、色が気になる、色を見ているのだ、という場合でも、色をどうにかしたければ、その色をしたものに働きかける。（そして、この関係のうちに、ものとその性質との分節の理由をみた。ものが、体を範型とするようなものである、ということについては、第6章で論じる。）犬の毛を染めたければ匂いも嗅がないわけにはゆかないわけで、色を見るとは、その色をした犬を見る中で得られる内容でしかない。

なお、以上の例で、記憶や知識、言葉の介入がある場合がほとんどである。筆者はカレーの匂いがどういうものか、熱く滾《たぎ》るシチューがどういう音を立てるか、既に知っていて、匂いのする方、音が聞こえる方を見る場合が多い。そして、鍋しか見えないのに黄色いカレーを想い浮かべてしまう。だが、ここでなした考察は、記憶等の介入を排除しても指摘できる事柄に関することだということは確認しなければならない。これらが基礎にあるのでなければ肝腎の記憶なども成立しない。

(2) 異種の知覚によって共通の存在へ

鍋で煮立っているカレーは、見ることができ、匂いもし、音を出していてその音を聞け、触れることも、味わうこともできる。蝉は、うるさい鳴き声はいやでも聞かざるを得ないが、高い樹の枝の熊蝉などは見つけることが困難である。まして触れることは首尾良く捕まえたときだけだし、余程鼻を近づけて嗅いでやっと微かな匂いがするかどうか。そして、それを口に入れて味わおうとは思いもしない。多分、何かの味はするであろうが。プロパンガスは匂うだけ、見ることは

7　前掲『音の経験』第9章、『言葉の力』第2章A節3を参照。

できない。体に付着しても、そのことは知覚という意味での触れたことにはならない。放射性物質が出す放射線は、見えない、匂わない、音がしない、触れて発見できない、味もしない、だから私たちは、在るかも知れないと不安を覚えるだけとなるのである。そもそも、このような物質は、知識として教えられなければ、そのようなものがあること自体を思いもしないであろう。

では、何かが在るという知識はどのようにして得られるのか。私たちはほとんどの事柄については他の人々から教えてもらって知るのであるが、そのことは別にして、第一に、何か知覚すればそれがそのまま知覚対象が在るということを知ることだと、私たちは単純に理解する。第二に、或る結果から或る原因が在ると推測するが、その結果自身が在ることはこれもそれを知覚することによって確認するのである。この推測は、学者や技術者たちにあっては複雑で、高度の理論に訴えることも含むであろうし、検出のためのさまざまな器具や計測機等の使用も不可避である場合も多かろうが、そのときも最終結果としての計測結果を目盛り等として読む段階では自分の知覚を働かせないことにはどうにもならない。検出の概念は、第2章第3節で考察した情報の概念と、他方で第3章第3節、本章第2節(4)以降第3節まで考察した、弁別の概念と作用の概念と関わりがあり、非常に興味深い主題を提供するが、本書では論じない。どのようにも知覚できない放射性物質の存在をどうして言うのか、それは皮膚の火傷の原因として想定したり、検知器や測定機に現われる変化ないし数値表示ゆえに断定したりするのだが、火傷や表示の方はそれらを知覚することによって在るとするのである。

ところが、知覚によって存在するものを見いだす、在るものと出会《でくわ》すという私たち人間という動物の在り方に、知覚には幾つかの種類があるのだということを突き合わせて考えると、異種の知覚はいつでも調和的なのだろうか、という問題が潜んでいることに気づく。何か在るものから出発して、それは見えるか、匂うか、という問い方をすると、そのものは、見えれば見える仕方で、匂うなら嗅ぐ仕方ででも発見できると答えれば済み、事柄は単純であるように思える。けれども、この問い方は仮説を立てる思考の遣り方であって、しかるに私たちに許されているのは現実の知覚から存在するものへという逆方向なのである。(このことは、観念から存在へ、という西洋近世哲学の観念論のテーゼに似ているが、違う。違いは知覚というものの在り方の捉え方にある。前者では知覚は、体なしで存在し得る精神の思う作用の一種とされていて、観念である知覚内容から存在への道が探るべきものである。けれども、知覚は最初から体の外に広がる空間的な事柄なのであり、少なくとも体の近傍は体を動かせる運動空間にして実在空間なのだが、ただ、「その空間の遠い所でも運動空間であり続け、其処に位置する知覚対象に体と同じ存在性を与えてよいかどうか」だけが問題なのである。）そうして、その知覚というものが一種ではない、幾つかの種類がある、このことに起因する問題である。

理屈として、どの知覚も同じ原理で働き、互いに補い合うのだ、これはそのはずなのではある。けれども、二つのことを考えねばならない。第一は、人がときに考えることで、違う種類の知覚の間に優劣はあるのか、という問題。ただ、この優劣の意味にもいろいろあって、それによって事柄の違った見方が出てくる。一つは、多くの動物では嗅覚が鋭いが人間では視覚が断然優位であるとか、そういう発想。これは込み入った問題とはならない。ただし、確認するべきだが、人間が或る仕方で見ているものを他の或る動物はどう見ているのか、これを動物学者たちが研究するにしても、先決問題として、何をもって視覚と言うのか、その根拠は何なのかをはっきりさせなければならない。光という媒体を利用する場合がおしなべてそうなのだ、と言うとして、なぜ光の媒体に着目するのかの問題はある。それから次に、動物が光を利用しているかどうか、どのように利用する場合は視覚があると言えるのか、という問題にも明確な答を用意しなければならない。前者の問題については、本章第3節(7)で大筋について述べた。

異種知覚間の優劣を言うもう一つの発想は、たとえば次のような一連の言い方のうちの二番目のものにみられる。①本当に在るなら見せてくれ。②見えているだけでは幻かも知れない、触れることができなければ信用できない。（現実には滅多にないが、たまさか、ないわけではない）。更に、③現実だと分かっていても、もしや夢ではないかと頬を抓《つね》って痛さを感じて、やはり本当だと確かめる（話では言うけど現実には余りありそうにもないけれど、リアリティのある考え方）。

①は、まさに、本項で確認している、知覚によって存在を確かめるという私たちの根本的在り方を言っている。そして③は、自分の体の感覚という仕方での経験があらゆる経験の根底に入り込んでいて、体の存在こそが存在概念の原型だ

という、本書のこれまでの議論の根幹に関わっている。それから②が、ここでの問題に示唆を与える。つまり、ときには、本当に在るという存在概念に至る強度に関して、知覚内容の種類によって、違いと優劣がありそうだということ。しかるに、この言い方で特別扱いされている、何か（対象）に「触れる」という知覚は、「触れられ感覚」という体の感覚と相即するという事情によって、③の指摘と絡んでくる。触れられ感覚については前章第6節で考察した。

さて、どの知覚も同じ原理で働き互いに補い合うはずだ、ということに関して考えねばならない重要なことは、他にもある。その第二の考えるべきこととは、そもそもその補い方はどのようにして可能なのか、という問題である。その答は実のところ既に出ている。異種の知覚内容がその位置規定によって統合されるということ、これが補い合いを可能にする根本原理である。ただ、そうすると、だが、果たして統合はいつでも実現できるのか、という問題が浮上する。

（3）異種の知覚内容の統合の失敗——位置の不一致——

見るだけで何かが（見えるものが）在る、聞くだけでも何かが（音を出すものが）在ると分かる。知覚は差し当たり他の種類の知覚を必要としない。（筆者はコジュケイの鳴き声は随分と聞いたけれど、その姿は一度も見たことがない。それでも、あのように鳴く鳥がいること、それも音が聞こえてくる場所にいることを、聞いたときに疑ったことなど全くない。確かに、あの音を聞いてコジュケイの鳴き声だと分かるというのには、それを人から教えてもらったという先立つ経験が要る。また、コジュケイとは分からなくとも鳥の鳴き声だろうと、これは教えてもらわなくても思うが、そこにもさまざまな鳥の鳴き声を聞いてきたという経験が働いているし、そうしてその「鳥」という理解のうちには、雀とか鳩だとかヒヨドリとか、姿を目にしてきた鳥がいるということも恐らく重要な要素としてある。だが、これらの事柄は現在の考察の本筋から外してもかまわない。）

けれども、もし二つ以上の異種の知覚が同じ空間位置を示す（位置に関して統合される）なら、それらが何か在るものを示す力は益々強固となる。たとえば音の場合、空耳かな、と音のする方を目で探したりすることがないわけではない。また、はっきりと音が聞こえるが何の音か分からず気になるときも、私たちは音を出しているものが何であるかを確かめようとして、音がする方向で何かを目で探す。

どちらの場合も、探す手掛かりは音の空間規定で、その規定に一致する場所に何かが見えれば、これが音を出している存在物ないし事象の確定である。（たとえばパチパチ言う音のする方向を見て炎を見る場合、炎が音を出しているものと確かめるわけだが、炎を「物」と言うには違和感があるから「事象」と表現する。なお、動くものが音を出す等の、私たちが経験によって既に得ている知識も動員して、動くものを探す可能性は高い。ただ、今日、冷蔵庫のように動く部分は見えずに音を出す人工物が溢れている。なお、別の著作[8]でも記したが、電車の中などでイヤホンを付けて音楽やら何やらの音を聞いているらしい人が複数いて、その誰かから音が漏れて聞こえるとき、その音はうるさいのに、どの人のイヤホンから漏れているのかは非常に分かりにくい。音の出方、回り方が、自然の世界にある音の場合とはかなり違うのだろうか。）

そこで次のようなことも生じ得ないわけではない。音のする東側を見るとそこに猫がいて大きく口を開けて動かしているのが見える。犬や猫のいない国から来てどちらの鳴き声も知らず、しかも、犬の吠え声を、どうやら動物の鳴き声のようだと思う程度の経験はしてきた子供だったらどうだろう。聞こえている音を、見えている猫が出している音だ、と思い込むかも知れない。猫は欠伸《あくび》をしていて聞こえる音は出していず、猫がいる方向から聞こえる音は窓を閉めた南側にいる犬の吠え声が回ってきたものであるのに。音が聞こえてくる所（方向）に音を出すものがあるのは普通は当然であり、しかるに其処にいかにも音を出しているようなものが見えれば、二つの知覚の位置規定の一致ないし収束が働いて、こういう判断になる。

ここで筆者自身は、音が聞こえてくる場所と実際の音の出所（犬）の場所とが違うということを知っている、という前提で書いている。読者も二つの場所の区別を了解しながら筆者の文章を読んでいるはずである。けれども、二つの区別に至るためには、音の出所を「聞く仕方とは違う仕方で」見つけるのだ、ということに注意しなければならない。しかるに「聞

8　前掲『音の経験』。

く仕方とは違う仕方で」ということは聴覚とは別の種類の知覚によって、ということを必ず含むし、かつ、それは音を聞くこととして実現されるのではないから厳密には「音を出す可能性があるもの」としての発見である。そしてその発見は、それが何処にあるのかという位置規定なしではあり得ない。

次のような場合はしばしば生じる。犬の吠え声が東の方でする。ところが、東側を見ても庭の木々などの他は何も見えない。おかしいなと思ってぐるりと家の周りに視線を動かすと、南の窓越しに犬が盛んに頭部や口を動かしているのが見える。ああ、南側にいる犬が吠えているのだと分かる。南側の窓は閉めて東側の窓だけを開けているので、音は「回っている」、南側から東側に迂回して聞こえるのだ。(これも既得の知識の適用である。)それから、もう吠え声がしなくなっているけれど南側にねそべっていて動かない犬を見つけると、やはり、音の種類についても先立ってもっている知識を活用して、さっきの音はこの犬が吠えた音だろうと推測する。(そこで、東側から聞こえている吠え声が止んだあとで窓越しに東側の庭を見て其処に犬が見えるなら、ああ、この犬が吠えたんだな、と思うのはもっと当然である。ところが、この犬は吠えなかったのであり、南側にいた別の犬が吠えたその声が回ったのを東側に聞いた、ということもあり得る。この場合、あり得ることが実際にそうなのかどうかを確かめるには、聴覚を補うに視覚でも足らず、更に別の回路が必要である。)

確認すべきだが、もし音を聞くだけの場合、私たちは東の方に犬が居ると思って済ますだろう。音が聞こえてくる所(方向)に音を出すものがあると捉えるのは当然なのである。その思いは(当然さともども)間違っているかも知れないのだけれども、それが不都合ではない場合は多い。その音は聞き流してよいものであるから。だから確かめようともしない。(筆者は狼の吠え声を知らないが、仮に狼が近くにいるような環境で暮らしていて狼の吠えが近くで聞こえるのなら、その危険かも知れない狼の位置を確かめようとするだろう。)けれども、聞くだけでなく、見ることもした場合、しかも両者が示す位置規定が一致しないとき、私たちはどちらかを選ぶ。そして、いまの例では視覚の空間規定が尊重されている。(ただし不一致を言うのは、こういう音はこういうものが出すものだ等の知識が働いているときだけである。その知識がないとき、人は聞く音と見えているものとを関係をつけようとはせず、別の事象を別の知覚で捉えているだけだということになる。)

けれども、視覚空間の優位があるからといって、私たちはいつでも視覚の方に信頼をおくというわけではない。たとえば時計の時報の音がする。私は部屋の前方の壁に時計を見る。（しかも時計の鐘を叩く装置が見えるようになっていて、その点打棒が動くのを見る場合すら想定してもよい。）けれども、音は背後でする。このとき、私は前方の時計が音を出しているとは思わない。そして後ろを振り向くと、確かに其処にも時計があって、それが音を出していたと確認できる。前方の時計は、と言うと、それは時報を鳴らさない種類の時計であり（あるいは別の想定では、音を出す装置があってその装置が見えてさえいるのだが、それに故障があって、点打棒が発振盤にきちんと当たっていないとか、あるいは非常に微かな音しか立てず私には聞こえず）、ともかく私に聞こえた音は背後に聞こえるのは間違いなく、この位置規定を私は視覚によって変更しようとは思わないのである。（ただし、二つめの視覚、後ろの時計を見つけた視覚が確認の役割を果たす際には、大勢としては優位的な視覚を援用している。）

さて、以上のように異種の知覚内容の位置規定に不一致がある（不一致に気づく）とき、私たちは複数の位置規定のうちのどれか選ぶわけだが、選ぶとは、複数の知覚的質のどれをも性質としてもっている物象が在る場所と思われるものを選ぶのである。必ず本当に在る場所を選んだつもりでいる。

しかるに、このことは同時に、選ばなかった位置規定を見かけの場所に過ぎないとすることである。すると、「本当」と「見かけ」との対立の内実はどのようなものか、という問題へ私たちは送られる。けれども、どういう理由で一つの位置を本当とするのか。この問いは別の見方からすれば、本当ということでもって何を理解するのかという問題でもある。

（４）見かけの位置と本当の位置――体と場所を争う――

犬の吠え声を聞くだけの場合、私たちは声が聞こえる東の方に犬が居ると思う。そして大抵の場合、それで済んでゆく。実際に其処に犬が居たのか、それとも犬は南側に居るのに吠え声は回って東側から聞こえたのか、それは分からないままである。いや、どちらだろうという問いを立てるはずもなく、だから分からないなどとも思わない。聞こえている通りの場所に犬は居るはずで、しかしそのことを確かめる必要なく過ぎてゆく、そういう状況は多いのである。そして、犬の吠え声が東から聞こえるということのリアリティは少しも損なわれない。

もう一つの考察材料。夜空を眺める私たちは、シリウスはオリオン座の下の方にあり、オリオン座を構成する主要な星々は互いに四角をつくる位置にあると受け取る。けれども、天文学は、星々の位置関係はそれとは全く違うことを教える。天文学は、視覚によるだけではない（理論を含む）さまざまな仕方を駆使してその位置関係を発見した。だが、その発見は新しく、発見以前の途轍もなく長い歴史を通じて、人間は視覚に従っていたし、また、それで不都合はなかった。現代の私たちの日常生活でも不都合はない。それどころか、見える通りの位置関係を星々に帰することで、季節や時刻や方角に関して星々を見ることが役に立つのである。そして、オリオン座の下の決まった場所に実際にシリウスがあり、その下方への距離の大きさも、シリウスと子犬座のプロキオンとの距離の半分位で定まっている等と思い続ける、これが自然なのである。

とは言え、山の岩陰で狼の吠え声が遥《はる》か後方でするのでそちらに狼が居ると思って安心していたら、突如前方に狼が現われた、このような場合はどうか。前方に「現われた」が、それはそのように見えるだけで、実際に狼が居る場所は後方だ、なぜなら音がそちらから聞こえるから、とする判断をとり続けるか、いや視覚が携える位置規定が本当だとするか、どっちでもよいというわけにはゆくまい。悪い選択は致命的なものとなるかも知れず、「悪い」とは「間違った」ということである。また、川底が浅く見えているとき、その浅い水に光がちらちら差し込んで綺麗だなと見惚れている分にはそれでよいが、もし川に足を踏み入れて、川底だと思ったあたりで足を受け止めてもらえなく、もっと深く足が沈んでゆき体のバランスを崩して倒れるとき、視覚による川底の位置規定をどう評価すべきか。

狼が私を襲う、それは私の体を襲うことで、襲うために狼は私の体がある場所まで移動してこなければならない。何処からか。現に居る場所から。その場所は狼の遠吠えが聞こえる私の後方か、狼が見える前方か。狼が私に近づいてきたとき、音の位置規定と見えの位置規定とが相変わらず一致しないままということはあり得ず、二つは一つに収束する。余程異常な状況で狼の姿が蜃気楼のように浮かび上がっていた場合でなければ、音の位置規定の方が急に変わって見えの位置規定と一緒になる。（狼の移動に伴って見えの位置規定も変化するが、それは連続的な変化、ないし、狼が見え続けなくても連続性が十分に保証される仕方での変化であろう。）すると、当初の音の位置規定は見かけのものだったということにされる。

狼が私を襲う、それは空間規定で言えば次のことを意味する。まず、狼の体と私の体とが触れること。次に、狼が私の腕に歯を立てるとか腕を食いちぎるとかするなら、それは狼の体と私の体とが（体全体としてもそれぞれの部分においても）同じ場所を同時には占め得ないからだし、同時に占めようとすることは相互が作用の関係に入ることを不可避とするということである。

以上を、知覚と感覚との言葉で言えば次のようになる。見える狼の姿も聞こえる狼の吠え声もどんどん体からの距離を減じて零に近づき、触覚が働くときには知覚対象（狼）は外在しているが距離は零になるということ。それからその対象に触れることは体が触れられるという感覚と一緒になって生じ、触れる場所と触れられる場所とは、知覚対象の場所と体の場所として相互外在的でありながら、同じ位置として融合すること。最後に、体の外のものの作用によって体が傷つけば、体の事柄として痛さ等の感覚が生じるということ。川底の場合も同様である。川底が本当に在る場所とは、バランスを崩した体を受け止めた場所である。

感覚が体の存在を告げ、その体が在る場所は本当に在る場所である。他方、感覚が携える体の空間性と知覚の空間性とが、運動と「触れる・触れられる」ことの同発性とを介して一つに統合され、そこで、その統合空間で体と場所を争うもの（同じ位置を占めようとして排除し合うもの）に体と同じ存在性、つまりは「本当に在る」という性格が与えられる。そして、ひいてはその可能性があるものも本当にあるものとして私たちは遇するのだが、その可能性はまさに知覚によって或る空間位置とともに示され、従って、その位置に本当に在ると理解される。ただ、そのものが本当に在る場所の最終的な結論は、それも必要なときだけだが、体との作用が生じる場所として確定される。ただし、作用が生じるには、体が動いてその場所にゆくか、相手が体に近づいてくるかしなければならず、近づいてくる場所、どの場所から近づいてくるのか、それが問題となるわけである。

(5) 知覚の現実性と行動の現実性

知覚されているものは原則的に在る、体が在ることを範型とした意味で在ると、このような含みを知覚はもっている。(体の範型性は第6章の主題である。)しかしながら、その位置規定に見かけの可能性があり、間違いの可能性があるということは、一般に、そのような可能性をもつ位置規定を従えて知覚されている内容自身も「本当に在るもの」そのものとは違う何かでしかないということを告げているのではないか。知覚内容とはまさにいつだって本当に在るものとの関係では見かけでしかないもの、間違っていない場合でも偶々本当のものと合致している見かけに過ぎない何かではないのか。そうして、その見かけは本当のものとは違うのだから、しかも無ではなくて何か内容あるものなのだから、それはまさにそのように見てしまっているもの、つまりはそのように知覚しているものによってのみ支えられているのではないのか。こうして、知覚内容は知覚する「私」に属する事柄だという考えに導かれる。

筆者はこの考えを否定しない。けれどもこれを、知覚内容は挙げて「私」個人に独自の、言うなれば(想像のような)主観的内容だと理解する人がいるなら、そこには勘違いがあると言わなければならない。三つのことに目を向けなければならない。

一つは既に本章第2節(3)と第3節(7)とで述べたことである。すなわち「私」と「私」ではないものの区別は体と体の外の諸事象との区別によって確保されているのであって、しかしながら、その「私」は体の外の諸事象を自分ではないものとして経験しつつ、しかるにその経験を含め何であれ或る事柄を経験すればその経験内容は経験する「私」の有りように入り込んで「私」に或る内容を供給すること。知覚内容が「私」に属するとはこの供給という意味においてであるに過ぎない。知覚されるものは「私」の外の事柄であり続ける。ただ、「私」は体に即してしか存在しないのだが、その生きている体は体の外の諸事象なしでは存在しないのであり、その諸事象との関係が或る仕方で現われたのが知覚である。体の外の諸事象は体の側によって価値的に分節されて規定されるもので、体の外の諸事象と体とは非対称なものなのである。その非対称性が「私」を知覚する側、諸事象を知覚される側におく。そうして、後者を「私」に現われるものとしつつ、まさにこの現われの感受として「私」を成立させる。その「私」は単なる体ではない。いわば体を食み出た「私」である。

そこで第二の注意。知覚という仕方での諸事象の現われは、「私」への現われとして「私」の事柄であるのに、まさに「私」の体の外の事象の現われという資格を失わない。（そして「私」は体によって指定され、体ではないものは「私」ではないと理解するのである。）そしてこのことは、次のような事態において確認できる。たとえば犬の吠え声が東の窓の方から聞こえ、けれども犬が吠えているのは南側の壁の向こうだったという場合、同じ部屋に居る誰にとっても声は東の方から聞こえるという事態。東とは聞く人それぞれの体の外の広がりにおける方角である。それぞれの人の知覚空間は自分と他の人々の体を包み、そのことで重なり合うのである。そこで、音の現実は、聞く個人それぞれの内側に閉じ込められたものではなく、居合わせる人々に共通の広がりにおいて位置を取る現実である。同じことは、川底が浅く見え、そこに横たわる岩の厚さが薄く見えるという場合にも言える。川底も岩も見ている人々の体の外の或る離れた所に見えているという現実を、人々は共有する。

そして第三に、この現実は、行動が関わる現実と、結局は同じ重さのものとして、接続している。知覚事象の空間規定の間違いというものは、知覚対象を相手としようとする行動を基準に言われるものであった。吠えている犬を黙らせるとか追っぱらうとかするために吠え声の聞こえる東側に犬を探したら犬がいないというわけである。けれども、同じように見逃すわけにはゆかないのは、このような「間違い」がある場合であっても、その吠え声の現実性ゆえに人は東に向かうという行動をとるということである。そして、行動は、今度は音が新たにどのように聞こえるかを左右する。その音は次の行動を導くことができる。こうして、それら一連の進行は最後には「間違い」のない知覚対象相手の行動に至り得る。なお、行動とは、体と体の外の諸事象との交渉として生じる。

次に、浅いと思った川に足を踏み入れることを考えよう。実は川に近づくにつれ、川の深さの見えは変化する。水に足を突っ込んだとき、思わず足が川底を踏みしめ損なったとしても、そしてそれゆえに「見え」における川底《そこ》の位置規定は「間違っていた」と言いたいにしても、川と水と底とが見えていて行動を導いたという事実は残る。その行動が新たな見えをもたらすということも否定できない。

考えてみるに、私たちは並木道を見て、遠くの木が手前の木よりは小さく見えることを間違いだとは言わない。そして、道が見えるからすたすたと歩いてゆき、ところが歩くに連れ前方に見える風景は変化してゆき、「同じ」木が段々と大きく見えてくる。部屋の窓枠に小さく収まって見えていたビルディングが、部屋から通りに出た私の目の前に聳えて見える。ビルの屋根は部屋の窓より低い位置にあったはずではないか、と誰が言うだろうか。

知覚の現実性と行動の現実性とが同等の重さのものであるということは、たとえば両者を計画や想像の現実性と比べてみても理解できる。（そして、計画や想像の内容については、それらは計画し想像する人の内部に属する事柄だと言ってよい。）私は旅を計画し、訪れ先の山間の小さな沼を想像する。その計画ゆえに私は実際に旅に出る。計画も沼の想像も私を旅立たせる力を、そういう意味での現実性をもつ。けれども、旅先で見る沼と想像の沼とではその現実性の密度が違う。想像はそれっきり、と言うか、想像を越える内容はもたない。見える沼は、見れば見るほど発見がある。姿も変える。そして、想像もしなかった行動を導くこともする。

第6節　色の外在性と奥行き——視力を取り戻した人の例による再確認——

(1) 視力を取り戻した人の話——見える内容という情報を解読しなければならない——

さて、前節で述べたことを補強するために、本節では、視力を取り戻した人が世界をどのように見たか、これについて紹介した本から、知覚世界の有り方を理解するのに役立つと思われる箇所を拾って、若干の考察を加えたい。この作業はまた、第1章での「色の帰属」に関する話題、第2章や第5章での知覚の空間性の話題を、新たな切り口で考察するという側面をもつ。

以下は、三歳のときに視力を失い四六歳で目の手術をして視力を取り戻したメイと、五歳時に失明し五〇歳で見えるようになったヴァージルが、そのときにどういう見え方を経験したかについての記述である。

メイは一人で［スーパーの］店内を探検しはじめた。［中略］棚に目をやると、すべての商品が全部で一つのカラフルなコラージュのように見えた。見慣れないものを見ると、隣り合った物体の境界が溶け合って見えることがよくあった。［中略］棚の箱がぼやけて見えるわけではない。ところが、一つの箱がどこで終わり、どこから次の箱が始まっているかが分からない。[9]

通りを渡り切ると、杖が歩道との段差を探り当てた。ところが目を下に落としても、地面の高さが変わっているようには見えない。道に射している影の色が少し違うだけだった。[10]

［ヴァージルは］小鳥を眺めることもあったが、小鳥がそばによってくると、ヴァージルは驚いてとびすさった。（もちろん、小鳥がそんなに近づいてくるはずはないのだけれど、と［妻の］エミーが説明した。ヴァージルには距離感がないのだ。）［中略］

［ヴァージルは］遠くにあるものの表面や物体がぐっと近づいてきたり、のしかかったりするように感じるという。

9　ロバート・カーソン『四六年目の光』池村千秋訳、ＮＴＴ出版、二〇〇九年（原題、*Crashing Trough: The extraordinary true story of the man who dared to see*, 2007）、三一三—三一四頁。訳者が付けたこの日本語の表題は誤解を招く。メイは四六歳だが、四三年振りに見えるようになったのだから。二六八頁では、メイ自身が「私は四三年間、まったく目が見えなかったのですが……」と話す場面が描かれている。

10　同、二〇八頁。

また、自分の影に驚いて（物体が光をさえぎって影ができるということは、彼には理解できていなかった）立ち止まったり、よけたり、飛び越えようとすることもあった。とくに階段が危なっかしかった。並列する平らな面、交差する線など、彼をとまどわせるものばかりが見えるからだ。頭では分かっていても、三次元の場で上ったり下りたりする堅い物体であるとは思えなかった[11]。

最初の引用文はカーソンの著書から引いたのだが、カーソンは、メイを検査し助言も与えた視覚研究者、ファインの考えも紹介している。

ファインは、メイの視覚世界を抽象画のような世界だと考えるようになった。カラフルで意味のない、おおむね平坦な図形で埋めつくされているというわけだ。マイク・メイにとって「見る」とはどういうことなのだと思うかと尋ねられたとき、ファインが口にできる最も分かりやすい説明がそれだった——それは抽象画を見るようなもの、マイクはピカソの目をもっているのだ、と[12]。

他方でファインは、視覚というのは世界についての情報を与えてくれるものだという観点から、次のように言う。

一つの視覚的映像を分析し終える前に、次のものが視界に飛び込んできて、また同じように骨の折れる解読作業を意識的に始めなくてはならない。途方に暮れるのも無理はないわ[13]。

ものを見ることは、骨の折れる認識の重労働であり続ける。これからも相変わらず手がかりを組み合わせ、さまざまなものの正体を割り出し、処理しきれない膨大な情報の洪水に対処し、ぐったり疲れる羽目になる[14]。

ここで言う情報は、手掛かりであり、情報の担い手で何かを教えてくれるものである。しかし、それはそれ自身、目に見える何かであって、第2章第1節で論じた、視覚の生理学等が述べる、網膜像とか神経の電位変動とかではない、このことには注意すべきである。生理学、脳科学は、見えることの成立のための情報解読を問題にしている。電位変動等の形式の情報を解読することで、光刺激を送り込んだもの（光を反射したもの）がどのようなものかに到達するのである。ただし、その「どのようなものか」とは「どのように見えるか」ということである。そこで、解読がうまくゆくということとは「見えること」の成立だ、ということになる。

これと比べると、ファインが述べている解読とは、少し奇妙な解読のことである。見えることが既に成立した後での解読という話なのである。メイは、自分に「どのように見えているか」というその内容を情報という資格で受け取り、それを解読するというのである。

しかるに、注意深く考えなければならない。メイが経験したことの叙述を読むと、彼の視覚経験には実にさまざまなもの、仕方がある。その中には解読ということが問題にならない場合もある。だから、解読の作業が必要なのはどういう場合かを押さえなければならない。そうして、解読ができたと言えそうなケースでも一様ではないように見受けられる。ただし、さまざまな場合を細かく分析していると限《きり》がないので、取り上げるのは少しに留める。

まず、そもそも解読の必要がない場合。その一つは、次の引用におけるボールのように、普通に見える場合。見えてしまう、と言ってもいいかも知れない。

11　オリヴァー・サックス『火星の人類学者』吉田利子訳、早川書房、二〇〇一年（原著、一九九五年）、一六七―一六九頁。
12　『46年目の光』三四九頁。
13　同、三八六頁。
14　同、三九五頁。

［息子の］ウィンダムがボールを蹴ると、とたんにボールが自分に向かって転がってくるのが見えた。ボールの明るい白が芝生の鮮やかな緑によく映えた。無意識に左に数歩移動し、足を前に出すと、ボールがピタリと足元に収まった。一瞬、メイは呆然とそこに立っていた。こんなことができてしまうとは、自分でも思っていなかったのだ。

［中略］

ウィンダムが新しいことを思いついた。今度は脚を大きく振りかぶり、宙にボールを蹴り上げたのだ。ボールは右にそれて飛んできた。メイはとっさに右に移動すると、脚を高く上げ、ボールを見事叩き落とした。

［中略］

ウィンダムが［中略］ボールをメイの頭上高くに大きく蹴り上げた。メイは後方に走り、右に方向を修成すると、両腕を思い切り上に突き出し、ボールをがっちりつかんだ[15]。

解読の必要がない、もう一つの場合とは、見えるものを見えるがままに楽しむとき。

診察室のドアからエレベーターまでは、おそらくほんの二、三メートルくらい。二人は五分かかっても、まだ道のりの半分まで到達していなかった。メイはそこにあるすべてのものを見たがり、知りたがり、触りたがった。夫が次々と発する質問に遅れずに答えようとジェニファーは頑張ったが、一つ答える間に一〇の新しい質問が飛んできた。夫の興味の対処が壁からカーペットへ、そしてドアノブや火災報知器へと移るのを見て、世界にはこんなにいっぱい見るべきものがあるのだと気づき、ジェニファーは面食らっていた。クリニックの廊下だけでも、目の見える人は気にもとめないものがたくさんあった[16]。

メイは質問ばかりするのだから、何が見えているのか分からないでいる。けれども、分からなくても、見ることが楽しい、見えるものが興味をひくのである。ただ、ジェニファーの答がないときには、見えているものが何なのか、解読する必要を覚えるかも知れない。そうして、もし、そうなると、普通の人々がほとんど目に留めないものについても解読しようとしないわけにはゆかず、このことが、ファインが「情報の洪水」と呼ぶ事態の理由に違いない。

しかしながら、次の場合はどうだろう。

ドアを押し開けると［中略］わあっ！屋外の新鮮な空気がメイのまわりで渦巻き、明るい青と緑と赤と黄の壁紙がいっせいに押し寄せてきた。建物の中で見たのとは、まったく別の明るさだった。［中略］わあっ！　キラキラ燃え立つ無数のパズルのピースが強烈な光と色を放ち、目に飛び込んできた。光のピースが地面や空やあらゆるものにぶつかっていた。［中略］「あっちを見てもこっちを見ても色があふれている」と、空を見上げてメイは言った。「色が爆発している！　早く子供たちに話したいよ[17]。」

メイは空を見上げ、一面の濃厚な青を胸いっぱいに吸い込んだ。その青さに圧倒されるあまり、「見えるよ」と言うのが精一杯だった。「あなた、笑顔ね」と、ジェニファーが言った[18]。

建物の戸口の色の違いの一つひとつを堪能している[19]。

15　同、二四四―二四五頁。
16　同、二〇五頁。
17　同、二〇六―二〇七頁。
18　同、二〇九頁。
19　同、二七九頁。

ここでのメイの態度は、私たちにも普通にある。行動とのつながりと無縁の知覚様態であって、第1章第1節(3)――綺麗な色に見惚れる、美的態度を取る――、第5章第2節(6)――風景に見惚《みと》れる、水音のリズムに心委《ゆだ》ねる――、第5章5節(4)――水に光がちらちら差し込んで綺麗だなと見惚れている――等で触れておいた。現われそのものが人の注意を引きつけるのである。

さて、次は解読が必要な場合、あるいは解読しようとする場合である。

売り場でメイは目を凝らし、手で触り、予測を働かせ、想像力を駆使し、推論を組み立てようとした。しかしこの店の中のかなりの空間は、相変わらず明るくカラフルな図形が描かれたキャンバスのままだった[20]。

賢明に手がかりを探し続けたが、ろくに見つからなかった。棚に並んだ箱と箱との境い目は相変わらずはっきりしないし、商品は平面に見える。視野がぼやけているわけではまったくないのに、見ているものがなんなのかほとんどわからない。そんなことで本当にものを見ていると言えるのか[21]。

ここで、解読とはどのようなことかについて、確認しておこう。何が見えているのか理解できないから解読を試みるわけである。この「何が」というのが、「見えている内容」そのことではなく、「そのような見え方をしている或る何か」のことだ、ということを、まず押さえておかなければならない。たとえば本節で最初に引用した文で述べられていることを例にとれば、「何が見えているか」という問いに対して「全部で一つのカラフルなコラージュのようなものが見えている」と答えることはできるが、これでは「何が見えているか」の答にはならない、そのように見えているものが「何なのか」は理解できてない、その意味で「何が見えている」か分かっていない、ということなのである。だから、「どのように見えているか」というその内容を手掛かりに「見えているものは、そもそも何なのか」に到達することが解読の成功なのである。

いま引いたばかりの引用文に、「本当にものを見ていると言えるのか」という表現がみえる。このとき、メイは解読できていない。では、解読できたら「本当にものを見ている」ことになるのか。あるいは、自分で解読しなくても、答を教えてもらうと「本当に見る」ことができるのか。後者の問いに対しては次の叙述が参考になる。

足元の草に目を落とすと、頭がこんがらがってしまった。緑の草の中の一箇所だけまわりより緑色が濃くなっている。同じ場所に、緑の色が微妙に違う草が生えることなどあるのだろうか。〔中略〕少し考えて、思い出した。影は射している場所は暗く見えると聞いている。だとすれば、この濃い色の箇所には影が差しているに違いない[22]。

こんがらがると困る、だから分析して理解しなければならない。理解すればこんがらがった状態から脱せる。けれども、このケースでは見え方が変わるわけではない。そして、この見え方が、いわゆる普通の人とは違うというわけでもない。最初から普通の人と同じような見え方をし、ただ、その内容が腑に落ちなかったのであった。

次の場合は、普通には見えない例で、「普通に見える」ということがどういうことであるかを浮き彫りにする。

歩き始めてすぐ、ある場所で〔盲導犬の〕ジョシュが前に進むのを躊躇する素振りをした。上りの段差があるという合図だ。ところが前を見ても、車道と歩道の境界もないし、階段もない。平らな地面が続いているだけだ。メイはジョシュの合図を無視して、そのまま歩き続けた。すると車道と歩道との段差に足を取られて、ばったり倒れそうになった。あらためてメイは足元を見たが、やはり段差などなく、車道と同じ色の道が続いているだけにしか見えなかっ

20　同、三一九頁。
21　同、三一八頁。
22　同、二三〇頁。

た[23]。

　倒れるというのは大変なことで、適切な行動ができなかった結果だと言える。普通に見えるとは適切な行動を導き得るような仕方で見えることであり、行動を導ける仕方で見えるというのは、見えているものが何なのかが分かるように見えるということである。それは犬の場合でも同じである。犬にどう見えるかは分からないが、少なくとも犬も危険に遭わずに済む見方をしている。けれども、メイへの見え方は行動にとって危ない。しかも、見え方が変だという自覚はなく、だから分析の必要を覚えない。それどころか、教えてもらったのにその教えを信用しなかったくらいに、自分への見え方がおかしいとは思わなかった。そうして、このケースでは、見えているものが何なのかが分かっても最初に見えたように見え続けていることにも注意しよう。何なのかを知ることになるのは見ることとは別のチャンネルによってである。しかし、見るだけで見えているものが何であるかを理解することが、適切な行動をするためには不可欠なのである。見えるがままのことをそのまま楽しむのは、第5章でも述べたが、行動の必要がないとか、安全な状況にいて、余裕があるときだけである。

　こうしてメイは、単に好奇心を満たすためにも（濃い色の部分はどうして他の部分と違うのだろう――ただし、場面が変われば、影を影として理解しないと行動に支障が生じ、好奇心の事柄と言っていれなくなる、そういう状況のことも他の箇所で記されている――）、適切な行動をするためにも、普通に見える人とは違って、見えているものが何なのか理解するために分析の作業をしなければならない。

　「目に見えるものを理解しようと思うや、本当に些細なものまでみんな分析しなきゃいけない。見るもの全部が面白いのは嘘じゃないけど。ときどき、心が休まる暇がないと思うときもある。［中略］

　「分析するっていうのは、どういうこと？」

「いちばん分かりやすく言うと、おれにとって見ることは、外国語をしゃべるようなものなんだ。」

「って言うと？」

「勉強中の外国語を話すときは、センテンスが自然に口をついて出てくるとはいかないじゃない？　単語を頭の中から引っ張り出し、動詞を正しく活用させて、それから単語の並べ方を決めなきゃいけない。おれにとって、見るとはそういうことなんだ。手で触ってみるなり、論理的思考をはたらかせるなり、なにかの手がかりから探るなりして、いまなにが見えているのかを考えないといけない。すべての要素を意識的に組み合わせないといけないんだ。そうやってはじめて、いま見ているものがなんなのかがわかる。」

「まだ流暢にしゃべれないのね。」[24]

ファインは「情報の洪水」と述べたが、些細なものまで分析しなければならないなら、そう言えるだろう。このことは次のようにも解釈できるのではないか。取捨選択ができないゆえに視覚がもたらす内容が多すぎて、それらは混乱を招き、だから情報であるよりは、むしろノイズとなっている、と。余分なものがノイズであり負担であるというのは、次の事情に似ている。今日、ネットでは大量の情報が飛び交っていると考えるのが常識である。けれども、そこに欲しい情報を求めに行って苛々することは屡々《しばしば》である。不必要な情報はシャットアウトし、必要な情報だけを手に入れてこそ「情報」の名に値するわけなのに、情報が多すぎると、それは余分で、実はノイズと化している。そこで、メイやヴァージルでは、見える内容が役に立つどころか、さまざまなものが見えてくることによって混乱し、見えることが負担になったのである。

ファインが、「一つの視覚的映像の分析」「骨の折れる解読作業」「骨の折れる認識の重労働」と解説しているのは、この負担のことだ。そこで、見えるようになることを願い視力を得た人のほとんどが、深刻な心理的危機に見舞われるそうだ。

23　同、二六二頁。
24　同、二七九―二八〇頁。

ヴァージルを紹介したオリヴァー・サックスは、「贈り物が呪いと化する」と表現している[25]。メイについて書いたカーソンも、視力を取り戻したけれども見えるものを理解することに極度の困難を覚え、却って苦しみ、鬱などの深刻な心理状態になった人々の紹介に一〇数頁を費やしている[26]。

さて、メイにとって見るとはどのような経験だったのか、その後の彼に訪れた変化をも含めて考察することに進む前に、「情報の洪水」という見方との関連で、自閉症のドナ・ウィリアムズの場合を引き合いに出そう。彼女は失明したことはないが、彼女の視覚世界は独特であり、しかも、場合によって幾つもの種類の独特さがある。ドナ自身が、自伝的なものを含めた沢山の著書の多くで、自分が経験したさまざま体験形式を語り、かつ、理論的な書ではそれらの解釈も試みている。その中で、一方では色や音や手触り等を味わうだけの「恍惚」とでも言ってよいような「素晴らしい」と評してよい経験を幾度も記し、他方、「恐怖」と言ってよいほどの場合をも語り、かつ、そのことを、情報の概念を使って解釈している。ただ、彼女の経験様式は特異であり、多くの慎重な考察が必要である。そこで、ここでは、ここでの議論に役立ちそうなものだけを紹介する。まず、ドナ自身が「情報の洪水」に悩まされる経験を語る文章を取り上げよう。

私の発達状況は感覚情報の消化《プロセス》に影響を及ぼしました。私ははいってくる情報を適切に濾過することができず、そのためにそれらの情報による感覚の洪水に見舞われていました。情報を濾過する能力《キャパシティ》は、相対的で私的な意義づけのための、ある程度経験を積んで成長した感覚を求めます。

［中略］

この濾過作用なしに私は感覚の洪水に見舞われ、そのことによって一連の強制的な受容へと導かれました[27]。

感覚器官を通して大量にはいってくる情報を濾過する能力《キャパシティ》が［「を」とあるが、「が」に直す、恐らく校正ミス］発達することがなければ、私たちの意識的悟性は混乱し、圧倒され、知覚は途切れ途切れになり、感覚は過重負担になり、研ぎ澄まされ、それにつれて悟性は混乱と戦おうと無駄な努力をして、外からはいってくるものにますます集中するでしょう[28]。

この「濾過作用」とはどのようなものか。メイにとって「情報の洪水」とは、解読すべき情報が次々に与えられることであった。けれどもドナでは、洪水のごとき情報は解読する相手ではない。「濾過」は文字通りの「濾過」、多すぎる情報のシャットアウトだと思われる。実際、或る眼鏡を掛けることで、或る波長帯の光が目に入ることを遮ることができ、(また、実は、欠けている光の波動を補いもするのだそうだが)、すると彼女は楽になる。

[色つきレンズやフィルターのめがねを製作するアーレン社の検査室に勤務する]メグは大きなケースを開けた。あらゆる種類の濃淡がそろったレンズとフィルターが現われた。そのうちのひと組を、メグはこちらにわたした。現在のめがねの上に、わたしはそのフィルターのめがねを重ねてみた。圧倒されそうにまぶしかった部屋の様子が、少しやわらいだが、それだけだった。メグは次のものをわたしてくれた。空中に浮かぶ細かい埃《ほこり》のようなものが、いっそうくっきり見えた。思わずうっとりしたが、これはわたしにとって何の助けにもならない。[中略]最後に、ようやくわずかに物がよく見えるめがねと出会えた。メグの説明によれば物そのものの情報から注意をそらしてしまうまぶしさや、影などを、取り除くもののことだった[29]。

25 『火星の人類学者』二〇五頁。
26 『46年目の光』一二二―一三六頁。
27 ドナ・ウィリアムズ『自閉症という体験　失われた感覚を持つ人びと』川手鷹彦訳、誠信書房、二〇〇九年(原題 *AUTISM AND SENSING: THE UNLOST INSTINCT*, 1998)、七八頁。
28 同、一三一―一三二頁。
29 ドナ・ウィリアムズ『自閉症だったわたしへ　Ⅲ』河野万里子訳、新潮社、二〇〇五年(原題 *LIKE COLOR TO THE BLIND*, 1996)、三七六頁。

二つのことに注意したい。「うっとりする経験」と「まぶしさ」。前者は文脈全体の中では付随的なことだが、先に少し確認しよう。この経験様式はメイが、見ることでのみ得られる色というもの、これを思う存分に味わおうとした態度と共通する。美しいとか素晴らしいとか、新しく経験する何かだと喜ぶ、楽しむ、歓迎する場合には、何であれ、解読しなければならない情報という資格で扱わなくてよい。これも二人で共通である。

次に眩しさである。第4章第3節(4)と、詳しくは第5章第3節(2)で述べたように、眩しさは普通の私たちの経験では、強い光の場合にのみ生じ、その光は見ることを可能にするより、むしろ見ることを妨げる。このとき、「目は見えているものとして感じられながら何かを見ることの裏方でしかない」という普通の視覚の状況に留まれないでいるのである。ドナの有りようは、匂いに余りに敏感な人が吐き気がし苦痛を覚えるのに似ている。何の匂いであるかという体の外の事柄へ向く経験のはずが自分の体の側のことになってしまうのである。それから、氷が冷たいことが分かる経験よりは何かに触れて指が冷たいということの方が前面に出る場合のことも考えるとよいかも知れない。

ただ、私たちの眩しさを感じるような経験と似ているとしても、ドナの場合、強烈過ぎて、「似ていること」を越えて異質な経験になっているのであろう。やはり自閉症の人であるテンプル・グランディンは次のように述べている。彼女は、オリヴァー・サックスが「火星の人類学者」として紹介した人物でもある。

　　自閉症は発達障害であり、感覚情報を処理する機能の欠陥が、ある種の刺激に対しては過剰反応、また別の刺激に対しては反応不足を、子どもの中に引き起こす。自閉症児は、しばしば殺人的な刺激の洪水から逃れるために、環境と人をシャット・アウトしてしまう[30]。

テンプルも、情報ないし刺激の「洪水」を言っている。そうして、次のことも指摘する。

刺激に対するこの過剰、もしくは低反応は、侵入してくる感覚刺激を統合したり、どの刺激に注意を払うべきかに関する、自閉症児の判断不能に原因があるのではないだろうか[31]。

そうして、こういう洞察を踏まえて、彼女はまた、自閉症児の独特の行動についても説明している。

彼らは外部の刺激を押しのけるために、くるくる回しのような自己刺激か、自傷的になるか、自分自身の世界に逃避するかの、選択を強いられるのである。さもなければ、無数の同時刺激に圧倒されるあまり、かんしゃくを起こしたり、叫び声をあげたり、あるいは、他の認められない行為で反応するのである。自己刺激行為は興奮した中枢神経組織を鎮めてくれる[32]。

自閉症児的な児童が持っている数多くのこだわりは、超活動的な神経組織の興奮を、減退させる必要性とかかわっているのである。こだわりに集中することによって、彼らが対応できない他の刺激をブロックするのである[33]。

この考えを、もう一人の自閉症者、森口奈緒美の記述も裏書きしていると思う。彼女は、小学校での集団生活で味わった苦痛を述べる中で、音楽の時間に先生が弾く足踏みオルガンの音が自分にとってはどのようなものだったかを、次のよ

30　テンプル・グランディン&マーガレット・M・スカリアノ『我、自閉症に生まれて』カニングハム公子訳、学習研究社、一九九三年（原題 *EMERGENCE: LABELED AUTISTIC*, 1986）、一九頁。
31　同、三三頁。
32　同、三四頁。
33　同一四五頁。

うに記している。

それは、まだ物心ついて間もない私にとって、恐怖に近い感覚だった。その不協和音を聴かされるたびに、まるで自分そのものが破壊されるような出来事となった[34]。

以上の幾つかの引用文は、私たちの通常の知覚が、体の外の事柄の知覚という性格を得ていること、これを逆照射していると思われるので、紹介した。

ところで、ドナに返って、彼女は外からの刺激を和らげる方策を試み、そうして成功した。どういうことが生じたのか。

メグは、その上からさらに重ねるとよさそうなフィルターを、いくつかわたしてくれた。突然、目を落としていたページの文字が、まるで違って見えた。ぴったり合ったフィルターの組み合わせで、周囲の何もかもが完全に変貌したのである。

わたしは、窓の向こうの庭を見た。これまでのように木から木へ、茂みから茂みへ、目を移すのではなく、一気にすべてが目に入ってくる。ひとつの完全な庭として、一枚の絵のように全部が見えるのだ。いや、それはもう「絵」以上のものだった。そこは、ひとつの「場所」だった。論理的にだけでなく、視覚的にも。そこへ、わたしはまっすぐ歩いていけそうだった。しかも周囲のものと「ともに」ではなく、周囲のものの「中を」。これまで理屈として学んでいただけのものが、今は自分のこの目でわかる。これまでわたしは、世界にはさまざまな深さと奥行きがあって、自分が動くことでそれを感じることができると習ってきたが、実際にそうした深さや奥行きの変化を感じたことはなかった。それが今はただ目をやるだけで、そうと実感できる[35]。

ここで注目したいのは、見える世界が奥行きのある「場所」として見え、「その中を」歩けるものとして見える、という記述である。本書が主題としている（普通の）知覚の空間性を見事に表現しているのではないだろうか。見えるものがきちんと見えるということは、見えているものどもが一つの空間を構成する仕方で見えるということなのであり、その空間は、その中を体こそが動く運動空間であるべきものとして見えるのである。

（２）色という手掛かり

ところで、前項の最後で紹介したメイとジェニファーとの会話は、「まだ流暢にしゃべれないのね」のあと、次のように続く。

「そうだね。でも、色と動くものは別だよ。この二つは自然に理解できる。色と動くものは、おれの母国語ってところかな[36]。」

そうして、次の文章でも色と動くものが挙げられている。

写真のスライドショーさながらに、一度に把握できるものは一つだけだったが、動くものはさほど苦労せずに理解できるようだった。空を飛ぶ鳥や、風に揺れる木の枝、信号を左折する車など、動くものは色彩と同じく分かり

34　森口奈緒美『変光星　或る自閉症者の少女期の回想』遠見書房、二〇一四年（最初の公刊は、飛鳥新社より一九九六年）、五〇頁。
35　前掲、『自閉症だったわたしへ　Ⅲ』三七六―三七七頁。
36　前掲、『46年目の光』二八〇頁。

やすかった。見ればすぐに理解できた[37]。

動くものや色などばっちり見えるものもある[38]。

「動くもの」はどうして分かりやすいのか、これについては後で考察する。今、「色」に注目した上で、これまで紹介した引用文を振り返ると、いかにメイがさまざまな色について語っているかに気づかされる。そこで、色は本書の最初からの主題ではあるし、見ることにおいて色がどういう位置を占めるものなのか、先に検討したい。

引用した三つの文のすべてで、動くものと色とが同列のものとして挙げられている。けれども、実際には二つの分かりやすさは、種類を異にしているように思われる。「カラフルなコラージュのようなもの」が見えているとき、メイはそのように見えているものが何なのかは分からなかった。「緑色と濃い緑色」の違いがどういうことかは「少し考えて」、想い出した知識の助けも借りて理解できたが、これも飛んでくるボールを上手に受け止めるのが「無意識に」「咄嗟《とっさ》に」できるのとは明らかに異なる。(濃い緑に見えるものが何かの理解は少し複雑である。コラージュの場合とは違って草だということは既に分かっていて、ただ或る奇妙だと思う気持ちが生じ、それを解消するために理由を探して「影が射した草」という答に辿り着くのである。)

では、色はばっちり分かる、母国語みたいなもの、というのはどういうことだろうか。単に、見えている内容は色で(「動くもの」を挙げるメイの言葉を尊重すれば、色とその動きで)できているということを言っているのではないのか。確かに、「色と形」とが組で言われる場合も多い。

色とりどりの謎めいた形のごった煮[39]

ラウンジに足を踏み入れると、いつもと同じように色と形が飛び込んできた[40]。

さまざまな形と色のおもちゃ[41]

しかし、色が主で形は従といったところではないか。或る色の広がりが終わることで形がつくられる。もちろん、見えるものは不安定ながらさまざまな奥行きをもって見えるのだから、形が単なる色の区切りによって生み出されるもの（平面的なもの）ではない場合も多い。人の顔をじっと見て「ピンク色の塊[42]」とメイが表現するような場合である。それに、平面が逆に立体的なものに見えることもある、第2章第4節（2）で言及した騙し絵でもないのに。

段ボールの部分に商品のイラストが描かれている場合が多いが、段ボールの二次元のイラストも、その上に載っている商品の一部に見えてしまうことがしばしばだった[43]。

このイラストが描かれた段ボールの場合もそうだが、一つの物体が一つの色をしているとは限らない。むしろ部分によって色が違うのが当たり前である。そうして、斑《まだら》模様のお陰で風景に溶け込んで捕食者（あるいは被捕食者）の目を逃れ

37　同、二〇八頁。
38　同、二六六頁。
39　同、二三五頁。
40　同、四〇五頁。
41　同、四〇六頁。
42　同、二〇一頁。
43　同、三一七頁。

る動物で、色によって生じる「斑の形」と、動物という「一つの物の形」とが、性格を異にしているのは言うまでもない。「カラフルなコラージュ」と表現したメイがスーパーマーケットでお手上げになった相手は、人工的デザインによる多彩さをもった食品のパッケージである。どこまでが一つの箱に属する色彩の群れで、どこからが別の一グループなのかが分からない。

けれども、そのような見え方をする色であっても、色こそ、見えるものが何かを教えてくれる情報としては優れたものなのである。

　ヒントになる色を探した[44]。

　ハイネケンの深緑色は、そこがビール売り場だという目印になった。紫の箱に黒い文字が記されているのは、ケロッグのレーズンブランのノベルティーグッズだ[45]。

　世界中にあるものがみんなレーズンブランの箱だったら、見ることに不自由しないんだけどな[46]。

ヒントになるということは、色は解読の材料、手がかり（そういう意味で情報であり、視覚によってしか得られないので、情報の中でも視覚情報）だ、ということである。では、他の手掛かりというのはないのだろうか。メイは次のように言っている。

　そういう［勝手知った場所ではなく、未知の］場所では、ものを見るために別の方法を活用しなければならない。その場で収集できる手がかりをヒントにすることにしていた。その手がかりとは、手触り、色、文脈と予測、触覚以外の感覚である[47]。（触覚以外の感覚とは、嗅覚や聴覚のことである。「コーヒーの香りは、店内の三つ離れた通路からでもわかった。スパゲッティの入った箱を揺すったときの音は、聞きまちがえようがない[48]。」）

しかるに、挙げられているものは、色を除けばすべて見ることで手に入るものではない。すると、メイにとって多くの場合に、つまり、すぐには見えるものが何ものかが分からない仕方で見える場合に、その内容のほとんどは色でしかないのではないのか。あとは、色に付随するものとしても位置づけられそうな形と、それから、その形にくっついてくる大きさだとか広がり具合だとか、そうして、不安定な奥行き。その奥行きも、見える色が体からどのくらい離れて見えるのかということなのだから、主役はやはり色である。動くものも、色をしたものが動くのである。ただし、ここでは、白や黒、灰色も色の仲間に入れるという（観点によっては受け入れ難い）前提で考察している。そして、この前提では、明るさや暗さまでも色に準じて扱えばよい。

こうして、色はばっちり分かるとか、色は自然に理解できるとかの内実は、見ることがメイに提供してくれるものの中心にあるもの、積極的な内容のすべては色でしかないということ、この事態を言っているではないのか。色の手前の空っぽの空間とかは、まさに空っぽで、それは非常に重要な、欠くことが決してできない要素ではあるのだが、赤であって青ではない、黄色でもないなどと他の内容と比べて区別できるような積極性は有さない。こういう言い方をしてよければ「感受できる現われ」ではないのである。

そこで、事情がこのようであるから、次のような場面もあることになる。

44　同、三一七頁。
45　同、三一五頁。
46　同、三一六頁。
47　同、三一四頁。
48　同、三一六頁。

［飛行機の中で］顔を横に向け、窓ガラスに目をくっつけた。下を見ると、いくつもの緑の四角形がゆっくり後ろに流れていく。それを区切っている十字の濃い色の線は、自分の手の血管を連想させた。緑の上には、灰色のふわふわした塊や、ところどころに走っている白い線、ずっと遠くまで続くぼやけた青いものがある。メイの頭脳が活発に回転し始めた。緑色はおそらく農場だろう。サクラメントからロサンゼルスにかけての一帯は農業地帯だ。濃い色の線は道路だろう。いや、川かも知れない。そうだ、川の可能性もある。青いのは、どこまでも続いているということは水ではなく、空の可能性が高い。でも、この白いのは？　雪だろうか。テハチャビ山脈に積雪があったというニュースを聞いた気がするが……[49]

見えている内容として、色とその広がり具合や形など以外の何を言えばよいのだろう。（序でながら、飛行機という上空から見えるものには触れることができないのはもちろん、それから匂いが立ち上ってくることも音が聞こえてくることもない。）

しかしながら、メイに色が見える仕方は、普通に人々に見える仕方ではない。ということは、見える内容というのは人それぞれであり、その中心をなす色とは主観的なものだ、ということなのだろうか。というのは、本書第1章冒頭で取り上げて以来、筆者が、その或る観点からの正しさを認めつつ、それを言い募ることはトリビアルなことをさも大事なことのように繰り返すだけで更なる進展がない非生産的なこととして、そういう意味で反駁しようと努めてきた見解を受け入れなければならないのだろうか。いや、そんなことはない。色を中心要素とした全体がどのような見え方をしようと、色は見る人の外の事柄として見えるのであり、その外とは、見る人が他の人々とともにいる共通の空間のどこかで、他の人々にとっても外なのであり、そこで、色は他の人も見ることができ、その色を共通の話題にできるのである。

飛行機の中でメイは隣席の女性に声をかける。

「私の目に映っているものがなにか、教えていただけませんでしょうか？　あの白い線は山ですか？」

「いいえ、違いますよ。あれは、もやです[50]。」

ここでメイがなす、「見えるものについて、それは何か」についての質問は、「あの山は何という山ですか？」という質問と違うのはもちろん、「山肌に奇妙な形の黒い建物のようなものが見えますが、何でしょうか？」という質問とも違う。後二者の質問は、相手にも「同じものが同じように見えている」という前提で、そのものについての知識を得るための質問である。（そして、尋ねた相手に知識がないなら、答を得ることはできない。）そういう質問と違って、メイは、自分には女性と同じようには見えていないということを承知で質問している。それでも、色は二人に共通に見えているという前提ないし確信があるから質問しているし、実際、女性はメイの質問が理解でき、答えることができるのである。

そして答えるに当たって、もちろん、「地面が高く盛り上がったものは山と言う、という知識」は女性に必要だが、メイが求めているのはその知識ではない。そういう知識ならメイは既にもっているのである。もし「自分に白く見えているものが、高く盛り上がった地面のように見えている」なら、山だと分かるから、訊きはしない。きっぱりとそのようには見えず、推論に頼って山ではないかと思うだけなので、確かめたくて訊いている。そうして、女性の方は、メイの推論（推論結果の方ではなく推論仕方）の当否について判断して答えるのでは、もちろんないし、自分なりの推論に基づいて答えるのではない。「山には見えない＝地面が高く盛り上がったものには見えない」から「山とは違う」と答える。

だから、メイと女性では見え方は随分と違う。それでも、二人に共通に見える色について語り合える、このことが重要である。（言葉が通じるという重要な論点もあるが、このことは本書の主題外である。）色は客観的な事柄なのである。メイは色を手掛かりに「見えているものが何か」を探り、色を持ち出すことで女性に尋ねる。すなわち、女性の注意を色に向け、そ

49　同、二六八頁。
50　同、二六八頁。

の色をしたものは何かを尋ねる。この二つのことができるのは、色はメイと女性の外に実際にある或るものの色なのだからである。何かがあることとその色があることは一緒になっているはず、だからなのである。

因みに、靄《もや》に似たものをメイが見たときの経験が記されている箇所がある。

> ［バスルームのシャワーヘッドの］穴から水が噴き出すのをずっと見ていると、そのうちに目の前がグレーに渦巻いて見えてきた。その渦巻きに触れようと手を突き出したが、なんの手ごたえもなく手は向こうに突き抜けただけだった。ざわつく鈍い色の中に手を伸ばしたまま突っ立っていたが、ようやくピンときた。これは湯気に違いない[51]。

湯気なのに空中に漂うようなものという見え方をしていない。また、ここでも色が語られていることに注意したい。湯気がどのようなものかの知識はメイには十分にある。しかし、知識が直ちに動員されるには（意識的に適用されるのではなく、見えた瞬間に知識が使われ終えているには）、見えるものが或る見え方で、つまりは私たちにとっての普通の見え方で見えなければならない。しかるにメイには、言うなれば見えるものと知識とは直結していない。そこで、状況を考え、手掛かりを掻き集めて推論してつなぐのであり、見える内容のうちの最も有力な手掛かりが色なのである。いや、その広がり具合や形やらを含めれば、見える内容の積極的なものとは色でしかないのだから、これが「自然な」手掛かりになる。

そうして、「考え」「頭脳を回転させ」手掛かりを基に推論することが必要なので、これをファインは「骨の折れる解読作業」「骨の折れる認識の重労働」だと表現した。しかるに、これが「本当の意味での見ること」であるはずがない。写真を見て、映っているのは何かが分かるか、という特殊な場面ではあるが、メイには次のような思いがよぎった。

> 正解できたことはうれしかった。しかし［中略］自分がやっていることは本当の意味で「見る」という行動ではない。［中略］こんなに骨の折れる作業であるはずがない[52]。

では、「普通に見る」とはどのようなことか。メイが色を情報として用いることで見えるものが何なのかが分かる、そういう仕方で見るのとは違って、すぐさま何なのかが分かる仕方で見ることなのである。ただし、「何なのか」の知識ということに焦点があるのではない。たとえば「カラフルな図形が描かれたキャンバスのようなものとして見える」のではなく、「幾つかの商品ないし箱が並んでいると見える」というのを「普通に見える」と表現している。それら見えるものを「商品」として理解できるか「箱」として理解するだけなのか等は問題ではない。小さな子どもはいろいろな物が何なのか知りはしないが、だからといって物を普通に見ていないわけではない。

(3) 空間規定の統合・動くもの

ここで、驚くことに、メイが「呪いと化しそうな贈り物」を、本当に素晴らしい贈り物へと変身させることに成功した、その場面を考えてみる。メイは、見えることに伴う混乱や負担というマイナス面を克服していったのである。どのようにしてか。

最初は、目が見えるようになったメイが試みたことをみて、それから、どうしたか、経緯をみる。

これまで八ヵ月、動きと色という得意分野の水準まで視覚全般が追いつくのを待っていた。そういう待ちの姿勢を取ってきたということは、裏を返せばまだ頑張りが足りなかったと言えなくもない。猛烈に頑張れば、ひょっとすると視覚が改善するかも知れない。

［中略］

51　同、二四〇頁。
52　同、二二七頁。

猛烈な集中力を振り絞ってものを見ようと試みた。視覚以外の感覚をすべてシャットアウトし、目の前の映像が正体をあらわす以外にないようにしようとした。だが、この試みは大惨敗に終わった[53]。

そこで、発想を転換した。

目が見えなかったころに使いこなしていた能力を最初に用いて、その後で視覚で空白を埋めるようにしてはどうか。もう一度、失明者に戻ることによって、ものを見る方法を学ぶというアイデアはどうだろう[54]。

この発想に従ってメイは、自分が既に知っているのではない初めての場所、空港のラウンジで試してみた。「視覚情報の洪水が目に押し寄せるはずだが、それを解明しようとするのではなく、まずその前に部屋を歩き回ってまわりのものに触り、音の反響に耳を澄ませる。その後で、そうした確実な情報と視覚的情報が一致するかどうか照らし合わせる[55]」、そういう方針である。だが、最初は失敗する。

ラウンジに足を踏み入れると、いつもと同じように色と形が飛び込んできた。いまはじっとしていろとメイは自分の視覚に指示したが、おとなしく待ってくれない。触覚や聴覚を活用しようにも、その前に四方八方から世界が目に押し寄せてくる。［中略］これまで経験がないほどへとへとに疲れていた。

だが、メイは諦めない。

次の挑戦の場に選んだのは、商談をおこなうホテルの会議室。部屋に入るなり、杖を右に左に動かし、カーペット、椅子、テーブル、壁を探り当てた。電話の受話器、ペン、メモ用紙を手で触り、電話線を手でしごき、自分の声が物体に反響して返ってくるのに耳を澄ませた。目に流れ込んでくる視覚的情報のことを考えずに、こうした作業をするように努めた。視覚以外の感覚に、自然に仕事をさせた。するとある瞬間を境に、その空間がさまざまな形と色のおもちゃではなくなった。まちがいなく一つの部屋、それも会議室に見えてきた。すべてがしっくりいった。〔中略〕部屋の中のものを見るのに、どれ一つとして苦労を要しなかった。目が見えなかったときと同じやり方で周囲の状況を理解しようとするだけで、視覚を通して「見る」ことができたのである。その後も、視覚を脇役に回し、そのほかの感覚を情報処理作業の先頭に立たせる練習を続けた[56]。

さて、メイが成し遂げたことを著者のカーソンは、「視覚情報」（ないし「視覚的情報」）「情報処理」の言葉で叙述している。メイ自身（といっても著者カーソンの叙述を通してのことだが）「視覚情報の洪水」と言っている。「視覚情報」と言う言葉は、「見える内容が、何か実在するものについての情報をもっているはず」という考えにおける「見える内容」そのことを指して使われている。（生理学や脳科学では、この意味で使われもするし、網膜像や電位変動などの形式を取るものも「視覚情報」と呼ばれる。本節(1)での注意を想い起こそう。）けれども、普通に見るとは「情報の解読」をすることなしに見ることではないのか。解読しなければならないことこそ「途方もない重労働[56b]」の正体なのだから。だが、そうだとすると、普通に見るとき、見える内容は、もはや「見えるべき何か」の手がかりとしての情報ではない、と言うべきではないか。手がかりなしで既に見え

53　同、四〇二―四〇三頁。
54　同、四〇四頁。
55　同頁。
56　同、四〇五頁。
56b　同、三九五頁。

ているのである。（もちろん、見える内容を手がかりとする、何かの情報とする経験で私たちの生活は満ちている。足跡が見える、猫が左手から来て、あちらの方角に歩いていったに違いない、黒く雲が立ちこめているのが見える、直《じき》に雨が降るかも知れない、苺は赤い、きっと甘いだろう、という具合に。——それぞれ、前項の「見える内容」は後項についての情報をもつものとしての位置を占めている。——ただし、それは普通に見ることができた上で、更に重ねる経験である。翻って、カーソンが語っているのは、普通に見るときに手に入るはずの事柄についての情報という資格で、「或る独特な仕方で見えている内容」を解読することの方なのである。）

では、どのような仕方で見えるときが普通に見るときなのか。安定した空間規定を携えて見えるとき、というのが、その答である。筆者は、情報解読というような概念を使わずに、次のようにまとめるべきだと考える。メイは、視覚の世界を触れる世界や音の世界などと一致するように手なづけることによって、視覚に本来の役割を果たすようにさせることに成功した、と。では、この一致とは何か。異種の知覚がそれぞれに携える空間規定の一致に他ならないと、筆者は解釈する。まさに前第5章で論じたことである。

一般に、知覚空間とはどのようなものか。体からさまざまな方向へと広がる空間であり、その中にさまざまな物が分離的に位置する空間である。メイにあって、始めは、視覚はそのような空間性を獲得し損なっていた。見える内容は不安定な空間性をしかもたなかったと、筆者は表現したい。そうして、このように空間規定に関して不安定な視覚内容は行動の役に立たない。しかるに、見える内容の不安定な空間規定を、他の知覚が携える空間性（特に触覚の空間性、従って結局は運動の空間）に統合することで、視覚はもつべき空間性を携え、突然に普通に見ることが生じ、色などは整理済みのものになるのである。そうして、普通は（メイなどの場合と違って、赤ん坊のときから徐々に見ることを学んだ人にとっては）聴覚や嗅覚の空間性と比べて、視覚の空間性は極めて堅固なのである。

先に紹介した、息子が蹴るボールをメイが足で受け止めたり、手でキャッチしたりする場面で、ボールがきちんと見えるとは、その空間規定とともに見えるということである。そして、その空間は行動する空間でもあるのである。

では、ボールの場合、どうして普通に見えたのか。（普通に見えたから、解読の作業は必要なかったことに注意したい。解読しなければならない情報などないのである。最初から、「解読が必要な場合に解読が到達すべき事柄」が見えることに含まれている。もし、第2章第3節(14)で検討した意味での「見ることによる情報の取得」を言うなら、それは、解読しないうちには内容が分からない情報ではなく、必要なことそのことが直ちに手に入っている情報のことなのである。取り違えないようにしよう。）

ボールは動くものである、ということが答である。先にみたが、メイは、視覚において分かりやすいものとして繰り返し、色と動くものを挙げていた。動くものについては、更に、「子供たちを見るのは好きだった、動くものは見えやすかった[57]」「動くものを見るのは得意なんだ[58]」などの叙述をあちこちに見つけることができる。

けれども第一に、いま述べた事情ゆえに、「動くもの」と「色」とは同列の事柄ではない。色は解読に役立つ有力なヒントとなるものである。分かりやすいという、見える内容のうち最もはっきりしたものという意味である。対するに、動くものは解読とは無縁である。

しかし第二に、「ボールは動くものだからだ」は、ボールがさっと見分けがつくことの本当の答になっているだろうか。ボールはなぜ上手に見ることができたのか、という問いに対する答としてはよいだろう。そして、メイ自身がその答の正しさにお墨付きを与えている。しかし、求められている答は先送りされている。

次のように考えて、答えなければならない。

動くものが空間を必要としているのは明らかである。そうして、それは場所から己を分離して見せる。己を一つの何かとして示すわけだ。見えているもの全体が溶けあって見え、物と物との境界があるはずなのに分からない、という状態から、動くものは自ら脱してくれる。視覚内容が不安定な空間規定しか携えていなかったときも、動くものは、その動きによって、そのものが位置する空間を顕わにしてくれるのである。動くことで見えるものの位置が変化するということはネ

57　同、二二八頁。
58　同、三〇五頁。

ガティブなことではない。逆である。

(4)成熟した知覚——色(知覚的質)と物象(知覚対象)・安定した空間規定——

成熟して安定した見ることとは何を見ることか、どのように見ることか、これを考えるために、次のメイの経験を検討してみる。

子供部屋は新しい惑星だった。どこを見回しても、色とりどりの謎めいた形のごった煮がベージュのカーペットに溶け込んでいる。[中略]毎晩息子たちに片づけなさいと命じている物体の数々にちがいない。しゃがみ込んで、ごちゃごちゃした形が散らばっている一帯に目を凝らした。数分かかって、横長で車輪がありそうなものを見つけ出した。手で触れると、とたんにそれがお目当てのものだと分かった。すると、その物体ははっきりとトラックの形をなしはじめた。運転台の赤い色が天の啓示のように、目に飛び込んできた。[59]

このとき、最初は「見えているものが何なのか」は分からないのだけれども、それが何なのかが分かった途端に見え方が変わっている。あるべき「見え方」が手に入ったのではないのか。

叙述されている事態では、前もっての知識も触れることも役割を果たしているが、それらは解読の手掛かりとして働いたのであろうし、その点、見え方が変わる前の見える内容も手掛かりであったはず、ということと変わりない。そこで、あるべき見方の成立の中心にあるのは、色が物体に、他のものから区別されて一つのものとして見える物体に貼り付く瞬間だと、筆者は解釈する。では、色が物体に貼り付く見え方とはどのような見え方か。それが前項(3)で述べた、見えるものが安定した空間規定を伴って見える見え方に他ならない。肝腎なのは、その空間規定とは、諸物体が奥行きある空虚な広がりの中に散らばって見える、そういう空間規定だ、ということである。(空の青さの場合、これは更に先の奥行きがない背景だから、青いという色が物に貼り付くわけではない。それから、光源色や透過色をどう考えるかという問題があるが、ここでは考察を割愛する。ここで注目したのはいわゆる物体色である。あれこれの物体の空間への散らばりが確定しないと、見える世界は浮遊してしまうので、物体色が重要なのは間違いない。）

そうして、もし最初から貼り付く仕方で見えていれば、解読の作業は要らないだろう。また、いったん、こういう見え方ができてしまえば、解読作業で動員された理屈で支えてもらう必要は、もはやない。手を突き出してもぶつからず、向こうに突き抜けてしまうグレーに渦巻いて見えるものは、湯気に違いないと解読できたとしても、その見え方が変わるわけではない。相変わらず手応えのありそうなものに見え続けるのだろう。スキーのとき、暗い色はリフトの影かなと推論し、あるいは自分にぶつかってくるスキーヤーかも知れないと思っても、それらの推論、判断がどちらになろうと、暗い色の見え方は変わらない[60]。

ここで、色や音、匂いなどの知覚的質を、痛みや痒さなどと一緒に〈感覚〉と規定し、「心の中で」生じるものであり、従って広がりをもたないと特徴づける考え、曖昧さを抱える流布した考えをお払い箱にしなければならないと、第4章、第5章を中心に繰り返し述べてきたことを、改めて主張する。

三点がある。一つは、色や匂いなどの「知覚的質」を、痛みや疲労のような「体の感覚」ときっぱりと区別すること。二つめ、「知覚的質」という言葉には、「知覚」という、より広い事柄の中でその「質」という側面に着目しているのだ、という含意があるが、この側面を具えた、より広いものとは何かと言うと、それこそが成熟した知覚での「知覚対象」であること。そうして知覚対象とは、本来は行動対象となる可能性をもつものとして知覚されること、これが第三のことである。（繰り返すが、色をどうにかしたければ、色をもつもの、あるいは光を相手にするという迂路を必要とする。音の場合だと、音を出すもの、

59　同、二三五頁。
60　同、三〇一―三〇四頁。

あるいは空気を相手に何かをなすことで、音を間接的に操作する。これらの場合で、行動ないし操作の直接の対象となるものこそ、知覚のターゲットだ、ということである。そうして、色や音はこのものが知覚されるときの性質だ、ということになる。）

この第三のことは敷衍《ふえん》すれば、知覚対象と体とは同じ一つの広がりの中に位置するということであり、知覚空間は体の外に広がるものだということである。なぜなら、行動対象とは体でもって働きかける相手のことだからである。（押し倒すとかの接触を必要とするような行動ではなく、言葉によって働きかける人間という相手が行動対象の場合でも、言葉を出す口をもった人の体と、その言葉を聞く人の体とは同じ広がりのどこかに位置しているのでなければならない。）

一つめの、「知覚」と「感覚」とに関する概念規定と言葉遣いとについての考察は、第4章第1節で行った。第二と第三の点について、更《あらた》めて一緒に解説する。

色や匂い等が、見る、嗅ぐ等の対象、知覚対象ではないか、という意見が出るであろう。しかるに、この意見と、色や匂い等を〈感覚〉の概念で押さえ、広がりを認めない考えは連動しているように思われる。しかし、さまざまな知覚的質はそれぞれの空間規定をもっており、しかもそれらはすべて一つに統合される。なぜなら、どの空間規定も体を基点（起点）に、方向の差と遠近から成るという共通性をもち、異種の知覚の空間規定すべてが同じ体を核に重なるものだからである。ブーという音が右手背後から聞こえ、段々に近づいてくるし、匂いが前方からしてくる。丸い緑に黒の縞が、茶色で平に見えるものの手前に見える。触れてすべすべして冷たいものは、体からの距離は零だとしても体に外在的で、体のどの部位で触れているかという空間規定をもつ。（体そのものが、体の重さを受け止め、地面を踏みしめる足が下部、食べるものを呑み込む口や見る目がある側で、動きやすい方向が前部などの空間規定をもつ。）甘く溶けてゆくものは、口の中で味わわれるのではあるが、呑み込まれるまでは体の外なるものである。そうして、体が運動するものであるゆえに、知覚空間は運動空間に統合されるべきものに他ならない[61]。

そこで、知覚における空間規定の定まりとは、原則として物体、広くは物象の定まりという意味をもつ。そうして、物象とは、異なる種類の知覚よって異なる知覚的質を通じて捉えられるという可能性をもつもので、これらこそを知覚対象と呼ぶ方が適切である。すると、色や匂い等の知覚的質は、この知覚対象、たとえば林檎の性質という位置づけを得る。（このことと、色は林檎というものではなく、林檎で反射する光の事柄だ、という考えとは両立する。第1章で考察した。）

そこで実際、目が見えるようになったメイが、あるべき仕方で見ることができるようになったときとは、色が物の色として見えるようになったときである。たとえばクリーム色が、自分の声を反響させる壁の色として見える、これが本来の見ることである。そうして、見えるものと反響音の出所とが同じであるとは、視覚の空間規定と聴覚の空間規定とが一致することにおいて達成される。

もちろん、各知覚に特有の内容にこだわることはできる。実際、視覚の空間規定が非常に不安定で苦しんだ時期のメイにあって、失明していたときには想像もつかなかった「見ることによってのみ経験するさまざまな特有の内容」はあったのである。そうしてその内容を、先にみたようにファインは抽象画のようなものだと考えた。しかし、メイにしろヴァージルにしろ、奥行きが掴めないとき、だからといって、代わりに絵のような安定した平面が見えるわけではないのには注意しなければならない。小鳥が直ぐそばに寄ってきたと見える、高層ビルがいまにも倒れそうにのしかかって見えたり、道路標識が路面に置いてあるように見え、車に激突するのではないかと通過する寸前まで心配しなければならない仕方で見えたりする、それらの見え方は普通ではないが、それでも三次元で見えるのに変わりはない。

それから、次のような経験も記されている。

［妻が運転する車の助手席で、メイは］目で見たものに手で触れたいと強く感じた。しかし車のウィンドウにさえぎられていては、なすすべがなかった。こんなにいろいろなものが見えるのに、ガラスの中に閉じこめられていて、目

61　統合の失敗については本章第5節の後半で論じた。車のサイドミラーの中に広がって見える空間の特殊な仕方での統合などについての議論は、前掲『音の経験』第7章を参照。

に見えるものにどれ一つとして触れることができない。なんとも奇妙な気分だった[62]。

以上に述べたような見え方の場合と、メイが苦労して獲得し、私たちが当たり前のごとく経験している標準的な見え方の場合と、両方に共通なのは何か。見えるものは光という媒体を通して体と交渉関係にあるもので、場合によって行動の対象となるものだ、ということである。これは先に指摘したことの第三点に他ならない。そうして、見えるものと体との距離が大事、別の言い方をすれば奥行きが大事なことを示している。遠くにしかいない小鳥が少し近づくだけでとびすさるヴァージル、影を避《よ》けようとするヴァージルにとって、見えるものとは、単に見えているのではなく、必要に応じて対処しなければならないものなのである。ただ、対処がうまくゆくには、見えるものの空間規定が適切なものでなければならないが、その空間規定が不安定なのである。別に平面であるわけではなく、三次元だけれども不安定なだけ、と言っていい。

こうして、視覚の対象は色ではない。色と形であると言っても足りない。色や形をもったもの、空間規定によって定まる物象である。そこで、抽象画を見るというのは特殊な見方、しかも高度な見方であることに注意する必要がある。それは物体からさまざまな色と色のそれぞれが引き連れる形、そうしてそれらの配置だけを抽象して楽しみ味わうことだからである。なお、これまでも折に触れて指摘してき、本節(6)で再度考察するように、抽象画ならざる絵、具象画や、写真や図を見るというのも、抽象画を見るのとは違った仕方での高度で特殊な見方である。

そうして、以上の点を念頭に置くと、基本的な働きをしている場合の聴覚という知覚の対象も音ではなく、音を出すものなのだ、ということが納得できる。背後から近づいてくる音を聞いて振り向き、車を避ける。鳴き声を頼りに子猫を探す。異常な音で機械の不具合を見つける。すべてで、聴覚は音の出所へと向かっている。音楽の音を聞くような経験は、抽象画を見るのと同様の、より高度な経験なのである。

(5) 現われる仕方で存在するものを捉えること——現われを越えるものと想像の契機?——

こうして、一つの種類の知覚の対象は、行動の対象や、他の種類の知覚の対象ともなる可能性をもつものという資格を携えるのであり、色や音、匂い等の知覚的質は、その対象の一つの側面でしかない。メイが、「混乱した洪水とでも形容すべき仕方で見える内容」を手なづけたときに見えてきたものとは、或る意味で「見える内容を越えているものとして見えている」のである。矛盾的表現だが、「純然たる見える内容の中には不在であるものをも見る」ことに成功することが、あるべき見ることの成立なのである。

手術して見えるようになったばかりの数ヶ月、彼は悪戦苦闘して見える内容を分析し、解釈し、それがうまくいけば「何が見えているのかが分かる」のであった。解釈の結果を含み込んだものへ、つまりは見える手がかりである見える内容を越えたものに到達することが、見ることを流産させずに成功させることであった。全き仕方で見えるもの、それは色であり、かつ色に尽きぬもの、それは色を一つの性質としてもつものである。

ところで、色に尽きず色を越えたものにどのようにして到達するのか。既に筆者は、見えるものの空間規定という答を出した。あと少し、考察を進めたい。

次の二つの表現を取り上げよう。二番目のものは先に引用したものである。

> 売り場でメイは目を凝らし、手で触り、予測を働かせ、想像力を駆使し、推論を組み立てようとした。しかしこの店の中のかなりの空間は、相変わらず明るくカラフルな図形が描かれたキャンバスのままだった[63]。

> しゃがみ込んで、ごちゃごちゃした形が散らばっている一帯に目を凝らした。数分かかって、横長で車輪があり

62　前掲『46年目の光』二一〇頁。
63　同、三一九頁。

そうなものを見つけ出した。手で触れると、とたんにそれがお目当てのものだと分かった。すると、その物体ははっきりとトラックの形をなしはじめた。

ここで筆者は、予測、推論、解読などはすべて想像の或る仕方での働かせ方だと考える立場から、一つめの引用文における「想像力を駆使し」という表現に重きをおいて、二つめの引用文に関し、次のようにも一応は言ってみたい。おもちゃのトラックが形をなして見えるようになったときとは、想像が現実になったときというふうにも言えはしないか、と。ただし、その想像の内容とは、見えるときにはどのように見えるかについての想像ではない。どのように見えるかが想像できるくらいなら、最初から現実に見えるだろう。この場合の想像の内容とは、見えること固有の現われを越えた部分であり、視覚において現われる仕方で存在するものの方であった。いわば「生の見える内容＝視覚にのみ与えられる現われ（質）」は見えることそのことのうちにある。けれども、その見えているものが何なのか分からないというのは、単純に「何」に関する知識がないということではない。「現われ」に或る「存在するものの現われ」という性格を与える「存在」が掴めない、ということなのである。そうして、その存在は見る側の体と同じ存在資格をもつべきで、体と同じ空間で、体との位置関係がはっきり分かるものでなければならない。（存在概念の源泉は体の存在の経験にあるという重要な論点については第4章第2節（1）および第5章第1節（2）で論じた。）そこで逆に、見えるものが安定した空間規定を携えて見えるとは、見ることが存在するものを捉える仕方で成立しているということなのである。

こうして、トラックが形をなして見えるようになるとは、見え方が変わったのであるが、その核心は、「単なる現われが見える」ことから「存在するものが見える」ことへと移行したと言ってもいい。差しあたりの表現として採用した「想像が現実になる」仕方で見えるようになったということは、今や正確に言い直して、現われによって存在するものを捉えるという知覚一般の構造をメイの視覚も獲得したということであり、その存在が何なのかは、この構造に含まれる要素と位置づけるべきである。

だから、また、直ぐに注意しなければならない、普通に見ることは最初から「見えることに固有の現われを越えて存在するものが、今はその現われる仕方で存在している、その様を見る」という構造をもっていて、想像を必要としない。メイが普通に見ることができるようになったときとは、分析その他の作業なしで、想像力を駆使することもなく、最初から難なく物が見えるようになったときなのである。この「物」を「商品」として理解するか「箱」として理解するかの違いは（同じことだが、「物」についての知識がどのようなものであるかは）重要ではない。

（ただ、再度、普通の知覚の成立は表立つ想像の働きは必要としないにしても、成熟した知覚の成立のうちには、同時に――想像の十全な働きではなく――想像の萌芽が潜んでいると言ってはならないだろうか。楓の幹の向こうに紫陽花の茂みを見るとき、幹で隠れた部分がつながった一纏まりの茂みを見るのであり、隠れた部分は想像しているとも言える。このような見方から、尻尾《しっぽ》を見るだけで頭もあるはずの猫を見ること、匂いを嗅いでカレーを想うこと、赤い苺を見て甘さを想うことは連続している。そうして、黒雲に雨を想う等の、十分に羽搏《はばた》く想像が引き続くのである。また、言葉という聞こえるものがさまざまな意味を連れてくるようになるし、言葉は内語の形で各人に、知覚から解放されたかのような想像の世界を開くのである。）

ただし、そのような見ることは成熟した見ることだ、とも言える。そのうちには、触覚の内容となり得るものなどが、言い換えれば、視覚的質を越えたものが含まれている。その含み込みは、記憶や知識の介入を別にすれば、視覚対象が、諸々の物が空っぽの空間に散らばっている視覚世界の一員として、まさにその世界＝空間の何処かに位置するものとして見えるという適切な規定を手に入れることにおいてなされると、こう筆者は総括する。

(6) 奥行きを見ること――写真や図に奥行きを見てとることとの違いを通じて――

さて、安定した空間規定をもって見えるとは、体との位置関係が明瞭であるものとして見えるということだが、その位置関係の中で最も重要なのは、奥行きという規定である。そこで、第2章からずっと問題になってきた、見える内容における奥行きについて、もう一度考えてみる。

奥行きを見るとはどのようなことか。物の奥行きが見えること、つまり立体的な（三次元の）物が、その前面は近くに見え、そこから遠い方向へと向かう方向の次元を具えたものとして見えること、このことをまず思いつく。第2章第2節（3）で紹介した脳科学者、藤田氏が、二次元情報からの三次元構造の「復元」ということを言うときも、このことを念頭においている。けれども、見えるものが体から離れたところに見える、目の前、前面方向に見えるということの方が基本なのである。

動くものである体は、少なくとも極近傍《ごく》の周りに空虚を引き連れていると、そのようにしか経験されないと、第4章第4節（4）で指摘した。（ただし、体を支える地面等は空虚ではない、これまた一つの重要事である。）そうして、目は頭部にあって、体自身が定める方向のうちの上部（高い位置）で前部にある。前部には空虚がある。見えるものは、場所によっては僅かなものでしかないかも知れない空虚の一部を満たすものとしてしか見えない。別の言い方をすれば、どういうものでも目に貼り付いて見えるということはない。

藤田氏は、写真の映像という平面的なものを立体的なものとして見る、これと同じような課題が、一般の見ることにも課せられている、そして、そこに奥行きが見えることのポイントがある、という考えを示していた。しかし、写真の映像がどう見えるかの前に、写真の紙を見ることが先だ。しかるに、その紙は目から離れた位置にしか見えない。紙が平面に見えるとしても、また紙上の映像が平面にしか見えないのであれ立体に見えるのであれ、紙の平面は、（薄いけれども僅かにある紙の厚みがどう見えるかの話は無視してのことだが）必ず体の向こうに見える。その向こうとは何か。

体が歩み入ることのできる空間、少なくとも手や腕を少し前に突き出すことができる空間だということである。ただし、「歩み入ることのできる空間」とは、原則そうだ、ということで、見かけでしかないということもある。前章第5節（4）で、見えているものがどこにあるかの「見かけの」位置の可能性を話題にした。たとえば川底が浅く見える、川面《も》から近い位置に見える場合である。そのとき、反対の「本当に」川底がある場所ということで私たちは、「仮に自分の体がその場所を占めようとするとその体を本当にあるもの（川底）によって排除される場所、その場所を体は占めることができず、其処にあるものに接する（触れる）ことしかできない場所」のことを考える、という趣旨のことを述べた。現に体と場所を争うものがあれば、それはまさに体と接して体の在る場所の隣に在る。

　しかし、触覚による場合は別にして、知覚されるものとは、体から離れた場所に位置するものとして知覚されるのである。だから、その位置は可能的にのみ体が占め得る場所であるし、体がその場所に到達できたとして、その場所に知覚されたものが本当に其処に位置しているかどうかは別問題である。ただ、普通は、知覚されたその時点では其処に在る、このように理解するように知覚の機制はなっている。そして、知覚の機制がこうだとすると、これで大抵は十分なのである。人間にとっては間に合うとでも言うべきか。間に合うとは、知覚されるものとの適切な関係をどう取るか、その目的のためには間に合うということである。浅く見える川底のような不都合な場合は、偶《たま》にしか生じない。（なお、音は回り込むゆえに、「音が聞こえてくる場所」と「音を出しているものが実際に位置している場所」にずれが生じる場合は、視覚において「見かけの間違った位置」が見えてしまう場合よりは多いようである。ただし視覚でも、星々が見える夜空の場所は私たちに馴染みのものであるが、星々が宇宙で存在しているそれぞれの場所を示さない。これについては本章第５節（４）でも取り上げたが、次章第１節（２）で、体の尺度という観点から考察する。）

　いや、鏡に見えるものではしょっちゅう人は見かけに騙されているではないか、と人は言うかも知れない。確かに。だが、いまの論点で重要なのは、鏡に何かが映っているのを見るなら、それらは奥行きをもった空間のあちこちに、より手前であったり遠くであったりして見えるということである。しかも、特に、人が鏡の枠に気づかずに鏡に映ったものを見るなら、そうして、見ている自分が映らないような角度から見る場合の方がいいが、そのときには鏡の中に見える空間は鏡の手前の空間の続きに見える。つまりは、鏡に見える空間は普通に見える空間と何ら変わりない。（実のところは、映っているものの範囲が広い場合には、もし鏡に映ったものと映像とを比べると、映像の方がより小さめに見えるし、奥行きも少し浅く見える。しかし、論点としては、こちらは重要ではない。）

　ただ、移動して行ってそちらに踏み込もうとすると、鏡面で妨げられる。だから見かけだと人は言うのである。だが、奥行きが見えることが、ここの論点では重要である。このことは、写真の像には奥行きが見えないことと対比させれば分かる。いや、庭の丸テーブルの向こうに立った女性の写真を見れば、テーブルが手前に、女性はその向こうに、女性の後ろには木立が見え、更に、写真の上部には、ずっと遠い背景として空まで見えるではないか、と人は反論するだろう。だが、そのように見ることは奥行きを見ることではない。

第2章第3節(13)で、猫は写真に像を見ないと述べた。紙としてしか見ないのである。ところがその猫は、立ち鏡に自分の像が映っているのを見て、一匹の猫を認める。映像である猫の方に前足を挙げてみたり、鏡の後ろに回り込んで確かめようとしたりする。鶏だって鏡に映った像を本物と見て突っかかる。鏡に奥行きを見ている。だが、写真の像に奥行きを見はしない。そもそも像を見ない。

藤田氏は、写真の銅鏡に出っ張りや窪みを見る理由を、脳は二次元の情報に「影の射す方向という手掛かり」を加えることで三次元構造を復元するのだ、と言った。出っ張りや窪みは、言うなれば一つの物体が単独で具える奥行きであるが、藤田氏はカニッツァの三角形を例に、二つの物体、「手前の物体と奥の物体」の見え方についても解説している。この図について氏は次のように言う。

> 中央部に三角形があり、それが三つの黒い円盤と大きな白い三角形を遮蔽しているように見える。そして、三角形の内側が外側より明るく見える。この知覚される三角形の辺の部分には、何も印刷されていないにもかかわらず、三角形の内側が明るく外側は暗く知覚され、その境界に輪郭が見える。このように、物理的には存在しないが知覚される輪郭は主観的輪郭と呼ばれる[64]。

そして、このように見える理由は、「手前にある物体の輪郭は見えるが、奥にある物体の輪郭は見えない」という拘束条件を、脳が、「手持ちの情報に基づいて見えるものがどのようなものであるかを復元する際の計算過程」に取り入れて

図　カニッツァの三角形

図形の中央に回りより明るい三角形が知覚される。この三角形とその周辺の間には物理的には存在しない輪郭があるように感じられる。

いることにある、と解説している。このことをまた、氏は、「「手前にある物体には輪郭が存在し、奥にある物体の輪郭は遮蔽されて見えない」という奥行き関係の物理的法則に従っているのである」とも言い換えている。余りに当たり前だが、見える・見ないは、物体の在り方に従属しているわけだ。

しかし、筆者は指摘しなければならない、この例では、主観的輪郭をもつ三角形Aと、円盤Bや黒い線で囲まれた三角形C（藤田氏は「大きな白い三角形」と呼んでいる）との間に距離が見えることは決してない。AがBやCの輪郭を遮蔽することとそのこととは同じではない。（「輪郭を遮蔽する」という言い方を藤田氏は、なぜ、しているのだろうか。「BやCの図形の一部を隠している」と言う方がしっくりする。B、Cが物体ではなく図形だからだろうか。）それに、Aの三角形とCの三角形とではAがCの手前に見えるという言い方も頷けるが、Aと黒い円Bの関係は、Aの鋭い角（切っ先）が円を切り裂いていると見えなくもない。その場合なら、AとBとに前後の関係はないわけである。そして、このような不安定さは、図ではなく物体を見るときには生じない。

とは言え、写真の像の場合には、こういう不安定さはないので

64　前掲『「見る」とはどういうことか』七五―七七頁。図も同書による。

はないか、と人は指摘するかも知れない。カニッツァの三角形は技巧的な例なのだ、ただし、視覚の構造を明らかにするのに役立つから話題になる、と。筆者も、この役立つことに異論はない、このことは言っておかなければならない。その上で、考えるべきことはいろいろある。

確かに、先に挙げた写真の例で、テーブル、女性、木立、空という順で、手前から奥のものと見える。しかし、本当の意味で奥行きを見ているのではない。

まず、この見え方が高度な見方であることから確認しよう。猫や鶏にはそういう見方ができないことからも、そうに違いないと思えるが、単純に考えて、写真に像を見るには、写真の紙を見つつ、それに加えて、写真の紙とは別のものを見ることができるという二重性が必要なのであるから、高度な見方である。因みに鏡に映った像を見る場合、この二重性はない。むしろ、鏡は見ない、見えないというのが映像を良く見る条件である。鏡の映像の見え方は基本的には、普通にいろいろなものが見える見え方と同じである。

写真に像を見ることの高度さとは何だろうか。

普通の見え方と写真の映像の見え方とが違うところを探してみよう。何が違うか。

写真が机の上に置かれているが、その写真には、「或る一枚の写真が或る部屋の机の上に置かれている様子」が撮影されているとする。また、厚みのある本も机の上にある。さて、机に向かう椅子に座った私には、写真の紙と本と机と床が一緒に見える。紙と本は机の上に、その机(紙と本が載った机の上面)と床とは奥行きの方向に離れてあると見える。しかるに、写真と本とが見えると単純に述べているが、実は私は写真から本へと視線を移動させている。眼球だけでなく、首や頭も動かしているのが普通だが、その移動に連れ、本の厚み(ないし高さ)ゆえに本が隠して見えない机部分がほんの少しだけ変わる。そうして、置かれて机に接している本の縁と机との境は変わらずに見える。他方、写真の紙と机との関係(見える内容における関係)はさほど変わらない。写真(紙)は相変わらず机の同じ部分を隠し続ける。では、机の向こうの床の見え方はどうか。見る私がほんの少し頭を巡らすだけで随分と変わる。隠されていた部分が見えるようになったり、逆に、見えていた部分が机に隠されて見えなくなったりする。

ところで、そこに窓から強風が吹き込んで写真が飛ばされて床に落ち、私がそれを拾おうと机の向こうに回り込み、机より低い位置に移動する。と、見える風景は一変する。机の脚《あし》が目のすぐ前に見えてき、その脚の向こうに床板の真っ直ぐで長い線が粋筋も入った床が見えるが、床が見えてくるとき、床が机の脚に対して動くと表現すべきか、脚が床に対して動くと表現すべきか定かではないが、ともかく相互に反対方向に動く仕方で見えてくる。その動きは、見る私の頭の動きと連動している。はっきりしているのは見る私に近い脚の見えは頭と反対方向に動くことであり、他方、床の見えは余り動かず、ただ相対的に脚とは反対方向に動き、従って頭と同じ方向のようでもあり、いや、脚よりはずっとゆっくり脚と同じ方向に動いて見えるのに、脚の大きな動きのお陰で、ともかく脚とは反対方向に動いて見えるのか、そういう具合である。細部はどうでもいい。重要なのは、動きがあって机の脚と床との位置関係が変化して見えることである。（この「見る側の動きによって生じる見えるものの動き」を、メイが「動くものは分かりやすい」と言っていることと関係づけて理解してもよいかも知れない。）

このような見え方を拡大して、そうだなと納得させる例がある。動く電車に乗っていて、車窓から見える線路脇の電信柱は凄い勢いで飛び去り、まあまあ離れた家並みはそれなりの速度で移動して視界から消えてゆき、ずっと遠くの山はかなりの間、見え続ける、これと同じである。そうして、電信柱は家並みの一部を、これら両者は山の一部を隠す。ただし、隠す部分は連続的に変化する。

こと細かに記したが、要は、普通に見ることでは、見る側の移動によって見えるものどうしの位置関係が変わるということである。更に少し違う例を挙げれば、樹木の多い庭の小道を進むに従って、離れて見えていた木と木との間隔が狭くなったり広くなったりする。（この基本に関しては、鏡に見えるものでも同じである。鏡を見る側の移動に応じて、あれこれの映像の位置関係が変わってゆく。私が立ち上がると、鏡の中で机――机の映像――によって隠れていた本棚の下部が――映像として――見えてくる。ただ、庭では目の前に見えていた木がいつか体の横に見え、後方に移って視界から消えるということがあるが、鏡に映っているものはそういう消え方はしない。このことと、鏡に見える奥行きある空間へと見る私が移動して行っても鏡面で妨げられることとは一緒のことである。ただ、鏡のところまでは私は移動でき、その運動空間は運動に先立って見える空間でもあるのだが、その見える空間としては実に鏡の手前と鏡の中とで連続している。鏡の映像を見るためには鏡を見ないという条件があると述べたことと、この連続性があることとは同じことの違った方面からの表現である。）

ところで、以上の筆者の叙述は、最初から三次元に見えることを前提して初めて理解してもらえる叙述になっている。だから、奥行きを見るとはどのようなことかの説明にはなっていない、先取りした前提を承認しているに過ぎない、と思われる向きもあるだろう。いや、そういう印象があるかも知れないが、筆者が指摘したいのは、見える空間と運動空間との不可分の関係であり、この関係が表に出ることと奥行きある空間が見えることとは同じことだ、ということなのである。

見る私の動きによって変化しない、見える写真と机との位置関係、あるいは本の縁と机との境界線があり、対するに、机と床との位置関係の見えは大きく変わる。この対照が語るのは、写真と机、本と机との間には空間が見えず、机と床の間には空間が見えるということである。空っぽなのだから何も見えない、と言ってはいけない。私たちは空っぽである空間を見るのである。奥行きを見るとは、物を立体（三次元のもの）として見るということだけではなく、いや、むしろ空っぽの空間に遠近さまざまに物が配置されていることを見ることである。

空っぽの空間と物体との違いがあるのはどうしてか。次章でみるように、一般に知覚の内容は体を尺度として規定されていることに、その理由がある。そこで、見える積極的なものとは体こそが典型であるようなもの、体に類比的なものであり、空っぽの空間として見えるものは体がその中で運動できる空間なのである。この知覚の論理が、見る側の運動によって見えるものどうしの配置が変化することにおいてあからさまになっている。

他方、写真を見ると、「床の手前に机があり、机の上に写真（写真という紙、紙片）が載っている像」が見える。この「手前」とか「載っている」とかの表現が含意しているように、幾つかの像は手前から奥へと並ぶように見えるのは、一度《ひとたび》①紙の像や②机の像、③床の像というものを認めることができるなら、その条件で、①が②の一部を、②が③の一部を隠すように見えるからである。けれども、写真を真上から見ようと斜めから見ようと像の見え方に変化はない。紙片（紙片の像）と机（机の像）とが接したままに見えるのと同じく、机（机の像）と床（床の像）も接したままに見え続ける。だから、直接に机や床を見るときのように両者の間に空っぽの空間を見るわけではない。（見る私が写真の裏側に回り込んでも、像の裏側が見えてくることもないことにも注意しよう。）そこで、写真では奥行きを見るのではない。紙、机、床が手前から奥に並んでいるように見えるだけである。特に、机と床の間の空間（机の像と床の像との間の空間）について言うなら、それは想像しているのでしかない。

（そうして、このような違いがあるゆえに、写真や平面上での図を例に、見るとはどういうことか調べる遣り方については、幾つか注意を促す必要がある。一つには、物を見るとは、物と物との間の空っぽの奥行きを見、全体としてさまざまな物の空っぽの隔たりを含む配置からなる視覚空間におけるその位置とともに見ることなのに、このことが、写真や図だけを取り上げてその見え方を調べるのでは落ちてしまう。二つには、この調べ方では、見る側の運動については、視線がどの部分を見てゆくのかについては注意を払うことがあっても、普通に三次元の世界を見ているときの頭部全体や体の運動をきちんと考慮し、見ることにおけるこの運動の重要性を見失いがちになる。

第一のことと関連しては、次のことも考えねばならない。形の見えも奥行きの支配下にある。例として、庭の水盤を部屋から見ることを取り上げる。確かに水盤の上縁はほぼ楕円に見える。ただ、ここで重要なのは、水盤の上縁として見える楕円は平面上の楕円ではないということである。幾何学の概念を用いて言えば、長軸の両端に当たる部分は必ず体からほぼ同等の遠さに、しかし方向は少しずれて見え、それらより手前に楕円の長軸を挟む側の半分が——短軸の一つの端に相当する点が一番手前に見える仕方で彎曲しつつ——見え、もう半分は一端から向こう側に遠ざかって他端へと、絶えず方向と距離を連続的に少しずつ変える仕方で他端に帰ってくる仕方で見えるのである。要は奥行きをもった楕円が見える。小さな注意を加えれば、幾何学的に言えば厳密な楕円ではない。遠い側が少しだけ小さく見える。

そこで、しばしばなされるような、「見えとしての楕円は、実際の形状である円とは違う」という言い方は、事柄としては生じていないことを問題にしている。視覚の構造では、奥行きをもった楕円と奥行きなしの円とが等価であるということが重要である。――ただし、奥行きなしの円でも、見られるものとしては円周の各点は違った方向という位置規定をもって見える。――だから、奥行きが見えるということを、平面に描かれた楕円、すなわち奥行きなしの楕円が、奥行きのある円であるように見える場合をモデルに事柄を考えてゆこうとするのは、実際の順序の転倒であり、私たちの視覚の仕組みを或る仕方で目立たせるという役割はもつが、事柄の最も基本的な部分を見失わせる懼れがある遣り方である。この考察方法は、視覚対象の形だけにこだわって、視覚対象はそれが位置づく視覚空間の中に見えるということ、その視覚空間は体を起点としさまざまな方向へのさまざまな遠さでもって構成させているということをないがしろにしている。そもそも、図形が描かれた紙そのものが、机の上に、机の一部を隠しつつ厚みをもって見えているということ、これが先で、その前提の上で描かれた図形も見えている。厚みが見えるとは、物体自身が三次元のものとして見えるということである。対するに、図形には厚みがない。)

最後に、鏡の映像に返って、その見え方と写真の像の見え方との違いについて三点。第一に、鏡の映像の見え方は、以上に述べた「普通にものが見えるときの見え方」と同じで、鏡の映像でもちゃんと空っぽの空間性と奥行きが見えること。第二は、余りに他愛ないが、机がなければ机は見えないが、同じく、鏡に机の映像を見るには鏡に映る机がなければならないということ。また、第二の点に付随するが、第三の点として挙げれば、紙が風に吹き飛ばされると紙は動くと見えるのと同じように、鏡に映った紙の映像も、紙が動けば動くということ、更には、普通に見ることでも鏡の映像を見ることでも、場合によっては時間の推移に伴って別のものが見えてくること。

しかるに、写真の像は変化しない。見る側が動こうと、周りの事柄が変化しようと、それに連動して見えるものが変わってくることはない。

(7) 写真がもつ情報――像――

ところで、写真の像は変化しないゆえに、写真は過去の物事についての便利、あるいは貴重な情報源として用いられる。

その情報とは何だろうか。藤田氏なら、被写体の三次元構造の二次元情報だと、まず言うだろう。だから、情報には一部分が欠損している。けれども、さまざまな手掛かりで復元すればいい。

写真がもつ情報とはどのようなものかについて、情報処理および「或る光分布の再現、正確には、自然光の供給を当てにしての再現」という観点からは、第2章第3節(14)(15)で論じた。今は、写真を見ることで得られる被写体についての情報を考える。それは、被写体を直接に見ることで得られる情報との関係で言われるもので、いわゆる情報処理とは関係ない。(ここでいう「情報」という概念の内容については、第2章第3節(14)で整理した情報概念の一つとして理解していただきたい。)

被写体を直接に見た人が、後で写真を見て、直接に見たときには気づかなかったことに気づくことがある。これは注意深さの問題であったり、被写体の高速の変化、いわゆる目にも留まらぬ変化ゆえに直接には見損なったことを、写真では見ることができるという場合であったりする。(今は一瞬の変化をゆっくりと長い時間で見せてくれるビデオなどもある。)同じものを(直接に)二度、三度みれば、それだけ多くのことを見てとれる。ならば、写真は(被写体をたった一回限り撮ったものであっても)繰り返し見ることができるので、そのような仕方での情報取得を可能にしてくれ、だから、被写体を直接に見るときより多くの情報を与えてくれることさえある。

事情がこのようであるとすると、写真を見ることは被写体を直接に見ることの代わりになり、それゆえに写真は被写体の情報の担い手であるのか。そういうわけでもないことは、普通に見ることや鏡の映像を見ることと写真を見ることとの違いを指摘した前項での考察で明らかである。

いや、前項での考察を踏まえても、一瞬の見ることに限定すれば、写真を見ること(写真の紙を見るのではなく写真の像を見ること)がもたらす情報と被写体を直接に見ることがもたらす情報とは同じだと言ってもよいのではないか。(別種の情報概念をも用いて言えば、後者の場合ですら網膜情報という二次元情報から、物体の三次元構造を復元するのだから、そう言えるのではないか。)

だが、一瞬とは何か。本章第4節で、一般に知覚には探索的契機が含まれていると述べた。探索には僅かなりとも時間がかかる。一瞬で見てとると言う人も、視線を動かしている。(もし視線の動きなしで、しかも少し時間が流れる中で見るとすれば、見える世界の空間規定はぼんやりしたものになってしまう。)しかるに、写真を見る場合にも探索は必要で、この探索の中身が、被写体を直接に見るときの探索とは異なってくる。

やはり第4節で、壁を見るとき、あたかも視線で壁に触れるかのようであり、一般に物を見るとき、輪郭や表面を視線でなぞる、と述べた。そこで、被写体を直接に見るときには、視線は被写体の輪郭を追って奥の方に回り込んでゆく。近くを見ることと遠くを見ることとの違いははっきりしている。

では、写真ではどうか。写真を見るときの探索がどのようなものであるかを考えるために、カラー写真がどのようなものか、確認する。ピンぼけであれ鮮やかに被写体を写しとったものであれ、両方に共通に見えるのは色と形との配置だ。形を色の広がり具合が決めるものだと考えるなら、ほとんど色だけだ。そうして、その色は写真の紙の色である。ただし、もちろん紙は単色ではない。さまざまな色が広く、あるいは狭く、丸くあるいは尖った角を有して紙の領地を占有している。

ここで、スーパーマーケットでメイには「すべての商品が全部で一つのカラフルなコラージュのように見えた」ことを想い起こそう。その見え方は、写真を「被写体の像が写っているもの」と見ずに、「さまざまな色の模様がある紙」としか見ないのと似ていはしないか。そうして、そうだとすると、ファインが、メイに見えている世界は「抽象画のようなもの」と表現したことも言い得て妙だ、ということになる。しかし、それに対して筆者は、メイに見えるのは平面でしかないわけではなく、三次元だけれども不安定なだけと、そうして、不安定な空間規定性しかもたない視覚内容は行動の役に立たないとの解釈を示した。

そこで同様の論点だが、メイが特殊な視覚世界から脱して普通の視覚へ移行したとき、彼の視覚世界が抽象画の世界から具象画の世界に変わったというのではない。あるいは、ピンぼけの写真の世界から、くっきりと像を見ることができる写真へ移行したのではない。メイが最初にいた特殊な視覚世界はピンぼけの世界ではない。むしろ、遠くのものが普通の人に比べて驚くほどくっきり見える世界である。(「ジェニファー、あそこの木の中で動いている白いものは何?」とメイは訊ねた。

夫の指差すほうを見ても、ジェニファーにはなにも見えなかった。それでも目を凝らすと、遠くの高い木の枝に梟の尻尾の白い房がはためいているのがかろうじて見えた。ジェニファーが見て、どうにか見えるか見えないかという大きさだ[66]。」「視野がぼやけているわけではまったくないのに、見ているものがなんなのかはほとんどわからない[67]。」こちらの文は、「そんなことで本当にものを見ていると言えるのか」と続く。）

具象画、あるいはピンぼけではない写真を見るとき、視線は、「画用紙ないしキャンバスや写真の紙の表面」のさまざまな色彩が呈する形という輪郭（形の輪郭と言ってもいい）を追う。そして、何かの像を認める。それが像でしかないのは、視線は写真の表面をなぞるしかなく、色の形の輪郭を追うにしても、輪郭を追って遠くに奥の方に回り込んでゆくことはないからである。（前にも注意したが、彫像という種類の像の見え方は別様に考えねばならない。本書では割愛する。それから、実は輪郭の問題はここで述べているように単純ではない。「さまざまな色模様をした花瓶」の写真を見るとき、「花瓶の像をなす輪郭」だけが特別で、「色模様の輪郭」はそうではない。また、花瓶自身に花の絵が描かれている場合、その花瓶の写真を見ると、「表面に花の像が見える花瓶の像」を見ることになる。）

写真の紙を見つつ、像を見るという二重性において、前者の方が基本である。後者は加わるもので、より高度で、その見方は、人は学ばなければならない。おそらく知識の関与も大きい。（メイが、いかに知識を動員して「見えるだけの内容」を解読して「何が、どういう存在するものが見えているか」に辿り着こうとしていたかをも想い起こそう。）そうして、この学ぶ過程は、想像の働きとほとんど接していると筆者は考えている。学び終えれば、もはや想像的な要素は全くないかのようであるが、そのことに騙されてはいけない。それは恰度、庭で、猫の体の一部である胴体が木の幹に隠れ、四本の足もかなりの部分が草むらで隠れていて、人は頭や首、尻尾などしか見なくとも猫を見てしまうこと、このときに想像の働きの関与が

66　前掲『46年目の光』二四二―二四三頁。
67　同、三二八頁。

あるだろうに、その関与はなかったかのごとく目立たないことにも似ていると思われる。(前項では、机の像と床の像との間の空間を想像する、という話をした。ここでは、写真の色模様を机の像として見るときに、机を想像する働きの関与があるのではないか、という考察をしている。)

また、写真に被写体の像を認めることには想像の働きが関与していることは、私たちが僅か数センチの写真の紙のうちに、それよりはずっと大きいものである人や樹木などを認めるということからも窺える。(このこととの関連で考えるに、窓枠の内側に遠くの建物が見え、しかるに、その建物は窓よりずっと大きいはずだ、というのはどう理解すべきなのだろうか。見える大きさから実物の大きさを修正し、その修正にも知識と想像の関与があると言うべきか。次の状況を考えよう。窓から見える建物の屋根に黒い点のようなものが見える。すると、それが動き、飛び立ってこちらにやってくる。ぐんぐん見える大きさが増す。カラスである。このとき、カラスがどんどん大きくなっていると見るだろうか。また、私が部屋を出て、建物の方に歩いてゆく。建物の傍まで行くと、見上げなければ建物の上部は見えないくらいに大きく見える。遠くのものは小さく見えるというのはパースペクティブに関わる事柄である。そして、パースペクティブは体の動き抜きでは理解できない事柄である。カラスの側が見えている人の体の在る場所に向かって近づいてくるというのも、体の動きのネガみたいなものである。先に、風で机から吹き飛ばされて床に落ちた紙片を拾おうと動く私に、机の脚と床との位置関係がどのように変化しつつ見えるかを述べ、私は、紙片や机の脚、床などの物体だけでなく空っぽの空間をも見るのだ、と述べたが、パースペクティブはこのことと同じような事態である。――物体は体から離れた所に、体の前方に空っぽの空間を隔ててしか見えない、しかるに体が移動すれば、また、物体の方が移動すれば、その空っぽの空間の見え方も変わる。――翻って、写真の紙とそこに見える像との大きさの関係は、見る目の移動によって変わらない。なお、見えるものの大きさが体を尺度としていること等については次章で論じるが、視覚空間が運動空間に統合される仕方で見えるということが、見える大きさと実物の大きさとは違うのではないかという問題を既決の事柄とするのである。)

(8) 写真がもつ情報――色――

さて、このように考察を進めてきて、是非とも指摘すべきは、色の位置づけである。私たちは、カラー写真の方が白黒写真よりも多くの被写体についての情報をもっていると考えている。色は写真の紙の色でしかないのであるが、そう考える。（光と色との関係をどう考えればよいのかは、第1章第1節、特に（5）と、第2章第3節および第4節で論じたから、ここでは考慮しない。）

筆者が特に強調したいのは、写真が、被写体の形や大きさについて与えてくれる情報の有り方と、被写体の色について与えてくれる情報の有り方との違いである。別の言い方をすれば、写真の紙を見つつ、それに加えて写真の紙とは別のものを見る、何かの像を見ることができるという二重性の有り方が、写真という紙片上の色模様の要素としての形と色とでは違っている。（形は色の広がりが規定するのだから、色が基本だと言えるだろうが、二つは別様に働く。また、大きさは像という見え方ができて初めて問題になる事柄である。）

形は像という見え方に関わり、写真という紙の表面の模様から「何かの像」の見えへのいわば飛躍を助け、かつ、この飛躍ができたところで、その像の更なる肉付けを通じて何かがどのようなものであるかの理解を許す、という構造をもっている。そうして、像としての見えが成立するときに、写真という紙の表面の色模様はその像に貼り付く。

しかるに、写真には普通、一つの被写体だけでなく沢山のものが写っている。薔薇の灌木の横に女性が立っていて、足元は小径、小径に沿って草花があり、背後に木立、木立の高い枝の向こうに背景として空、そういう状況を撮影した写真で考えよう。

最初に、レンズに入り込む光の調節がうまくゆかず撮影に失敗した写真で、ただ赤茶色や黄色、青い色が写真という紙の表面に見えるだけという場合を敢えて取り上げる。何が写っているのか分からない。まるで、出来の悪い抽象画だ。なぜ或る色模様をした紙として見るより、抽象画のごときものとして見るかと言うと、紙を見るという態度（或る厚みをもった紙を見、偶々その表面が或る色模様をしていることにも気づくという見る態度）ではなく、紙の表面に見えるものに関心をもって見る仕方でいるからである。ただ、見えるものが具体的な何かの像としては見えないので、抽象画のようなものだ、というわけである。

（なお、一般に写真や絵などを見るというのはこういう態度で見ることだから、何度か指摘してきたように、単純に物を見ることからすれば純然たる「見え」だけを抽象する高度の見方なのである。普通に「物を見る」とは、「見えることに固有の現われを越えて存在するものが、今はその現われる仕方で存在している、その様を見る」という構造をもっているという結論に至った本節（5）の考察を想い起こして欲しい。それから、出来の良い抽象画とは何か、という興味深い話題があるが、割愛する。やはり度々触れたように、何かに見惚れる、音に心を委ねるなどの、行動との関係を離れた知覚様態があるが、この知覚様態を誘うものとして理解してゆくべきだろう。ただ三点を注意すべきである。一つには、見惚れる相手が一つである場合よりは、菜の花畑の黄色の広がりと空の青さ、更に点描的に見える樹木のこんもりした若緑と細い幹の茶色等、これらが成す調和的対比やリズムを美しく思うというときのように、さまざまな要素が全体としてどのような印象を与えるのかの方が重要だろう。それから第二点、見惚れるというのは自然の事象で三次元の場合にも多くあるのだが、絵画だと二次元である。それに、第三点だが、抽象画では何より、画家の表現、表出という創造的要素を考えねばならない。）

さて、このような撮影の失敗作である写真の場合、色は色として、その広がりとともに自己主張する。もちろん、さまざまな色の配置、模様という仕方でのことを含めてである。（写真の紙、すなわち厚みのある紙片を見ることに付属している色としてではなく、ということは、既に述べたように前提している。）

以上の事柄をも念頭に、撮影がうまくいった写真を見ることにおける「色」の検討に移ろう。

写真表面の色模様は、被写体の像のあれこれの色へと分かれて見える。緑色は薔薇の葉っぱの色、赤は薔薇の花の色、栗色は女性の髪の色、黄色は女性が着ている服の色、白っぽい茶は道、という具合に。ただし、注意するが、葉っぱの色として理解されるのであって、「見え」としては葉っぱの像の色として見えるのである。そうして、もう一つ注意するが、色という視覚内容に変化はなく、ただ、その色が写真の紙の色としてよりは、別の或るもの、被写体の色と理解されて見えるわけである。

ここで、メイに「すべての商品が全部で一つのカラフルなコラージュのように見える」「隣り合った物体の境界が溶け合って見える」という状態があって、結局は見えるものが何なのか分からない、さまざまな手掛かりをもとに解読の努力をしなければならない、しかも、努力空しく分からないということが多いことと、他方で、解読を要せず見えているものが何か分かるときには「色は物に貼り付いて見える」ということ、この二つの場合の対比を想い出したくなる。何かがずばり分かる見え方では、物は安定した空間規定をもって、空っぽの空間のあちこちに散らばって見える。並んで見える場合でも、境界は溶けあわず、それぞれの物は輪郭をもって見え、輪郭は色の広がりが終わるところであり、物の広がりが終わるところである。注意すべきは、色がどういう色か、色の内容は変わらないことである。これは、色は見えることにのみ固有の基本内容、要素であるということを証している。そうして、解読を必要とするときには色が最も分かりやすく「物体が何か」の手掛かりになるということは、その見えること固有の内容である色は、見る人個人に特有の事柄ではなく、物に帰属し個人にとっては外在的なものであると理解すべきものだということを物語っている。色を見ない人もいるし、色は色を見る人なしでは存在しないのであっても、見える以上は、そういう性格をもって色は見えるのである。

そして、以上を確認して写真に戻って問い直そう、写真という紙の表面の色は、被写体についてどういう情報を提供するのか。被写体の色そのものについての情報であると言うしかない。写真という紙片に何かの像を見、何かとは被写体のことであるなら、紙の色を被写体の色だと呑み込むしかない。

被写体についての情報を、像が与える仕方と、色が与える仕方とは異なる。二次元の像からは三次元の被写体を想像しなければならない。（復元ではない。）しかし、色は掛け値無しにそのまま被写体の色だと受け取る他ない。

色というものはそのように見るだけのもの、見える内容の原初的要素である。（だからメイは、色は運動するものと並んで自然に理解できる、と言ったのに違いない。）色が取る空間規定はさまざまである。成熟した視覚においては、空っぽの空間に散らばった物の色として物がある場所で物の表面の位置に、空のような背景としては最も遠くに、透き通ったガラスや水の色としては物の内部を満たすものとしてなど、いずれにせよ、或る安定した空間規定をもって見える。（視力を取り戻したばかりのメイでは、色は不安定な空間規定しかもっていないが、それでも少なくともメイの目の前の何処かという規定を携えて見える。）カラー写真では写真という紙片の表面の色として紙片が見える場所に見え、ただ、写真に被写体の像を見るという二重性をもった見る仕方のときには、この紙片の場所ではなく何処か別の場所にある物の色として理解される。そしてこの理解は、紙片のある場所に像の色として見えることと一体になっている。

繰り返し注意するが、被写体の色としては「理解する」とか「考える」という言葉を筆者は用いている。見える色の空間規定は此処、紙片が見える場所であり、紙片とともに見え、同じ場所に像が見え、すると色は像の色としても見え、しかもこちらに見る人の主たる関心がゆき、この色は、像が被写体の像である限りで、被写体の色として理解されるのである。

もちろん、写真に関する知識をもった人が、この写真は全体として青みがかっていると考え、だから、この葉っぱの色は本当はもう少し明るい黄緑に近い色ではないか、と想像することはある。しかし、この想像は、第1章第3節で論じた「色の想像」という主題の中で考えるべき事柄である。この想像する人は、どういうわけで写真は青みがかっていると判断したのか。たとえば白壁まで青っぽく写っているのがその証拠だとかのことがあるだろう。すると、実際に見た色と想い浮かべる色、記憶の色、想像の色、という問題群の中に入っているわけであって、その入り込みの状況から切り離して写真が与える被写体についての情報という資格では、写真という紙片に見える色の内容は動かしようがないものである。像そのものがもつ被写体との差異という問題に色は巻き込まれているに過ぎず、色の「見える内容」としての揺るぎない地位に変わりはない。色こそ、見る人の外で、その現われの現実そのものなのである。

第6章　体という尺度と体の知覚

第1節　体の空間性と体の知覚

(1) 尺度としての体

前章第6節(6)で、「視覚対象たる諸々の物が空っぽの空間に散らばっている」というのが普通の見え方だと言った。一方、視力を取り戻したばかりのメイは、「隣り合った物体の境界が溶け合って見える」「色とりどりの謎めいた形のごった煮がベージュのカーペットに溶け込んでいる」と表現されるような見え方に苦労したのであった。この見え方は別様に、「物がある場所と空っぽの空間とが区別されない」見え方だと言ってよいのではないだろうか。もちろんメイにとって、自分の体の周り、近傍は、動くことができる限りでの空虚、空っぽの空間として経験されている。けれども、その広がりの少し奥から先は、もう遠近の別がない、その意味ではファインが言う「抽象画」のようにしか見えない世界である。(しかし、大部分のときには、不安定な三次元の空間性を携えた世界が見える。たとえば「車が標識に衝突」するかのように見えたり[1]、横

1　前掲書、二一四頁。

断歩道の通行人が車すれすれに通ると見えたりし[2]、びくびくしてしまう。車も、「足取りで分かる」人間も、動いているから輪郭を手に入れるわけで、そして、輪郭を手に入れるとは三次元の空間に位置を占めると見えること、周りの一部を空っぽの空間で囲まれて場所を塞《ふさ》ぐものとして見えることなのである。日常生活で、何も動かないということはないので、メイにとっても、見えるのはいつだって抽象画のような世界だ、というわけではない。）

世界が諸々の物と空虚とに分節されて見えるというのはどういうことだろうか。「真空」は存在するのか、という問いと論争は古くからあった。しかし、ここで筆者が問うているのは、そのような問いではない。私たちは部屋の机や椅子に占められていない空っぽの部分にも空気があることを知っている。ただ、それは見えなくて、だから空気がある部分の広がりは空っぽに見えると思っている。では、空気が見えないのはなぜか。小さいから？　では、小さいとはどういうことか？

「小さい」南瓜《かぼちゃ》も「大きい」林檎よりは大きい。大小は相対的な事柄である。小さい南瓜は南瓜の中では小さい、つまりは南瓜の平均的な大きさ、あるいは頻度が高い大きさと比べて小さいのである。けれども、平均的な大きさを言うとはどういうことか。或る尺度を使うことで可能になっている。二つのものの大きさの比較なら、尺度なしで、並べれば分かる。（この場合に、互いに一方が他方の尺度として使えるという言い方をしてもよいが、無理に尺度の概念をもってくることもない。）三つ、四つのものを比べると、小さい方から大きい方へと並べることはできる。それでも、単独のものの大きさを言うには、すべてに共通な尺度を用いるしかない。そうして、そのことは尺度となるものの大きさと比べるということに他ならない。（道具としては物差しを使おうが何を使おうが関係なく、尺度を言うとは単位を定めるということである。）

ただし、単に「すべてに共通な尺度」というだけでは、尺度を用いないときと同様、無数のものの大小の序列は言えても、その序列のどこで大きいもののグループと小さいもののグループとを分ければよいかは、やはり分からない。南瓜なら南瓜だけのグループで、と集合を限定するなら、述べたばかりのように平均値や頻度を基準として持ち出すことができるかも知れないが、そのような限定無しには、大小を言うことには無理がある。そうして、限定する場合には、その限定したグループの大小を測るのに適切な尺度というものがあることになる。（なお、ここでは、長いけれど細い、短いけど太いなどの、判断を迷わせるような事例を抜きの話にしている。小包や飛行機の手荷物で、縦横高さ——三辺——の長さの合計で大小を決める遣り方などがあり、大小の代わりに重量を基準にするなどのことがある理由は、現実の複雑さゆえである。なお、三辺の合計を考えるという遣り方は直方体の形状から大きく離れた物体にも適用できないわけではない。当該の物体が入る大きさの直方体の箱を考え、箱の中の物体と箱の三方の壁との隙間は無視するわけである。三辺の和を持ち出すこの考え方は、物体の或る形状を特別扱いすることで成り立つというよりは、物体が在る世界とは三次元の空間であるということに基づいている。）

さて、以上を踏まえて、大小の話から物と空虚との分節に話題を戻して、この分節を支配する理屈は何なのかと問えば、何かが尺度として働いているのだろう、ということになるだろう。しかも、（限定的ではなく）無数の種類のものがあるのだから、どのあたりの大きさからが見えないほどの小さなグループになるのか、そのことをも決め得るたぐいの尺度があるのではないか、と考えるべきだろう。では、そのような尺度とは何か。

見える世界を問題にしているので、空間的な分解能、つまり視力が鍵であろうか。同じ伝でいけば、コウモリには聞こえる音も人間の耳には聞こえない、つまりはコウモリにとっては音で満ち溢れている洞窟でも、人間にとっては其処は音が空っぽでひっそりしていると、このようになるのも、聴力が音の尺度になるということだろうか。

だが、すると問題は先送りされているとも言える。なぜヒトの視力や聴力はそのようなものなのか、と。

では、人間の尺度とはどのようなものか。人間の体の尺度である。（実質的には視覚器官や聴覚器官が尺度だと言ってよいだろうことは間違いないが、しかし、ここで言っているのは、そういう意味のことではない。なぜ、そのような器官になっているかを決める方の尺度という、根本的な尺度のことを問題にしている。）同じく第5章第5節の（5）では、筆者は、「知覚されているものは原則的に在る、体が在ることを範型とした意味で在ると、このような含みを知覚はもっている」と述べた。「範型」とは「尺

2　同、二一〇頁。

度」となるということである。以下、体の尺度ということで何を言いたいのか、分かりよい例を幾つか挙げる。

(2) 体の運動と空虚・運動を阻むもの

楓を見る。楓は前方に体から離れた位置に見える。楓の手前には下方の地面を除いて何も見えない。空虚である。私は何もないと思う。しかし、もちろん其処には空気があって見えないだけである。空っぽ、何も無いと見えるとは、体のスケールを基準にしたものが知覚によっては見当たらないということに過ぎないのである。同じことを積極的に言えば、知覚というものはそもそも体のスケールを基準にした能力なのだということである。そうして、同じく体というものの運動が妨げられないなら、その運動できる場所を人は空虚として受け取るのである。こうして、空気は体の尺度では無いも同然で、空気がある場所は空虚と受け取られるのである。

(もちろん、空気は呼吸するもので、生きてゆくのに一瞬たりとも無くては困るほどに重要なものである。にも拘わらず、現に生きている以上は既に空気を探すまでもなく利用してしまっているのであり、それが可能なほど体に接してふんだんにあるのだから、知覚によって探すまでもなく、手でつかんだり汲んだりする必要もないのである。空気が足りない、薄いという理由で深呼吸をしなければならないときなどは滅多にない。高山に行けば別だが、生まれたときから高山で暮らす人には空気の濃度は足りているだろう。空気の流通のない密室に閉じこめられるという事故に遭う確率も極めて小さい。)

空気としてではなく冷たかったり暖かかったりする大気として(また高原で爽やかだから胸一杯に吸い込むものとして)、あるいは、体を冷やしたりする動く空気、すなわち風としてなら、空気も知覚される。しかし、これはまさに空気の存在も、体にとっての価値を尺度に気づかれるということである。

空気は(強風となる場合などを除いて)体の運動に抵抗しない。しかし、私たちは木立や壁にぶつかる。ぶつかるとはもちろん体がぶつかるということである。そうして、人工物であるガラスの壁などは例外として、木立や壁は見えもする。(壁は人間が造るものであるが、まさにこのことを見越して造られる。第一には、人間と人間の体を尺度にして選ばれた「体に似たようなものども」の運動を妨げるために、である。因みに、人間にとって他の人間――多くの場合には自分が属する集団とは他の集団に属する人間――こそが最も危険なものであり、だから人々は、人の体の侵入を阻むものとしての壁を建物や町全体に張り巡らす。また、本章第4節で話題にするが、人の体は見ることができる物の筆頭であるが、他の人から見られたくない場合も出てくる。すると第二に、壁は人から自分たちの体を隠すものとしても建設される。そうして、壁の内側は、自分の周りで自由に運動してかまわない人々、相互に見、見られてかまわない人々がいることが許されている場所である。壁は相互に仲間だと認める人々を囲い込む。）

木立や壁は、それらがある場所に体が位置することを拒む。これらはいわば体と同じ強度で存在し、そのことと連動する形で見えるのである。（ここで「強度」というのは、拳で殴っても壊れないか簡単に壊れるか等によって変化する強度のことではない。目の前の黄色い薔薇について、薔薇の存在性と黄色の存在性とを区別して、それぞれの存在性の強度を言うことができ、また「青い薔薇の夢想」は夢想なりの存在性を或る強度でもち、「かつて見た深紅の薔薇」という記憶内容もそれなりの強度の存在性をもつ、そういう意味での強度のことである。それから、以上では知覚の代表として視覚で考えたが、触覚ではどうか。何かに触れるとはそのものに接しはするが、その相手の位置に体をおくことは拒まれているわけだから、基本的には視覚の場合と同じく、あるいは、もっとはっきりと、体が触覚の尺度となっているという事情が鮮明になっている。もちろん、水には触れつつも水の中を手は自由に動く、つまり、空気を押しのけるように水を押しのけはする。しかし他方で、水のお陰で人は水底に沈まずに泳ぐことができる。また、第4章末尾で話題として挙げるだけで論じなかった経験、泥やジャムなどがべっとりと皮膚にくっつく経験では、体の運動というものを前面に出すだけでは、それらの有りようを理解するには不十分であるが、ここでの一連の考察が指摘したことを食《は》み出るたぐいものだというわけではない。聴覚の場合、後でも考察するが、一般に、音を出すものは体と同じような存在物である。風も音を出すのは強い風で、そのような風は、体に触れ、あるいは風上に向かって歩くことに難儀を覚えさせるような風である。匂うものや味があるものについても、同様の考察をなすことができる。）

それから、もう一つの例。私たちは夜空に沢山の星を見る。それらはほぼ等距離に、天蓋に散らばるものとして見える。だが天文学の発達は、それらの私たちからの距離は千差万別であることを教えてくれる。しかし、私たちが地上で動き回る体をもつ限りでは、その体を尺度とする限りでは、それらの距離の違いは意味をもたない。それらは余りに遠く、その遠さの違いは体の移動という尺度からすればどうでもよいものである。どのみち私はそれらの位置まで走ってゆくことはできないのだから。どちらの星も十分に遠いという位置規定があれば済み、実際、私の目にはオリオンもシリウスも同じ遠さ、見える限りでの最遠の位置に見える。しかも、現在私たちが見ている星は何千年も前の星だとかの時間のずれさえあるのだが、それも体の尺度が幅を利かせる生活ではどうでもよいことである。

そうして、その位置までが空っぽで、その手前のさまざまな場所で、月が見え（月も天空に見えるが「天空に懸かる」、星々よりは近くに見える）、月を時折り隠す雲、空に伸び上がる樹木の枝、家々の屋根が、それぞれの仕方で空虚を埋めて見える。「見かけとは異なる本当の」天体までの距離が問題になるのは、特別な関心をもって取り組む天文学の場合であり、また、宇宙探査機の目的地を火星にするか土星にするかを決める、あるいはアンドロメダ星雲を目指す探査機などは考えられないというようなことが話題になるときに初めてである。そして、これらのときは体の運動という尺度とは別の尺度、光速という尺度や探索機の飛行という尺度が用いられる。（と言っても、人が探査機を考案してその動きを想像する限り、人は体の機能を拡張するものとしての技術を頼りにする。いつでも体はさまざまな基準の出発点である。）

(3) 体の輪郭——一般的な体の像としての視覚像——

ところで、体が運動するものであるなら、それは或る輪郭をもつものとしてしか考えられない。また、体が他のものどもと場所を争うのなら、そのことは体が或る輪郭をもつということを前提している。とは言え、その輪郭を私たちはどのようにして知るのだろうか。

振り返るに、感覚を論ずるときであったが、筆者は目や頬、腕など、体の局部について語った。しかるに考えてみるに、それら局部を理解する際に人は大抵の場合、見ることで得る体全体の姿を想い浮かべた上で、その輪郭ある姿のあれこれの部分として理解するであろう。（盲目の人は触れる仕方で確かめた姿を想い浮かべるのに違いない。そして、視覚に頼る場合のことても直ぐに述べるように、自分の体よりは他の人の体に触れることによって得る知識の方が多いであろう。なお、音や匂いの経験にも空間性があることを決して見落としてはならないが、輪郭という仕方での空間の分節はみられない。音楽などで、音の輪郭を比喩的に言う人はいるかも知れないが。）だから、筆者の文章を読むとき読者は、まずはそのように想い浮かべた体のあれこれの局部に、あらためて痒さや痛さの感覚、あるいは怠さの感じなどを重ねる、そういう順序をとったに違いない。

だが、次のことにも注意したい。このように私たちが視覚像として想い浮かべる体というものは、自分の体と他の人とを区別することなく、一般的に「人の体」として考えたものである。そうして、その上で、体の感覚が生じるときはその人だけが感じることだと考える。自分が感じたときのことを想い出しながら、そう考えるのである。（他方、皮膚の色や手足の長さにももちろん人ごとの個性があり、その特徴を人が想い浮かべることがあるとしても、それらの色や長さの特徴は誰でもが確認できるだろうと考える。）

それで、一般的に考えた体の姿は、自分の体よりは他の人々の体を見ることで手に入れているものだろう。そもそも私たちは写真や鏡の媒介によってしか自分の体全体、姿を見ないし、その場合でも、他の人の体を見るときよりは大きな制約がある。（そしてもちろん、写真や鏡はいつの世にもあったわけではないし、あっても貧しい人には無縁であった。）

なお、そもそも第一に、体が空気のようなものと違って知覚対象とならないはずがないというのは、知覚というのは体を尺度とした働きであり、体を範型とした物が知覚対象になるのだから当然である。第二に、人が他の人の体を知覚し、自分の体を他の人が知覚することが可能なのは、知覚世界は公共的世界であることを承認する限りでである。この承認は、第1章(2)および(3)での薔薇の色を巡る花子と太郎の会話および行動、それから、前章第6節(2)での飛行機上でのメイと隣席の女性との会話に関する考察で得られていると確信する。要点は、知覚世界は原則的に行動の舞台であるということにあり、行動において、行動する人と行動対象とは同等の存在資格のものとして顕わになり、人と人とは互いに行動主体と行動対象となり、また、或る場所を巡って争ったり、同じ物を相手にする行動で争いもし、協力もする。たとえば同じ一つの林檎を取り合うかも知れないし、重い物を運ぶために力を合わせる。（専《もっぱ》ら意味事象が行動の主題であるときには複雑な諸点を考慮しなければならないが、ここでは考察を控える。)

では、私の体と他の人の体とが同じようなものであると、私たちはどのようにして思うのだろうか。私たちが自分の体も、その或る範囲の部分を知覚でき、その内容は他の人の体を知覚するときの内容と似たようなものであるからである。実際、少なくとも私の指と妻の指とは、見えるものとしては同じようなものである。同じような形をし、色も似ている。触れたときの感触も、幾分かの差は認められるものの、どちらもすべすべしてたり少し柔らかかったりして、他のものと比べれば同じようなものだと言える。(このような理解の成り立ちを明らかにするには、私たちが何もかもをまずは分類して理解し、同じ分類に属する特定のものについて知ったことのうちの或るものは――或るものについてだけ――他の仲間にも認め得るだろうと考えてゆく、その論理を詳しく考察しなければならない。けれども、ここはその考察の場所ではない。それから、体についての知識のみならず一般的に私たちの知識の大部分は、教わるなどの伝聞によるのだが、その伝聞内容そのことを最初に入手した人が必ずいて、その人の入手仕方は、体の場合なら自分の体についての経験か他の人の体についての直接の経験でしかあり得ない。そうして、他の人の体についての直接の経験には、必ずその体を知覚するという契機が入っていることには注意しておいてよい。体についての経験には、体を行動相手とする、実験するなどを含む経験もあるが、その場合も体の知覚という契機は必要である。生理学の場合もそうである。体を相手の行動のうち、自分の体を相手にするという独特な場合の論点には後で返る。)

このように、私たちは体について実に多くのことを、体を知覚することによって知る。そして、それは自分の体についても言える。私は自分の体(体の一部)を知覚しないというのではない。

しかしながら、自分の体の知り方としては、視覚(を代表とする知覚)による知り方が第一の知り方だ、というわけにはゆかない。いや、それどころか、たとい自分の体を見るとしても、その見える内容のうちには、見えるものが自分の体であるということを知らせる契機は全く含まれていない。このことは、第4章第1節(3)で、演奏会会場で聴衆の頭上で揺れ動く沢山の腕を見るという場面を材料に指摘したことである。腕の色や傷などに特色あるゆえに、見える腕は自分の腕だと分かるにしても、それはそれらの特殊な性質を前もって自分の腕だと別の仕方で分かっていることに結びつけていたからであるに過ぎない。

以下、この事情を念押し的に確認するため、更に少し考察する。それは単なる繰り返しというのではなく、見ることのパースペクティブ性という話題にもつなげるための考察でもある。

(4) 自分の体を知覚するとは

知覚される自分の体(体の一部)がなぜ自分の体なのか、それは知覚だけからは出てこないということを確認しよう。

私は自分の手を見るが、そのときに手が視覚対象になる仕方は、私の体ではないものが視覚対象になる仕方と変わらない。そこで、手が自分の手であることは、視覚対象となっていることからは分からない。手は、手を置いた机や机上の本と一緒に見える。そして、既にみたように、見えているものはすべて、それぞれに、見ている目から或る方向の或る距離をもった場所に見える。手は机の手前に見え、手が机の一部を隠しているので机のその部分は見えない。それは、本が机の一部を隠しつつ、机の手前に見えるのと同様である。そしてまた、手と本とは似たような距離だが違った方向に見え、そのことで手と本とは並んで見える。そうして更に、もし私が手を本の上に置けば本の一部が手で隠されて見えなくなり、手は本の手前に見える。本を掌の上にもつなら、今度は本がもっと手前に見えるおかげで手が見えなくなる。更には、私は自分の左腕を(見ることだけによってはそれが自分の手だということは分からないままに)見るが、自分の右手をその手前にもってくると、右手で隠されて見えなくなる。序でに言うなら、手は机、本と同じように鏡に映って見え、かつ鏡の中での見え方も、机、本と同じ仕方で見える。

要は、あらゆる点で、手と机、本との間に、見えている(一般に知覚されている)対象である限りでの差異は何もない。私の体が知覚されても、知覚されているというそのことだけのうちには、その知覚対象が自分の体であるという契機、要素はないのである。自分の体は知覚によるのとは別の仕方で自分のものと分かり、かつ、そのように自分の体だと分かったものが、知覚対象としてはどれなのかが分かる(言い換えれば二つの経験内容が結びつく)のでなければならない。

では、どのようにして、私に見える手が私の手であると分かるのか。次のような議論は退けなければならない。私たちは、顔を見て、あるいは後ろ姿を見て、誰だか分かることが多い。手だけを見て誰の手か分かるのは、より難しいが、仕組みとしては同じようなもので、よく見慣れた手なら分かるかも知れない。そこで、自分の手だったら見慣れているから、見えた手を自分のものだと分かる、と。（慣れているとは、細かな特徴を弁別できるということでしかない。①庭に来る猫を見て、誰々さんの飼い猫だと個的に分かること、②ヒヨドリが来ていてヒヨドリという種類の鳥だと見て分かるが、特定のヒヨドリを他から区別できない、あのヒヨドリだとは言えないこと、③鳥だとは分かるけれども、ヒヨドリかムクドリか、似ているので二つの区別はつかないということ――これは、念を押せば、鳥とは分かるが何という鳥か名前を知らない、というのとは違う事柄である――と、これらの間には基本的な差はない。そこで、自分の手は見慣れているといっても、普段は余り注意して見ないから、もし幾つもの手の写真を見せられ、どれが自分の手か選べ、と要求されるとしたら、どれほど自信をもって選べるか、案外と心許ないのではないか。却って、自分の傘を指せ、と言われた場合の方が簡単ではないか。柄とか好みで選ぶし、人がたくさん集まる会場で傘置き場に置いた自分の傘を探すには、それがどういうものかよくよく知っていて見分けがつかなければならず、その用意があるからである。要は、特徴の知識の有る無しが事の成否を左右する。）

残念ながら、この分かり方は、そもそもが自分の手を自分の手と分かって見るという経験に先立たれていて、かつ、自分の手の見えるものとしての限りでの特徴が分かるということでしかない。しかし、ここではまさにその先立つ経験の可能性を問題にしているのである。或る見えている手を見ることでこれは自分の手だと分かるには、前もって自分の手はどう見えるか知っていなければならない。しかし、その知っていることはどのようにして実現されたのか。もちろん、自分の手であると分かっているものを見ることによってである。しかるに、その「自分の手であると分かっているもの」と「見ること」とを結びつける仕方はどのようなものか、ということが問題なのである。見えているということとそのことだけからはどう頑張っても、それが自分の手であるという内容は出てこない。「自分の手であることが分かる」ということは見ることから独立した仕方で実現される。すると、そのことに見るということがどのようにして接続されるのか、この仕方が問題なのである。或るものを自分の手だと告げる経験の内容と、見ることにおいて与えられる内容とは、似ても似つかぬ。前者は、痛さのような感覚の経験か、動かすという経験かであり、後者は色や形などである。

見えている幾つかの指の中で、私の指だけが感覚によって知られる、と言うことはできる。私が痛さを感じている指が妻の指であるはずがない。ただ、痛さという経験内容が、同じような形や色をして見えている幾つかのもののうちの一つとのみ結びつくことはどのようにして生じるのか、説明が必要である。私たちは無造作に、痛いと感じる指(自分の指)を見ることをする。けれども、見えているものが痛さを感じているものと同じものであるということは、どのような仕組みで確保されているのかと、人には馬鹿々々しいくらいに当たり前のことの成立仕方を、いまの考察は問うているのである。

(5) 自分の体の知覚の特殊性――視覚のパースペクティブ性との関係で――

知覚対象となっているだけでは或る対象が自分の体であるかどうか分からない、という言明に対して、いや、自分の体については他のものとは違う知覚の特殊性(知覚そのことの内部で発見できる、自分の体だけに見いだされる特性)がやはりあるのではないか、と疑義を提出できはしないか。はっきりしているのは視覚の場合である。

目を開けるといろいろなものが見える。見えるものは場合によって違ってくる。場所が違えば見えるものが違う、というのが第一に挙げられるべきことであろう。次に、同じ場所でも、そこに何がやってくるかで見えるものは違ってくる。何かが退場して、その背後に隠れていたものが見えることでも、違ってくる。見えているものは並んで見えるだけではない。手前に見えるものが奥のものを(全部もしくは一部)隠す仕方で見える。では、手前や奥とはどういうことかと言うと、見ている目からの隔たりにおける手前と奥、近さと遠さである。そうして、並ぶとは目からの方向が違うことで生じさせられているものである。これらのことを私たちは、見えるものは目を視点とするパースペクティブに従って見える、と言う。

(音の場合でも、パースペクティブを言ってもよい経験がないわけではない。音楽を含めた音響芸術その他――サウンドスケープ等――で、音の効果を十分に味わえるに適した場所を言えるのは、音のパースペクティブ性に一つの理由がある。)

さて、以上のことを確認した上で、注意しよう。場所が変わろうと、いつでも見え、大抵は他のものより手前に見えるものがある。それが私の体ではないのか。先に述べた例でのように、手よりは手に取った本の方が手前、すなわち目に近い位置に見えることもある。そうだとしても、手を含めた体の各部は、いつでもパースペクティブの中心部あたりに位置するのである。(序でながら、自分の体が発する音がパースペクティブの中心にある、というような経験を言い立ててもよいだろうか?)

それに、パースペクティブの中心部あたりに位置して見えるということは、他の特性も連れている。どういうことか。他のものと違って、見える大きさや形が余り変化しないということである。遠くのものは小さく見える。部屋の窓から建物が見える。屋根から基礎までの全部が、窓枠の大きさの半分も占めずに見える。その屋根に黒い点のようなものが見える。すると、それが動き、飛び立って私の家の方にやってくる。ぐんぐん見える大きさが増す。カラスである。また、窓の下の鉢植えに目を転じれば鉢の上辺は、見える方向によって細長の楕円に見えたり円に近い楕円に見えたりする。ところが、いつでも変わらぬ大きさで、同じ形で見えるものがある。いつでも間近に見えるのだから当然ではあるが。それが私の体ではないか。私の腕や腹部なら、形もいつも同じように見える。尤も手のように、いろいろな角度から見ることができる(しかも形を変えて動く)ものはそうはいかないが。(実のところ、手は、伸ばしているときと顔の間近にもってきたときとで、形だけではなく見える大きさも、かなり変わる。)

このように、見えること自身における特殊事情があるから、そのような見え方をするものは私の体だと分かるのではないのか。いや、何かが足りない。

では、次のような事情はどうだろうか。いつでもパースペクティブの中心部あたりに位置して見えるものは、それだけではなく、いつでも決して見ることができない部分につながっている。見えている体部分をたとえば手から手前に目で辿ってゆくと、手は腕、肩とつながっているのが見え、その肩は一部だけが辛うじて見え、しかしながら見えない部分もある。しかも、そうしてその見えなくなった続きは恐らく目まで及んでいる。その目はと言えば、目を見ることができないというのは原理的なことであって、私たちが普通は月の裏側を見ることができないのとは事情が違う。まさに、目とはパースペクティブが広がる起点をなすのだから。パースペクティブの中心近辺に見えるとは、見るものである目につながっていればこそである。ところが、目は、それを見ることは決して叶わないが、それで見るものとして私の目であること、私の体の一部であることは分かっている。見るときには目を動かすし、黒子のように働く目には感覚が生じるからである。するとこうは言えないか。見ることをする限りで私の体の一部分だと分かっている目につながっているのだから、手も目と同じく私の体の一部だということになる、と。

この意見に対して筆者は次のように考える。

この意見を支える理屈には、つながっている（連続している）ものは同じ一つのものの一部だとする一般的理解の前提がある。しかし第一に、この前提が成り立つときの「つながり」とはどういう性格のものか、はっきりさせる必要がある。そして今の場合、第二に、手が目までつながっているということはどのようにして分かるのか、これも問題にならないわけではない。そして第三に、最も基本的な問いだが、そもそも私たちは、このような面倒な理屈（つながっているものは同じものの部分であり、手は目につながっていて、目は自分の体の一部であるという、これら要素を総合する理屈）を介して、見えている手が自分の手であるということを分かるのだろうか。そういうことではあるまい。（ただ次のような特殊な場合にのみ、そういう分かりもあるかも知れない。すなわち、私が怪我をして手術を受け、麻酔から覚めてぼんやりと目を開けると、ベッドの傍らの棒――スタンド――に固定された、一部に包帯を巻かれた肌色のものが見える、何だろうと思い、ああ、そうか、自分の手だ、と理解する、といった場合。その場合、もちろん、ここで指摘した第一、第二の問題の方はクリアされているという前提でのことである。）

ただ、この意見は採用できないにしても、意見が狙っている重要なことは見失ってはいけない。それは、視覚（という知覚）が開く知覚空間のうちに、知覚によるのとは違う仕方で知られる体を位置づかせること、このことが決定的に重要であるということである。

そもそも、手を私のものだと分かるために「私のものであると知られている目と手の結びつき」を確かめる、そういうことを言いだす必要はない。目と同じように手という体部分についても自分のものだという理解がある。既に指摘したように、手に痒みや痛みなどの感覚が生じることは、それだけで、手が私の手だと告げるそのことである。また、私が動かすとき、それは私の手なのである。(ただし、私が掴んだ棒を動かすとき、棒は私の体ではない。棒を掴むために動かす手だけが私の体である。手の運動にあっては、それを動かすことが自ら動くことと一緒になっている。だから、手は自由に動かせるのである。もちろん、指を掌の側に向かって結ぶのではなく、反対の甲の側に曲げる仕方で動かすことはできない。また、五十肩のときのように、腕や首の運動が不自由になることもある。筋肉の病気で麻痺して動かせない事態も生じる。けれども、これらのことは、原則として或る仕方では自分の体は自由に動かせるということを全否定するものではない。)ただ、このことを指摘したからといって問題は相変わらず残っていて、それがまさに、感じることや自分で自由に動かすことで自分の体だと知られているものが、このように見えているもの、これなのだ、という同一性が確保されている仕組みの解明という、先ほどから扱っている問題そのものなのである。(この問題は、自分の目の場合は、そもそも見えないのだから生じない。)手が自分の手であることは、目が自分の目であることとは独立に最初から分かっている。問題は、そのように分かっているものが、或る見えているものと同じものであるということを私が分かる機制である。

ところで、この機制を明らかにするということは、私たちが自分の体を(単に「此処にいる」と経験するだけでなく)諸々の知覚事象で満たされて広がる世界に位置づかせる、その次第をみることに他ならない。というのも、いま確認したように、私の体が知覚されるものであるなら、それは他のあれこれの知覚事象と並ぶものとして知覚世界の中に位置を取るのだからである。(そうしてまた、前章第6節でのメイに世界がどう見えたのかの考察からも分かる通り、特に成熟した視覚という知覚においては、諸々のものは一つの空間のあちこちで空っぽの空間の一部を占めるものとして見え、そういう見え方においてこそ明確な輪郭を手に入れる。)そこで、さまざまな特定の知覚対象だけが、違う経験種類の内容となっているもの(自分の体だという内容)に接合され、両者は同一のものに関する経験だとする理解が成立することが必要である。そうして、一旦この接合が実現すると、人はたとえば見る(という知覚)だけで、大抵の場合には、見えているものが自分の体だと分かるようになる。(これは第三の分かり方でしかないが、いったん成立すると大きな力を揮うことになる。たとえば人が自分の容姿などを気にするのは、この分かり方なしにはあり得ない。もちろん、体が自分にどう見えるかということは、自分の体が他の人々に――評価の前に、純然たる「見え」として――どう見えるのか、ということと一緒になっている。)

第2節　行動対象を見る・自分の体をも見るか

(1) 苺を摘む――苺を見、副次的に手を見ることもある――

自分の体は、諸感覚が異なった座を占めることにおいて広がりをもつものとして分かり(第一の知られ方)、また体の局部を動かすことにおいて分かり(第二の知られ方)、更に(局部を動かすことによって)体全体を移動させる運動をなすことにおいては体の外側の広がりをも伴って分かる。ただ、そのような仕方でいわば体を内側からこれだと分かるとき(自分自身であり自分の体だと分かるとき)、体は明確な輪郭をもつものとしては現われない。輪郭が明瞭になるのは、私たちが自分の体の一部を外から見(私の手は、見る目からすれば、目の前、つまりは目の外に見える)、視覚世界の中に位置づけることによる、これ以外にない。(自分の体に触れることについては、いまは考察対象にしていない。)ただし、この視覚内容には見えているもの(体や手などと分類できるものとして見えるもの)が自分の体であるという内容は含んでいない。そこで、この見える内容に、前二者がどのようにして結びつくのか、その次第を究明することが課題となる。こうして、事柄は二つに分けて調べることができる。

一つは、自分で動かすことで自分の体だと分かっているものが知覚世界に属する特定の或るものと同じものだと分かる次第。もう一つは、さまざまな感覚の座として経験される自分の体の或る部位が知覚によって確かめられる様。(これらの課題それぞれを逆方向から次のように立てることは、事柄の中身として同じになるだろうか。或る知覚されているもの――他のものではなくそれだけ――が、自分が動かしている自分の体だと、また自分が感覚する仕方で経験している自分の体だと、同定できるのはどのようにしてか。同じでありそうだが、実際は、経験の順序としては、最初に立てた仕方でしか、動かす体と知覚される体との同一性、そして感覚の座としての体と知覚される体の同一性は成立しない。）

一つめから考えよう。

体は体の外の事柄と適切な関係を取ってゆくことで生き延びてゆく。その中で食べるということを取り上げよう。苺を摘み、口に入れる、このような行動は基本である。その際、苺を見つけることが先行する。そのとき地面が見え、野苺の手前に熊笹の茂みも、水溜まりも見える。そして、赤黒く熟した苺の実は、未だ緑が残る苺に混じる仕方で、刺《とげ》のある苺の何本もの茎の間に見える。見ることの注意が向かうのは苺の実であるが、私たちは同時に周りのさまざまなものをも見る。見なければ、近づけない。そして、熊笹や水溜まりは迂回する。

では、自分の体はどうか。体を見るか。体を目標に向かって動かす、これは確実である。ナメクジも小鳥も、総じて動物は見つけた食べ物に向かって動くものである。その見つけ方が視覚によるのか嗅覚によるのかは問わないとして。しかるに動物が、動く自分の体を、行動目標である苺を知覚するのと同じように知覚するのが当たり前なのか、それは疑問である。（目がある頭部が体の先端にあって固定されていて、足などの体部分が体全体より先に伸びないような体の構造をもった動物を想像してみよう。この動物は自分の体を見ることはないだろう。そして、そのことが不都合だとは限らない。）

見つけた苺が口に運ばれるものとなること、知覚対象であったものが行動の対象と同じであること、この同一性の方は最も基礎的な事柄であろう。食べ物を見つけ、それを食べるという動物の基本の構造そのものが関わっている。知覚対象が行動の対象となり、時間の推移を通じた対象の連続性、同一性がある。ただ、この構造では、行動を実現する体、人を取り上げた今の例で言えば苺を掴む手も苺と同じように見られるべきであるという必然性はない。見るものとしては掴む相手の苺だけが重要なのである。（掴む相手が自分の体のどこかである場合は、その部分を見る必要もない。第4章第5節（5）を参照。）掴む手の方は、見えている相手のところまで動かし、それを掴む、その動かしの支配下にありさえすればよい。体は熊笹や水溜まりを迂回できればよく、その迂回運動のために体の方を知覚している必要はないことと同様である。自分の手や体を見ることが重要で必要とされるなら、体が動く場所や手で掴む相手を見ることの方は疎《おろそ》かになるのではないか。細い隙間を通り抜けるときに体を斜めにして歩く、そのときでさえ自分の体を見ることは必要ない。対象の知覚が行動を導くのであって、自分の体の知覚が行動を導くというわけではないのである。

（とは言え私たち人間は、指を木戸の小さな穴に差し込むようなときには指の動きも見ている必要がある。刺で指を痛めないように慎重に苺に手を伸ばすときにも、指をも見る。指が刺に触らないよう、見る仕方で指の動かし方を調整する。見えている指が自分の指であり、地面や熊笹や苺の茎、苺の実などとは違うことは当然に理解している。そして、それらとの間で指がどのような位置関係にあるか、これも知覚世界の中で明瞭である。ただし、この当然の理解はどのようにして成立しているのか。これは未だ考察すべき事柄である。）

動かすことにおいて体のどの部分かが分かっている指、体の他の諸部分とどのような位置関係にあるかが分かっている指、この指の運動が見える。他の見えているものどもの間で、それらとさまざまな位置関係をとってゆく、動いてゆくとが見える。そうなのではあるが、だが、指は見えるものという資格だけでは自分の体とは分からない。このもの、或る形、色をしているものが、動かすことで自分の体と分かっている指として知覚される、これはどのようにして実現されているのか。

まさに見える指の運動が、自分が動かすいわば内的に分かる運動の実現として理解されることにおいて。動かすとはランダムな動きをすることではない。実現ということが意味をなす動きをもたらすことである。そして、この場合、実現とは苺を摘み取ること、それから口に持ってゆくことである。苺をちゃんとつまんだかどうかは、苺に触れるときの感触で分かる。その差し当たりの結末を実現すべく、指は苺に向かって動く。向かう指の運動は、見る注意を注いでいる苺に向かう運動として、苺と一緒に見える。

重要なのは、自分の体を動かすとき、動きの方向、スピード、大きさが（自分に可能な他の動かしとの比較で）動かす自分に分かるということである。右手と左手の区別があり、右手を少し上げるか前に大きく伸ばすかが、動かすことと不可分に分かる。ところが、見えるあれこれのものの空間配置にも、体を起点とした方向と遠さがある。遠さとは、運動で言えば大きさに対応する。苺に向かって移動し、苺に手を伸ばす、その運動のためには自分の体は必ずしも見えなくてよい、恐らく。そして、ちょうど良い大きさの運動で苺に到達する。しかるに、そのように自分が手を伸ばすことに対応する仕方で苺に向かい到達するものが見えるなら、それは自分の体の見えなのである。高い位置の苺を採ろうと伸ばす腕の位置は動かすことで分かるが、その自分の腕は同じく上に向ける視線の先に苺に加わって見えてくる。

ただし、繰り返すが、人は自分の手に視線を向けないのが普通である。掴もうとする相手を見る。そしてその相手が見える序《つい》でに少しだけ手も見えるという具合である。そして、野苺の刺に刺されないように用心して手を動かすときなどだけ、手と刺のある茎との距離を目測する仕方で手を動かす。ただし、このときも肝腎なのは、動かすという根本に載っからないと見えている指が自分の指だという理解は生じない。さまざまなものが見えることをスタティックに考える限り、たとえ自分の体が見えてもそれが自分の体であるということは決して理解できないであろう。手や足、腹部等が見えていても、それらが全く動かせない場合を想像してみよう。(先に想像した例、手術後に棒に固定された自分の手を見る場合に連なる。)人はその見えるものを自分の体だと思うだろうか。

ところで、指で実を摘む変わりにピンセットを使う、あるいは鋏を用いるとき、ピンセットや鋏の動きも、私が動かすことの実現という性格をもって見えるのではないか。では、そのように動くと見えるピンセットや鋏はなぜ自分の体としては理解されないのか。ピンセットの或る運動を生じさせる手や指の運動は、ピンセットの運動と同じではない。そして、ピンセットに触れるピンセットの知覚が、ピンセットを体に外的なものと性格づけることを無視できない。これが、手の甲に貼った絆創膏だったらどうだろうか。また散歩のとき、自分の足がさっと前に出たり、信号で止ったときに足先を少し上に向けたりする、その運動が見え、それらの運動を私たちは自分の足の運動だと理解する。けれども、見えているのは靴であって、足の皮膚そのものが見えているわけではない。

もちろん、私たちは靴は脱ぐ。靴は体の一部ではない。けれども、仮に物心つく前から義手をしていて自在に動かせるようになっていて、しかも義手を取り外した経験は一度もないとするなら、私は自分が動かす義手を見るとき、それを私の手だと理解するのではないだろうか。どうだろう。

次の例も考えてみよう。未だ寝転がったまま手足や首を動かすことしかできない赤ん坊が、仰向《あおむ》けに寝転がった姿勢で、差しだされた玩具（ガラガラなど）を掴もうと手を伸ばし、掴む。最初に確認すべきは、視線が自分の手にゆくことはないことである。それでも、おもちゃを掴むのはスムーズにゆく。そして、掴んだ後も見続けるのはおもちゃの方である。しかしながら第二に次のことも考慮に値する。ときに赤んぼうは、何も持っていないとき、しげしげと自分の手を見ることもする。そのとき、おもちゃと見える手とは全く違うものだ、手の方だけが自分の体だと分かっているのだろうか。赤ん坊はまた、指を開いたり閉じたりしながらそれを見ている、ということも繰り返す。あたかも、動かし、それに連動して見えるものの見えが変化する、それを確かめているかのようである。だが、赤ん坊は、動かすことと見えるものの動きとの連動という要因だけで、見えているものが自分の体の一部だということを理解している（ないし理解するようになる）ものだろうか。むしろ、手は赤んぼうにとって珍しいものに見えているだけなのかも知れない。手を自分で動かすということと、その動く手が見えるということと、二つの経験が結びつくには、動かすことが何かの実現に向かうという方向性が必要であるように思われる。

(2)行動の担い手であることとパースペクティブの中心であるということ

ここで更《あらた》めて知覚（特に視覚）のパースペクティブという話題を取り上げたい。知覚されるものどもは体を基点（起点）にさまざまな方向のさまざまな遠さに配されて知覚されるのだが、ということは、もし体自身もまた知覚されるのならそれはパースペクティブの中心に位置するものとして知覚されるということである。このことについては先に取り上げた。ただ、そのとき、そもそもパースペクティブを言うことの大前提である体の移動そのことには焦点をおかなかった。そして、だから体が自分の体として知覚されるということの理由としては「何か足りない」という言い方にしておいたのである。その箇所では、知覚だけでは或る特定の知覚対象が自分の体だと分かるようにはなっていないことを確認することに重点をおいた。

さて、パースペクティブの概念は、視覚で考えるに、同じものどもが違った場所からは違ったふうに見える、ということなしには成立しない。そこで、見る人が違った場所に移動することが重要である。しかも、移動とともに連続的に体の周りの物どもを見るということも要件になる。移動に連れて、たとえば手前に大きく見えていた樹木とそれによって半分ほど隠された奥の樹木との重なりがほぐれ、奥の樹木が見えてき、かつ、その見える大きさが増し、また、別の並んで見えていた二本の木々の横の距離も変わり、見える方向も変わってゆき、次いで一方の木が他方の木の背後に回ってゆくように見える。しかるに、私の移動、それはもちろん、私の体の移動である。その移動、それは私が動くこと、そしてその動くことは私が右と左の足を交互に上げて地面に下ろすなどの体を動かすことである。また、ときに頭《こうべ》を巡らす運動である。他方、見える側のもの、たとえば数本の樹木も、見える内容の推移を追えば、動いているかのようであるが、しかし動きながら見る人は、樹木は同じ位置に留まっていると見る。樹木が見えるのは空っぽを含めた空間が見えることと一緒になっていて、樹木はその空間の中で或る位置を占めて見えるからである。

しかるに確かに、その動かす体は真っ暗闇での歩みを考えれば分かるように見えている必要はない。だから、相変わらず体が自分の体だと知られる仕方は見ること(一般に知覚)と関係ないと言わねばならない。けれども、前項でみたように、野苺の刺に刺されないように用心して手を動かすときには、人は手と刺のある茎との距離を目測する仕方で動かすのであり、その見える手を自分が動かしている自分の手だと承知しているのである。この承知、分かることが成立するには、目標をもった動かしであるという前提が必要であることを確認した。しかるに、苺を摘もうと手を伸ばす場合の考察は、体全体の移動のことは脇においた考察である。だから、指が手前に見え、それから枝と枝との間に見えるという移りゆきのうちにパースペクティブ性を言うこともできないわけではないが、わざとらしい。ただ、この例を拡張して、体の移動における諸々の見えるものどもの配置のパースペクティブ性における体の見え、移動行動のために動かす体の一部の見えが自分の体の見えだと分かっていることとの成立の機制をみることができる。

重要なのは、パースペクティブ性をもって見える世界の中心に自分の体が見えるということ、つまりは或る特定の見えるものがまさに自分の体であるという分かりが成立すること、このためには、苺摘みの場合であれ、単なる移動行動であれ、体を人が行動主体として動かし、意味あることの実現を知覚世界の中で目指すこと、これが大前提であるということである。知覚世界だけを孤立させてそこに自分の体の知覚を求めても無駄である。体が行動の担い手として現われる限りで知覚世界は行動の舞台として理解され、行動対象と並んで知覚されることもある体の一部が行動遂行者の資格で自分の体だと承知されるのである。

第3節　感覚の座を知覚する

(1) 感覚に関する因果理解

次は、二つめの課題、さまざまな感覚の座として経験される自分の体のあれこれの部位が、知覚によって確かめられるのはどのようにしてか、という課題である。

体はさまざまな感覚が出現する当のものという仕方で自分の体として経験される。そして、その体は確かに知覚されもするが、知覚されることとそのことにおいては、それ（知覚対象という資格で現われた——意識された、経験された——もの）が自分の体であるかどうかは分からない。知覚されているというそのことだけのうちには、その知覚対象が自分の体であるという契機、要素はない。そこで、或る知覚されているものが、まさにそのときに或る感覚が生じているそのものであるということが分かる機制があるのか、あるとしたらどのようなものか、という方向で問うても答は出ない。逆方向から、或る感覚を感じているとき、その感覚が生じている体の場所を知覚対象にするということはどのようにして成立するのか、まさにその部位を知覚しているという保証はどこからくるのか、と、その次第を考察すべきである。知覚内容と感覚内容とが同じものに関わるという同一性が問題なのだから、二つの方向に違いなどあるはずがないと思われるかも知れないが、そうではない。いったん自分の体だと分かっているものの知覚が成立して、そうして経験を積むことで或る知覚対象は知覚するだけで自分の体だということが自明となる、その段階では単なる同一性の問題だと思えてしまうだけである。

ところで、私たちは既に、自分で動かす体の空間性と感覚の座としての体の空間性とが一致することをみた。また、行動する過程で動く自分の体が見えるとき、それが自分が動かしている体に他ならないと理解する可能性が極めて高いことも確認した。すると、これら二つの事柄を合わせると、いま提出した問いの答は既に与えられているのではないか。確かに。媒介項として鍵の役割を果たしているのは、自分で体を動かすということである。しかしながら、あと少し考えるべきことがある。

体のどこかが痒いとき、私たちは痒いところを掻く。それは痒い箇所を見て、そこを掻く、というわけではない。腕が痒いとき、腕を見ることなしに掻くし、背中の決して見ることもできない箇所も掻く。掻く手と掻かれる部位との関係は、第4章第5節(5)で取り上げた、環をつくる左手の人指し指と親指に対してその環に通そうとする右手の人指し指との関係と同じようなものである。環をつくった手をどの位置にもってこようと、右手が届く範囲である限り、私たちは目を閉じていても環に右手の指を通すことができる。それと同じで、痒いところに手が届けば、その部位を見なくても、見ることが叶わなくても、掻ける。

そもそも、仮に左手の甲が痒いとして、その甲を見ても(しかも、既に経験を積んでいるから、その見ている対象が自分の手だと分かっており、かつ大雑把に痒い辺りの体部位だ承知しているという場合でも)甲のどの辺りが痒いのかとなると、見て分かりはしない。ただ、湿疹ができているとか蚊に刺された跡があるとかして、その湿疹や刺された跡を見ることができる場合に、その箇所が痒いのだと判断することは多い、というだけだ。そして、この判断は経験を基にした推測でしかない。(なお、仮に痒い箇所をそれとして見ることができると仮定した上で、見ることによっては何の異常——痒くなかったときとは違っている点——も発見されなくとも、痒いときには痒い、このことを忘れてはいけない。)

では、この推測はどのようにして生まれるのか。それは、私たちがしばしば、この湿疹の所為《せい》で痒い、言い換えれば、湿疹が原因で痒さはその結果だ、という理解をすることにつながっている。けれども、このような因果理解そのことは、これを私たちはどのようなわけでもつようになるのだろうか。この因果理解のことも念頭に、あるいはこれを手掛かりに、感覚が生じている体部分を知覚するということがどのようにして生じるのか、考えてみよう。

伝統的な哲学の説明では、痒さは痛さと同様、心の有りよう、しかも受動的な有りようで、だから（意志が働くときはもちろん、能動的なものである知性の働きがある場合にも、その原因を外に探す必要はないが、それと違って）その原因は心そのものにはないとされ、ではどこにあるかと言えば、体の方に原因がある、とされる。けれども筆者は痒さや痛さは体の状態そのものであることを見落とすな、と、このことにこだわってきた。心が痒い、痛いのではなく、左手の甲が痒かったり右膝が痛かったりするのである。だから、たとえば手が痒いことの理由が手にある、というのでは話にならない。ところが、手が痒いときに手に湿疹がある場合もある。そして、湿疹が原因で痒いという理解は、変だというわけでもない。しかも、湿疹は手と全く別のものではない。まさに湿疹は手の状態なのである。では、湿疹と痒さの間に、それから傷と痛さの間に、因果関係をみる理解をするとは、どういうことだろうか。

因果的理解とはどのようなものか、これを論じ始めると一冊の本が要る。ここではいま取り上げている論点に関わってくる因果的理解に絞って、何とか要点が分かるように試みたい[3]。

因果的理解というのは出来事についての理解である。だから静的に扱ってはならない。まさに結果として理解される事柄が生じるという、動きや変化において考察すべきことである。それから、原因と結果とは別々に確認できるのでなければ意味を失う。ただし、このことを、動きや変化において考察すべきという要請と結びつけて、原因は結果に時間的に先立つ、と決めてかかってはいけないというところが厄介である。

そうして、以上の一般的注意に加えて肝腎なことは別のところにある。二つのことがある。一つは、或る原因と目され

3　詳しくは前掲『知覚する私・理解する私』第三章、第四章、および、前掲「生じることと生じさせることとの間」を参照。

るもの（A）からその結果へは無数の線が引ける（A↓B、A↓C……）。そこで、人はそのときに重要だと思う結果だけに注目するのである。そうして反対に、たとえばBが生じるには実はAだけでなく他のさまざまな要因も必要なのだが、特にAだけを大きな要因とした原因の資格で扱い、他の諸要因は単なる条件の位置に留めおく。すると、A↓Bという因果関係を確かめるには、他の諸条件を一定にし、Aだけを変えるなり、あるいはAの有りようをさまざまに変化させるなりして、それに伴ってBを中心とする事柄にどのような違いが見られるかをさぐる必要がある。それは一種の実験とならざるを得ない。そこで次に第二点だが、そのようなとき、人（P）が操作して、或る結果（A）を得るという、隠れた因果関係（P↓A）が、普通は表に出ている因果関係（A↓B）を背後で導いているのである。そうして、二つの指摘点に共通するのは、因果関係を言うときにはいつでもそれを言う人の側の関心ないし、さまざまな事柄についての価値評価が働いているのである。

(2) 痒いところを掻く

さて、痒いところを掻くという行動に戻って考えよう。冷えて冷たいと感じる場所に手を当てて温める、あるいはカイロを貼って温める、あるいは痛い場所をさする、湿布するなどの事例でも同様の考察ができる。

痒い箇所を掻く行動で重要なのは、掻けば痒さが治まる、あるいは少なくとも痒さの代わりに別の感覚が生じるなど、総じて感覚の変様を行動が引き起こすことである。そしてもちろん、感覚の変様が生じる場所は引っ掻かれる箇所であり、しかるにその箇所は行動が働きかける相手という資格で見ることもできる場合が多い、ちょうど苺を摘むとき苺を見るのと同じで。ただし、苺を摘む場合、苺を見ないとうまく摘めないが、痒い箇所を引っ掻くのにその箇所を見る必要はない、という違いは重要である。引っ掻く場合、引っ掻くという行動の相手は見て分かるのではない。まさに痒いという仕方での自分の体の空間規定によって分かるのである。こちらが先行している。いや、皮膚を見てもどの部分が痒いのかは分からない。

また、引っ掻く行動が引き起こす感覚の変様、これも目で確認できるものではない。感覚の変様そのことが、行動が原因として引き起こした結果の確認自体である。そして変様は、もちろん或る体部位の有りようそのことの変化として経験される。他方、苺を摘むという行動の結果はと言えば苺が茎から離れることであるし、苺を強く抓《つま》むとその指で押された苺部分が僅かに凹んだり少し変色したりするかも知れず、それも結果である。しかるに、行動の結果であるこれらの変化を私は目で見て確認する。形の変化の方は触れることでも確かめ得るが、いずれにせよ知覚によって確認するのである。そして、もし知覚しなければ確認できない。

　すると、二つの平行的関係があるわけである。「①苺を私は見る—②その苺を抓む—③苺が空間規定から離れ苺が凹む・それを私は見る」という関係と、「①′痒さを体に感じる（決して見ない）—②′或る箇所を引っ掻く・同時に引っ掻く相手を見ることもある（見なくても済む）—③′痒かった体部分に別の感覚が生じる（或る体部分の有りようとしての感覚が変様する・それを決して見はしない）」。

　②もしくは②′が原因で、①から③への変化、①′から③′への変化がそれぞれの結果である。前者の変化は行動対象における変化として知覚によって確かめられ（行動対象は知覚対象に等しい）、後者の変化は感覚の変様自体であり、これは知覚によっては確かめられない。けれども、行動対象はしばしば見る（知覚する）こともできる。そして、行動結果は行動対象において生じるはずであるのなら、感覚の変様が生じている体部位と行動対象は同じものなのであって、こうして、感覚の座としての体部分が行動対象の資格で見られることもあり得る。

　私は引っ掻く相手を見ることなしに選べる。引っ掻く理由は痒いからで、痒さという感覚が生じている体の箇所が行動対象なのであり、その局部の配置は分かっているからである。引っ掻くという行動の対象に体自身がなり得るということ、これは大したことである。（既に述べたように、これは体が弾丸のように、まさに一丸となっている物体であるなら可能ではない。体の運動は局部の配置を、その大筋は変えない範囲で変えることで実現され、しばしば体の或る部分は他の部分へと折れ曲がれるのである。）そして、行動によって感覚が変様するし、うまくゆけばもう引っ掻かずに済む。しかるに加えるに、その行動対象を私は引っ掻くときに見ることもできる場合もあり、するとそのときには二番手として、引っ掻く相手として見ているものは引っ掻くべき相手の痒い箇所であったし、また、今や新しい感覚が生じている箇所に他ならず、それは当然に自分の体であるわけである。

くどく確認すべきだが、その見ている相手、引っ掻く相手として見られているものは、見られているというそのことのうちにはそれが自分の体だということの内容を含んでいはしない。ただ、引っ掻くことが実現する（引き起こす）事柄に感覚の変様という自分の体そのことの変様が含まれるので、引っ掻かれる相手は見られているものとしても自分の体だということになるのでしかない。こうして、前節と本節とで考察してきたさまざまな動的経験を積んで、自分の体（自分の体だと分かっているもの）を見るということが何でもない当たり前のこととなる。

（なお、引っ掻く行動が引き起こす事柄には、たとえば皮膚が傷つくとかのこともある。そしてこれは見ることによってしか確認できない。ただし、背中を引っ掻いてそこに傷が生じたとして、それを引っ掻いた本人は見ることができない。他方、引っ掻いたお蔭で痒さがなくなった代わりに、痛みを背中に感じるかも知れず、その痛さを感じるのはもちろん引っ掻いた本人である。）

＊皮膚を見る・薬を塗る・薬を飲む

動かす自分の腕が見える対象ともなるということと、痒さなどの感覚の座としての体の部位が見える空間の中で位置規定を得るということとの、二つの道筋をみてきた。では、動かすことで自分の体と承知している体部位と感覚において経験される体部位との一致はどうか。この点について一言する。たとえば痛い腕は動かし辛い。動かすと余計に痛むという、このような仕方で容易に空間規定の一致が得られる。ただし、その一致は大まかなものである。運動における体部位の空間規定そのものが、感覚の位置規定に比べれば、大まかだからである。また、内側から動かせる体部位の範囲は狭いことも考慮すべきであろう。

さて、腕が痒いと、もう自分の体の一部という資格で見る対象となった腕をその理由で見て、赤い虫刺されみたいなのが見えると、この箇所だと視覚的に確定できたと思う。そこで、その部位に痒み止めの薬を塗ることがある。（この場合の塗るのは視覚に導かれてだが、痒い場所が見えなくても塗ることはできる。背中が痒いときに見当をつけて塗るときのように。）そして、痒みが止まると、やはり塗った箇所が痒い箇所だったんだ、ということになる。引っ掻くにせよ薬を塗るにせよ、要は、痒い状態の体の部位に直接に働きかけることができ、感覚を変様させ得るということである。そして、かつ働きかける相手が知覚できるなら、そのとき感覚の座は知覚世界の中で限定される。

だが、ここに一つの厄介な事柄が出てくる。或る種の痒さの場合、痒さを押さえるために、痒い場所に薬を塗るのではなく、薬を服用することがある。その服用薬は痒い箇所に働きかけるのか。皮膚の状態が良くなるのであれば、（さまざまの生理的過程を経てであろうと）最終的にはそうである。けれども、皮膚の状態はそのままで、痒いという感覚を麻痺させるだけの薬の場合はどうか。麻酔薬の場合、薬は脳の或る部分に働きかけるだけで即座に、つまり、その働きかけがさまざまな媒介を経て体の痒い箇所自身の有りようを変えるということもなしに、痒さを消失させる。すると、痒いという感覚は皮膚の状態そのことを告げるというのではなく、脳の状態を示すのだ、ということになるのだろうか。この問題はここでは提起しておくだけにする。私は「違う」と答えるが。

（3）物と体との共存

第2節と本節で、視覚内容には含まれていない「自分の体である」という規定がどのようにして「或る見えるもの」に含まれるようになるのか、その道筋を二つに分けて考察した。けれども、実際には二つの道筋が絡み合う場合が多い。特に、何か見えるものを相手の行動で、その相手に触れたり、それを掴んだりということがあれば、相手を見る拍子に序でに見える「触れや掴みにゆく動きの中にある手」に、触れられ感覚や冷たさなどの感覚も生じるのが普通であり、そうして、更に相手を掴む仕方を変えれば感覚も変化する。すると動かす手を中心に、見える手、感じる手が統合される。（冷たさは、掴む相手の冷たさという性格が強い場合もあれば、掴む手に感じる冷たさが勝る場合もある。第5章第3節（3）を参照。）こうして、前節と本節とで考察してきたさまざまな動的経験を積んで、自分の体（自分の体だと分かっているもの）を見るということが何でもない当たり前のこととなる。そうして重要なことに、自分の体は、行動が相手にする物だけでなく、その物を始めとした諸々の見えるもので満たされて広がる世界の一員という資格を獲得するのであり、かくて人は、単に此処にいるという存在としてあるのではなく、さまざまなものとともにあるものとして世界に位置づくのである。

この、他のさまざまなものと共存する体というものの経験の獲得をあと少し考えてみよう。いつ獲得するのか、言うことはできないが、人はいつの間にか自分の体を他のものと同じようなものとして知覚することもできるようになっている。そうして、そうであるなら、自分の体は、知覚するさまざまなもの、自分ならざるものどもと同じようなものでもあると経験するようになる。自分だけがいるのではないのである。元々が見えるものは目の前に見えるのであり、目は見えるものどもの広がりの基点(起点)ではあった。しかるに、目自身が動き、一時のパースペクティブが次々にほぐれて別のパースペクティブに変わり、見える広がりが、体がその中を動く場所になることが重要である。(第5章第6節(1)末尾で紹介したドナの経験を想い起こそう。)

赤ん坊がガラガラのような玩具を掴む、放り出す。遠くに転がったガラガラに手を伸ばす。ガラガラを見ていて自分の腕や手の方は序でに微かにしか見えない。けれども、ガラガラは動かないが、手は、見えるなら動くものとして見える。そうして、もう一度ガラガラを掴むと掴んだ手に「押される感覚」が生まれ、ガラガラを振ると動かす手には別の感覚も生まれる。また、ガラガラと手と一緒に見える。

ガラガラを離す。それから、ふと赤ん坊はしげしげと自分の手、指を見る。加えて手や指をあちこちに動かしてその動きや見え方の変化を追うことを繰り返す。ときに指を口に咥《くわ》える。すると、口と指と両方にあれこれの感覚が生まれる。ガラガラを掴む場合やガラガラをしゃぶる場合とは違う。(指を咥えると、もう――元々が口は見えないということだけでなく――指も見ないかも知れない。けれども、指はじきに口から出され、何かを掴みにゆき、その拍子にまた見えもする。)しかるに、指とガラガラとについてのこれら幾様《いくよう》かの経験、このような経験を繰り返して、いつか赤ん坊は、或る見えるものは他と違って特別なもの、さまざまな感覚の座であり自分が動かす体部分だということを会得するのだろう。それがいつかは、はっきりと言うのはできないにしても、である。

ガラガラも手も、見えるものとしては同じで、動きにおいては違い、感じるものは手しかない。「手」という一つのものが問題であることすら赤ん坊には分からない。しかし、分からないままに、手とガラガラとは一緒にあって、けれど、手は自分の一部であることが自明となる。私たちはその自明さを生きるようになっているのである。

第4節　体と類型的なものの配置が強調される知覚世界

(1) 体の知覚における異種の知覚の調和

考えてみれば、知覚というものは体が生き延びてゆくために生まれた働きであろうから、人が自分の体を知覚しないということがあるはずもない、そうではないか。自分で自分の体の世話をする、そのためには体を知覚することが必要であろう。苺を摘むには苺を見る必要があるように、犬の唸り声を聞くから狂暴な犬から逃げることができるように。（この場合、犬の姿を見ないままということもあるだろうが、唸り声の主は音の出所という仕方で声を聞くことのうちに含まれている。少なくとも何か音を出すものが或る方向の或る遠さの所にあるという仕方で音は聞かれる。）体の世話をせんと体に働きかけるには、体の知覚に導かれる必要があるのではないか。

いや、そうではない。第一に、体の世話と言っても、肩が凝っているので、肩の運動をして解《ほぐ》すというのは知覚の導きなしで簡単にできる。これは肩を相手に何か行動するというよりは、肩そのものが自らの有りようを変えるようなものである。第二に、世話が体を対象とする行動となる（いまの例では、肩が、手で揉むという行動の対象となる、行動が働きかける相手となる）場合でも、それは知覚の導きを必要としない。体の痒い部位を引っ掻くのにその部位を知覚する必要はないのと同じである。そもそも、知覚の導きなしで引っ掻けるのでなければ、仮に知覚できたとしてもその知覚相手が自分の体の痒い箇所であるかどうか分からないのであった。知覚に導かれる必要があるのは、世話が必要な本人ではなく、世話をしてくれる他の人である。妻は、私の肩を見るか触って見つけるかした後でなければ、私の肩を揉むことができない。（序でながら、肩の運動をするのに私は自分の肩を見る必要はないということと、肩の運動をするのは私で妻ではないということは対応している。）そうして、一番凝っていると感じている場所は見たところで分からない。熟練したマッサージ師が「ここが凝ってますね」と言うのは意味合いが違う。本人が感じている場所と食い違っても意味をなすような内容の表現で、感じの原因となっている箇所だということだろう。けれども注意すべきだが、歯医者が「酷い虫歯だ、痛いでしょう」と患者に言っても、患者本人が痛くなければ痛さはないのである。虫歯があるということと痛さがあるということは別のことである。ただし、このことを、痛さは主観的なもので虫歯は客観的なものだなどのお馴染みの哲学問題へともってゆくのは止めなければならない。仮に痛さがあるとき、それは体のどの部分かの痛さであって、それは体そのことの有りようなのであり、その体は体が踏みしめている地面、見えている木立などと同じように存在しているのである、かつ、痛さを取り去れば別の有りようの体と言うべきものなのである。

ところで、まさに妻が私の体を知覚でき、かつ、体を相手に何かの行動ができるということ、これは生命の営みからすれば当然のことではないか。当然とは、生殖活動であり、群れて生きるということである。そして他の人が私の体を知覚できるなら、私は他の人の体を知覚できるのだし、私の体が（弾丸のようなものでなく）体の或る部位が他の部位と向き合い得るような柔構造をもっているのであるからには自分の体（他の人の体と同じようなもの）をも部分的には知覚できるはずだということになる。

ここから、本章の最初で言及した、知覚が体を尺度としている、という主題に返ることもできる。しかしその前に、見る、聞く等の異種の知覚が、体という知覚対象に関して調和的であるという事態を確認しておきたい。

どういうことか。たとえば私は皮膚という自分の体（や他の人の体）の表面を見るとともにそれに触れることもできる。当たり前のようだが、仮に私がレントゲン写真を見るように皮膚を通り越して骨格を見て（私たちの視覚が、皮膚で反射する可視光線によって皮膚を或る場所に見るのではなく、皮膚を通過し骨まで到達し其処から返ってくるたぐいの媒体によって骨の方を見て）、その骨に触れようとすると皮膚に阻まれて触覚では皮膚の方を発見するとするなら、これはちぐはぐである。あるいは、人（他の人）の体が、もし透明人間のようであったならどうなるか。身に付けた香水の匂い、あるいは汗の臭いがこの辺りからとはっきりしているのに、その出所が見えないなら、また、はっきりとすぐ其処から声が聞こえてくるのに、声を出しているはずの人の体が見えないなら、更に、殴られた（ということは、触れられたと同時に私の方もその体に触れた、触覚によって知覚した）のにその相手は見えないなら、これは私たちを混乱させる。知覚が行動を導くという働きが損なわれているからである。しかし、以上の仮想のような不調和なことにはなっていない。

確かに、風が吹いて頬に当たり私が風に触れても、その触れたものを私は見ず、ここでは視覚と触覚との相互参照関係は崩れている。そして風があっても風が見えないから、向こうのものが風に隠されずに見える。しかしながら、どうせ風は通り過ぎて消えるものである。また、風に触れるからといって風を押し退けて歩いてゆけないわけではない。それから、ときには私は霧を見、霧は霧より遠くにあるものを隠すが、他方でその霧にぶつからず霧の中を歩いてゆく。だが、霧を見るからこそ私は恐るおそる足を踏みだすのである。風や霧は体という典型からはずれた事象だが、触れも見もできないバクテリアほどには体から遠い種類のものではない。また、私は空気を掴めないが、風船のような袋に詰める仕方で相手にすることはできる。臭気を団扇《うちわ》で扇いで追い払うこともできる。

序でながら、聴覚に関しては次のことを考えよう。動物は原則として動く生き物であり、動けば音を出すが（いや、空気や水を振動させるだけだ、という言い分は措いて）、その音を聞くことができるかどうかは別問題である。しかしながら、音を出す特別の器官をもち、自ら積極的に音を出し、場合によってその音をコントロールすることができる種類の動物は、その音を聞く能力をもつのが原則だと思われる。[4] 人間もそのような動物である。人も、さまざまな仕方で自在に声を出すとき、声の音としての違った内容を聞き分けることがなければ、声を出し分けもしないであろう。しかるにこれを言い換えれば、発声と聞くこととの間には調和的関係があるということ、聴覚が損なわれていなければ、人間の声は聞き得ると

4　詳しくは前掲『音の経験』第1章

いうことである。そうして、この調和と同様な事柄として、体の知覚に関する異種の知覚の弁別力間の調和を理解すべきなのである。

(2) 何が知覚されるか、および異種の知覚内容の統合についての再考

さて、私たちはどのようなものを知覚するのか。人が動物として生きるということを考えるなら、食べ物を知覚するはずだ、ということを第一に考えてよい。けれども、これまでの論の流れから、人の体もまた、食べ物と並んで知覚できるものの筆頭であると言ってよいだろう。自分の体は感覚によってその状態が告げられるのだが、体の一部は知覚することもでき、他の人の体は、自分の体以上に知覚できる。私は自分や他の人の体の部分を見るし、触れることができ、体が出す音、足音や声を聞く。そして、この体に準じた仕方で在るもの、それらを見、触れ、それらが出す音を聞く。この「準じる」ということのうちに体の尺度性が現われている。

触覚については、本章の始めで、体の運動を阻むものの知覚という話題の際に確認したことを想い出せばよい。視覚については、これを授かっているなら、私たちが見るとき、人の体が見えないということはない。「可視光線」という言葉を援用すれば、人間の体の皮膚や髪の毛は可視光線を反射するものとして見えるのであり、すると、人間の体の皮膚と似たような（あるいはそれほど隔たっていない）肌理《きめ》の表面をもって可視光線を反射するものなら、私たちは見ることができ、弁別できることになる。

それから、人が、自分や自分と同じ仲間の人がわざわざ出す音、コントロールしながら出す音（声が第一で、拍手とか足踏み、太鼓の音とかが続く）を聞き得るのが原則であるとき、人の体と似たようなものが出す音なら、それも聞き得る。（私たちの口が惹きおこすような空気振動を生じさせるものがあるなら、その振動を媒体として音を聞き得るし、その音を出すものを見たりできるということである。）犬が吠えれば、それは人間に似た犬の体の口の運動から成り立っているのであり、その運動が発生させる音なら、犬が聞くと同じく、私たちも聞くのである。しかるに、私たちの声という音の振動数の範囲は非常に

広く、その結果、私たちは非常に広い範囲の音を聞くことになる。人の体や犬の体が何かにぶつかるときの音を聞くのはもちろん、蜂の羽音、雨が木の葉や地面に当たる音、雷の音を聞く。けれども、さすがに蟻が歩く音は聞けない。（聞こえない音は音ではない、それは或る振動数の空気の震えでしかない、といった主張もあるだろうが、私たちが自分たちの音の経験から出発し、その経験概念を拡張することには、何の問題もない。聴覚成立のために必要な媒体を私たちが発見した後では、このような拡張は許されるのである。「私たち人間には聞こえないけれどもコウモリには聞こえる音」といった言い方は、それがどのような事態を示すか押さえていさえすれば、許される。）

嗅覚で言えば、体臭や口臭を嗅ぐということもあるが、むしろ食べ物の方を考えるとよいかも知れない。

食べ物の入手は死活問題であり、それは散在しているゆえ、知覚によって発見しなければならない。食べ物とは他の生き物である。この、人間の体といわばほぼ同じ原料でできている食べ物こそ、匂いの発生源の資格で私たちの嗅覚の第一の対象となる。嗅覚が匂いそのものよりは匂いの出所にこそ向かうという構造がここで如実に浮き出る。芳香は熟れた苺や蜜柑へと導くのであり、嫌な匂いはそれ自身を遠ざけたくさせるだけではなく、匂いの源である食べ物の腐敗などをこそ告げるのである。花々の香や若葉の薫り、乳臭さ、獣臭《けものくさ》さ、人の汗など、匂いは生き物の世界に付きものの事柄である。煙でさえ、木の枝や藁、煙草の葉、生物化石である石炭・石油が燃えるものとして匂うのであり、沼の臭気も、沼で棲息し腐敗する無数の生き物とその死骸が発するガスのものであろう。

更に、食べ物となるものは、大きさに関して人間の体との間に或る均衡をもっている。食べ物のサイズは口で噛みちぎれるサイズであり、噛んで歯ごたえがあり食べたことが分かる、つまりは触れて分かる、抵抗をもつものである。

なお、人の体の知覚において異種の知覚が調和的であるということと、体に準じたものが知覚されるということとこれら二つのことを、前章第4節の主題、異種の知覚内容の統合という主題につなげることもできる。その主題で筆者は、異種の知覚内容が位置規定において一致し、そのことによって一つのもの（物象）へと結集でき、ものの知覚が成立することを指摘した。一つのものが違った種類の知覚によって知覚され、それぞれの知覚に独特の内容はそのものの性質という身分を与えられるのである。音の出所、匂いの出所、見えるものが（体から或る方向へ或る遠さをもって知覚されるという仕方で）空間規定に関して一致する。すると、同じ一つのものが或る音を出し、或る匂いをもち、或る形や色をしていると、このように私たちは理解するのである。（知覚から色や匂い等を引き去ってしまうと何も残らない、仮に実体と諸属性という仕方でものを把握していても、属性に相当するものだけが色や匂い等としてあるのであって、すると実体というのはそれらの連合が生み出した幻でしかない、という意見に賛同するわけにはゆかない。）そうして、仮に人がその場所に動いてゆき到達できるなら、そのとき、そのものに触れることもできる、そういう原則のもとにあり、そのものは体が存在するのと同じように存在すると理解される。また場合によっては、その知覚対象を目掛けて、此処、体の場所から石を投げたり、それを竹や木の枝で突《つつ》いたりもできるが、そのような知覚対象とは体と同じようなスケールのものだから、体でもって働きかけることができるのである。そうして、スケールが違うものに働きかけ、コントロールする仕方、技術を人類は獲得してきたが、その場合、直接に働きかける相手は体の尺度が利く相手であり、それを通して間接的に働きかけるのである。

第5節　他の人の体を知覚する・人に知覚される経験——想像の促しと意味世界への参入——

(1) 体の状態・動き・顔を見る——現在に焦点——

ところで、体に類型的なものが知覚されるものの筆頭だ、ということを考察してきたが、すると、実に他の人の体こそが知覚対象として最上級のものだということになるのではないか。人間を離れて動物一般で考え、知覚とは言わずに弁別という原初的事柄をみても、ゾウリムシは温度差がある水、水草の茎などを弁別するが、同じく、接合相手としての他のゾウリムシを特に弁別しないはずがない。生殖活動をする動物すべて同様である。そして、群れる動物は仲間の個体を識別するであろう。この延長上に人間もある。（知覚されるべきもののあと二つは、第一に食べ物、第二に危険なもの。）

しかし、以下ではもちろん、人間が他の人の体をどのように知覚するかに限って、若干のことをみてみる。

人は自分に向かって飛んでくる石を見て、避《よ》ける。石がどちらに進むかが分かるからである。他の方向に飛んでいる石も、見れば、どう飛んでいくか分かる。実際は、人間が投げでもしなければ、自然現象として石が飛ぶことなどほとんどないのだけれども。動いている犬や鳥、蟻や蝶がどう動いてゆくかも分かる。増して、人の動きはそのさまざまを区別する仕方で分かる。歩いているのか走っているか、蟻に関してなら両者を区別しようと思わないけれども（区別できるのか、蟻を研究している人は知っているだろうか）、人だったら、見るなり区別する。眠っている、大きく息をしている、腰を下ろして休んでいる、食べている、どれも分かる。（因みに、金魚が眠っているのか、見て直ぐに分かる人は、金魚の飼育の経験が余程ある人だろう。）

しかし、人が他の人を知覚することで極めて重要なのは四つ、一つは個体識別（個体としての再認）、もう一つは、他の人の知覚器官（特に視覚器官である目）がどのように働いているかそのことを知覚すること、三番めに、人は、髪型を変えたりすることの他に、体に衣服を纏うので、そういう体を知覚するのが普通だということ、最後に、動かない、あるいは変化しないものの知覚の場合と違って、自ずと人が現在どうあるかに焦点がある知覚になること。

個体識別の重要性は人の体に限らないし、識別仕方も、さまざまなものに原則として共通である。けれども、私たちが最も容易《たやす》く個体識別できるのは、（見ることができる人の場合――視覚をもつ人の場合、また、見る相手の人が顔をベールなどで隠していない場合――）顔を見ることによってである。これはどうしてだろうか。

その人の特徴が一番強く出ているのが顔だ、ということは第一の理由だろう。けれども、個体識別を必要としない場合でも、私たちは人の姿格好全体と同時に、体の部分としては特に顔を見る。そこで、顔こそ繰り返し見る体部分である。だから、他の部分よりは顔については沢山の細かなことが分かってくるし、顔が最も覚えやすい。

では、なぜ人は他の人々の顔を見るのか。顔に、目、鼻、口がある。私たちは人を自分の目で見るのだが、見る相手の人の特に目を見る。目を見るとは視線を見るのである。そうして、目は鼻や口と一緒に、顔の表情の主要ポイントをなす。また、口から（当人からみて）前方に声が出る。

(2) 視線を見る

視線を見るとは、人がどの方向を見ているかを見ることであるが、大きく二つの場合がある。視線が、見ている自分に向かっているのを見る場合と、そうではなく、他所《よそ》に向かっている場合と。顔がどちらを向いているか、というのが視線の方向の大枠を決める。しかし、顔は前を向いていてほとんど動かないのに、目だけがすばしこく動き、あちこちを見るということがよくあり、その(人の)目の動きを、目が見ようとしている方向を含めて、私たちは見る。顔全体の表情をも見るが、特に目をも見、目を見るとは大抵は視線を見ることなのである。綺麗な目だな、とか、そういう見方をするだけの場合もあるのだけれども。

特に、視線が、見ている自分に向かっているかどうか、というのは、目を見ればすぐに分かる、というのは重要である。見ることは既に見ている相手と或る関係を取り結んでいることであり、更に、新たな関係をとっていこうとすることの前触れでもある。だから、自分が見ている人が見ている相手、これが自分であるなら、自分はその人に巻き込まれているのである。そこで、私たちは人の目を見て、自分が見られていることが分かる。見られているというふうに見るのである。そうして、このように見ることは猫だってする。庭に(金魚が泳いでいる石臼が置かれている片隅に)そろうりとやってきた猫が私の目を窺って、暫し立ち止まる。猫と人間である私とが目を合わせることをする。私が視線を逸らすと、猫は安心したように動き始める。

次に、自分が見ている人がこちらを、自分を見ていると見るのではない場合。話していて、目がくるくるよく動く人だな、活発でお茶目そうな人だな、と思って見ている場合、目そのものを見ていて、視線を見る、というほどのことでもないと言える。けれども、何を見ているのだろうと、視線の先を自分も見てみるというとき、まずは、人の目を見ることが、その人がどの方向に目を向けているかを見ることだ、ということがあってのことだというのは言うまでもない。視線を見るとは、目の黒い部分が上下左右に動いているのを見るというだけではない。動物行動学の研究者たちの言うことなども考慮すると、人間だけが人の視線の先を見るような見方ができるのではないか。猫は、私なりもう一匹の猫なりの目を見て、目が合う場合には、自分が見られていると分かるが、相手の目が逸れると、それで、もう相手の視線に注意しない。自分から逸れた視線がどこに向かうか、その方向の先を見はしない。

また、私たちが人の(自分に向けられたのではない)視線の先を見ることは、人の指を見て、その指の動きそのことだけを見るのではなく、場合によって指が或る方向を指していると見る、指が指す方向を自分も見ることとつながっているだろう。

(3) 視線を逸らす・衣服

ところで、電車の中で見知らぬ人と偶々目が合ってしまうと、どちらからともなく目を逸らす。別の方に目を遣るのである。見続けると、なぜこの人は私を見るのだろう、という疑念をもたせてしまうという懼れ、ないし配慮からだろう。なぜ見るか、特に理由があったわけではなくとも、そのような問いが生まれるほどに、人を見るというのは、(特に目を見るのではない場合でさえ)人と或る関係に進んでゆきかねない傾きをもつ。

既に知り合っていて、あるいは向き合いが始まっていた上での目は、問いかけとか同意、共感、興味をもっているなどの意味合いをもって動く。目に限らず顔の表情あるいは手、指、肩、体全体の身振りなどがさまざまに意味をもつ仕方で、人は向き合う、互いに人を見る。しかし、向き合う前の段階、向き合うかどうかが決まる前の段階がある。そのとき、人の目を見る、偶々目が合ったのではなく、見続けるというのは、向き合うことを強制するような力をもつ。だから場合によっては失礼なことになる。離れているのに、相手の領域に踏み込むことになるのである。

混み合った電車で体と体とが触れ合わざるを得ないことはある。その状況を人は理解しているから許容する。しかし、そういう特殊な状況がないときに、人が握手であれ誰かの体(もちろん体の一部——触れるとは何に触れようとその一部に触れるのである——)に触れるのは、そこに特定の関係が生まれているからであり、また、生まれさせようと望むからである。ところが、視線は触れることなしに、離れたままで関係を生まれさせかねない。それで、このことに絡めて、筆者は、先に挙げた四つの重要なことのうちの一つ、人が衣服を纏うということを考えたい。

　衣服についての考察に論を進めるのは本書の範囲を越える。だから、基本的なことの指摘だけにする。衣服は三つの役割をもつ。一つは、体の防御や快適さの確保。防寒とか防塵（砂などから体を護る）とか、鎧にまで発展するような役割。それから、あと二つは人間関係に関わることで、体の一部を隠すこと、つまり、見られることを拒否すること、そうして逆に、衣服を通して積極的に見られること。後二者についてのみ若干のことを述べる。

　視線を逸らすとは、自分が相手を見ないという意思表示であり、同時に、自分が見られること（少なくとも、まともに見られること）の拒否である。そして、人と積極的関係をもつことの拒否である。目を交わすことはその反対である。しかし、私たちが人を見ないということは不可能である。地面を見、木立を見、食べ物を見るのと同じように人の体を見る。本章の一等最初に言ったように、体こそ見ることのできるものの筆頭なのである。そこで、見られたくなければ隠れる。しかし、何か活動するには隠れてばかりはいられない。

　衣服には体を部分的にのみ隠すという側面がある。では、どの部分を隠すのか。（保護すべき場所を覆うという衣服の役割とは別の理由を求めている。）体の特定部を見られることの拒否には、性というものが絡んでいるのに違いない。ただ、逆に、体を隠すはずの衣服が或る仕方で、衣服を纏った体が積極的に見られることの方を推進するということもあり、その理由の一つも性の事柄に通じているのかも知れない。そのことは、動物の求愛時の体の変化などから類推できる。人類の歴史で、成人、既婚、経産婦等を表すために、刺青、髪型、抜歯、化粧等、体の表面そのものを加工することが遍《あまね》くみられた、そのような体の扱いの延長に、衣服が、装身具ともども、あったのだろう。

　それから、人間の社会の規模が大きくなり複雑化すると、また、他の集団との対峙という状況が頻繁になると、リーダーシップや支配、危機管理などの政治が生まれ、身分を示すための衣装が生まれる。そうして、今日のファッションにまで至る、服を通して他の人々から見られるということの重要な役割は増大することはあっても減じることはない。

(4) 声を聞く・言葉への移行

顔の中で、口は食べる口であり、大きく息をするときの鼻腔の役割を補うものでもある。そして、ハアハア言う息もあれば溜め息もあって息は屡々《しばしば》音になるが、音は声ともなる。その声が、赤ん坊では泣き声から出発した声が、言葉の音となる。言葉となる音の出し方は学ばなければならず、学ぶためには自分が出す音を聞き得るのでなければならない。そして、その聞き得ることは、他の人が出す声を聞き得ることと一緒である。(そもそも出し方を学ぶとは、自分が出す声と他の人の声との一致、自分が聞くことにおける一致を目指すことである。[5])そして、溜め息や泣き声なら、音が向かう特定の方向を言う必要はないが、言葉の音は或る方向に向かう。もちろん、音は四方八方に広がるのだけれども、聞かれることを求めて音を出す人は、木の枝で幹を叩いて音を出す場合なども含めて、音を聞くであろう相手に向かって音を出す。そして聞く人は、呼び声を始めとして、或る声は自分に向けて言われているのだということが分かる。——以上の事柄は、声が言葉となること、声を言葉として分かることとはもちろん別のことであるが、言葉が成立するための不可欠の条件である。

ところで、人を見るとき、その人の現在がどのようであるかに焦点があるのだ、と本節の最初に述べた。視線、表情、衣服を見、声を聞くとき、そのような目の動きをさせ、そういう表情をもった人の現在の有りようが重要だと思うのである。けれども、その現在は直近の未来がどのようなものになるのか、そのことと関係をもつゆえに重要なのである。そうして、言葉だって、言葉を発する人のそのときの有りようを知らせる。とは言え、言葉の意味は言葉の使用のときを越えて働く。

実のところ、その時々に相応しい衣服も、身に着けられている或る時間の間、或る意味を振りまき、或る秩序をつくり持続させようとする。その意味や秩序は確固たるものというより、ふわふわしたものであるかも知れないが。それが身分を示すような衣服になると、長期にわたって固定的な意味を発信し、或る秩序を維持する働きをする。

一般的に考えても、知覚世界というものは価値的観点から理解すべきであり、知覚に含まれる認知等の認識的要素も価

5　前掲『価値・意味・秩序』第1章(初出、松永澄夫編『私というものの成立』勁草書房、一九九四年)を参照。

値文脈に従属するのであるが、時間という契機を考慮すると、価値の問題は意味の問題を抱え込むようになる。知覚の時間は現在という時間であり、しかしながら、価値に関わるとは、いま痛い、いま温かくて心地良い、いまうっとりしているということではあるが、ほとんどの場合に来たるべき時間をどのようなものにするかという対処の要求と連動する。そのことは見方を変えれば、現在の価値事象は次の時間の事柄をなにがしか指示するということである。しかるに、このような指示は意味を呼び寄せる。

次の時間は未だ、ない。ないものが経験内容に入ってくる。ないものがどのようにして、それなりの現実性を得るのか。ここに想像という働きと、想像内容の感受というものが姿を現わす。物象のような存在性格はもたないが或る働きをすることによって現実性をもつものに人間は関わる。そうして、想像は物象の世界から離れた何かを形成してゆくが、言葉の支えのもと、生まれては消えるたぐいものとは違った意味事象が相互にさまざまな関係を取り結ぶことで、意味世界とでも言い表したいものが幾つも生成する。

私たちは、現代、人工物に取り囲まれて生活している。人工物はさまざまな意味を分泌する。道路標識のように明確に「何かを意味する」ことを任務とするものだけでなく、たとえば道路自体が、ここを歩くべきで、道を逸れた場所に入ってゆくべきではないということを人に語る。そこには、単に泥濘《ぬかるみ》よりは固い地面の方が歩きやすいから其処を大型動物も人も歩く、というのとは違った原理が既に入り込んでいる。車道、歩道が分かれていることはこのような事情をはっきりとみせてくれる。更に一つ注意したいが、人の視線や表情、衣服は見ることができ、声を聞けばその声の主をその辺りにいるだろうと探すことができるが、道路建設を計画した人、道路を建設した人は、見え、歩く道路の所にいない。しかし、人が消えても、人が関わって生じたあれこれのものが、あれこれの意味を発信し、ときに人にあれこれを指示したり要求したりする。

こうして、私たちは、「はしがきに代えて」で述べた重要な主題へと向かわされる。体の感覚と物象の知覚の考察は、生きている体にこそ源泉がある諸々の価値との関係で理解すべきであったが、他の人々とともに暮らす中で、意味世界と一体になった複雑な諸価値をどう感受し、それらにどう対応するかを決めてゆく、という状況の中に人間はいるのである。

あとがき

文献表と索引がない書物は研究書と見なさない、と言う人が多い。理由は至極もっともである。特に文献表の方は、眺めれば、著者がどのような勉強をしてきたか、ざっと見当がつく。そして、書物の水準が合格ラインに達していているかの目安にできるというわけである。だが、文献表の充実と著書そのものの内容の充実とは必ずしも相関しない。その書が、自分にとって読むに値するものかどうかは、結局は本文を少し読んでみるしかない。読み手の力量があれば、全体を読もうか、少し付き合おうかの判断はすぐにつく。この判断は文献表の内容とは関係ない。

しかし、その書物の水準を判断する目安になるというのとは別の、情報提供という文句なしの価値が文献表にはある。場合によって、重要な文献についてはその内容についての解説まで付いていると、その価値は更に増す。そこで実のところ、重要な主題については、文献案内だけから成る書誌が出版されるくらいである。しかしながら、このような目標をもつ文献一覧の作成は俊敏な能力と膨大な労力を要する。

本書には文献表を付していない。本書で言及している文献は僅かだからである。本書の出版社社長の下田勝司氏からは、学問世界の風潮をも考慮して、本書では言及していないけれども筆者の思索の源泉となった書物群を披露する、という意味合いでの文献表を付けたらどうか、とのご意見をいただいた。少し考えてみた。本書の主題は狭いので、この主題に目を向けさせてくれた哲学書の著者たちを、筆者の読書において時期的に古いものから挙げると、ベルクソン、ホワイトヘッド、ラヴェッソン、メーヌ・ド・ビラン、コンディヤック、マルブランシュ、トマス・リードあたりの、哲学史を勉強した人なら知っている名前、それから、トラシ、ラヴェル、ラニョー、シャンボン、ラシエーズ＝レイ、ヴァンクール、モロー、ノゲ、マディニエ、パイアール、リュイエ等々が想い起こされる。哲学から少し離れて、ボネ、カバニス、ドリーシュ、キャノン、プラディーヌ等々。ただ、これらは筆者の思索の刺激や肥やしにはなったのだろうが、本書の骨格が誰かの学説に特に依拠しているわけではない。そうして、これら、それから名を挙げなかった著者たちの幾多の本のほとんどは、十数年前から何回かに分けて、かつて筆者の学生だった方々に引き取ってもらっている。今回の執筆のために読み直すことをやったわけではない。

(なお、文献への対処仕方とも関連することで、本書の叙述スタイルについて、序でに一言。先行研究の紹介、ならびに、それらとの対決というのを重んじる人々もいる。その作業が重要かどうかは、書物が何を論じるかによるだろう。本書の場合、筆者が考察してきたことを、雑音なしで叙述することを目指した。それでも、この分量を要した。雑音というのは、本書の主題に関するさまざまな研究の紹介等のことである。その手の記述があれば一般に、読者は多くの知識を得、幾つかの考え方を学ぶだろうが、あちこち引きずり回されるという面も出てくる。その結果、そのような部分は、場合によっては、著者自身の一貫した考え、主題に対する答がくっきり浮かび上がることを妨げることになりかねない。)

それから、心理学、精神医学、脳科学、情報理論関連の著作群、色や匂いや音の科学、あるいは文化と言われるたぐいの書物は雑多で、乱読で熟読から遠く、挙げるようなものではない。本書で繰り返し話題にしている「色」に関する本なら、好みということもあり、日本の古典文学における色彩語の研究のようなものから、カラフルな図説に至るまで、飽きもせず手にとるふうである。これらを無理して文献表にすれば、好奇心をもつ誰かの役に立つかも知れないが、大した意味があるとも思えない。列挙する、しないの線引きも、学術書の場合以上に困難である。要するに、筆者本来の地盤である哲学の書も含めて、文献表作成に労力を注ぐ必要を、筆者は感じない。ご理解いただければ幸いである。

次に索引である。索引が有用であるか否かは書物の性格による。哲学で言えば、哲学史的研究書の場合、特に人名の索引は重宝する。しかし、本書では、言及している人名は数が極めて少なく、索引にするまでもない。僅かの注を見開き左頁に掲げていているが、これらは見つけやすく、見れば、本書が言及した僅かの著者名は、文献とともに、分かる。

事項索引の方は、本書の場合、ほとんど無意味である。狭い主題を扱っているので、重要な事柄を表現する言葉(事項)

については、言及ないし考察箇所を指示するのがナンセンスとなる多量の頁を挙げることになる。そこで、どのような事柄がどの箇所で論じられているかを知りたい読者の方には、詳細目次を眺めていただきたい。するとまた、筆者は重要視していないけれども時に人々の間で話題になり、だから、もしかして読者の関心対象となっているかも知れない語の幾つかも、目次の中に見つかるかも知れない。

本書の草稿を、大西克智氏（熊本大学准教授）には丹念に読んでいただき、貴重なコメントと助言をいただいた。筆者が書き直したものについても再度、目を通していただいた。実に多くの時間を割いていただいたことに対しては申し訳なく思いつつも、深く感謝している。また、本書の一部については伊東俊彦氏（相模女子大学講師）からもコメントと助言をいただいた。

東信堂社長の下田勝司氏には今回もお世話になった。学術書の出版状況が思わしくない中、応援していただけるのは、執筆のための心理的環境としては本当に望ましいものである。お礼を申し上げる。

著者紹介

松永　澄夫（まつなが　すみお）　立正大学教授、東京大学名誉教授

1947 年生まれ。東京大学大学院人文科学研究科中退。

人が関わるあらゆる事柄の基本的筋道について、言葉による地図を作成することを目指す。そのために、自然の一員としての生命体、動物である人間における自己性の問題をはじめ、知覚世界、意味の世界、社会の諸秩序などがどのようにして成立し、互いにどのような関係にあるのか、その順序に注意を払って考察している。伝統的哲学が育んできた諸概念や言葉から自由になって、日常の言葉で一つ一つの語にあらためて適切な内容を盛り込みながら叙述してゆくことを心がけている。食に関する文章が高校の教科書『国語総合』に掲載。

［単著］

『価値・意味・秩序 ── もう一つの哲学概論：哲学が考えるべきこと ──』東信堂　2014 年
『風の想い ─ 奈津 ─』春風社　2013 年
『哲学史を読む　Ⅰ』東信堂　2008 年
『哲学史を読む　Ⅱ』東信堂　2008 年
『音の経験 ── 言葉はどのようにして可能となるのか』東信堂　2006 年
『言葉の力』東信堂　2005 年
『食を料理する ─ 哲学的考察 ─』東信堂　2003 年
『知覚する私・理解する私』勁草書房　1993 年

［編著］

『言葉の歓び・哀しみ』東信堂　2011 年
『哲学への誘《いざな》い　Ⅰ　哲学の立ち位置』東信堂　2010 年
『哲学への誘い　Ⅱ　哲学の振る舞い』東信堂　2010 年
『哲学への誘い　Ⅲ　社会の中の哲学』東信堂　2010 年
『哲学への誘い　Ⅳ　世界経験の枠組み』東信堂　2010 年
『哲学への誘い　Ⅴ　自己』東信堂　2010 年
『言葉は社会を動かすか』東信堂　2010 年
『言葉の働く場所』東信堂　2008 年
『哲学の歴史』全 12 巻、別冊 1 巻　中央公論新社　2007 ～ 2008 年　編集委員
　第 6 巻（19 世紀英仏）責任編集　2007 年　別冊「インタビュー」 2008 年　（編集委員として、第 62 回毎日出版文化賞特別賞受賞）
『環境 ── 文化と政策』東信堂　2008 年
『環境 ── 設計の思想』東信堂　2007 年
『環境 ── 安全という価値は…』東信堂　2005 年
『フランス哲学・思想事典』弘文堂　1999 年
『私というものの成立』勁草書房　1994 年

［共著］

『哲学　はじめの一歩』春風社　2015 年
『文化としての二〇世紀』東京大学出版会　1997 年
『死』岩波書店　1991 年
『テキストブック西洋哲学史』有斐閣　1984 年
『行為の構造』勁草書房　1983 年

経験のエレメント ── 体の感覚と物象の知覚・質と空間規定 ──

2015 年 10 月 31 日　初　版第 1 刷発行　〔検印省略〕

＊定価はカバーに表示してあります

発行者 下田勝司　印刷・製本　中央精版印刷

東京都文京区向丘 1-20-6　郵便振替 00110-6-37828
〒 113-0023　TEL 03-3818-5521（代）　FAX 03-3818-5514
発行所 株式会社 東信堂

E-Mail tk203444@fsinet.or.jp　URL: http://www.toshindo-pub.com/

Published by TOSHINDO PUBLISHING CO.,LTD.
1-20-6, Mukougaoka, Bunkyo-ku, Tokyo, 113-0023, Japan

ISBN978-4-7989-1319-3　C3010

東信堂

ハンス・ヨナス「回想記」　H・ヨナス　盛永・木下・馬渕・山本訳　四八〇〇円
責任という原理―科学技術文明のための倫理学の試み（新装版）　H・ヨナス　加藤尚武監訳　四八〇〇円
原子力と倫理―原子力時代の自己理解　Th・リット　小笠原道雄編　一八〇〇円
科学の公的責任―科学者と私たちに問われていること　Th・リット　小笠原・野平編訳　一八〇〇円
生命科学とバイオセキュリティ―デュアルユース・ジレンマとその対応　四ノ宮成祥　河原直人編著　二四〇〇円
バイオエシックス入門〔第3版〕　今井道夫　香川知晶　編　二三八一円
医学の歴史　今井道夫　石渡隆司　監訳　四六〇〇円
死の質―エンド・オブ・ライフケア世界ランキング　丸祐一・小野谷　加奈恵・飯田亘之訳　一二〇〇円
生命の神聖性説批判　H・クーゼ著　飯田・石川・小野谷・片桐・水野訳　四六〇〇円
医療・看護倫理の要点　水野俊誠　二〇〇〇円

概念と個別性―スピノザ哲学研究　朝倉友海　四六四〇円
〈現われ〉とその秩序―メーヌ・ド・ビラン研究　村松正隆　三八〇〇円
省みることの哲学―ジャン・ナベール研究　越門勝彦　三二〇〇円
ミシェル・フーコー―批判的実証主義と主体性の哲学　手塚博　三二〇〇円
カンデライオ（ジョルダーノ・ブルーノ著作集 1巻）　加藤守通訳　三二〇〇円
原因・原理・一者について（ジョルダーノ・ブルーノ著作集 3巻）　加藤守通訳　三二〇〇円
傲れる野獣の追放（ジョルダーノ・ブルーノ著作集 5巻）　加藤守通訳　四八〇〇円
英雄的狂気（ジョルダーノ・ブルーノ著作集 7巻）　加藤守通訳　三六〇〇円

（哲学への誘い―新しい形を求めて　全5巻）―
哲学の立ち位置　松永澄夫　鈴木泉　編　三二〇〇円
哲学の振る舞い　松永澄夫　村瀬鋼　編　三二〇〇円
社会の中の哲学　松永澄夫　高橋克也　編　三二〇〇円
世界経験の枠組み　松永澄夫　伊佐敷隆弘　編　三二〇〇円
自己　松永澄夫　浅田淳一　編　三二〇〇円

価値・意味・秩序―もう一つの哲学概論：哲学が考えるべきこと　松永澄夫　三九〇〇円
哲学史を読むI・II　松永澄夫　各三八〇〇円
経験のエレメント―体の感覚と物象の知覚・質と空間規定　松永澄夫　四六〇〇円
食を料理する―哲学的考察　松永澄夫　二〇〇〇円
言葉の力（音の経験・言葉の力第I部）　松永澄夫　二五〇〇円
音の経験（音の経験・言葉の力第II部）―言葉はどのようにして可能となるのか　松永澄夫　二八〇〇円

〒113-0023　東京都文京区向丘 1-20-6　TEL 03-3818-5521　FAX03-3818-5514　振替 00110-6-37828
Email tk203444@fsinet.or.jp　URL:http://www.toshindo-pub.com/

※定価：表示価格（本体）＋税